审订人：祝鼎民

撰稿人：

职官典制　尹英杰　杨庆茹　左汉林

法律文化　梁景明

民生礼俗　杨庆茹　邓　洁　左汉林

衣食住行　李　怡　潘忠泉

体育娱乐　汤谷香

哲学宗教　陈声柏　田　飞

语言文学　张素凤　左汉林　贾广华

书画艺术　陈培站　潘永耀　王成聚

　　　　　杨　刚　王碧凤

戏曲曲艺　梁　彦　吴　荻

建筑园林　孙　燕

中华医药　罗　浩

教育科举
职官典制
法律文化
哲学宗教
语言文学
书画艺术
戏曲曲艺
体育娱乐
衣食住行
建筑园林
民生礼俗
中华医药

中国人应知的
国学常识

插图本

1

中华书局编辑部　编

中华书局

图书在版编目（CIP）数据

中国人应知的国学常识/中华书局编辑部编. —北京：中华书局,2010. 1（2025. 9重印）
ISBN 978-7-101-07102-3

Ⅰ. 中…　Ⅱ. 中…　Ⅲ. 国学–中国–通俗读物　Ⅳ. Z126-49

中国版本图书馆 CIP 数据核字（2009）第 201276 号

书　　　名　中国人应知的国学常识
编　　　者　中华书局编辑部
责任编辑　刘德辉　林玉萍
封面设计　毛　淳
责任印制　管　斌
出版发行　中华书局
　　　　　（北京市丰台区太平桥西里 38 号　100073）
　　　　　http://www. zhbc. com. cn
　　　　　E-mail：zhbc@ zhbc. com. cn
印　　刷　河北新华第一印刷有限责任公司
版　　次　2010 年 1 月第 1 版
　　　　　2025 年 9 月第 23 次印刷
规　　格　开本/700×1000 毫米　1/16
　　　　　印张 26½　插页 2　字数 320 千字
印　　数　165001–167000 册
国际书号　ISBN 978-7-101-07102-3
定　　价　52. 00 元

写在前面

不知您是否意识到，也许您说的每一句话里都包含着"文化"——

"五谷杂粮"有哪五谷？"六亲不认"是哪六亲？"株连九族"都包括谁？

为什么买"东西"不说买"南北"？为什么"败北"不说"败南"？为什么说话算数叫"一言九鼎"，换成"六鼎""七鼎"行不行？……

这些问题，都可以在这本《中国人应知的国学常识》里找到答案。

这里所说的"国学"，与"中国传统文化"同义，它不仅写在典籍里，更活在我们的生活里、流淌在我们的血液中。除了经典常识、制度法律、教育科技，传统的民生礼俗、戏曲曲艺、体育娱乐……也是本书要介绍的内容。

这里所说的"常识"，有两个重点：一是基础知识、基本概念，二是读书时经常遇到、在日常生活中经常使用、大家知其然但未必知其所以然的问题。

中国传统文化博大精深，包罗万象，远不是一本书所能囊括的。本书只是采用杂志栏目式的方式，选取其中部分内容分门别类进行介绍。许多重要内容、基本常识将在以后各册陆续回答。

我们约请的作者，都是各个领域的专业研究者，每一篇简短的文字背后其实都有多年的积累，他们努力使这些文字深入浅出、严谨准确。同时，我们给一些文字选配了图片，使读者形成更加直观的印象，看起来一目了然。

无论您是什么学历，无论您是什么年龄，无论您从事的是什么职业，只要您是中国传统文化的爱好者，您都可以从本书中获得您想要的——

假如您是学生，您可以把它当做课业之余的休闲读物，既释放了压力，又学到了国学知识。

假如您身在职场，工作繁忙，它"压缩饼干式"的编排方式，或许能成为您快速了解传统文化的加油站。

假如您退休在家，您会发现这样的阅读轻松有趣，滋养心灵……

总目

职官典制   1

法律文化   21

民生礼俗   55

衣食住行   77

体育娱乐   125

哲学宗教   167

语言文学   205

书画艺术   239

戏曲曲艺   299

建筑园林   341

中华医药   375

目录

职官典制

"司马"原来是姓吗？ 1

洗马是干什么的？ 2

"员外"一词是怎么来的？ 2

什么是斜封官？ 3

"节度使"是怎样的官职？ 3

被张飞暴打的"督邮"是负责什么工作的？ 4

鲁智深人称"鲁提辖"，提辖是什么官？ 4

"县令"、"县长"、"知县"这些名称是怎么来的？ 5

三班衙役指什么人？ 5

宋江人称"宋押司"，押司是什么身份？ 6

"太守"是怎样的官职？ 6

道台的官级有多高？ 7

"总督"和"巡抚"哪个权力大？ 7

清代"贝勒"是官职名吗？ 8

大学士为什么称"中堂"？ 8

古代官署为什么被称为"衙门"？ 9

什么是九品中正制？ 10

明代的东厂、西厂是怎么回事？ 10

明代的锦衣卫主要负责什么？ 11

内阁是什么样的机构？ 12

清代军机处是负责什么的？ 13

"帝"与"后"有怎样的区别和联系？ 14

"陛下"一词最初来源何处？ 14

"山呼"是什么意思？ 15

"谥号"与"庙号"是怎么回事？ 16

古代官员的"品"、"级"是怎么回事？ 16

古代官员的工资为什么称"俸禄"、"薪俸"？ 17

"丁忧"是什么意思？ 17

什么叫"夺情"？ 18

"走后门"是怎么来的？ 19

什么是"伴食宰相"？ 19

法律文化

中国古代的法律体系是怎样的？ 21

"宪法"是中国古代最高的法律吗？ 21

中国历史上哪部法典最有名？ 22

什么是"法"、"律"？ 23

成文法是何时出现的？ 24

"三尺法"是什么？ 24

"发号施令"的"令"是指什么？ 25

"作奸犯科"的"科"是指什么？ 26

"刑"、"罚"是指什么？ 26

什么叫"刑"？"五刑"和"九刑"分别指什么？ 26

秋审是怎样审判的？ 27

封建社会在什么情况下会大赦天下？ 28

成语"十恶不赦"是怎么来的？ 29

封建社会能做到"法律面前人人平等"吗？ 29

"刑不上大夫"指的是什么？ 30

三司会审包括哪三司？ 31

九卿会审包括哪九卿？ 31

古代的刑讯逼供是怎样的？ 32

古代的"比"、"例"指的是什么？ 33

古代犯罪可以花钱免刑吗？ 33

为何要在午时三刻行刑？ 34

古代的肉刑何时开始废除？ 35

为何犯人害怕"三推六问"？ 35

炮烙刑罚是谁所创？ 36

"丹书铁券"就是免死金牌吗？ 37

为什么给犯人剃光头？ 38

古人犯罪后可由别人代受刑罚吗？ 39

"网开三面"的"网"原本是用来干什么的？ 39

古代的执法者在审讯中如何察言观色？ 40

"桎梏"是什么东西？ 40

打屁股的刑罚是什么刑？ 41

弃市是如何执刑的？ 42

千刀万剐是什么刑罚？ 42

徒刑的"徒"是什么意思？ 43

刺配属于什么刑罚？ 43

古代犯人的重体力劳动有哪些？ 44

"斩"、"镮"、"磔"、"剐"、"绞"、"枭"等各
有什么不同？ 44

盗窃就是偷东西吗？ 45

"狱"最初是指什么？监狱在古代有哪
些名称？ 46

诏狱是什么狱？ 47

三字狱是怎么来的？ 47

什么叫班房？ 48

为什么在衙门里当差的叫皂隶，这是一
种职业吗？ 48

讼师形象为什么大多丑恶？ 49

"王子犯法"真的"与庶民同罪"吗？ 50

枭首示众是怎样的刑罚？ 50

变法的商鞅是如何死的？ 51

方孝孺为什么被诛十族？ 51

汉朝的淮南王英布为何又称为黥布？ 52

除肉刑外，远古还有什么刑罚？ 53

曹操割发代首是不是诈术？ 53

民生礼俗

何谓"姓氏"？"姓"与"氏"是一回事吗？ 55

何谓"名字"？"名"和"字"是一回事吗？ 56

古人的号是怎么起的？ 57

什么样的人可以称为"祖"、"宗"？ 58

"家族"的含义是什么？ 58

"六亲"是指哪些人？ 59

古人怎么排行？ 59

古代对百姓都有哪些称呼？ 60

古代"奴"、"隶"是怎样的人？ 60

古人所说的"三姑六婆"是指哪些人？ 61

中国人的年龄是怎么计算的？ 62

"壮"、"强"、"艾"各指多大年龄？ 62

"壮丁"是些什么人？ 63

花甲、古稀、耄耋、期颐之年各指多大岁数？ 63

"糟糠之妻"的说法是怎么来的？ 64

为什么把原配夫妻称为"结发夫妻"呢？ 65

岳父为何被称作"泰山"？ 65

岳父为何又被称作"丈人"？ 66

古代为什么将丈夫的父母称为"舅姑"？ 67

为什么把女婿称为"东床"？ 67

为什么姐妹的丈夫互称"连襟"？ 68

为什么把未出嫁的女孩叫"黄花闺女"？ 68

为什么女孩待嫁叫"待字闺中"？ 69

古代结婚主要有哪些程序？ 69

古人什么时候结婚？ 70

为什么古时新娘出嫁要在头上盖一块红布？ 71

交杯酒怎么喝？ 72

为什么把完婚的新房称作"洞房"？ 72

古代的冥婚是怎么回事？ 73

古代对"死"主要有哪些叫法？ 74

为正义事业而献身为什么叫"牺牲"？ 74

"坟"与"墓"有何区别？ 75

衣食住行

古代"衣"和"裳"有什么不同？ 77

古代的礼服都是什么样子的？ 77

凤冠霞帔是什么样的服饰？ 78

"冠冕堂皇"一词是怎么来的？ 80

马弁、武弁指的什么人？ 81

丢了官为什么常说丢了"乌纱帽"？ 82

明清之际为何流行戴六合帽？ 83

"一统六合帽，平定四方巾"中的四方
　巾是怎样的服饰？ 84

步摇是什么样的首饰？ 85

何谓"玉搔头"？ 86

古人当了官为什么叫"释褐"？ 87

古人的"袍"是什么样的？ 87

布衣之交是什么样的交情？ 89

古人把内衣叫什么？ 89

兜肚是什么样的衣服？ 90

马甲、马褂与马有什么关系？ 91

古代的斗篷、风衣是用什么做的？ 92

"纨绔子弟"指什么样的人？ 93

古代如何扎腰带？ 94

古人如何称呼鞋？ 95

古代"足衣"指什么？ 96

"五谷不分"中的"五谷"指什么？ 96

"五味俱全"中的"五味"指什么？ 97

"八珍"指的是什么？ 97

为什么把一些小零食叫"点心"？ 98

馒头是怎么来的？ 99

何谓"馄饨"? 99

何谓"珍馐"? 100

《水浒传》中武大郎卖的"炊饼"是什么样的? 100

面条是怎么来的? 101

茶有哪些称呼? 101

酒有哪些称呼? 102

何谓"滥觞"? 103

"房"和"屋"有什么不同? 103

何谓"门当户对"? 104

"登堂入室"中的"堂"和"室"分别指建
　筑物的哪个部分? 104

为什么常用"家徒四壁"来形容非常贫困? 105

古代大门上的"铺首"是做什么用的? 106

古代屏风有哪些样式? 107

"床"、"榻"有什么不同? 108

"桌"、"案"有何不同? 110

"筵席"就是指酒席吗? 110

"胡床"是床吗? 111

"太师椅"与太师有关系吗? 113

何谓"四通八达"? 113

为什么常用"阳关大道"来比喻前途光
　明的道路? 114

何谓"康庄大道"? 114

古代的"道路"是什么样的? 115

"车轼"是指车的哪个部位? 116

管辖的"辖"是什么意思? 116

比较的"较"指的是什么东西? 117

古代车的轮子是什么样的? 118

为什么动身出发叫"发轫"? 118

秦始皇统一全国后为什么要实行"车
　同轨"? 119

安车是什么样的车? 119

辒辌车是什么车? 120

古代对于抬轿子的人数有什么规定? 120

何谓"骖乘"? 121

古代"馆驿"是做什么用的? 122

"脚夫"指的是什么样的人? 123

古代不同的船都有什么样的名称? 123

体育娱乐

围棋为什么黑子先行? 125

中国象棋棋盘上的"楚河汉界"是怎么
　来的? 125

古人也玩"飞行棋"吗? 126

古代的"六博"是什么样的游戏? 127

樗蒲是一种什么样的游戏? 128

中国古时斗牛与西班牙斗牛一样吗? 129

斗鸡游戏起源于何时? 130

古人如何斗鸭? 130

古人如何用花草进行比赛? 131

斗蟋蟀起源于何时? 132

古代的投壶游戏怎么玩? 132

"射覆"是古人的猜谜语游戏吗? 133

古时如何玩纸牌? 134

高跷戏为什么又被称为"高瞧戏"? 134

古人喝酒时如何行酒令? 135

古时酒席上也划拳吗? 136

古代的人怎么钓鱼？ 136

荡秋千还是荡"千秋"？ 137

古人怎么玩"藏猫猫"？ 138

踢毽子是从什么时候开始的？ 138

如何把空竹"抖"出彩？ 139

抽陀螺为何又叫"抽贱骨头"？ 140

正月十五猜灯谜的习俗由何而来？ 140

元宵佳节舞狮子起源于何时？ 141

清明为何也放风筝？ 142

端午节为什么赛龙舟？ 142

古人怎么玩"高尔夫球"？ 143

古时人们如何踢"足球"？ 144

古人如何打马球？ 145

角力比赛起源于何时？ 146

古时女子也会骑马射箭吗？ 147

"扛鼎之作"中的"扛鼎"是指什么？ 147

五禽戏的五禽是指哪五种动物？ 148

"十八般武艺"都有什么？ 149

张三丰和太极拳有关系吗？ 150

少林寺与少林拳有什么联系？ 150

内家拳创始人是谁？ 151

吐纳炼气技法如何养生？ 152

道家为何重视炼气？ 152

何谓"八段锦"？ 153

中国古代也有击剑比赛吗？ 154

我国古代最著名的女击剑手是谁？ 155

古代水上游戏有什么花样？ 155

古代冰上游艺活动主要有哪些项目？ 156

"弄潮儿"一词是怎么来的？ 157

古人如何拔河？ 158

古人如何跳绳？ 159

爬绳运动是怎样起源的？ 159

石球也可以踢吗？ 160

古人也会变魔术吗？ 160

中国戏曲的最早雏形是什么？ 161

跳丸与跳剑属于哪一类杂技表演？ 162

"胡旋舞"是一种什么样的舞蹈？ 163

古代马戏就是今天所说的马戏吗？ 163

古人如何表演爬竿杂技？ 164

哲学宗教

佛教为什么要分"大乘"、"小乘"？ 167

佛家的"三宝"是哪三样呢？ 167

为何说"无事不登三宝殿"？ 168

大千世界是指什么？ 169

佛家的"唯心"与哲学的"唯心"是一回事吗？ 169

佛家的"十二因缘"指什么？ 170

因果报应是怎么回事？ 170

什么是"六道轮回"？ 171

"如来"是谁？ 172

"菩萨"是什么人？ 173

观音菩萨是男是女？ 174

"四大金刚"都是谁？ 174

"十八罗汉"都是些什么人？ 175

鸠摩罗什是何许人？ 176

达摩祖师是谁？他跟中国的禅宗有什么关系？ 177

历史上的唐僧就是《西游记》中那个唐僧吗？ 178

猪八戒的"八戒"是什么意思？ 179

佛家也有"口头禅"吗？ 179

"六根清净"是什么意思？ 180

"拈花微笑"说的是怎样一段公案？ 180

高僧大德为什么要留下"舍利"？ 181

佛家为什么称别人为"施主"？ 182

"无间地狱"是什么意思？ 183

灵魂怎么转世？ 184

佛门的"书记"是干什么的？ 184

"天龙八部"是什么意思？ 185

佛家也讲"相好"吗？ 185

你知道"邪魔外道"的真正涵义吗？ 186

"一尘不染"的"尘"是灰尘吗？ 186

"一丝不挂"和佛教有什么关系？ 187

"居士"一定是佛教徒吗？ 187

《周易》为什么能成为六经之一？ 188

"太极"是什么意思？ 188

"阴阳五行"是用来算命的吗？ 189

"八卦"是什么意思？与"乾坤"有什么关系？ 191

"老子"是谁？ 192

《道德经》讲正经八百的"道德"吗？ 193

道教信奉的最高神灵有哪些？ 193

"西王母"是谁？ 194

道教的派别有哪些？ 195

"五斗米道"是怎么来的？ 195

道士也讲戒律吗？ 196

"真人"是什么人？ 197

古代帝王如何追求长生？ 198

空气能当饭吃吗？ 198

道士能不能结婚？ 199

历史上有"全真七子"吗？ 200

"同学"就是一同学习的人吗？ 200

孔子、孟子、荀子之间是什么关系？ 201

"名不正"为什么就"言不顺"？ 202

什么事情才算是"天经地义"的？ 202

"朝三暮四"是说明"花心"吗？ 203

"呆若木鸡"究竟是褒还是贬？ 204

语言文学

古代第一人称代词有哪些？ 205

古代第二人称代词有哪些？ 206

古代第三人称代词有哪些？ 206

"鄙人"是用来称呼谁的？ 207

"孔子"、"老子"的"子"为什么是尊称？ 207

"令兄"和"令妹"的"令"是什么意思？ 208

"足下"这一尊称是怎么来的？ 208

"了了"和"寥寥"有什么区别？ 209

古汉语中的"信"和"书"有什么区别？ 209

"造次"是什么意思？ 210

令人扫兴为什么叫"杀风景"？ 210

"难兄难弟"是指共同经历患难的人吗？ 211

"佞人"是什么样的人？ 211

古代"胖"是"肥"的意思吗？ 212

"符合"这个词是怎么来的? 212

什么样的人可以称为"英雄"? 213

什么样的人可以称为"豪杰"? 213

古人为什么把沾染的不洁之物称为
  "污点"? 214

"储蓄"一词是怎么来的? 214

古人打猎为什么叫"田猎"? 215

"酝酿"最初是什么意思? 215

为什么把反复考虑叫"斟酌"? 216

为什么互相研讨叫"切磋"? 216

怎样的过程叫"锻炼"? 217

为什么搞卫生叫"扫除"? 217

披星戴月怎么"戴"? 218

"负荷"是用哪里承担重物? 218

"供给"是给谁东西? 219

"施舍"就是给人东西吗? 219

"奉承"就是说好话吗? 220

"贡献"是给谁东西? 220

为什么道歉叫"谢过"? 221

为什么形容有个性叫"特立独行"? 221

为什么没有条理叫"紊乱"? 221

为什么不含杂质称"纯粹"? 222

为什么无能叫"不肖"? 222

风骚指什么? 223

什么是赋比兴? 223

什么叫楚辞? 224

作为文学体裁的赋有哪些特点? 224

乐府、乐府诗、新乐府之间有哪些密切
  关系? 225

什么是志人小说? 225

什么是志怪小说? 225

玄言诗中有多少"玄"的东西? 226

什么是永明体? 226

宫体诗就是"艳情诗"吗? 227

什么是骈文? 227

什么是古体诗、新体诗、近体诗? 228

什么是律诗? 229

什么是绝句? 229

什么是词牌? 230

什么是阕? 230

唐传奇是怎样一种文体? 230

什么是变文? 231

词作为一种文体有哪些别称? 232

什么是小令? 232

什么是"青词"? 232

什么是"话本"? 233

什么是元曲、元杂剧? 234

什么叫章回小说? 234

什么是"八股文"? 235

什么是弹词? 235

什么是"口号诗"? 236

什么叫"试帖诗"? 236

书画艺术

"书法"与"法书"有什么不同? 239

何谓篆书? 240

何谓隶书? 242

何谓楷书？　　　　　　　　　242

何谓草书？　　　　　　　　　243

何谓行书？　　　　　　　　　243

何谓八分书？　　　　　　　　244

什么叫飞白书？　　　　　　　245

何谓破体书？　　　　　　　　245

什么叫蝌蚪书？　　　　　　　246

何谓"秦书八体"？　　　　　　247

何谓"永字八法"？　　　　　　248

"碑"、"帖"有什么区别？　　　249

怎样读帖？　　　　　　　　　250

什么是"三希堂法帖"？　　　　251

"石鼓文"是一种什么样的文字？　251

王羲之"书圣"之名是怎么来的？　252

"天下第一行书"指什么作品？　253

"天下第二行书"指哪件作品？　254

"铁门限"一词从何而来？　　　255

书法史上的"初唐四家"指的是谁？　256

"颜筋柳骨"是什么意思？　　　257

"颠张醉素"分别指谁？　　　　258

书法"宋四家"指的是谁？　　　259

宋徽宗的书法为什么被称为"瘦金书"？　261

为什么把郑板桥的字称为"六分半书"？　262

"浓墨宰相"和"淡墨探花"分别指谁？　263

"蚕头燕尾"的书法是什么样子的？　264

什么是"万毫齐力"？　　　　　265

"力透纸背，入木三分"的书法是什么样

　　子的？　　　　　　　　　266

"春蚓秋蛇"形容的是怎样的字？　266

何时开始将笔墨纸砚统称为"文房四宝"？　267

毛笔有哪些种类？　　　　　　267

毛笔的"四德"是什么？　　　　268

历代有哪些著名的笔？　　　　269

历代有哪些著名的墨？　　　　270

历史上有哪些有名的纸？　　　270

历代有哪些名砚？　　　　　　271

中国古代绘画为什么叫"丹青"？　272

什么样的画叫历史画？　　　　273

什么样的画叫肖像画？　　　　274

什么是山水画？　　　　　　　275

什么是花鸟画？　　　　　　　276

何谓水墨画？　　　　　　　　277

古代的壁画主要绘制在哪些场所？　278

什么是年画？　　　　　　　　279

工笔画和写意画有什么不同？　280

什么样的画被叫做院体画？　　281

什么是绣像？　　　　　　　　283

何谓白描？　　　　　　　　　283

何谓"勾勒"？　　　　　　　　284

何谓"渲染"？　　　　　　　　285

何谓"烘托"？　　　　　　　　285

皴法是什么样的绘画技法？　　286

什么是粉本？　　　　　　　　287

什么是泼墨法？　　　　　　　287

中国古时候的"写真"指什么？　288

什么是十八描？　　　　　　　289

什么是没骨法？ 290

绘画六法指的是哪六种方法？ 291

山水画中"三远"指什么？ 291

中国书画中的"三品"指的是什么？ 292

绘画中的"六要"指什么？ 293

绘画中的"六多"指什么？ 293

绘画中的"三病"指的是什么？ 294

何谓"曹衣出水，吴带当风"？ 295

"扬州八怪"，"怪"在何处？ 296

戏曲曲艺

为什么把戏曲界称为梨园行？ 299

梨园行的祖师爷是谁？ 300

"菊部"是什么意思？ 301

为什么把戏曲舞台称为氍毹？ 302

"粉墨登场"中的"粉"和"墨"是指什么？ 302

行当、脚色和角色有什么不同？ 303

什么是青衣？ 304

什么是老生？ 305

包公属于哪个行当？ 306

以唱工为主的花脸为什么又叫铜锤
花脸？ 307

生旦净末丑中的末扮演的是哪类人物？ 308

小花脸属于哪个行当？ 309

"跑龙套"中的"龙套"是什么？ 310

行头是什么意思？ 311

什么是盔头？ 311

什么是水袖？ 312

戏曲中的场面是指什么？ 313

什么是砌末？ 314

"守旧"是什么？ 315

京剧的四功包括哪些内容？ 316

京剧的五法包括哪些内容？ 317

什么是堂会戏？ 317

什么是折子戏？ 318

票友、票房这些称谓是怎么来的？ 319

京剧为什么又叫皮黄？ 320

什么叫文武昆乱不挡？ 321

什么叫六场通透？ 321

为什么说生书、熟戏、听不腻的曲艺？ 322

什么是撂地？ 323

曲艺中的"迟疾顿挫"是什么意思？ 323

曲艺中的"崩打粘寸断"是什么意思？ 324

曲艺中的"闪垛卸叠"是什么意思？ 324

什么是贯口？ 324

说、学、逗、唱指的是什么？ 325

什么是倒口？ 326

人们常说的"合辙押韵"是什么意思？ 326

为什么把曲艺中的笑料叫做"包袱"？ 328

什么叫做"三翻四抖"？ 329

什么是相声中的"铺平垫稳"？ 330

什么是单口相声？ 331

什么是对口相声？ 331

什么是群口相声？ 332

什么是大开门和小开门？ 333

定场诗的作用是什么？ 333

传统评书是如何分类的?　334

说评书时用的醒木有什么讲究?　334

什么是评书中的明笔?　335

评书中常常出现的"书中暗表"是什么
　意思?　336

什么是评书中的伏笔?　336

评书中的"剪短截说"是什么意思?　337

说书人的"册子"是什么?　338

评书中的"开脸儿"是指什么?　338

最著名的山东快书书目是什么?　339

京韵大鼓都有哪些流派?　340

建筑园林

明清紫禁城在建筑布局、风格上有哪些
　改变?　341

传统的祭祀建筑都有哪些种类?　343

佛教寺院的典型布局是怎样的?　344

北京四合院的典型格局是怎样的?　345

"大内"指什么?"大内"都是由什么组
　成的?　347

"街坊四邻"的坊和街分别指什么?　348

"明堂辟雍"代表了中国哪种传统建筑
　理念?　349

十三陵的选址和建筑格局具有什么特点?　351

舍利塔有什么建筑特色?　352

中国古代的城墙是如何建造的?　353

我国传统建筑的屋顶形式都有哪些?　354

影壁的种类有哪些?分别具有什么特点?　355

华表来源何处?其形制有什么讲究?　356

牌楼的形制和功能有哪些?　358

"台榭"是一种怎样的建筑物?　360

"龙生九子"都叫什么?它们中有哪些
　在建筑中"司职"?　361

"斗栱"在我国传统建筑中起什么作用?　362

什么是"石阙"?有哪些种类?　364

榫卯是什么?何时开始应用于建筑中?　365

"藻井"从何时开始出现?都有哪些类型?　366

宋代的柱础雕刻有哪些图案形式?　367

《考工记》是一部怎样的书?　369

我国最早的建筑工官叫什么?　369

《考工记·匠人营国》中记载的"王城"
　究竟有多大?　370

我国古代有公园吗?　371

我国古代也有高层建筑吗?　372

中华医药

为什么说中医学是"岐黄之术"?　375

"悬壶济世"是不是古代的公费医疗?　375

什么样的医生才能被称为"华佗再世"?　376

太医就是御医吗?　377

"头痛医头,脚痛医脚"的郎中就蹩脚吗?　378

中医真的能靠"一个枕头,三根指头"
　诊病吗?　379

中医是怎么切脉的?　380

切脉能判断生男孩还是生女孩吗?　381

"悬丝诊病"真有其事吗?　382

中医也看脸色吗？ 383

中医是如何从五官看病的？ 384

中医看舌头能看出些什么来？ 385

人体有多少经络？ 387

人体有多少个穴位？ 388

少林功夫的"点穴"和中医学的"穴位"
　是一回事吗？ 390

五脏六腑分别是什么？ 390

中医为何认为脸上印着五脏六腑？ 391

中医所说的"精气神"是什么？ 392

为什么"精气神"被称为人身的"大药"？ 393

"气沉丹田"的"丹田"在哪里？ 394

"小周天"是怎么回事？ 395

"金针度人"是指中医扎针吗？ 396

怎么做艾灸？ 398

为什么选在"三伏天"、"三九天"来做贴敷？ 399

推拿和按摩有区别吗？ 399

如何拔罐？ 400

什么是刮痧？自己操作时要注意些什么？ 402

足够苦的才是良药吗？ 403

小偏方真的管用吗？ 404

药膳适合哪些人？ 404

白娘子为何喝了雄黄酒就现原形？ 405

蒙汗药厉害还是麻沸散厉害？ 406

1

"司马"原来是姓吗？

"司马"一姓大家都很熟悉，历史上也有司马相如、司马迁、司马光等著名的文学家、史学家。其实，"司马"是古代的官名，后来以官为姓，成为姓氏之一。

司马作为官职，在西周时开始设置，与司徒、司空并称"三有司"，亦称"三有事"。司马为朝廷重臣，掌管军政与军赋，常常统兵出征，所率军队为六个师或八个师不等，相当于大将军。

春秋时，各诸侯国官制中都有司马一职。有的诸侯国还设有大司马，此外还有左司马、右司马作为司马的属官。不仅在官制中有司马一职，在军队中也设有此类官称，如晋军中有司马，是低于军尉的官职。

战国时，军将或军师常常被称为司马，如《战国策·齐策》记载"禽燕之司马而反千里之齐，安平君（田单）之功也"，燕司马就是指燕将骑劫。在军队的将帅之下，还设有很多司马之职，分别承担不同的任务。此外，地方的县、都也有司马的官，如秦有县司马。春秋战国的铜官玺中还包括很多的县、都的司马之玺。

司马的官职到了汉代曾一度被取消，汉武帝时，改太尉为大司马，后世用作兵部尚书的别称，侍郎称作少司马。汉代大将军统管五部，每部各设军司马一人。

魏晋至宋代，司马为军府之官，总理军府事务，参与军事计划。隋、唐两代，州、郡、府中各设有司马一人，位在别驾、长史之下。白居易《琵琶行》中就有："座中泣下谁最多？江州司马青衫湿。"而到了明、清两代，司马则成为府同知的别称了。

○ 2

洗马是干什么的？

"洗马"，是古代官名。"洗"并非读 xǐ，而是通"先"，亦称"先马"。洗马并非洗刷马匹之意，也不是指马夫，而是在马前驰驱之意。秦汉时期，洗马为太子的侍从官，太子出则作为前导。晋代时其职责改为掌管图籍，南朝时洗马隶属于典经局，隋唐时则设司经局洗马一职，沿袭至清代。清代司经局所设之洗马用满汉各一人，从五品。在历史上许多名人都做过洗马之职，如魏徵曾做过太子李建成的洗马；清末重臣张之洞四十三岁时，还只是一个洗马的官。

○ 3

"员外"一词是怎么来的？

员外是员外郎的简称，是一种官职，有"正额之外"增设之意。三国时期魏末最早设置了员外散骑常侍，晋朝初年又设置员外散骑侍郎，都是皇帝的侍从官。南北朝时，又新设了殿中员外将军、员外司马等。到了隋朝，员外的地位进一步提升，成为尚书省二十四司内各司次官。唐、宋、辽、金、元、明、清沿隋制，以郎中、员外郎为六部各司正副主官，员外已身居显赫之位了，虽名为"员外"，其实在编制定员之内。在清代，除了六部外，理藩院、太仆寺、内务府等也有员外郎一职。

不过自明朝以后，员外逐渐成为一种闲职，失去了往日的荣光。由于当时地主和商人通常可以通过捐银两的方式来获取员外一职，所以，"员外"逐渐失去了其本来含义，而专指一些有钱人了。

4

什么是斜封官？

"斜封官"，也被称作"墨敕斜封官"，是唐朝的非正式任命的官员，由于任命状是斜封着从侧门交付于中书省执行，且其上所书"敕"字用墨笔（与中书省黄纸朱笔正封的敕命不一样），故此得名。"斜封官"也是当时人们对由非正式程序任命的官员的一种蔑视性称呼。

在唐朝，官吏的任命制度有严格的既定的程序，即先由吏部注官，再经过门下省过官，最后经过中书省对皇帝颁下的任命状进行"宣署申覆"。皇帝和宰相掌管五品以上的高级官员的授职和迁转以及六品以下的一些清要官职的任命权，吏部主要主持六品以下的中低级官员的授职升迁。此外，兵部也掌握一部分由门荫入仕者的授职之权。但是唐中宗、睿宗时期，韦后、安乐公主、太平公主等擅宠用事，贪污受贿，公开卖官鬻爵，违反正常任官制度，而是由皇帝或以皇帝名义直接任命。被任命的斜封官名称有员外、同正、试、摄、检校、判、知官等，有时可达数千人。墨敕斜封官的授官方式导致朝政混乱，遭到部分官员的强烈反对。但直到唐玄宗登基之后，才在姚崇等的协助下，罢免了中宗以来的斜封官，并规定此后不得以此法任官，从而结束了长期以来冗官滥吏充斥的局面。

5

"节度使"是怎样的官职？

节度使是唐时都督带使持节者的称谓，其首次出现，是在唐睿宗景云年间（710～712），然而正式和有计划地设置节度使这一官职，则是在继睿宗之后的唐玄宗开元年间，分别设立了安西、北庭、河西、陇右、朔方、河东、范阳、平卢、剑南、岭南十个节度使。节度使是唐朝武官的一种，主要掌管军事、防御外敌，而没有管理州县民政的职责，然而后来渐渐地节度使也开始过问民政。唐朝后期的节度使势力大大加强，已经到了独揽地方军政大权的地步。"安史之乱"的爆发以及此后藩镇割据局面的形成，正是节度使权力过重造成的恶果。

6

被张飞暴打的"督邮"是负责什么工作的？

《三国演义》中有张飞暴打督邮的情节，那么督邮是负责什么工作的官呢？督邮这个官职开始设置于西汉中期，是各郡的重要属吏。见于记载的有"督邮曹掾"、"督邮掾"、"都邮"等，通称"督邮"。督邮的职责除督送邮书外，又代表太守巡行属县，督察长吏和邮驿，宣达教令，兼司捕亡等。一郡分为数部的，每部各有督邮一人。

7

鲁智深人称"鲁提辖"，提辖是什么官？

通过《水浒传》中"鲁提辖拳打镇关西"一章，我们知道了经略府的提辖官鲁智深。那么提辖是什么样的官职呢？

提辖首先是一种指挥官，为"提辖兵甲盗贼公事"的简称。宋代一路或一州所置的武官，主要掌管本区军队训练，督捕盗贼等事务；二是事务官，宋朝时，在左藏库（储藏皇家金银钱帛）、文思院（掌管制造宫廷所用的金银器物等奢侈品）、杂买务杂卖场（掌采办宫廷、官府杂物）、榷货务都茶场（掌管茶、盐、香、矾等物品的专卖）四处均设立了提辖官。此外，还设立了督催检查纲运的提辖官。北宋末年，为了应付日益突出的财政危机，官府就在各地寻找矿产，开采铸钱，在各地设置了五路坑冶提辖措置专司，如提辖措置京东路坑冶司、河东路提辖措置坑冶钱监司、提辖措置河北路坑冶铸钱司等。

但是提辖官并非是宋朝才有，如辽朝就设置有四类提辖官：一是为了护卫斡鲁朵和皇帝陵寝和后妃宫帐，设立宫卫提辖官，如有战事，他们要奉命出征；二是在路一级行政单位也设置了提辖官，高于州刺史，主要掌管番汉相涉及抓捕盗贼的事情；三是在贵族的领地头下州也设置了提辖官，主要掌管头下州的钱帛赋税；四就是职位不高，拥有多项任务的一般的提辖官，这类提辖官数量很多。

8

"县令"、"县长"、"知县"这些名称是怎么来的？

先说县令，秦国的商鞅变法，合并那些小乡为县，县令就是县的长官。战国末年，郡县两级制形成，县属于郡，县令成为郡守的下属。而到了秦至南北朝时，县的行政长官有了大小区分，大县称令，小县称长。秦、汉法令规定，人口超过万户以上的县为大县，不足万户的县为小县。到了唐代，称佐官代理县令为"知县事"。宋代则经常派遣朝廷官员为县的长官，管理一县行政，亦称"知县事"，简称知县，如果当地驻有戍兵，知县则兼兵马都监或监押，兼管军事。到了明、清两代，知县就成为一县的正式长官了。

9

三班衙役指什么人？

三班衙役是指衙门里的勤杂人员，他们一般分成三个部分。

一是站班皂隶，类似今天的法警，负责跟随长官左右护卫开道，审判时站立在大堂的两侧，增加庄严气氛，维持秩序，押送罪犯，执行刑讯及笞杖刑。电视剧中官员出场时喊堂威的就是他们。二是捕班快手，类似今天的刑事警察，负责传唤被告、证人，侦缉罪犯、搜寻证据。也被称为"观察"。三是壮班民壮，他们负责把守城门、衙门、仓库、监狱等要害部门，巡逻城乡道路，类似今天的武装警察。这类人也被称为"都头"。

在当时的习俗中，衙役在社会的最底层，很少有平民和这个阶层的人通婚。《水浒传》中，武松做过都头，后来被发配到沧州，张团练把自己妻子的婢女玉兰许给他做妻子，武松就十分感激。因为在地位上，他还不如玉兰高。

在古代的法律上，也规定了除民壮外，其他衙役都是贱民，子孙要在脱离衙役身份的三代后才能参加科举考试。

10

宋江人称"宋押司"，押司是什么身份？

我们读《水浒传》的时候，发现宋江被称为宋押司，而且人们十分敬重他。那么，押司是做什么的？

原来，押司就是衙门里的书吏，也就是书写文书的人员。他们虽然被正式的士大夫阶层看不起，但毕竟属于官吏阶层。而且衙门中的书吏要比官多，他们代表官府同百姓打交道。他们也享有免役的特权。

在穿戴上，他们可以穿长衫（虽然只能是黑色），和秀才一样可以结一根长长的儒绦衣带，脚蹬靴子；而普通百姓只能穿短衫，蹬高帮鞋。

更重要的是，书吏又掌握着一定权力，可以满足人们的权势欲望。而且历代法律都允许书吏在供职一定年限后，经过考核没有过错，就可以得到做官的出身。

书吏的收入也是很可观的。虽然衙门的俸禄很少，但是按照规矩，他们每干一件稍微涉及钱财的案子，或者是要他们出面的政府事务，都可以从中得到好处，算是手续费，可以自己拿到手里。因此，在《水浒传》里，宋江虽然是书吏，却可以逢人给钱，逢难救济，得到"及时雨"的美称。

11

"太守"是怎样的官职？

太守这一职位原来是战国时代对郡守的尊称，到了西汉景帝时，郡守才改称成太守。太守是一郡最高的行政长官，朝代不断更换，但太守这一官职却一直沿用了下来。到了南北朝时期，新增加的州、县日渐增多，各郡之间所管辖境地相对地缩小，州、郡之间的地域区别不大了，所以到了隋初，就把州留下，把郡废除了，因此太守的权力也被所谓的州刺史给剥夺了，这样，州刺史就代替了太守的官职，太守则不再是正式官名了，而成为刺史或知府的别称。到了明清时期，则专门用来称呼知府了。

12

道台的官级有多高？

道台是中国古代地区级行政长官，亦称"道员"、"观察"，品级相当于三品或正四品官员。清朝时，我国实行省、道、府、州、县五级行政区划制，道在清代是省的派出机构，称为分守道和分巡道，是正式行政区划，分守道专掌钱谷，分巡道专掌刑名。道台就是对道一级行政长官的尊称。在清代，道员也不尽管辖地方，也有专门承管省内某个具体方面工作的，被称为专业道员，如提学道、兵备道、粮储道、盐法道、河工道等，李鸿章就曾担任过福建粮储道。

13

"总督"和"巡抚"哪个权力大？

总督和巡抚合称"督抚"，都是从明朝开始设置的。那时，政府派大臣处置地方军政事务，有两种头衔，全称分别是"总督某地等处地方提督军务粮饷兼巡抚事"和"巡抚某地等处地方提督军务兼理粮饷"，前者就是总督，后者就是巡抚，都属于临时性质，事罢还朝。

在清朝的时候，地方行政制度实行的是督抚制。当时全国划分为23个省，每个省设一名巡抚，为主管一省民政的最高长官。总督权力比巡抚大，但与巡抚之间没有直接的隶属关系。总督和巡抚都是对上直接听命于皇帝，不同的是总督可以管数省，侧重军事，巡抚只管一省，侧重民政。当时全国设八大总督，分别为直隶、两江、闽浙、两湖、陕甘、四川、两广、云贵总督。

14

清代"贝勒"是官职名吗？

"贝勒"在满语中写作"beile"，在《金史》中被称作"孛堇"或"勃极烈"，是部落酋长之意，其复数被称为"贝子"。

起初，贝勒是一个拥有实权的官职，地位仅次于"皇帝"。清太祖努尔哈赤就曾被称为"淑勒贝勒"，意为"聪睿的贝勒"。此外，努尔哈赤也用贝勒称其子侄。努尔哈赤建立后金政权以后，他的次子代善、侄子阿敏、五子莽古尔泰、八子皇太极被封为大贝勒、二贝勒、三贝勒、四贝勒，四大贝勒每月一位轮流执政，处理一切国家大事，取代五大臣议政制度。四大贝勒职位可谓一人（努尔哈赤）之下，万人之上。但是到了崇德元年（1636），定宗室世爵为九等，第三等为多罗贝勒（多罗，满语，即为国家之意），简称贝勒。乾隆十三年（1748），又定宗室封爵为十四等，第五等为多罗贝勒，亦以封蒙古贵族。在清朝前期，贝勒领兵出征，享有政治、经济特权。随着满族统治者不断地学习汉族官制，"贝勒"这一实权称谓逐渐演变成一个无实权的虚位——爵位名称。

15

大学士为什么称"中堂"？

"学士"原是掌管文学著作的官，唐代开始设置，当时由宰相兼管"学士"，就把宰相称为"大学士"。到了宋代，大学士的含义有所变化，"学士"中资望特别高的人，被称为"大学士"。明代，设大学士若干人，替皇帝批答奏章，参议政务，官阶五品。如果兼任尚书、侍郎，还可以加官到一品，成为事实上的宰相，俗称"阁老"。清代的大学士是内阁的主官，官阶为正一品，一般称为"中堂"。

"中堂"之说起于北宋（一说起于唐），唐宋时期把政事堂设置在中书省内，是宰相处理政务的地方，中堂因宰相在中书省内办公而得名，后来把宰相也称为中堂。

元代继续沿用这个称呼，没有多少变化。明朝时候，统治者为了进一步集中权力而不设宰相、中书省等机构，宰相的权力转移到内阁，由内阁来处理国家政务。明代大学士实际掌握宰相的权力，他们的办公处在内阁，中书居东西两房，大学士居中，所以称大学士为中堂。清朝继承了这一做法，内阁的首辅大学士以及协办大学士都被称为中堂，大学士成了宰相的别称。清朝共设置六部，每部有尚书二人，一汉一满，在大堂上左右对坐，分庭抗礼，如果某个大臣以大学士的身份管部，就坐在大堂中间，称为"中堂"。不过这只是虚名，并不代表实际权力，实权由军机处掌握。

16

古代官署为什么被称为"衙门"？

众所周知，"衙门"是古代对官署的称呼。其实它最初是军事用语，是用来称谓军旅营门的。

衙门本作"牙门"。在古代，常常用猛兽锋利的牙齿象征武力，军营门外常常放有猛兽的爪、牙。后来为了方便，就用木刻的大型兽牙代替真的猛兽牙齿，还在营中的旗杆顶端装饰兽牙，悬

县衙八字门

挂的也是齿形的牙旗。由此，营门也就被称为"牙门"了。大约到了唐代，"牙门"逐渐被移用于官府，"牙门"也被误传为"衙门"。正如唐人封演在《封氏闻见记》中所说："近俗尚武，是以通呼公府为'公牙'，府门为'牙门'。音稍讹变，转而为'衙'也。"衙门一词广泛流行开来。宋以后，"衙门"就彻底取代"牙门"，成为官署的代称。

17

什么是九品中正制？

　　九品中正制也叫"九品官人法"，是我国魏晋南北朝时期实行的人才选拔制度。"中正"指的是有名望的推荐官，人才的等级就由他们评定。一般各州郡的中正官都由本籍人在中央任职的官员兼任，他们的职责是根据家世、才、德，评定辖区内士人的品级、等级。品级分上、中、下三等，每等又分上、中、下三级，共分成九级，即上上、上中、上下、中上、中中、中下、下上、下中、下下。朝廷根据品级的高低任命官职，大官多由品级高的人担任，品级低的人多担任小官。九品芝麻官就属于最低级别的下下级官员了。

　　那么，这一制度是从何时开始实行的呢？东汉末年由于战乱，人口流动频繁，使过去乡举里选的人才评定方法已难以推行，旧有的人才档案已经失去作用，要想选拔出好的人才，必须建立新的人才档案，因此曹操建立了九品官人法作为临时选拔人才的一种方法。公元221年吏部尚书陈群重申和修订，并经曹丕同意，将其正式颁布全国。由于中正官大多是由当时的豪门大族担任，为了维护他们自己的利益，巩固其统治地位，因此在评品论级时他们往往只看门第高下，出现了"上品无寒门，下品无势族"的局面。望族的纨绔子弟平步青云，坐取公卿，而那些有才能的人却受到排挤，难以施展抱负和才干。由此，九品中正制成了保护士族世袭政治特权的官僚选拔制度，远远背离了量才授官、以期公正的初衷。到了隋代，这一制度被科举制所取代。九品中正制在中国历史上持续了400多年。

18

明代的东厂、西厂是怎么回事？

　　东厂是明代的特务机构。"靖难之役"后，明成祖朱棣为了清除建文帝朱允炆余党，缉查谋反、大逆及所谓"奸党"，同时，也用来对付政治上的反对派，于1420年在北京东安门外设立东厂。东厂在各地都设有分支机构。东厂的首领称为东厂掌印太监，也称厂主和厂督，是宦官中仅次于司礼监掌印太监的第二号人物。除此以外，东厂中设提督太监一人，由有权势的太监担任。下设掌班、领班、司房四十余人，十二伙管事，按子丑寅卯排列，各领档头办事，共计百余名。其下有番役千余人，番役就是我们俗称的番子。档头和番役具体负责侦缉工作。

东厂的侦缉范围非常广，上至朝廷会审大案，下至普通百姓的日常生活，如柴米油盐的价格。东厂派人听审锦衣卫审讯重犯，查看重要衙门的文件，如兵部的各种边报、塘报。东厂的人还潜入各个衙门内，监视官员的言行。东厂的触角延伸到各个领域，权力在锦衣卫之上，只对皇帝负责，可以不经过司法手续，随意监督缉拿臣民，从而开明代宦官干政之端。东厂与明朝命运相始终，存在了224年，东厂所办的案件中，冤案层出不穷，官民深受其害，在人民心目中，东厂就俨如一座地狱。

西厂，可谓东厂的同胞怪胎。由太监汪直担任首领。当时在京城出现"妖狐夜出"的神秘案件，接着妖道李子龙用旁门左道蛊惑人心，图谋不轨。明宪宗为了加强侦刺力量，于成化十三年（1477）设立西厂。厂址设在灵济宫前，以旧灰厂为厂署总部。西厂主要从禁卫军中选拔军官，人员扩充速度极快，其势力超过了东厂。西厂在全国布下侦缉网，对怀疑之人，不经皇帝批准就强行严刑逼供。汪直等人的过激行为，使朝野上下怨声载道。西厂一度被撤销，但很快得以恢复。随后西厂势力扩大，汪直的权力极度膨胀，引起皇帝的警觉。在其后的权力角逐中，汪直失败，伴随着汪直被逐出京城，西厂也寿终正寝了。

19

明代的锦衣卫主要负责什么？

锦衣卫是皇帝的侍卫机构，也是明朝的特务机构。它是由明太祖朱元璋所设御用拱卫司演变而来的，1384年正式改立。锦衣卫的长官被称为指挥使，由皇帝指派亲信心腹担任。锦衣卫下辖17个所和南北镇抚司。

锦衣卫拥有三项职能，一是具有皇帝禁卫军的作用，执掌侍卫、展列仪仗和随同皇帝出巡。其中比较著名的为"大汉将军"。大汉将军在锦衣卫中自成一营，初期人数约 1500 人，到明末一度增加到 5000 余人。二是皇帝的私人警察。朱元璋为了加强中央集权，将锦衣卫的功能提升，特令其掌管刑狱，赋予其巡察缉捕之权。他们直接听命于皇帝，可以逮捕任何人，皇帝要逮人，也通过锦衣卫去抓并且让他们审讯。锦衣卫下辖的南北镇抚司从事侦察、逮捕、审问活动；北镇抚司负责传达、受理皇帝钦定的案件，拥有自己的监狱，可以自行逮捕、刑讯、处决，不必经过一般司法机构。三是"执掌廷杖"。廷杖制度始自明朝，是皇帝用来教训不听话的士大夫的一项酷刑，行刑者是锦衣卫校尉，他们受过严格的训练，技艺娴熟。由此看来，说锦衣卫是爪牙走狗并不为过。

明锦衣卫木印

20

内阁是什么样的机构？

内阁是明、清最高官署名。主要秉承皇帝的意旨办事，直接为皇帝服务，堪称皇帝的秘书厅。内阁发轫于明太祖朱元璋时期的"殿阁大学士"。朱元璋为了加强中央集权，罢黜丞相，仿宋代制度，置华盖殿、武英殿、文渊阁、东阁诸"大学士"，侍奉皇帝左右，备皇帝顾问。为了防止擅权，这些大学士的品级都非常低，品秩从五品，大权则集中于皇帝一人。到了明成祖朱棣时，延揽大学士入内阁，正式有"内阁"之名。大学士秉承皇帝的意旨办理一些政务，俨然智囊团。内阁大学士虽无宰相之名，却有宰相之实。内阁大学士级别也有了高低之别，首辅是内阁的首席阁臣。

清承明制，内阁仍为皇帝身边最为重要的办事机构，负责代拟意旨及诏令的传达等，但也进行了一些变革，最主要的是内阁中的最高官员大学士设了满、汉各二人，最初为满一品、汉五品，后改汉为二品，到雍正时，才规定满、汉均为正一品。但雍正时期设置军机处后，商议大政、备皇帝顾问、拟写谕旨、记录国家大事的职权，已完全被军机处取代，内阁从此就形同虚设了。

○ 21

清代军机处是负责什么的？

军机处值房

军机处，本意就是办理军机事务的地方，初设于雍正七年（1729）。当时，清军在西北与准噶尔蒙古激战，为及时处理军报，防止机密泄漏，开始设立"军机房"，不久改称"办理军机处"。西北战事结束后，原本作为临时机构性质的军机处并没有被裁撤，职权反而大大扩充，"军国大计，罔不总揽"。军机处内设军机大臣、军机章京。军机大臣，正式称谓是"军机处大臣上行走"，俗称"大军机"，由皇帝亲信的满汉大学士、各部尚书、侍郎、总督等官员奉特旨担任，有些也由军机章京升任，人数无固定限额，任期亦无固定期限。军机章京，俗称"小军机"，亦称"司员"，初期由军机大臣在内阁中书等机构中选调，乾隆时期，改由内阁、六部、理藩院等衙门中录用。由于军机处并非国家正式机关，所以军机大臣、军机章京均为兼职，既无品级、也无俸禄。军机大臣的任命、职务均无制度可遵循，完全秉承皇帝的旨意。军机处的职责就是每天面见皇帝，有时甚至一天数次，汇报各地奏折，商议处理军国要务，对皇帝的谕旨以军机大臣名义下发等等。军机处直接服务于皇帝，从而使皇权专制达到了极点。直至宣统三年（1911）皇族内阁成立后，军机处才被裁撤。

22

"帝"与"后"有怎样的区别和联系？

"帝"和"后"在古汉语中都是最高统治者的称号。"帝"最初是指传说中的部落酋长。海内外的中华儿女都说自己是炎黄子孙，黄帝和炎帝就是传说中上古时的部落首领。后来，各部落、各朝代都把最高统治者神化，称他们为"皇帝"、"天子"，把他们与天联系在一起，使他们具有了神的特性。所以"帝"是天帝、上帝的意思，他们是宗教或神话传说中的最高的天神，万物的主宰。

"后"原来也是君主、主宰的意思。与"帝"不同的是，他是地上的统治者。《诗经》中记载："商之先后，受命不殆，在武丁孙子。"大禹的儿子启就被称为"夏后氏"，还有传说中射日的后羿。皇帝的正妻被称为皇后，是因为她主宰着六宫，在后宫有着至高无上的权力。

23

"陛下"一词最初来源何处？

大家都知道，"陛下"一词是臣子对君主的称呼，自秦以后只用来称呼皇帝一人。而其实，"陛下"中的"陛"即指由台榭下段通向台顶的台阶。"陛"有时是土筑，有时是木构，有时还有花哨的形式，如"飞陛"。又因为古代只有王或者诸侯有资格建造台榭作为自己的居所，久而久之，"陛"就特指君主宫殿的台阶。

那么，为什么"陛下"一词由一个建筑构件，变成了一种尊称呢？因为在古代，这条通往君主的台阶是有侍卫把守的，只有经过陛下的允许才可登阶升殿，见到君主，"皇帝陛下"即是通过陛下的卫士向皇帝转达的意思，表示卑者向尊者进言。蔡邕《独断》卷上："谓之陛下者，群臣与天子言，不敢指斥天子，故呼在陛下者而告之，因卑达尊之意也。"后来，"陛下"就成为对帝王的敬辞。《史记·秦始皇本纪》："今陛下兴义兵，诛残贼，平定天下，海内为郡县，法令由一统。自古以来未尝有，五帝所不及。"也就是说，到了西汉，以"陛下"代指皇帝已经被普遍接受了。　　（孙燕　撰写）

保和殿后陛大石雕

◯24

"山呼"是什么意思？

古书上谈到百官拜见封建皇帝时，总是"山呼万岁"。为什么要在万岁前面加上"山呼"？这是怎样的一个仪式呢？

《汉书·武帝纪》中说，元封元年（前110）春，武帝带领群臣登上嵩山，随从的官员们都听见从山中隐隐传来三声高呼万岁的声音。武帝把这件事记在了自己下的诏书中。这本来是很荒唐的，但后世的统治者却当成"祥瑞"，把"三呼万岁"规定成臣子朝见皇帝的定规，称之为"山呼"。《元史·礼乐志》中记载了具体的仪式：朝见皇帝的人，先跪左膝，掌管朝见仪式的司仪官高喊"山呼"，朝见人叩头并应和说"万岁"；司仪官再喊"山呼"，朝见人还是照上次的样子叩头并应和说"万岁"；最后司仪官喊"再山呼"，朝见人再叩头，应和说"万万岁"。这个仪式存在了许多年，皇帝们听到了无数次的"万岁"、"万万岁"，却没一个如愿的。

25

"谥号"与"庙号"是怎么回事?

谥号是封建时代的皇帝、大臣、士大夫等重要人物死后,后人根据他们生前的事迹和功过给予的称号,含有褒善贬恶的意思,其实是又添了一个别名而已。帝王的谥号是由大臣们议定的。文、武、景、烈、昭、穆等都是表示褒扬的谥号,如周武王、汉武帝等;灵、厉、炀等是表示批评的谥号,如周厉王、隋炀帝;怀、愍、哀等是表示哀怜的谥号,如楚怀王。臣子的谥号是由朝廷赐予的,如诸葛亮谥号"忠武",岳飞谥号"武穆";还有一些谥号是由亲友、门人给予的,如陶渊明谥号"靖节"、陈寔谥号"文范先生",这些被叫做私谥。

庙号是封建皇帝死后,在太庙里奉祀时的名号。一般是开国的皇帝称祖,后来的继承者称宗。如汉高祖刘邦、宋太祖赵匡胤、明太祖朱元璋、唐太宗李世民、明太宗朱棣等等。庙号起于汉朝,最初非常严格,按照功德的标准而定,所以并不是每一个皇帝都有庙号。唐朝以后,每个皇帝都有了庙号。

26

古代官员的"品"、"级"是怎么回事?

品是指古代官员的等级。汉代以俸禄的多少来表示官的等级,如万石、二千石、千石、八百石等级别。因为每一种官职都有固定的俸禄级别,所以有时以俸禄级别指官职,如郡守俸禄为二千石,二千石遂为郡守的通称。魏晋开始,官分九品,以一品为最高。隋代自九品至一品官,称为流内,不入九品的称为流外。流外也有品级,用来安排胥吏,明清则总称为不入流。有些官称并无实际职务,只是授予年老有病的旧臣或有一定勋劳的人,作为领取俸禄和享受某种礼遇的依据,而不负实际责任,这样的官叫做散官。

27

古代官员的工资为什么称"俸禄"、"薪俸"?

现代人的劳动报酬叫做工资,古代官员也发工资,但往往以"俸禄"和"薪俸"这样的字眼代替,这样的叫法其实是来自工资的最初发放形式。"禄"最初的意义是上天所赐给的福分。在古人的眼中,帝王就是上天派来的神,他们是天子,是代替上帝给人间赐福的神。当他们把土地、奴隶等赐予大臣、亲戚时,这些东西就是"禄"了。而且当时只有有爵位的人才有"禄",其他小官吏或平民百姓只能得到糊口的粮食,所以"禄"是分封制的产物,是统治阶级内部按等级对土地、民众的分配。"俸"是奉的分化字,它是中央集权的官僚制度发展的产物。早期的"俸"是按照贤能程度、功劳大小的标准以粮食的形式发放的,有时也将粮食折合成钱发放。可见,"俸"与"禄"最初的性质是不同的。随着时代的发展,俸禄也常常作为一个词使用,泛指朝廷发给的钱银或粮食。

"薪"的本义是柴草,"薪"和"水"在人们的生活中是不可或缺的,它们常结合在一起使用,指的就是为了生存而进行的采集柴草、储备饮水的活动。古代的官府除了给官员发"俸"外,也经常以各种名目发些生活费,称为"薪"。据史料记载,发"薪"的形式也不一样,有时是发柴草,有时也折合成钱银,这样,"薪俸"也就成为一个词了。直到今天,我们口语中还经常以"发薪水"代替发工资。

28

"丁忧"是什么意思?

"丁忧"亦称"丁艰",是古代遭父母之丧的通称。早在周朝时期,我国就产生了子女为父母守丧三年的丁忧丧俗。春秋战国之际,儒家倡导重丧,《孟子·离娄下》中记载"养生者不足以当大事,惟送死可以当大事"。

汉代以后,"丁忧"服丧被纳入法律,匿丧不举、"丁忧"期间作乐、丧期未满求取仕途、生子、兄弟别籍分家、嫁娶、应试等都被视为"不孝"犯罪，将会受严厉的刑律惩罚，判处1年至3年不等的徒刑，或遭到流放。

对于仕宦官员，除了应遵守普遍性的行为之外，还有些特殊性的要求，即三年"丁忧"必须解官去职，脱离职权岗位，唐朝时就将此项规定付诸立法条文。有些官员因为丁忧期间贪恋权位而丢官丧命。如后唐天成年间，滑州掌书记孟升因母丧隐瞒不报，最后被"赐自尽"。而大诗人白居易，其母由于看花坠井而死，在丁忧期间，白居易作了《赏花》及《新井》的诗，被认为有伤官德孝道而遭一贬再贬，从京师到江州刺史，后又被贬为司马。相反，在丁忧期间，若"丁忧"守丧孝行卓著，则可以越级提拔，受到朝廷的嘉奖。如《明史·孝义传》记载：明代，徐州人权谨"迁光禄署丞……母年九十终，庐墓三年，致泉涌兔驯之异。有司以闻，仁宗命驰驿赴阙，出其事状，令侍臣朗诵大廷，以示百僚，即拜文华殿大学士"。由此看来，丁忧已经由一种习俗、一种伦理而逐渐演变成一种政治资源了。

29

什么叫"夺情"？

"夺情"可以说是丁忧制度的重要组成部分，也可以说是丁忧制度的权宜之举。"夺情"还称"夺哀"，主要包括两个方面，一是朝廷对一些大臣要员，虽然遭受父母之丧，也不放其解职离岗，要求其继续留任，素服办公。如光绪八年（1882），直隶总督李鸿章母亡，需丁忧居丧，但当时李鸿章不仅经管各国通商事务，还兼管训练直隶军队和北洋水师，他人不可替代。于是，清朝政府就催他行孝百日后，即刻回任。二是官员丧期未满，由于朝廷的需要，也会特许其终止服丧守制，在丁忧期间起复任职。如唐朝张九龄居丧后，唐玄宗令其起复中书侍郎同平章事。

夺情可以说是对丁忧的必要补充。仕宦官员遭父母之丧，需丁忧守制，解职离岗三年。但是对朝廷重臣而言，丁忧守制不利于国家政务的正常运行，在形势紧迫如边患危机、发生兵战之时，朝廷用人之急也会与丁忧制度发生冲突，此时，夺情正是"移孝为忠"，以公义而掩私情。

30

"走后门"是怎么来的?

"走后门",是指用托人情、行贿等不正当的手段,通过内部关系以达到某种目的。南宋学者罗大经《鹤林玉露》说:"今若直前,万一蹉跌,退将安托?要须留后门,则庶几进退有据。"此处的"留后门"指的是办事应留有退路,否则万一遇到挫折,就没有退路了。可见并没什么贬义。

"走后门"一词的现代意思据说来源于宋代的一幕宫廷剧。相传宋徽宗继位之后,重用蔡京为相。宋哲宗时期的官吏遭到了蔡京的极力排挤和打击,激起了人们强烈的不满。艺人们就利用朝廷宴会的机会,用喜闻乐见的方式讽刺了蔡京等人的行为:一位官员正襟危坐于案堂之上,正在处理公务。他勒令一个哲宗年间出家的和尚还俗,又下令将一个哲宗年间出家的道士的道袍脱下来,令其还俗。正在此时,一个下属上前请奏说:"如何处置当今国库发下的旧朝一千贯俸钱?"这位官员思忖片刻,低语道:"就从后门搬进来吧。"从此,"走后门"一词就流传开来,成为了依靠不正当手段达到目的的代名词。

31

什么是"伴食宰相"?

伴食宰相,顾名思义是指陪着一起吃饭的宰相。此语出自《旧唐书·卢怀慎传》:"开元三年,迁黄门监。怀慎与紫微令姚崇对掌枢密,怀慎自以为吏道不及崇,每事皆推让之,时人谓之伴食宰相。"大意是说,卢怀慎在玄宗开元三年(715)被擢升为宰相,和姚崇一起同掌机要,卢怀慎自认为在做官处理政事的能力上比不上姚崇,于是什么事都推给姚崇,自己什么都不拿主意,不发表意见,被当时人讥讽为伴食宰相。后世用这个词来讽刺无所作为、不称职的官员。

32

中国古代的法律体系是怎样的？

中国古代的法律体系被称为中华法系。中华法系的法律，对于道德所希望的一切事情，都想用刑的力量去强制人民遵循，"出于礼则入于刑"。当道德范畴的内容随民生而变的时候，法律思想也随着道德思想而变，成为中华法系的生命所在。《大戴礼记·盛德》载："刑法者，所以威不行德法者也。"战国时李悝集诸国法典所著《法经》六篇，是中国最早的成文法典，其内容主要是刑事法律。商鞅接受《法经》入相于秦，改法为律；汉代萧何又参照秦律作"九章律"；三国时期的魏国参酌汉律改定刑制"作新律十八篇"；大唐贞观年间撰成唐律十二篇，形成了中国封建社会的完整的法律体系。其后，宋朝的刑统、元朝的典章、明代的大明律、清代的大清律，大同小异。中华法系中刑法与民法不分，刑法与刑事诉讼法相混，直到清末筹备立宪变法，刑法才独立出来。清宣统二年（1910）十二月公布的《大清刑律》是中国历史上第一部现代意义上的刑法典（但因清政府的覆灭而未能施行），中华法系从此解体，而以大陆法系为蓝本的新刑法开始在中国施行。

33

"宪法"是中国古代最高的法律吗？

宪法一词是从拉丁文翻译过来的，本原于 costituio，其原意是"组织"、"确立"的意思。日本人借用为 constitution 的意译，我国近现代也沿用了"宪法"这个名称。

近代意义上的宪法，不仅是法的表现形式，而且在一国法律体系中居于最高的地位，是"法律的法律"。

我国古籍中也有"宪法"一词，如《尚书》中有"监于先王成宪"，《国语·晋语九》中有"赏善罚奸，国之宪法也"，《旧唐书》中有"永垂宪则，贻范后昆"等，这些指的是典章制度和法令的公布，是法的一种表现形式，并且主要是指刑法而言，而不是作为国家根本大法的最高的法律。

34

中国历史上哪部法典最有名？

我国法律发展史上，人们一致公认最具代表意义的刑法典，是产生于唐朝并影响了以后整个封建时期法典制订的《唐律疏议》。《唐律疏议》是唐朝《永徽律》的律文注释全书，因为在《永徽律》执行过程中对律文的理解有差异，故由长孙无忌等进行了疏解，每条下附有说明和解释，随律颁行，由于它是官方编写，又由皇帝命令颁行全国，具有极大权威性，成为了唐代官吏审理案件的标准。唐时原称《疏律》，其后宋朝沿用，直到元朝才通称为《唐律疏议》。

《唐律疏议》是一部儒家伦理化的法典，用儒家伦理化思想全面指导立法和法律注释，并积淀、衍化为律疏的原则和规则。唐代的统治者总结了汉代"引经决狱"、魏晋南北朝的儒生注律和伦理入法的立法成果和历史经验，将儒家伦理观念确定为制定律疏的指导思想。《唐律疏议》的律文解释中，既重视疏注词义，又不忘阐明法理，根据战国秦汉魏晋南北朝至隋以来的封建法律理论，对律文的内容叙述其源流，对其含义加以发挥，对不完备的地方加以补充，使唐律内容更加丰富。对于律文中某些难以理解的难题，采用生动的问答方式作进一步的阐释，辨异析疑，还大量引用书外法令作为必要补充。《唐律疏议》不仅完整保存了唐律，还保存了大量唐代的令、格、式的内容，同时记载了大量有关唐代政治、社会经济的资料，是研究唐代阶级关系、等级关系以及官制、兵制、田制、赋役制的重要依据。

《唐律疏议》不但集中体现了唐代初年封建统治集团的法律思想，并且注重鼓吹君主专制、封建伦理和等级制度，为维护封建统治作出了卓著的贡献，堪称古代律学的一大杰作，历来受到封建统治者的高度评价。唐以后各朝封建法典的制定和解释，都引其为蓝本，广为参考。

35

什么是"法"、"律"？

甲骨文中未发现"法"字，西周铜器铭文中"法"字的古体是"灋"。许慎在《说文解字》中解释为："灋，刑也。平之如水，从水。廌所触不直者去之，从廌去。""廌"在传说中是生性正直的神羊——独角兽；"去"就是断案时由神羊触审，被神羊所触的人败诉；"水"代表神意裁判公平、不偏不倚、平之如水，描述了一幅神羊裁判的图画。尽管战国时期已有了简化的"法"字，但其古体一直保留到秦汉时期。周代已经有"法"的存在，《礼记·月令》："命有司修法制"，《周礼》"以八法治官府"。但现代意义上的"法"的大量使用是在战国时期法家学派诞生以后，晋国有"被庐之法"、"夷搜之法"，魏国有"法经"、"国法"，燕国有"奉法"。

"律"出自原始社会黄帝时代"师出以律"（《周易·师》）的故事。黄帝命伶伦把竹竿截成竹筒，钻上眼，用嘴吹，发出各种声响，用来指挥军队的前进和后退。竹筒的声响"律"体现了军队的纪律，有军法、战时号令的作用，又延伸出"规范"的含义，"范不一而归于一"，以后带有军刑意义的都称为律。后来，商鞅变法"改法为律"，以"律"为新制定的法律的总称，但其影响并不限于秦国。云梦秦简《为吏之道》摘有魏安釐（xī）王时的户律和奔命律，说明至少在秦始皇统一前，魏国已经使用了律的名称。律既表现为综合性法典，也表现为单行法规。此后，中国历代的正式法典都称律，秦律被汉朝继承，号称"九章律"；汉律被改编为曹魏的"新律"；西晋"泰始律"被东晋及南朝沿用；北朝有"北魏律"、北周的"大律"、"大齐律"；隋朝有"开皇律"；唐朝有最具代表性的唐律及其疏议；明朝有"大明律"，清朝继之改称"大清律例"。但民国时的立法，法典又改"律"为"法"了。

36

成文法是何时出现的?

在周朝以前,法律是秘而不宣的,实行临事制刑,礼刑不固定结合,对一定违礼行为施用何种刑罚全凭执法者的决断,断狱者必须用心体会礼的要求。

春秋时期,争取法律公开成为推行社会改革的一项内容。公元前 538 年,郑国子产(郑穆公的孙子)把刑法铸在鼎上。这种用固定的法律维系社会秩序的做法遭到了保守贵族的批评。晋国大夫叔向认为,道德习惯的控制力远远大于成文法,单纯依靠法律可能让刁民钻空子,反而会增加社会动乱,而子产回答,就是要通过铸刑书建立新的道德(《左传·昭公六年》)。子产执政一年后,郑国出现了路不拾遗、夜不闭户的安定秩序。公元前 513 年,晋国的赵鞅和荀寅把前执政者范宣子制定的刑法铸在鼎上公布,称为刑鼎。公元前 501 年,郑国的思想家邓析私自修改郑国刑法,并刻在竹简上,是为"竹刑"。邓析的做法触怒了执政大夫驷颛(zhuān),以"诈伪之民"将其杀害,但邓析的刑法还是被采用了。后来,各诸侯国的法令编纂接踵而起,晋国有被卢,楚国有茅门、仆区,齐国有轨里。公元前 407 年,魏相李悝综合各诸侯国的成例,拟定了中国历史上第一部系统化的刑法典《法经》,法律秘密时期宣告结束,中国进入法律公开的历史时期。

37

"三尺法"是什么?

西汉武帝时,廷尉杜周不依法办案,而是专门迎合汉武帝的旨意断狱。有人指责他"不循三尺法",他理直气壮地回答:"三尺安出哉?前主所是著为律;后主所是疏为令。当时为是,何古之法乎!"(《汉书·杜周传》)

在纸张发明以前,法律一般是铸在鼎上的,而在邓析私造"竹刑"以后,竹简成为记载法律的主要材料。秦汉时,用于书写文字的竹简长短不一,一般短简用于缮写传记、杂文，而长简用于缮写经典，三面有棱的简则用做儿童识字的课本。皇帝册封诸侯的策书是用二尺或一尺长的简，平时的诏书则用一尺长的简，民间缮写的传记、书信等也都用一尺长的简。汉代的律令是记载在长简上的，史书记载"二尺四寸之律，古今一也"（《盐铁论·绍圣篇》），居延汉简中缮写法律的汉简中最长的一支（甲编第 2551 号）简长 0.675 米（汉制一尺为 0.233 米）。不过，从考古发掘的实物看，简策的长度并不严格遵循制度的规定，有的简策是有出入的。实际上，汉代人是举大数概略地把用于缮写律令竹简的长度叫做"三尺"的，并把"三尺法"作为法律的代称。宋代王观国《学林》认为："法律者，一定之制，故以三尺竹简书之，明示其凡目，使百官万民巡守之。故谓之三尺。"

旧时，衙门的公堂是依据法律审理案件的地方，审案时放文房四宝及捕签、荆签、惊堂木等审案所需物品用的桌案，也被俗称为"三尺法桌"或"三尺公案"。

38

"发号施令"的"令"是指什么？

《尚书·冏命》有"发号施令"。《说文解字》曰："令，发号也"。令是君主专制时代由皇帝根据时事需要随时在律之外发布的命令、文告，其法律效力高于律，可以变更或代替律的有关规定。秦始皇规定皇帝"令曰诏"，从此诏令连称。秦汉时，皇帝发布的法令都以诏令形式颁行。西汉令极多，涉及面广，有考核官吏的《功令》，限制刑具的《箠（chuí）令》，管理监狱的《狱令》，尊养老人的《养老令》等，以致"盈于几阁，典者不能遍睹"（《汉书·刑法志》），编为令甲、令乙、令丙，以方便官吏检索。曹魏立国以后，在律典之外制定了"令典"。晋朝进一步进行完善，律典是定罪量刑的法典，而令典是规定制度的法典。律典、令典并列的法典体系历南北朝、隋、唐、宋均未改变。明朝时，令典已不再是官府和社会各方面的制度大全，仅按朝廷六部大概规定一些最重要的制度。清朝以后不再制定令典，令仅是一般法令的泛称。

39

"作奸犯科"的"科"是指什么？

针对某种事类的单行科罪条文在汉代叫"科"。汉代的科有处罚藏匿罪犯的"首匿之科"、惩罚逃亡人的"亡逃之科"、惩罚投寄匿名信的"投书弃市之科"等。《后汉书·陈宠传》载："汉兴以来，三百二年，宪令稍增，科条无限"。科是对律令的具体诠释或补充。科有两个含义，一是科刑，即对犯罪者处以刑罚；二是科条，即关于规定犯罪与刑罚的法令条文。

40

"刑"、"罚"是指什么？

在战国以前，"刑"往往用以专门表示法律，也指征伐战争和施用肉刑。但战国时期成文法以各种形式公布之后，"法"作为表示法律最恰当的用字逐渐深入人心，而"刑"以后一般专指刑罚。汉文帝以责打身体、强迫劳役等代替肉刑，并强调要使犯罪人改过自新，刑罚改革远远领先世界其他地区。不过，当时的"刑罚"并不是说对犯罪人用刑以示惩罚，因为"刑"与"罚"是有区别的，"刑"是指肉刑和死刑，而"罚"则指以金钱赎罪，有谓"五刑不简，正于五罚"（《尚书·吕刑》）。后来才泛指对罪犯实行惩罚的强制方法，"刑罚者，惩恶之药石也"（《明史·刑法志》）。

41

什么叫"刑"？"五刑"和"九刑"分别指什么？

刑是戗（qiāng）的借字，"刃、戗，刑也"（《集韵·唐韵》）。刑必留下创伤、疤痕，因而周代常以刑、杀并称。古人也经常兵、刑并提，"刑出于兵"，"大刑用甲兵"（《汉书·刑法志》），兵刑同制。在反复使用过程中，刑逐渐与兵分离，逐渐系统化。

五刑是对中国古代法律中规定的五种主要刑罚手段的概括称呼，从最初形成到完善有一个较长时期的发展过程。"五刑"的最早记载见于《尚书》，据说是黄帝时期东夷的领袖蚩尤和苗民所发明的"五虐之刑"（《尚书·吕刑》），即"劓（yì）、刵（èr）、椓（zhuó）、黥、丽"。禹灭三苗后，皋陶吸收三苗"旧五刑"的刑制，续成"墨、劓、刖、宫、大辟"五刑，割耳的刑罚施行在军中，新增的刖刑是砍掉腿或是敲掉膝盖骨。《国语·鲁语上》从施刑方法上总结，以甲兵、斧钺、刀锯、钻笮（zuó）、鞭扑为五刑。

早期的五刑是通行于汉文帝之前的肉刑和死刑，断狱者有了定制可循，相对于夏桀、商纣等前代滥造酷刑是历史的进步。晋时以"死、髡（kūn）、完、作、赎"为五刑，是隋唐五刑的滥觞和过渡。北朝时的北齐以"死、流、耐、鞭、杖"为五刑；北周改耐刑为徒刑；隋朝去鞭刑加笞刑，确定五刑刑名为"死、流、徒、杖、笞"。唐朝沿用而改其顺序为由轻至重，将五刑定型为"笞、杖、徒、流、死"。除五刑外，还有许多使用于朝堂内外的法外刑罚。直到清朝新刑律颁布，才开始建立了以自由刑为中心的，由死刑、无期徒刑、有期徒刑、罚金、拘役等五种刑名组成的新体系。

《左传·昭公六年》载："夏有乱政而作禹刑，商有乱政而作汤刑，周有乱政而作九刑。"在早期史籍中，有不少关于西周九刑的记载，如"刑书九篇、周法九篇"。"九刑"应该是周公旦所作的刑书九篇。五刑是主要刑，而流、鞭、扑、赎是辅助刑，合称九刑。

42

秋审是怎样审判的？

《旧唐书·刑法志》载，立春至秋分停止决囚，同时对待决之囚实行三复奏的制度。明英宗天顺年间创立朝审制度，清朝在继承朝审制度的同时又另立审判外省死刑重案的秋审制度，《清史稿·刑法志》曰："秋审亦原于明之奏决单，冬至前会审决之"。按清律，死刑分为"斩立决"、"绞立决"和"斩监候"、"绞监候"两类。前者立即处死，后者缓期处决，延至秋天由九卿重审。因为复审各省死刑案件是在秋季举行，因而称作"秋审"。

凡属秋审案件，各省督抚应将人犯提解省城，带领在省城的按察使、道员等官进行会勘（共同勘验），并拟出处理意见，报送刑部。各省限五月内将案件报至刑部，经刑部、大理寺等法司劾核后，由刑部将原案材料和法司、督抚"勘语"刊印成"招册"（案件卷册）分送九卿、詹事、科、道各一份。至八月在天安门外金水桥西会同审理，即为秋审。由于死罪人犯在各省关押，秋审仅凭招册进行书面审核。经过秋审的案件分为情实、缓决、可矜、有疑、留养承祀五类。由刑部会同大理寺等机关集中审核后奏请皇帝裁决，凡是已经勾去的，立即发"勾决"咨文通知有关地方执行死刑。

43

封建社会在什么情况下会大赦天下？

为了缓解社会矛盾，古代朝廷往往对于大多数已发现、未发现的犯罪行为都予以赦免，即"大赦"。由于赦免范围广大，表示皇帝的恩德，又称之为"德音"。最早见于史册的赦令是《春秋》所载庄公二十二年（前672）"春王正月，肆大眚"，大赦之名则起于秦庄襄王元年（前249）"大赦罪人"。秦始皇从不赦免罪人；而汉朝吸取教训，将大赦作为缓和社会矛盾的手段，凡皇帝践祚、改元、立皇后及太子，甚至上帝冠、郊祀、封禅、巡狩、祥瑞、灾异都要颁布大赦，如《汉书·宣帝纪》载"凤凰集鲁郡，群鸟从之，大赦天下"，两汉总共发布大赦令186次，平均2.24年一次。大赦最频繁的是三国两晋南北朝时期，大赦多达428次，两晋平均1.35年一次，南朝平均1.22年一次。改朝换代而"与民更始"，新帝登基要"荡涤积弊"，皇帝结婚生子需"普天同庆"，打了胜仗要显示"皇朝武功"，发生灾荒要"罪己宽民"，有了祥瑞吉兆要"奉天承运"，都要施行大赦。由于频繁滥赦，大大降低了法律的权威，每当王朝统治力量比较强大时，大赦相当有节制，大赦不再作为缓和统治危机的手段时，大赦频率才逐渐降低。

○ 44

成语 "十恶不赦" 是怎么来的?

十恶的部分罪名(如大逆、不敬、不孝、不道)在秦汉的法律中已经出现,到北齐时形成"十条重罪",隋朝《开皇律》在北齐律的基础上进一步概括为"十恶之条"。有关十恶的规定,被隋以后的封建法典所沿用。

唐律中对十恶作了具体的规定,"谋反"是颠覆国家的行为;"谋大逆"是怀着不满心情破坏宗庙山陵及宫阙的行为;"谋叛"是背离本国、里通外国的行为;"恶逆"是殴打谋杀祖父母、父母和杀伯叔父母、姑、兄、姊、外祖父母、夫、夫的祖父母、父母的行为;"不道"是杀一家三口人和肢解人等无视人道的行为;"大不敬"是偷盗天子用来祭神的东西和天子的车、衣、物的行为;"不孝"是向官府告父母的状和对祖父母、父母等进行诅咒谩骂等行为;"不睦"是谋杀或卖缌(sī)麻以上亲属,妻子向官府告或殴打丈夫及大功以上尊长、小功尊属的;"不义"是杀本属府主、刺史、县令等顶头上司和受业老师等违背义理的行为;"内乱"是强奸或者通奸小功以上亲、父祖妾等近亲相奸的行为。

在十恶中,谋反、大逆、反叛、大不敬违反人道大义,恶逆、不孝、不睦、内乱违反人道大伦,不道、不义违反生人大义,都是天理所不容、人道所不齿、王法所必诛的,因而常赦不原。"十恶"触犯了皇帝至高无上的尊严,或者违反了儒家的伦理纲常,直接侵犯了国家的统治基础和统治秩序,被视为最严重的特殊重罪,都处以重刑,并不得适用有关减免刑罚的"八议"制度。

○ 45

封建社会能做到 "法律面前人人平等" 吗?

封建法律不仅严格规定了良、贱、上、下、尊、卑的等级区分,以及与其身份地位相应的权利义务关系,皇亲、国戚、贵族、官僚都享有法定特权,犯罪可以得到宽免。秦、汉、魏、晋、南北朝的法律中，贵族、官僚、地主都享有种种宽免特权。

"八议"是封建法律维护皇亲国戚、达官显贵在诉讼中的法律特权的规定。"八议"来源于奴隶制社会的西周时期对贵族管理给予特殊照顾的"八辟"制度："一曰议亲之辟，二曰议故之辟，三曰议贤之辟，四曰议能之辟，五曰议功之辟，六曰议贵之辟，七曰议勤之辟，八曰议宾之辟"（《周礼·秋官·司寇》）。魏律改称"八议"，其后历代相袭。亲，就是皇帝的高祖兄弟、曾祖从兄弟、祖再从兄弟、父三从兄弟、自身的四从兄弟，太皇太后和皇太后的曾祖兄弟、祖从兄弟、父再从兄弟、自身的三从兄弟，皇后的祖的兄弟、父的从兄弟、自身的再从兄弟，以及皇帝、太皇太后、皇太后、皇后依礼法服制与此相同的。故，就是皇帝的故旧。贤，是言行可以效法有大德行的贤人君子。能是政治、军事等方面有大才能的人。功，是能斩将搴旗、摧锋万里或率众归化、宁济一时、匡救艰难的对国家有大功勋的人。贵是依照官职品位三品以上的职事官、二品以上散官及一品以上爵位的人。勤是在位的军政要员、外交使节能忠于职守、于国有大勤劳的人。宾是前两个朝代皇帝的后裔。这些人犯死罪，都可以奏请皇帝予以减免，流罪以下减一等。所以，封建社会不可能做到"法律面前人人平等"。

46

"刑不上大夫"指的是什么？

"刑不上大夫"，最早见于《礼记·曲礼》。这里的刑就是指法，从夏禹刑开始，经商汤刑、周九刑，到周穆王时期的吕刑，规定了五刑和定罪量刑的原则。有关殷商、周的史籍中并不乏大夫甚至比大夫地位高的贵族被判刑、处死，商纣曾醢（hǎi）九侯、脯鄂侯、剖比干的心，周公曾杀管叔和蔡叔，春秋战国时大臣被诛戮的事例更是屡见不鲜，可见贵族并非都不加限制地享有法外特权。不过，大夫以上贵族犯罪在诉讼程序以及适用刑法上是与庶民、奴隶不同的，主要表现在可以不像一般人一样出庭受审，可以赎刑或者缴纳罚金免除其罪，有的应处死刑的可以予以放逐，即使判处死刑，在行刑时也有别于常人。主要是因为他们都属于贵族，不同程度上总有一定的血缘关系，为了在被统治者面前保持贵族作为一个整体的尊严，不宜让他们终身带着曾受刑辱的标记，但不是说他们犯罪后可以不负法律责任、不受刑罚制裁。虽然战国时"法不阿贵"的主张已被提出，但是由于产生特权的基础还存在，"刑不上大夫"原则逐渐演变为封建法律中的"议"、"请"、"减"、"官当"等特权制度。

47

三司会审包括哪三司？

三司会审是中国古代的一种审判制度。"三司"是中国古代三个主要的中央司法机关，源于战国时期的太尉、司空、司徒三法官，后世也称三法司。汉代的三法司是廷尉、御史中丞和司隶校尉；唐代以刑部尚书、御史中丞、大理卿为三司使；明清两代以刑部、大理寺、都察院为三法司。

汉代以来，凡遇重大案件，由主管刑狱机关会同监察机关、司法机关共同审理。隋朝由刑部、御史台会同大理寺实行三法司会审。唐代则实行"三司推事"制度，遇有呈报中央的申冤案件，由门下省给事中、中书省中书舍人、御史台御史等小三司审理；重大案件由大理寺卿、刑部尚书、御史中丞共同审判；对于地方上未决、不便解京的重大案件，则派监察御史、刑部员外郎、大理评事充任"三司使"，前往当地审理。明代时定制，由大理寺、刑部、都察院三机关组成三法司，会审重大案件；遇有特大案件，则由三法司会同各部尚书、通政史进行"圆审"；皇帝亲自交办的案件，由三法司会同锦衣卫审理。清朝继承了三司会审制度，并增设热审、秋审、朝审制度。

48

九卿会审包括哪九卿？

九卿会审，即九卿议刑，是对特别重大案件由中央机关九个部门的官员集议审理的一种制度，"会九卿鞠之，谓之圆审"（《明史·刑法志》）。唐朝实行中央机关对死刑判决的大型合议制，首创封建法律史上的"九卿议刑"制度。贞观元年，唐太宗李世民曾亲自诏令："自今以后，大辟罪皆令中书、门下四品以上及尚书九卿议之"。明清称"九卿会审"，不限于对死刑的"议刑"，凡重大案件由九卿大臣会鞠，并形成了制度，即由吏部、户部、礼部、兵部、刑部、都察院、通政使司和大理寺九个部门组成最高一级审判组织，但其所判决的案件，仍需报皇帝最后核准，才能执行。唐朝、明朝时，九卿是三法司与吏、户、礼、兵、刑、工各部尚书及通政史，清朝时为吏、户、礼、兵、刑、工各部尚书、都察院左都御史、通政史和大理寺卿。

○49

古代的刑讯逼供是怎样的？

古代判案中的拷讯

在封建制度下，断案重口供，为了取得口供，古人创造了一系列讯囚的办法。《魏书》中说："捶楚之下，何求而不得。"古时的法庭上，往往都放着拶（zǎn）子、竹篦、夹棍、杠子之类的刑具。夹棍是对男人进行拷问的刑具，是在三根木四面相合的地方各凿圆窝，拷问时在圆窝地方夹住嫌疑人两脚的脚腕，执刑人从两侧用力夹紧，使受刑人疼痛难忍。拶子是对女人进行拷问的刑具，拶子是用五根圆棒二条绳子连起来做成的，把嫌疑人的四指夹起来，然后把绳子勒紧，使受刑人痛苦难忍而招供。审讯拷问的时候使用笞或杖，叫讯囚杖，笞杖由腿和臀分受，愿意由背和腿平均分受的也可以允许，有时犯人背靠柱子，在柱子后边把手绑上，往腿上打。古代酷吏的刑讯方法多种多样，"或有用大棒、束杖、车辐、鞋底、压踝、杖桄（guàng）之属，楚毒备至"（《隋书·刑法志》），"或倒悬石缒其首，或以醋灌鼻，或以铁圈箍其首而加楔，至有脑裂髓出者"（《资治通鉴》），还有用竹签子刺指（"签爪"）、吊发、熏目、烙铁、油纸烧足趾等名目。

50

古代的"比"、"例"指的是什么?

比即是中国古代的一种断狱原则,又是两汉到南北朝时曾通行的一种法律形式。《礼记·王制》郑玄注:"已行故事曰比。"律无专条,取其相近者比拟用之谓之比。秦朝时很多案件的判决以"廷行事"即法庭成例为依据,如《法律答问》:"殴大父母,黥为城旦春。今殴高大父母,何论?比大父母。"汉初肯定比附之制,汉高祖七年,"诏廷尉所不能决,谨具为奏,傅所当比律令以闻。"在转向比附情况下,"决事比"发展成为一种独立的法律形式,在法律没有规定的情况下取已经判决的案例作为审判的标准。由于以比断狱,司法机构出现了"奸滑巧法,转相比况",同罪异论,"所欲活,则傅生议;所欲陷,则予死比"。作为独立的法律形式,汉之后比不复存在,有关内容并入其他法律形式。北宋时原有"凡律所不载者,一断于敕"的规定,后来为弥补敕的不足,如遇律、令、格、式所不载,则引具有法律效力的判例断案,使"例"成为一种法律形式,明清采用律例合编的体例,与宋朝的例的广泛运用有密切关系。

51

古代犯罪可以花钱免刑吗?

古代刑法中允许犯罪的人缴纳一定的财物抵免刑罚,这个制度就是赎刑。赎刑起源于传说中的尧舜时代,《尚书·舜典》说"金作赎刑"。战国时期的司法实践中,案情有疑问而无法查清、定罪量刑遇到困难无法确认或者犯罪者"意善功恶"时,墨、劓、刖、宫、大辟都可以用金抵免。汉朝时将赎刑作为国家聚敛财富的手段,允许用纳钱、出缣、输作赎免刑罚,汉惠帝时买爵三十级就可以免去死罪;汉武帝时纳钱五十万可以减死罪一等,司马迁被处宫刑本可以用钱赎刑,但由于家贫不足以自赎。隋唐以后,赎刑形成了非常严密具体的制度,每种刑罚都规定了相应赎金的数量,哪些情况适用赎刑制度也做了明确的规定。唐朝时,应当议、请、减及九品以上官及七品以上官员亲属，犯流罪以下的，都可以用金钱赎罪。清朝时，官员犯笞、杖、徒、流及杂死罪的都可以纳赎，老、幼、废疾及妇女犯徒刑罚的收赎，官员正妻、有财力的妇女以及过失杀人的在杖一百后余罪可以赎罪。

历朝历代用于赎罪的财物不同，汉代以前是用铜；汉时用以黄金计价的粟、缣（细绢）；晋、宋、齐用金、绢；北齐、北周用绢；唐、宋用铜、金以及牛马杂物；元用中统钞；明用钞、钱，间或纳米，甚至可用工作抵偿；清用银。赎刑对后世司法、刑罚的腐败起到了很坏的影响，正所谓"衙门口朝南开，有理没钱莫进来"。

52

为何要在午时三刻行刑？

我国古代非常注意死刑执行的时间，除了重要罪犯或在非常时期应立即处决的，从古代一直到清朝都是定在秋后处决。因为秋季草木凋零，呈现一派肃杀之气，行刑顺应天道肃杀之威。在执行死刑的具体日期上也有一定限制，如大祭祀日、致斋日、朔日、望日、上弦日、断屠日、二十四节气、假日、闰月全月以及雨未霁、天未晴都不能施刑。行刑的具体时辰也有规定，白天行刑必须等到午时，夜间行刑必须等到天明，这是各代的通例。

"午时三刻"行刑并非古代法律的明确规定，而见于戏剧、小说。古代的时刻是两套计时单位，一昼夜为十二时辰，划为一百刻。午时约合上午十一时至下午十三时之间，午时三刻是将近正午十二时，太阳挂在天空中央，是地面上阴影最短的时候。在古人看来，此时是一天中阳气最盛的时候。而且，中国古代一直认为杀人是"阴事"，无论被杀的人是否罪有应得，其鬼魂总是会缠绕作出判决的法官、监斩的官员、行刑的刽子手等与其有关联的人。在阳气最盛的时候行刑，可以压抑鬼魂不敢出现，这是习惯上在"午时三刻"行刑的最主要原因。中国传统文化强调"报应"和"因果轮回"，认为"积善之家，必有余庆；积不善之家，必有余殃"（《周易·坤卦》）。作为法官、监斩官、刽子手个人来说，单靠法律护身还不足以避免杀人获得的报应，还必须靠"午时三刻"的阳气以及其他手段匡正怯邪。

○53

古代的肉刑何时开始废除？

汉文帝十三年（前167），齐国太仓令淳于意因犯罪被告发，朝廷下诏将其押解长安，淳于意无子，临行前骂五个女儿在自己有危难时没有一点用处。他的小女儿缇萦向朝廷上书说："我伤心人死不能复活，遭受肉刑不能再复原，想改过自新也办不到。我愿到官府作奴婢赎父亲的刑罚，使他有自新的机会。"（《史记·孝文本纪》）汉文帝思之再三，肯定了自新的观点，按照丞相张苍的意见，下令废除肉刑。尽管汉文帝并未彻底废除肉刑，但使城旦、笞刑和死刑取代了延续两千余年的黥、劓、刖三种肉刑，也开启了废除宫刑的先例，从而奠定了笞、杖、徒、流、死封建五刑的基础。促成这次刑法史上重大改革的是缇萦，但她并不是引起汉文帝考虑改变刑律的根本原因，实际上是因为统治者需要更多的劳动力。尽管犯罪者可以改过自新的思想被普遍接受，许多人仍不忘"斩止可以禁恶"。由于三国两晋南北朝时期农民暴动频发，"复肉刑"的议论不绝于耳，几经反复，肉刑一直没有真正复行。北宋时由于农民起义狂澜迭起，为求酷刑威吓，施行刺配刑，虽然没有复肉刑之议，却承五代之制而实际恢复了古代肉刑中的黥刑（刺）。后世统治者虽轻易不愿蒙不仁之名，在法律条文上仍规定只用"笞杖徒流死"五刑，但有时也使用一些肉刑，任意而不任法。

○54

为何犯人害怕"三推六问"？

《天雨花》第六回载："犯人不敢呼冤者，怕见三推六问刑。"在古代，"重大之狱，三推六问"（《二刻拍案惊奇》卷二一），经过反复审讯后记录下证词口供，获得"自证爰（yuán）书"以考证验供定案。"爰书，自证不如此言，反受其罪，讯拷三日复问之，知与前词同否也"（《史记·酷吏列传》张晏注）。由于官府在审理案件时，是要进行拷讯逼迫犯人招供的，虽然最后刑罚是一次执行的，但拷讯时所用的酷刑则是由问官随意施用，"三推六问，吊拷绷扒，打得小人受不过，只得屈招了"（元孙仲章《勘斗巾》第三折）。

55

炮烙刑罚是谁所创？

炮烙之刑

炮烙，也叫炮格，是夏商时青铜刑具，其下部是以青铜方柱为支架平放，支撑上部的卧式铜柱。施刑方法是先在铜柱上涂油，在其下面加炭生火烧热，叫有罪的人走在铜柱上边，失足坠入火炭中烧死（《列女传》）。传说炮烙是夏桀所创，他看见蚂蚁爬在烧热的铜斗上，爪被烧烫，坠火而死，于是置铜格作炮格之法（《史记索隐》）。一次，夏桀在瑶台看炮格施刑，问关龙逄看了是否高兴，关龙逄答高兴。夏桀问为何没有恻隐之心？关龙逄讥讽说，天下人都反对而君王以为有趣，我是大臣怎能不高兴？夏桀便说：我做事你总看不惯，今天听你说，如在理我接受，说得不对就处死你。关龙逄知夏桀不可救药，便说：我看你头顶危石，足履薄冰，没有头顶危石而不被砸毁，足履薄冰而不陷溺的。夏桀自认受天命而主宰天下，说：你说我已临绝境，难道不知道自己已死到临头吗？也让你尝尝炮烙的滋味。关龙逄临难不惧，"歌而赴火"。不过，关龙逄死于炮烙的说法只见于《符子》，《史记·夏本纪》和《竹书纪年》中都没有提到，而商纣王施用炮烙之刑的记载很多，似更符合史实。

56

"丹书铁券"就是免死金牌吗？

铁券制度最早滥觞于战国时的铜节。西汉时期，刘邦为了巩固其统治，笼络功臣，颁给功臣丹书铁券，作为褒奖。当时的铁券还没有免罪和免死等许诺，仅是封侯的凭证。南北朝至隋唐时期，北魏孝文帝颁发给宗室、亲近大臣的铁券是作为护身防家之用。南朝的宋齐梁陈四代，颁发铁券已较为普遍，开始有免死免罪的功用。隋唐以后，颁发铁券已成常制，凡开国元勋、中兴功臣以及少数民族首领都

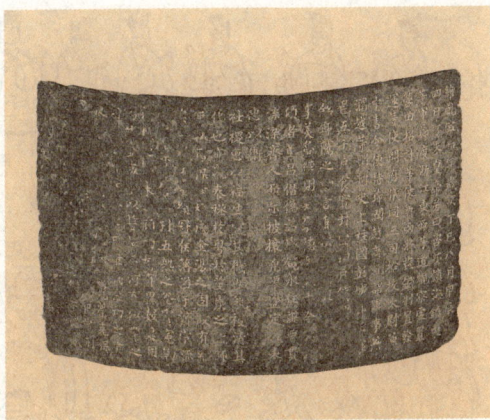

钱镠铁券

赐给铁券，也给宠臣、宦官颁发铁券。唐以后，券词有所封的爵衔、官职及受封的功绩等，另刻有"卿恕九死，子孙三死，或犯常刑，有司不得加责"之类的字样。有了铁券，持有铁券的功臣、重臣及其后代，可以享受皇帝赐予的种种特权，本人或后世犯罪时可以此为证推念其功予以赦减。到宋元明清时期，铁券的颁赐逐渐趋于完备。明代起就规定有整套制度，朝廷根据功臣、重臣爵位的高低分为七个等次，各依品级颁发铁券，不得逾越。明代铁券依照唐制，除谋反、谋大逆，一切死刑皆免，免后革爵革薪。汉时铁券上的文字是用丹砂填字，因而称为"丹书铁券"。梁时用银填字，称为"银券"。隋时用金填字，因而也叫"金券"，后世也称铁券为"金书铁券"。由于铁券可以世代相传，也被称为"世券"。不过，无论铁券的形制如何演变，内容如何丰富，都是皇帝赐给功臣世代享受优遇或免罪的带有奖赏和盟约性质的凭证，其目的始终没有超出"表德彰义，率世历俗"的范畴，与现代的勋章、奖章的涵义在一定程度上吻合。

○57

为什么给犯人剃光头？

汉代的笞刑和髡刑

据说现在给犯人剃光头是为了便于管理，但在古代，剃光头是一种刑罚，叫髡刑。这一刑罚最早见于《周礼·秋官·掌戮》："髡者使守积。"髡刑与墨、劓、剕、宫等肉刑同属损害人身体完整的刑罚，因为古人将发作为"体"的一部分。三国曹魏时有完刑，实际也是髡刑，就是完全剃去受刑者的头发，使其头成丸状。古时男子蓄发，并以之为美，长发更美，剃发无异于去首。髡首有标记的作用，常人不去头发，罪犯去头发，让人一看就知道谁是罪犯。髡刑主要是作为附加刑使用的，秦时对刑徒加施髡刑，汉代在完城旦舂刑上加施髡钳，魏晋以前一般都是与徒刑并用，因而髡首也成为徒刑的别称。不过，北齐时髡刑变成了流刑的附加刑。与髡首相近的一种刑罚是耐刑，耐只是剃去犯人的鬓、须，是秦时最轻的亏伤人体的刑罚，因而成为对少数民族首领、郎中以上有身份的人施加的特殊刑罚。

58

古人犯罪后可由别人代受刑罚吗?

明初,山阳地方一个老头犯罪应该受杖刑,他几个儿子向衙门请求代替父亲挨打,朱元璋批示说"今此人身代父母,出于至情。朕为孝子屈法以激劝天下,其释之"(《典故纪闻》)。这种犯人犯了罪,因子孙兄弟请求代替受刑而加以赦免或减轻,就是代刑。最初,代刑并不是法律上的制度,只是皇帝为鼓励伦常孝悌之道的特许裁决。其实,代刑早在汉朝时就有了,汉明帝就曾发过诏书,徙边者,"父母同产欲相代者,恣听之"(《后汉书》)。到了明朝,代刑发展成为国家规定的制度,代刑不仅是子孙的权利,而且也成为法定的义务。明宪宗时规定:"凡民八十以上及笃疾有犯应永戍者,以子孙发遣。"(《明史》)

59

"网开三面"的"网"原本是用来干什么的?

"网开三面"源于《吕氏春秋·异用》记载的商汤的故事,"汤见祝网者置四面,其祝曰:'从天坠者,从地出者,从四方来者,皆离(罹)吾网。'汤曰:嘻,尽之矣! 非桀其孰为此也?'汤收其三面,置其一面,更教祝曰:'昔蛛蝥(máo)作网罟(gǔ),今之人学纾。欲左者左,欲右者右,欲高者高,欲下者下,吾取其犯命者。'汉南之国闻之曰:'汤之德及禽兽矣。'四十国归之。"原来"网开三面"的"网"原本是用来捕鸟的,后人讲这个故事时也称之为"汤罟"、"祝网"、"夏网"、"解网"、"开三面"、"一面开网"、"开三面网"、"去三面网"、"网祛三面"、"商王解网"、"解罟师网"、"一面施鸟网"、"网罗三面解"、"殷王解网罗"等。

在侦查破案中,对于投案自首、主动退赃、交代揭发问题的犯罪分子从宽处理,可以促使犯罪分子分化瓦解,从而达到侦破全案的目的。"网开三面"用于案件处理,就是形容法网宽仁,从宽处理罪犯,给罪犯以生路。

60

古代的执法者在审讯中如何察言观色?

《周礼·秋官·小司寇》记载了最早的证据法,"以五声听狱讼,求民情"。"五声"就是辞听、色听、气听、耳听、目听,其要旨是求民情。"声"与"听",并不是真"听",而是就其言辞气色,以耳目察之。具体而言,辞听者听其出言,不直则烦;色听者观其颜色,不直则赧然;气听者观其气息,不直则喘;耳听者观其听聆,不直则惑;目听者观其眸子,视不直则眊焉。古人以严肃态度对待这种理讼办法,相信这是一种合理而有效的证据法,规定进法典,要求执法者在审讯中察言观色,注意当事人的表情,通过"五听"结合其陈述,核实证据,然后进行判决。

61

"桎梏"是什么东西?

桎梏是古代木制的狱具,包括桎、梏、拲(gǒng),都是束缚囚犯手脚的狱具。桎是木制脚镣,用圆木或方木中间凿洞,让罪囚把双脚伸进去后用绳索捆牢,有的用木楔连锁,视其罪行轻重来决定时间长短。梏是首械,即颈枷,与后世的木枷刑具类似,犯人示众时要在枷板上写明罪囚的姓名以及罪名,意在告示他人。拲是木制手铐,两手共一木,与后世的铁手铐类似。1937年殷墟小屯一处囚禁奴隶的地牢中出土的陶俑手腕上都带着拲,男俑手拲在身后,类似近代的背铐,女俑手拲在身前。西周时将被囚者的罪行分为上中下三等分别使用不同的狱具,给予不同的约束。《周礼·秋官·掌囚》记载:"上罪梏拲至桎,中罪桎梏,下罪梏。"即,对重大犯罪者要颈戴梏并用拲缚住双手,同时用桎限制双脚

桎

的行动自由；一般的犯罪者需要颈戴梏，足带桎；而轻微犯罪者只是颈戴梏。京剧《玉堂春》中的苏三所戴的刑具就是梏拲合一的。王的同族只是拲手，有爵者只是桎足。桎、拲、梏三种械具都是木质的，后世概括为"三木"，故三种械具全部加身的罪囚被称作"三木犯人"。

62 打屁股的刑罚是什么刑？

汉文帝废肉刑，将早在奴隶社会就已有的笞刑取代黥、劓、刖左趾，使笞刑成为汉代重要的刑种。汉景帝时，制定《箠令》，规定用于笞刑的刑具应是长五尺、本大一寸、末薄半寸且平节的竹板，受刑的部位是臀部，行刑者不能换人。魏晋时，妇女受笞刑不能打臀部，而要打背部。隋朝时笞刑被正式定为新五刑之一；唐以后笞刑的刑具改为用大头二分、小头一分半的荆条；清朝时小荆条改为长五尺五寸、大头一寸五分、小头一寸的小竹板。虽然

熟皂隶打重板子

笞刑并非损伤肢体的肉刑，但笞打也触及犯人的皮肉，往往笞刑没有执行完就把人打死了，也是一种酷刑，直到辛亥革命后才被废除。

南朝梁武帝将杖刑正式列入刑书，使其成为法定刑，实际上杖刑也主要是打屁股，所用的"杖"是生荆制作的。廷杖也属于杖刑，不过是一种十分特殊的杖刑。廷杖的下令施者是皇帝，受刑的是朝廷大臣，受刑地点多是在朝廷上，施刑由太监指挥。廷杖最早也出现在汉代，不过使廷杖成为制度是明太祖朱元璋，明代还形成了一套比较固定的廷杖程序。明嘉靖初年，发生"议大礼"事件，受廷杖的大臣就有一百三十四人，打死十七人。

◯ 63

弃市是如何执刑的?

弃市即"刑人于市,与众弃之",语出于《礼记·王制》,"市,众所聚,与众人共弃之也"(《释名》),是古代在市这样的人较为集中的地方将犯人处死,并将尸体暴露在街头。弃市是在闹市上执行,其目的是儆吓后来者,使人们因畏惧犯罪将会受到酷刑而不去犯罪。弃市在秦、汉、魏、晋各代极为流行,南朝宋、齐、梁、陈,北朝魏均有弃市的法定刑,北齐、北周及隋唐以后法律已没有弃市的法定刑,但隋唐两代以后执行死刑一般都用弃市。弃市刑致人死亡的方法各代不一,秦时为腰斩,汉代为斩首,魏晋以下为绞刑。

◯ 64

千刀万剐是什么刑罚?

"千刀万剐"是凌迟的俗称。凌迟是在一人之身加施多种残酷惩罚手段,先残害人的肉体,然后再伤及其生命的极其残忍的刑罚,也叫脔割、剐、寸磔(zhé)。之所以用凌迟作为刑名,是取其缓慢之义。这种残酷的刑罚最早出现在五代时期,当时审犯人时,或用长钉刺入手足,或以短刀脔(luán)人肌肤,以致一连好几天,受刑人虽已活不成,但还未死去。宋真宗认为这个刑罚太过残忍,而予以禁止。到宋仁宗时,又提出对特别犯罪的首犯和主犯使用凌迟。不过,此刑并未在宋朝正式入律,而是在辽国成为法定的刑种,元明清各代均沿用,直至清光绪三十一年(1905)才正式被废除。凌迟的具体行刑方式并不一致,有切八刀的,也有切二十四刀、三十六刀、七十二刀和一百二十刀的,甚至有切上千刀的,最高纪录是刘瑾,共计割了四千七百刀。行刑顺序是先切脸面,次切手足,其次切胸腹,最后枭首。

65

徒刑的"徒"是什么意思?

徒刑是拘役迫使犯人服劳役。《周礼·秋官·司圜》:"凡害人者,弗使冠饰而加明刑焉,任之以事而收教之。能改者,上罪三年而舍,中罪二年而舍,下罪一年而舍。"此即以后的徒刑。商周时期贵族出行都坐车,"徒"的本义是步行,因而衍生出地位卑贱的服役者的字义。前秦时犯罪人受刑后总称为"刑徒",受肉刑后还要服苦役,男犯有"城旦"、"鬼薪"、"隶臣"、"司寇"等,女犯有"舂"、"白粲"、"隶妾"等苦役。汉文帝废除肉刑,将服苦役作为主刑使用,奠定了后世徒刑的基础。曹魏将这些苦役刑归纳为髡刑、完刑、作刑等三类。五代后周时,法律正式将劳役刑定名为"徒刑",隋代将徒刑定为五刑之一,历代相沿,犯罪人白天服役晚上关押的刑罚制度直到清末都未改变,但刑等、刑期以及执行细节历代有所不同。清末改革法律,采用了西方的徒刑制度,分为有期徒刑、无期徒刑两种,但保留了徒刑分五等的传统。1928 年中华民国刑法典才废除了五等制度。

66

刺配属于什么刑罚?

流刑是将罪犯遣送到边远地区服劳役,开始于秦汉时期。南朝时宋的"黥刖之制"是在犯人两颊刺墨"劫"字,切断其两脚筋,再流放到远州,实际把黥、刖、流三种刑罚都用了,这种制度发展到五代、宋、辽成为刺配刑。后晋天福年间开始的刺配,是用墨刺面并将犯人流放。宋代将刺配的内容和规定加以固定,将决杖、刺面、配役三刑合一。被刺配者,首先要被脊杖二十或四十,然后根据犯罪情节的轻重,把所犯事由、发配地名和劳役项目等内容刺在脸上,俗称"打金印",最后由差人把罪犯押到几千里以外的牢城。起初刺配是作为对死刑的宽恕之法使用的,因为宋朝皇帝使用频繁而变成流刑的一种特殊形式。宋代把罪犯发配到军中或官办作坊、盐亭服劳役，叫充军。明朝时"流"有安置、迁徙、口外为民和充军，充军就是发配到边远驻军地服劳役，分极边、烟瘴、边远、边卫、沿海、附近军，有终身，有永远（《明史·刑法志》）。

67

古代犯人的重体力劳动有哪些？

城旦是秦汉时一种从事重体力劳动的劳役刑。城旦所服劳役主要是"治城"，筑城、筑墙是城旦的主要事役，不过在汉代城旦刑并不一定就让犯罪的人修筑城，也可以是从事修陵墓，从事像筑墙一样繁重的活，还可以从事劳动强度低于治城的其他劳役。虽然名不副实，但汉代仍旧使用旧名。城旦服劳役一般是在拘系看押状态下进行的，穿红色囚衣，戴红色毡巾，还要戴木枷、黑索和胫钳等附加刑具。不过，城旦在"守署"或"为安事"时又是比较自由的。司空系统的官吏和城旦司寇负责看守城旦，因为需监管的城旦有二十人就要有一名城旦司寇，人手不够时那些已经服城旦劳役三年以上的犯人中胜任者可以经选拔担任。舂和城旦是同一种刑罚，是因受刑者性别不同而区分的，男为城旦女为舂，因为舂米对女子而言也是重体力劳动。

68

"斩"、"轘"、"磔"、"剐"、"绞"、"枭"等各有什么不同？

刑制中最重要的刑罚莫过于死刑。古代的死刑有"斩"、"轘"、"磔"、"剐"、"绞"、"枭"等各种不同的方式。

斩，最早见于《周礼·秋官·掌戮》："掌戮，掌斩杀贼谍而搏之"，是以刀斧等利器将犯人脑袋砍下的刑罚。自周秦到明清，是历代王朝法律规定的死刑，汉、魏、晋和北魏均承秦腰斩之制，南北朝之后斩刑一般是断头，重者也斩腰。由于斩刑使人身首异处，如木之断而分异、殊绝，五代常以殊死指代斩刑，或将应受斩刑处罚的犯罪称殊死之罪。

辕，最早见于《左传·桓公十八年》："而辕高渠弥"，也称车裂，俗称"五马分尸"，即将人体四肢和头部分别系于五辆车上，驱马分驰，撕裂尸体，此刑一直延续至南北朝。

磔，《汉书·景帝纪》注："谓张其尸也"，是张裂犯人肢体，令其干枯，不得收，通行于秦和汉代前期，汉景帝中元二年改为"弃市"。

剐，开始于宋代，元、明、清三代沿用，是割肉离骨的酷刑。

绞，源自周秦，最早见于《左传·哀公二年》："绞缢以戮。"古代将用帛、绳等勒死或吊死称为绞，汉以前不见绞罪之名，春秋时多称"缢"，北齐、北周时作为法定死刑的一种。隋开皇律将绞斩定为死罪二等，唐律将绞列入正刑，除元代有斩无绞外，其他各朝都把绞刑列入正刑，直到清末。春秋战国至秦汉时期，绞刑为以绳索束人脖颈而悬吊，使犯人窒息而死。明清时的绞不用悬吊，而是以人缚勒罪人之颈而使之死亡。

枭，最早见于《史记·秦始皇本纪》："卫尉竭、内史肆、左弋竭、中大夫令齐等二十人皆枭首"，《史记集解》："悬首于木上曰枭"，即斩下被处刑的人头高挂在木杆上示众。汉代对谋反、大逆用枭刑。隋唐宋律曾将枭首废除，但明清对强盗仍适用枭首。

69

盗窃就是偷东西吗？

窃，按《说文解字》的解说"盗自中出曰窃"，盗与窃本义是相通的，窃也就是盗，因而逐渐形成了"盗窃"这个与"盗"和"窃"同义的双音节词。不过，古代"窃"是动词，不作名词使用。而盗即指盗窃行为，也称盗窃者，如"窃贿为盗"（《左传·文公十年》）、"窃货曰盗"（《荀子·修身》），又如"郑国多盗"。盗是贪欲皿中之物而私取，窃是从穴中取米，早期的盗窃应是以偷窃食物为主要目标的。"偷"在先秦西汉并不作为"偷窃"用，原为"苟且"义，后来才有"窃取"的意思。

70

"狱"最初是指什么？监狱在古代有哪些名称？

"狱"字最早出现在商朝末期，《周礼·秋官·大司寇》注："狱谓相告以罪名者，狱从犬从言，两犬相啮必先相争，人之相争亦类是。故从犬犬相争必以言相争，而后有狱。"表示为防守因讼而被拘者之意。古代"狱"有时也用以表示诉讼，称狱是相告以罪名，或许诉讼后必有一方败诉被监禁，所以演化出这个意思。

夏的第七代帝王芬用土筑成圆形狱城"圜（yuán）土"（《竹书纪年》），用以集中收押犯人。夏桀多次在"夏台"软禁商的首领（《史记·夏本纪》），因商汤地位显赫，本是在都城阳翟大飨诸侯的"钧台"成了夏囚禁人犯场所的代称。夏还有"牖里"、"念室"等土牢，但这些称谓并非通称。

殷商的监狱叫"羑（yǒu）里"，还设有"冰圉（yǔ）"、"艾圉"、"戈"、"旁方"、"东对"等监狱，史书上有称为"动止"的，但商朝因袭夏制把监狱仍称为"圜土"。

西周时期有了一定规模的监狱体系，还建立了短期监禁的"嘉石"制度，"囹圄"是囚禁罪犯并强制进行教育使之改过的"通常之狱"，而关押有罪但够不上肉刑的轻犯人"罢民"的狱城仍叫"圜土"，地方的监狱称为"狴（bì）"或"圲（àn）狱"，暂时羁留嫌疑犯的场所叫"稽留"。监狱名称和设置的变化，可以看出狱制的发展和完善。

战国时期沿用周制称监狱为"囹圄"，宫中所设狱名为"永巷"。秦时监狱也称"囹圄"，中央设有廷尉狱（也叫咸阳狱）。

从汉代开始，监狱始称为"狱"，一直使用到元朝。到明朝时，始称狱为"监"，取其监察之意，清代以后才合称为"监狱"，成为一个固定的名词，民间俗称则是"监牢"。中国近代有集中营、反省院、罪犯习艺所、劳动感化院、自新学艺所等称谓。新中国建立初期有看守所、拘役所、劳改队、劳动改造机关等称呼。

⟳ 71

诏狱是什么狱？

诏狱之名始见于《汉书·文帝纪》，汉文帝四年，"绛侯周勃有罪，逮诣廷尉诏狱"。大概下廷尉治罪的都称为诏狱，汉代大臣周勃、周亚夫、赵广汉等人都曾下廷尉诏狱。诏狱是由皇帝直接掌握的监狱，是奉皇帝诏令拘系王公、将相大臣、后妃以及宫内女宦、皇族等朝廷钦犯的特殊牢狱。诏狱与一般监狱的区别，一是关押的都是犯了罪的朝廷大臣、皇亲国戚和重要案犯，二是诏狱实际是法外之狱，是由皇帝掌握的，皇帝亲自处理案犯，不受当时法律的限制，往往一张诏书可以决定案犯生死。汉时诏狱数量较多，有廷尉诏狱和中都官诏狱之分，中都官诏狱有上林狱（囚禁管理皇帝花苑中禽兽宫馆失职致罪的人员）、若卢狱（囚禁将相大臣）、左右都司空狱（囚禁列侯二千石犯罪的官员）、掖庭狱（囚禁宫中女犯）、都船狱（囚禁官署士卒）等，与廷尉诏狱不同，中都官诏狱不设专职刑官，而是由各官署长官监理刑狱。因为皇帝的诏敕都出于近侍之手，诏狱为宦官、奸臣、酷吏迫害异己提供了条件，汉代的若卢诏狱、上林诏狱、宋的诏狱以及明代锦衣卫典诏狱，多是宦官滥用皇帝的诏敕而兴，实际上并不是诏狱。汉杜周为廷尉时，"廷尉及中都官诏狱逮至六七万人"（《汉书·杜周传》）。明中期以后，锦衣卫附于厂，诏狱审案多视太监旨意，任意创制、使用酷刑，甚至私毙犯人，如天启时，许显纯掌镇抚司，依附魏忠贤，理汪文言及东林党人狱，常令犯人受尽"全刑"而杀。

⟳ 72

三字狱是怎么来的？

三字狱作为妄告诬陷的代称，有何来历？

三字狱就是"莫须有"三字，是秦桧诬陷岳飞时讲的话，语出《宋史·岳飞传》（卷三六五）。当时岳飞志在抗金，收复河山，而秦桧专权卖国，于公元1141年十月用十二道金牌调岳飞回京城，并诬陷岳飞有谋反之心，将岳飞和其子岳云投入监狱，最后在风波亭将岳飞父子缢死。韩世忠感到气愤不平，亲自质问秦桧：岳飞父子犯有什么罪？秦桧以"莫须有"三个字做了回答。后人因此说岳飞的冤狱是"三字狱"，并用"莫须有"表示凭空捏造。后遂以"莫须有"代称被妄告诬陷的罪名。

○ 73

什么叫班房？

现在把"监狱"俗称为"班房"，但"班房"在古代并不是监狱的代称，而是由州县衙门的"三班衙役"开办的临时看守所。因为传唤到的被告、证人以及捕获的通缉犯、嫌疑犯带到衙门，要临时看管等候升堂审判。因为没有州县长官的命令，不能将人关进州县监狱。而一些查无报案又没有赃据的疑犯，或者一些办无重罪、放又扰民的轻罪惯犯，即使经过了堂审，也往往会被指令由捕快暂时看管。所以，捕快需要自己设法找地方看管。一般地，捕快们就在自己家里弄一个"阱房"，装上栅栏，把人关在里边。也有的找一些无主的空仓、冷铺作为看管地点。由于衙役们碰头的地方叫"班房"，所以"押馆"、"卡房"、"官店"等捕快自办的拘留所统称为"班房"。

○ 74

为什么在衙门里当差的叫皂隶，这是一种职业吗？

当差，旧时指在衙署中任服、服役，或是旧制中的罚作劳役。隋唐以后，官府的吏、役一律由百姓尤其是有一定家产的平民无偿承担。这种徭役称作职役、差役。宋代王安石变法后，逐渐以募役代替派差，即免除纳税户当差，改由州县官府出钱募人应役，募役的费用由管内住户按照户等高下分别摊纳。

秦汉时巡逻、缉拿等是由贫民身份的士伍等担任。魏晋到唐宋时，衙门的司法勤杂工作是征发当地农民充任，唐称"色役"，宋代称"职役"，元明清称"差役"，官僚士大夫家庭可以免役。实际上北宋王安石变法后很少真正征发农民充役，明朝推行一条鞭法后，正式取消征发实役而全部采用募役。

明初规定衙门里当差的必须身穿皂色长袍，头戴一种四方形的帽子，在耳旁插上一根孔雀毛或缀上一些黄色的流苏。这种打扮原来是元朝时色目贵族的装束，朱元璋为了肃清"胡俗"，特意以此为贱役之服，要求衙门里当差的人员一律身穿黑袍，以示轻贱，并留下了"皂隶"这个名称。后来皂隶的服装颜色改为青色，帽子也改为一半红一半黑的高筒帽。皂隶和其他衙役一样，并非职业，而是一种劳役。

75

讼师形象为什么大多丑恶？

春秋时郑国的邓析，专门帮人打官司，小案子要人一件衣服，大案子要人一条裤子作为报酬。《吕氏春秋》记载，邓析教人"以非为是，以是为非"，"所欲胜，因胜；所欲罪，因罪"，弄得郑国"是非无度，而可与不可日变"，因而被杀掉了。

讼师为民间提供打官司的服务，受到了立法的严禁，如南宋时敕令规定聚集生徒教授辞讼文书的要杖一百，再犯的不得因大赦减免刑罚。明清时撰写"构讼之书"的要比照"淫词小说例，杖一百流三千里"。由于讼师翻手为云、覆手为雨，一言可以活人，一言可以罪人，特别是有些讼师接受委托后，为一己私利，或开脱罪行或诬陷他人，不惜违背良心，混淆黑白，玩弄法律于股掌之中，经常使好人蒙冤受屈，使坏人逍遥法外，因而被贬称为"讼棍"。因为儒家主张"无讼"、"息讼"，讼师自然成为各级官员以及主要作为官员候补队伍的士大夫的眼中钉，在他们所撰写或整理的小说戏曲中，讼师总是丑恶的坏蛋形象。因此，讼师始终未得到也不可能得到官方的认可，不具有合法的资格和相应的诉讼地位。但尽管受到歧视，因为社会需要，有利可图，以帮人打官司为生的讼师还是一直存在着。

76

"王子犯法"真的"与庶民同罪"吗?

"刑不上大夫"在西周以后被法律明文中予以取缔,但这种理念和意识在职官制度上一直存在,或多或少常有所表露。"王子犯法,与庶民同罪"是新兴地主阶级针对奴隶主贵族的等级特权提出的法律原则,旨在从政治上打击和限制奴隶主贵族的特权。所谓"同罪"只是一种相同或相似意义上的同罪,是为了维护统治的需要,并不是王子犯了法真的就会和百姓一样被定罪受处罚。法律规定得很清楚,只要是沾了"官"的边,就可以享有"当"、"赎"、"议"、"请"等一系列免罚减罪的规定。尽管为了维护整个封建统治秩序,也惩治过统治集团中一些恶名昭著者,但与"法律面前人人平等"并不能相提并论。

77

枭首示众是怎样的刑罚?

传说母枭为幼枭捕食,等到母枭精疲力竭不能再喂幼枭时,幼枭便一起啄食母枭的肉。母枭无力躲避,便用嘴啮(niè)住树枝,任凭幼枭啄食。幼枭将母体啄食干净后,树枝上只剩下母枭之首。《史记正义》:"悬首于木上曰枭。"枭首,就是先斩首致人死亡,然后将割下来的脑袋悬于竿上。作为刑罚,最早见于商末,《史记·殷本纪》:"斩纣头,悬之白旗。"可见,商纣王是被枭首示众了。到秦时枭首成为法定刑罚,《秦会要补订》有"悬首于木上杆头,以示大罪,秦刑也。"汉代初期枭首即为五刑之一,历代沿用。隋文帝开皇元年更定新律废除了枭首刑,但后世的帝王为泄己愤偶尔用之。枭首刑的目的不只在于惩罚罪人本人,因为人死亡之后,对其尸体的任何处罚对其本人都毫无意义。悬首于木,主要是为了儆吓活着的人,让他们知道犯罪的后果,知道身首异处、悬首高竿以示众的可怕,知道一人悬首将给家庭带来的奇耻大辱。

○ 78

变法的商鞅是如何死的？

著名变法主持人商鞅曾因太子犯法而对其师傅公孙贾施以黥刑，公孙贾对此怀恨在心。秦孝公死后，太子继位为秦惠文王，公孙贾借机说商鞅欲反。于是，秦惠文王将商鞅车裂于咸阳市。车裂古时也称辕或车辕，早在春秋时就有相当普遍的使用，齐国"辕高渠弥"（《左传·桓公十八年》），楚国将夏征舒"辕诸栗门"（《左传·宣公十一年》）。车裂就是把犯人的头和四肢分别绑在五辆车上，套上马匹，向不同的方向拉，把人的身体撕裂。车裂还称体解，慷慨悲歌欲救燕患而刺秦王的荆轲就是被体解的。有时执行刑罚时不用车，而直接用五条牛或马来拉，所以车裂俗称"五牛分尸"或"五马分尸"，《东周列国志》第八十九回就记载了"咸阳市五牛分商鞅"的故事。汉代没有车裂的法定刑，而三国的东吴以及北魏、北齐、北周都有车裂刑。杨坚称帝建立隋朝后，认为"枭首辕身，义无所取"，又"不益惩肃之理，徒表安忍之怀"，废除车裂刑，但又被隋炀帝杨广恢复了。唐朝废弃隋代苛政，也不再使用车裂，唐末和五代时偶尔又见，五代以后只有辽代曾有规定，其他各代正式规定的死刑中基本上见不到"车裂"了。

○ 79

方孝孺为什么被诛十族？

在一损俱损、一荣俱荣的封建社会，人始终隶属于一定家庭，一切行为几乎同自己的家庭融为一体，个人是家庭的一个组成部分，对一定犯罪行为的惩罚不仅及于一身，常牵连到亲属，称之为"族诛"。"族"的刑罚，也叫参夷或夷三族，就是一个人犯罪灭绝三族。秦文公二十年（前746）"法初有三族之罪"（《史记·秦本纪》），"秦用商鞅，连相坐之法，造参夷之诛"（《汉书·刑法志》），三族是指父母、兄弟、妻子，一说指父族、母族、妻族。汉高后元年（前187），法律上废除三族刑，但由于新垣平"谋为逆"案发，又使用三族刑处罚谋反、大逆类的犯罪。后世有诛九族的刑罚，九族是从高祖到玄孙的直系亲属以及旁系亲属中的兄弟、堂兄弟等。明时朱棣以武力从其侄子建文帝手中夺取帝位，命方孝孺为其起草登极诏书。方孝孺认为朱棣是篡夺帝位，拒绝起草诏书，令朱棣大怒，方孝孺投笔于地，明确表示宁死不起草诏书。朱棣威胁说，你就不怕我灭你九族？方孝孺答道，灭十族我也不怕。朱棣大怒，于是将方孝孺的门生廖镛、杜嘉猷等收为一族，与其九族并加诛戮，共杀八百七十多人。

80

汉朝的淮南王英布为何又称为黥布？

英布是与韩信、彭越齐名的汉朝开国大将，《史记》和《汉书》中都称其黥布。相传英布小的时候相面的人说他"当刑而王"，英布在成年后因犯法被判受黥刑，遂以为应验而欣然受黥。在参加建造骊山墓的工程时，英布广交豪杰，后逢陈胜、吴广揭竿起义，便起兵反秦。楚汉交兵时，经刘邦等人积极争取，英布归汉，并为汉统一天下立下累累战功，被封为淮南王。英布就是因为曾经受黥刑而被司马迁、班固称为黥布。

黥刑是从夏商的墨刑继承而来的肉刑，属于五刑中最轻的一种，战国、秦朝时使用普遍。施刑的方法是用利器刻犯人的皮肤，然后在刻痕上涂墨，使犯人的皮肤伤愈后留下深色的伤疤。黥刑属于小刑，当时使用凿为施刑的工具，后世才用针刺。起初黥刑是凿额部，因而又称天刑（"黥凿其额曰天"）。秦朝时刺墨的位置上有了不同的区分，对奴妾是黥面额中央及颧部（《秦简·法律答问》）。由于被黥面的人脸上带有标记，一般不会逃跑，在战国时常被贵族用做守门人，黥也从主刑逐渐变为作为其他刑罚附加手段而存在的附加肉刑，直到被汉文帝废除。不过，黥的标记作用也被后世所运用，南朝宋明帝统治时期，劫窃执官仗等应处斩刑的罪犯遇赦时，会在两颊黥上"劫"字。宋代实施的刺配中的刺复活了古代黥刑，刺墨的位置有刺面、刺额角和刺耳后等区别，又因受杖、徒刑罚的不同而刺不同的图形，因配役的远近不同而区别深浅。元代用刺刑较多，刺墨的位置分出刺臂、刺项等几种情况，并区分了初犯、再犯、三犯。明清相沿不废，直到清末修律才彻底废除。

81

除肉刑外，远古还有什么刑罚？

有虞氏部落的联盟首长舜对违反风俗习惯和制度的氏族成员的惩罚，不用暴力，也不用残害肢体的肉刑，而是利用象征性的刑罚去处罚。《尚书》把这种方法称为"象刑"，"唐虞之象形，上刑赭衣不纯，中刑杂屦，下刑墨幪，以居州里，而民耻之。"第一个惩罚犯罪的方法是让犯人戴黑色额巾，饰发向上，黑色发簪，大巾覆衣。这种特殊头饰的单一惩罚方法不能满足分别罪行轻重的需要，于是制定了其他象刑。犯轻微的罪就给他蒙上黑色头巾，犯中等罪就让他穿上特殊的鞋子，犯应处死的罪就让他穿上赭石颜色没有领子的衣服，使犯罪的人感到羞耻，精神上很痛苦，不敢犯罪。对应后世的"五刑"，后人认为象刑也有五种，《慎子》："有虞之诛，以幪巾当墨，以草缨当劓，以菲履当刖，以艾韠当宫，布衣无领当大辟。"实际上，自古没有肉刑也就不会有象刑，不过，为了维护五帝仁德圣明的形象，人们总是沉浸在实行象刑的黄金时代的治世仰慕、向往中，舜也被作为慎杀的楷模。

82

曹操割发代首是不是诈术？

曹操以法治军、严于治吏，并且坚持以严肃刚正的态度对待法律。一次行军途中，为了不让队伍损坏百姓的庄稼，曹操下令经过麦田时士卒不能踏倒麦子，否则要处死。而曹操的马受惊跑进麦田，踩倒麦子，曹操让军中主簿议罪，主簿以春秋之义"罚不加尊"为其开脱。曹操不太满意，认为发布法令而自己违犯还怎能约束臣下士卒，但军中主帅不可杀，于是便断发自刑，拔出佩剑割下自己头发扔在地上。清末著名法学家沈家本说，割发代首是"操之诈"。不过作为一军主帅、一国权臣能以法律己、引法自责已经是很难得的了。以发代首，并非儿戏，因为古代头发不是随便可以去除的，"身体发肤，受之父母"（《孝经》），都不应伤损，他人伤损是伤害，自损则是不孝。在先秦时，和人殴斗，如果把对方胡须眉毛拔光，会受城旦刑。如果用剑把别人的发髻削下来，也要受城旦刑。曹操制定的魏武军令中也规定了"违令者髡剪以徇"的条目，剪掉头发的髡刑是当时违反法令的惩罚方法，可见曹操断发自刑是郑重其事的。

○83

何谓"姓氏"？"姓"与"氏"是一回事吗？

古人的名字极为复杂，由姓、氏、名、字、号五个部分组成。所以，姓、氏最早是分开的，不是一个词。

具体说来，姓产生在前，氏产生于后。"姓"的本意是女人生的子女，代表了一种血缘关系，是家族基因的延续，在母系社会，同一个母亲所生的子女就是同姓。随着同一祖先的子孙繁衍增多，特别是到了伏羲氏族社会时期，一个家族往往会分成若干支散居各处。各个分支的子孙除了保留姓以外，另外为自己取一个称号作为标志，这就产生了"氏"。也就是说，姓是一个家族的所有后代的共同称号，而氏则是从姓中派生出来的分支。氏族社会时期实行族外婚，同一氏族的人不能结婚，这样，"姓"就起到了"别婚姻"的作用。

姓产生后，世代相传，一般不会更改，比较稳定；而氏则会有一个人的后代有几个氏或者父子两代不同氏的情况。另外，不同姓之间可能会以同样的方式命氏，因此会出现姓不同而氏相同的现象。

到了阶级社会，贵族除了有姓之外，还往往以国名、官位为氏。"氏"也就成了区别贵贱的标志。只有贵族男子及其后代才有"氏"，而奴隶和平民百姓是没有"氏"的。

春秋战国时期，宗法制度逐渐瓦解，姓氏制度也发生根本变革。这时氏开始转变为姓。战国以后，平民也有姓，百姓遂成为民众的通称。秦汉以后，姓与氏合一，遂称"姓氏"。

84

何谓"名字"?"名"和"字"是一回事吗?

名字是人与人之间的特定称呼,是一个人的符号标志。今天,中国人的名字大多比较简单,都由"姓"和"名"两部分组成。"姓"是沿袭祖辈、代表血缘关系的,"名"则凝聚着长辈殷切的希望。

而在中国古代,名和字却是分开使用的。"名"是指一个人在社会上所用的符号,带有鲜明的个人烙印,"字"则往往是名的解释和补充,是与"名"相表里的,故又称表字。更为重要的是,古人只有到了成年后才能取字,《礼记·檀弓上》说:"幼名,冠字。"这里的"冠"指的是古代男子的成人礼,意思是说,男孩长到二十岁举行"结发加冠"的成人礼的时候,就要取字。这是出于对成年男子的尊重和避讳,以后大家就不能直呼其名了。而女孩到十五岁举行"及笄(jī)"的成人礼时才取字。

古人的"字"通常由"名"衍生而来,《白虎通·姓名》说:"或旁(傍)其名为之字者,闻名即知其字,闻字即知其名。"可见,古人的"名"与"字"在意义上大体相近或有关联。一种情况是名和字意义相同或相近。例如屈原,名平,字原。又如诸葛亮,字孔明,"亮"与"明"同义。另一种情况是名和字的意思正相反。例如曾点,字皙。《说文》:"点,小黑也",而"皙,人色白也"。又如宋代理学家朱熹,字元晦,"熹"与"晦"就是反义。有一些名与字援引经史载记,使用典故。比如陆羽,字鸿渐(《易经·渐卦》:"鸿渐于陆,其羽可用为仪")。另外还有一些人名、字间很难发现其中意义上的联系。如:张耒,字文潜。若非陆游《老学庵笔记》卷四里记录了"张文潜生而有文在其手,曰耒,故以为名,而字文潜",估计人们很难猜透其名字意义上的关联。

85

古人的号是怎么起的？

古人的名字中除了姓、氏、名、字外，还经常有个"号"，比如，李白姓李名白字太白，号青莲居士。那么，古人名字里的"号"又是怎么回事呢？

"号"也叫别称、别字、别号，是一种固定的别名。称别人的号是为了表示尊敬，自己称号一般只用于自己的作品中。

早在周朝时，人们就已经开始取号。对此，《周礼》解释说，"号，谓尊其名，更为美称焉"，意思是说，号是人在名、字之外的尊称或美称。封建社会的中上层人物（特别是文人）往往以住地和志趣等为自己取号（包括斋名、室名等）。如我们熟知的唐代杜甫号少陵野老、白居易号香山居士，宋代苏轼号东坡居士、辛弃疾号稼轩居士，明代唐寅（字伯虎）号六如居士，清代郑燮号板桥等。宋以后，文人之间大多以号相称，有些别号的使用率甚至超过名、字，如苏东坡、郑板桥。到了明清时代，人们把取号视为一种时髦，上至皇帝，下至一般黎民百姓，几乎人人有号。

号不像取姓名那样要受家族、行辈的限制，而是由使用者本人所起，因而可以更自由地抒发或彰显使用者的某种审美趣味。别号中常见的"道人"、"山人"、"居士"、"翁"、"叟"之类就是自号者鄙视利禄、看透红尘的志趣体现。宋代欧阳修晚年号"六一居士"，即所谓的六个"一"：一万卷书、一千卷古金石文、一张琴、一局棋、一壶酒加上他本人一老翁，足见其审美品位！欧阳修还有个"醉翁"的号，想必大家也会想到他在《醉翁亭记》中"醉翁之意不在酒，在乎山水之间也。山水之乐，得之心而寓之酒也"那样动情的心志抒发吧。当然，也有很多官僚缙绅和封建文人所取的各种动听的别号只是附庸风雅、沽名钓誉的幌子而已。

86

什么样的人可以称为"祖"、"宗"?

"祖宗"在现代汉语中是作为一个词出现的,指一个家族的上辈,尤其指较早的先人,也泛指民族的祖先。

古汉语中,"祖"和"宗"各自有着不同的含义。"祖"最初泛指祖先。在宗法制度下,人们特别看重家族的始祖及历代祖先的身份地位,祖先的地位可以决定一个人的血缘和这个人在家族谱系中的地位,所以,历代贵族掌权以后,都要为始祖和历代祖先建立庙宇,这个祖庙也被叫做"祖"。而"宗"就是始祖之后历代先人的庙。后来,也把开始创业的人叫做"祖",继承大业的后来人叫做"宗"了。如从汉代起,帝王的庙号,始帝称为太祖、高祖或世祖,以后的嗣君称为太宗、世宗等。"祖宗"连用,指的就是祖先。

87

"家族"的含义是什么?

我国古代,把始祖庙叫做"祖",始祖之后历代先人的庙叫做"宗"。宗法制奉行嫡长子继承制,嫡长子享有建立、奉祀历代宗庙的特权,被称为"宗子",他的弟兄们则被称为"别子"、"支子"或"庶子",仍属于原有的家族,到曾孙的后代,已满五代,古时奉行"五世而迁",这时就要从宗子之族分出,作为一个家族的分支,另建祖庙。奉祀支子的庙叫做祖庙,标志这一分支的始祖;支子的后代子孙另立宗庙,以标志这一分支从哪里来,那么这同祖庙的一支就称做"一族"。综上所述,所谓家族,就是奉祀同一宗庙的家族分支,是以宗庙为中心聚集起来的人群,它是以血统为标准划分的。

88

"六亲"是指哪些人？

对于"六亲"包括哪些人，历代有很多种说法，代表性的有三种：一据《老子》王弼注，以父子、兄弟、夫妇为六亲；二据《左传》说，以父子、兄弟、姑姊（父亲的姐妹）、甥舅、婚媾（妻的家属）及姻亚（夫的家属）为六亲；三据《汉书·贾谊传》颜师古注引应劭注，以父、母、兄、弟、妻、子为六亲。后人比较赞同第三种说法，因为此说在血缘和婚姻关系中是最亲近的。

不过，后来"六亲"也用来指外祖父母、父母、姊妹、妻兄弟之子、从母之子、女之子了。《史记·管晏列传》载："上服度则六亲固。"唐代张守节对此做了解释："六亲，谓外祖父母一，父母二，姊妹三，妻兄弟之子四，从母之子五，女之子六也。"

而到了今天，"六亲"已经泛指亲属了。

89

古人怎么排行？

现代人给家中兄弟姐妹排行一般用老大、老二、老三、老四表示，既简单又明了。不过古人为兄弟姐妹排行可有讲究，他们按照从大到小的顺序给出一个名称，分别以"伯、仲、叔、季"表示。"伯"就是老大，也可以用"孟"表示，不过"孟"多指庶出的老大；"仲"是老二；"叔"是老三；"季"是最小的。古人在"字"前常加排行的次序。大家都知道我国古代大教育家孔子字仲尼，他在家就是排行老二。下一辈称呼上一辈时，如果是父亲的哥哥，就叫做伯父，这和我们现代的称呼是一致的；父亲的大弟弟称为仲父；仲父下面的一个弟弟称为叔父，最小的叔叔称为季父。不过现在父亲的所有弟弟都被称为叔父了。《史记·项羽本纪》中"其季父项梁"说的就是项羽最小的叔叔叫项梁。后来，"伯仲"常常连用在一起代指兄弟，有时也表示不相上下。如陆游《书愤》："出师一表真名世，千载谁堪伯仲间？"意思就是说《出师表》这篇文章真是举世闻名，千百年来谁能与诸葛亮不相上下呢？

90

古代对百姓都有哪些称呼？

百姓是古代最常用来称呼普通民众的词，除此之外，关于百姓的称呼还有很多，比如黎民，《礼记·大学》载："以能保我子孙黎民。"这里的黎民就解释为"众也"。与此相近的还有黎庶、黎首、黎元等，如杜甫名篇《自京赴奉先县咏怀五百字》中有诗句："穷年忧黎元，叹息肠内热。"也有一种说法认为，这里的"黎"是"黑"的意思，与古代百姓所戴头巾有关，古时候百姓是将头发挽成髻，包上头巾，而当时规定百姓只能用黑色头巾，故称百姓为黎民。

黔首也是用来称呼老百姓的，这在战国就比较流行。《吕氏春秋》、《战国策》、《韩非子》等书中就都出现过黔首这个词。"黔"即"黑"的意思，当时的老百姓不能戴冠，黑黑的头发露在外面，所以被称为"黔首"。另一种说法也是认为百姓只能用黑色头巾。秦始皇统一六国后，于秦始皇二十六年"更名民曰黔首"。

古代社会等级森严，普通人只能穿着麻织的布，质粗而价低，所以"布衣"也成了百姓的代称。百姓又称作白衣、白士、白丁，是指没有功名的人，如刘禹锡《陋室铭》里就说："谈笑有鸿儒，往来无白丁。"

除此之外，百姓还被称为庶民，庶也即众多的意思。另外，"氓"也是古代对百姓（多指失去土地从外迁来的居民）的称呼。如《诗经·卫风》中就有《氓》篇，写了一个负心的小伙子。而草民、生民、平民、小民、民众、丁口也都有百姓的意思。

91

古代"奴"、"隶"是怎样的人？

"隶"最初是个动词，是捕获的意思。在我国古代，最初被作为奴隶的人大多是战俘和战争中抢掠来的人口，他们没有人身自由，依附于主人，主人像拥有私有财产一样对其掌有生杀大权，所以这种被役使的人就被叫做"隶"。汉代以后，奴隶的来源由战俘变为罪犯及其家属了，这时才有了"奴"这种称呼的盛行，奴在当时是没有性别之分的。但是在古汉语中"奴"和"婢"常常对称使用，那么"奴"就专指男性奴隶，而"婢"就专指女性奴隶了，如《宋书·沈庆之传》"耕当问奴，织当访婢"。后来，"奴隶"常结合在一起使用，专指没有人身自由，供人役使的人。

92

古人所说的"三姑六婆"是指哪些人？

一些明清时代的小说里，经常提到三姑六婆。元人陶宗仪在他的笔记《辍耕录》中记载了三姑六婆的身份。具体说，三姑六婆原是古代中国民间女性的几种职业。三姑是：尼姑、道姑、卦姑；六婆则是指牙婆、媒婆、师婆、虔婆、药婆、稳婆。

尼姑和道姑，比较好理解，她们分别是佛教、道教的出家者。卦姑则是专门占卦算命，并以此为营生的女子。六婆中，牙婆是专为人买卖奴婢、妾侍的人口贩子；媒婆是专为人介绍姻亲的妇女；师婆是专门画符施咒、请神问命的巫婆；虔婆则是指贼婆或鸨母；药婆是专卖安胎药、堕胎药之类药品的妇人；稳婆就是专门接生小孩儿的接生婆。六婆虽是各有分工，但一人有时也可以身兼数"婆"。

清代李汝珍在小说《镜花缘》中曾写道："吾闻贵地有三姑六婆，一经招引入门，妇女无知，往往为其所害，或哄骗银钱，或拐带衣物。"可见，由于三姑六婆所从事的工作多不是什么正当营生，所以在旧时代的小说文本里，往往给人留下走街串巷、不务正业、搬弄是非、媒介淫恶、唯利是图、推销迷信、愚昧无知等等相当恶劣的印象。清代"扬州八怪"之一的郑板桥就曾再三告诫家中妇女，不可与"三姑六婆"之流有任何来往。

○93

中国人的年龄是怎么计算的?

中国人计算年龄往往有虚岁与周岁之分,周岁指的是一个人的实际年龄,虚岁则是在周岁上加一岁或两岁。这其中的道理是什么呢?

其实,这种计算年龄的方式与我国古代的历法有一定的联系。我国古代通用的历法是阴历,与今天全世界通用的历法——公历(我们习惯称阳历)相对,阴历也叫夏历或农历、旧历。古人在长期的农业生产中习惯了用阴历来计算农时,渐渐地也习惯了用阴历来计算很多方面的事情。虚岁的计算就是一个例子。在古代,虽然没有统一的虚岁计算标准,但大多数人都认为,孩子从出生时就应该记为一岁,因为十月怀胎在古人看来是万物有灵的体现。而以后每过一个农历新年(即春节,而非阳历新年)就增加一岁,这样虚岁往往比周岁要大。如果是腊月(阴历十二月)出生,一过春节就记为两岁,因此虚岁比周岁还要大两岁。所以,我们现在把计算虚岁的方法总结起来就是:以计算年龄的时间为标准,若计算时间是在过了农历新年到生日期间,则虚岁＝周岁＋2(即虚两岁);若计算时间是在生日过后到农历新年期间,则虚岁＝周岁＋1(即虚一岁)。而周岁的计算方法相对来说就比较简单了,只需按照公历的年、月、日计算即可。举个例子来说,我们要在 2009 年 8 月 8 日记算 1981 年 6 月 8 日出生的人的虚岁和周岁,因为 2009 年的农历新年还没过,此人的当前虚岁则应该是 29 岁,而他的当前周岁则应该是 28 岁(公历 2009 年 6 月 8 日满 28 周岁)。

○94

"壮"、"强"、"艾"各指多大年龄?

古代男子三十岁为壮,按照《礼记·曲礼上》的说法:"三十曰壮,有室。"意思就是说三十岁时,人的身体发育已经完成,已经是壮年,应该有家室了。成家就要担负起责任,所以,孔子在《论语》中说"三十而立"。

古代四十称"强"。《礼记·曲礼上》记载："四十曰强，而仕。"意思是说男子到了四十岁，智慧、气力皆强盛，就可以出仕做官了。后遂以"强仕"为四十岁的代称。如《梁书·张纲传》："且年甫强仕，方申才力。"

艾则是指男子五十岁。《礼记·曲礼上》："五十曰艾，服官政。"孔颖达疏："发苍白如艾也。"艾草的颜色为苍白色，也就是说人到了五十岁的时候，头发就苍白如艾。也指五十岁以上的老人。如桓宽《盐铁论·未通》曰："五十以上曰艾老。"唐代刘禹锡在《汝州谢上表》中也有"伏蒙圣泽，救此天灾，疲羸再苏，幼艾同感"的句子。

95

"壮丁"是些什么人？

从生理角度来看，人的一生常可以分为幼年、童年、少年、青年、壮年和老年，这是现代人的分法。古人把三十岁以上作为壮年，《礼记·曲礼上》有"三十曰壮，有室；……七十曰老，而传。"就是说三十岁已经是壮年，应该有家室了；七十岁到了老年，要把家政传给别人了。

"丁"也是强壮的意思，也是指成年人，不过它是从劳动能力角度着眼，是根据政府律令的规定划分的。我国古代都是按年龄段规定劳役时间和征收赋税的数量，对于成"丁"的年龄，各个朝代有所不同，有十六岁、二十岁、二十一岁、二十六岁等不同的说法，总之是和赋税、劳役相联系的，普遍低于生理年龄的标准。可见古时的壮丁不只限于三十岁以上，十五六岁就被作为成年人出兵役、劳役的现象并不少见。汉乐府民歌中的《十五从军征》就是一个很好的例子，"十五从军征，八十始得归"，揭露了汉代兵役制度的残酷。

96

花甲、古稀、耄耋、期颐之年各指多大岁数？

花甲，是指人到六十岁。这与我国古代干支纪年有关。十天干与十二地支按顺序错综搭配成六十个单位，每一干支代表一年，六十年周而复始形成一循环，故称为"六十花甲子"。《西游记》第二十回："（老者）道：'痴长六十一岁。'行者道：'好！好！好！花甲重逢矣。'"

古稀之年是指人到七十岁。语出自杜甫《曲江》诗："酒债寻常行处有，人生七十古来稀。"

耄（mào）是指人八十、九十岁。《礼记·曲礼上》："八十、九十曰耄。"耋（dié）则是指七十、八十岁的意思。《毛传》："耋老也，八十曰耋。"杜预注："七十曰耋。"今人顺应双音词的语言习惯，把两个字合在一起，用"耄耋之年"借指七十至九十岁。

所谓"期颐之年"则是指人一百岁。《礼记·曲礼上》曰："百岁曰期颐。"朱熹解释说："周匝之义（即转过一圈的意思）。""谓百年已周。"所以，期颐即人活得圆满，寿高百岁之意。

97

"糟糠之妻"的说法是怎么来的？

将妻子称为"糟糠"出自《后汉书·宋弘传》里记载的一个典故："（光武帝）谓弘曰：'谚言贵易交，富易妻，人情乎？'弘曰：'臣闻贫贱之知不可忘，糟糠之妻不下堂。'"原来光武帝刘秀的姐姐湖阳公主死了丈夫，光武帝想在朝廷大臣中为她择一合适夫婿。湖阳公主说："宋弘气度威正，品德高尚，朝中官员都不及他。"于是光武帝特意召见宋弘，想探问一下宋弘有无此意，他对宋弘说："俗语说，人贵了要换掉一批旧友，人富了要另娶一位新妻，这是人之常情吧？"宋弘回答："我知道的是，人贵了不可以忘却贫贱时结交的知己；人富了不可以抛弃贫穷时娶的妻子。"光武帝只好打消了让宋弘娶湖阳公主的念头。后来，人们便把与自己生死相依、同甘共苦的妻子称为"糟糠"了。

98

为什么把原配夫妻称为"结发夫妻"呢？

"结发"原是古人成人礼的一部分，就是束发。古时候，不论男女都要蓄留长发。男子在二十岁的时候举行冠礼，就把头发盘成发髻，谓之"结发"；女子则在十五岁举行笄礼。笄，即簪子。自周代起就规定女子在订婚后出嫁前行笄礼。一般在十五岁举行，如果一直待嫁未许人，则年至二十也行笄礼。受笄时也要改变幼年的发式，将头发绾成一个髻，然后用黑布将发髻包住，再以簪插定发髻。古代无论男女，只要举行了成人礼，就意味着到了成年，代表着一个人到了可以结婚成家的年纪了。

到了汉代，"结发"成了新婚夫妻成婚的仪式之一。汉代苏武有诗云："结发为夫妻，恩爱两不疑。"宋孟元老《东京梦华录·娶妇》中记载："男左女右，留少头发，二家出匹缎、钗子、木梳、头须之类，谓之合髻。"在洞房花烛夜，饮交杯酒之前，新郎新娘就床而坐，各自剪下自己的一绺头发，再把这两缕长发相互绾结缠绕起来，以誓结发同心、生死相依。古人还有诗总结："交丝结龙凤，镂彩结云霞。一寸同心缕，千年长命花。"发"结"在一起，有牢固、结合、结伴之意，也寓意着新婚夫妇恩爱缠绵、白头偕老。因而"结发"自然就有了成婚的意思，人们也就称首次结婚的男女为"结发夫妻"了。在《古诗为焦仲卿妻作》里就有"结发同枕席，黄泉共为友"的句子。

99

岳父为何被称作"泰山"？

泰山本是我国著名的"五岳"之首，不过这个词在古代却常常用来指称岳父，像《水浒传》里林冲就称自己的岳丈为"泰山"。那么，岳父难道还真与那座名岳"泰山"有关吗？

自唐代开始，"泰山"、"岳父"便成了妻父的专称。唐人段成式在《酉阳杂俎·语资》中讲到了这个岳父别称的由来：唐明皇李隆基泰山封禅时，当时的宰相张说被任命为封禅使。按照当时惯例，封禅以后，三公以外的随行官员都可晋升一级。张说的女婿郑镒本是九品小官，封禅之后却连升四级，骤迁五品。唐明皇大宴群臣的时候，看见郑镒穿着绯红的五品官服，很是奇怪，就问郑镒为什么升得这么快。郑镒一下子懵了，不知道该怎么回答。旁边一个宫廷戏子黄幡绰把话接过来说："这都是泰山的力量！""泰山"在此一语双关，与其说是泰山成全了郑镒，不如说是他的岳父。

此后，泰山也就成为了妻父的代称。又因泰山又称"东岳"，所以，又将妻父称为"岳父"、"岳翁"、"家岳"，妻母则称为"岳母"或"泰水"了。

100

岳父为何又被称作"丈人"？

丈人本是古时对老年男子的尊称。如《论语》中就有"遇丈人，以杖荷蓧(diào)"、"子路从而后，遇丈人"这样的句子。宋朝人在《猗觉寮杂记》和《鸡肋编》中考证认为，是自唐朝以后，丈人这个词才特指妻父的。证据是，唐朝文学家柳宗元在《祭杨凭詹事文》中记载："子婿谨以清酌庶羞之奠，昭祭于丈人之灵。"但进一步考证，认为这个词特指妻父的时间可能还要更早。因为陈寿在《三国志·蜀书·先主传》里提到："献帝舅车骑将军董承"，董承是献帝刘协的表叔，亲上加亲，女儿给刘协做了"贵人"，董承也就成了献帝的"舅"，即"丈人"。南朝宋人裴松之注释为："（董承）于献帝为丈人，盖古无丈人之名，故谓之舅也。"意思是，这以前对妻父没有"丈人"的叫法，只有"舅"的称谓。而"舅"在魏晋以前一直是丈夫父亲的专有称呼，有了丈人这个称谓，妻子的父亲与丈夫的父亲就可以有所区别了。

101

古代为什么将丈夫的父母称为"舅姑"?

今天的舅指的是母亲的兄弟,姑指的是父亲的姐妹,而在古代,舅指公公(丈夫的父亲),姑指婆婆(丈夫的母亲)。为什么会有这种称呼呢?这与古代的婚姻习俗有关。

古人认为同姓为婚,其生不蕃,因此严格禁止在本氏族内部通婚,不论男女必须与外氏族通婚,这样构成了一个婚姻集团,往往同部落的两个氏族世代互为婚姻。这样,两个通婚的氏族彼此嫁女,实际上是姑舅结亲:女方的公公正是母亲的兄弟辈,所以应该称"舅";女方的婆婆正是父亲的姊妹辈,所以应该称"姑",这样一来,公公与舅舅、婆婆与姑姑就"一身而二称"了。

102

为什么把女婿称为"东床"?

把女婿称为"东床",出自一个与古代大书法家王羲之有关的著名典故。

王羲之是东晋当朝宰相王导的侄子。据《晋书·王羲之传》记载,当朝太尉郗鉴有个女儿,到了婚嫁年龄,郗鉴便派门客到丞相王导家中为自己的女儿择婿。王导对来人说:"我家几个子侄都在东厢房,请到那儿去看看吧。"门客看过之后,回去禀告郗鉴:"王家的几个子弟都非常不错,然而一听说我是来为您选婿的,一个个马上正襟危坐。只有一个年轻人,好像不知道这件事一样,依旧袒露着肚皮在东床上吃东西,毫不理会。"郗鉴听后大喜,拍手道:"正此佳婿邪!"后来一问,才知道这人就是王羲之,郗鉴就把女儿嫁给了他。

由于王羲之在书法上的巨大成就,再加上他出身名门望族,自然是挑选女婿的最佳对象了。因此,"东床快婿"一时成了佳话,流传下来,东床也就成为了女婿的代称。

103

为什么姐妹的丈夫互称"连襟"?

襟，即衣襟，"连襟"意即衣襟相连，现在指的是姐妹的丈夫之间的称呼。不过这个称谓最早与姐妹的丈夫并不相关，不过是指彼此知心的朋友。现在所见，"连襟"一词最早出现在唐代诗人骆宾王的《秋日与群公宴序》："既而誓敦交道，俱忘白首之情；款尔连襟，共挹青田之酒。"既是"群公"，当然是指一些知心朋友了。稍后，杜甫的《送李十五丈别》诗中也有"人生意颇合，相与襟袂连"之句。李十五丈是杜甫晚年寓居川东时认识的一位当地的李姓老翁，二人性情相投，关系很好。后来，杜甫离开四川东下湖湘，临别之时，写下了这首诗。可见连襟也是用来形容他与李十五丈的密切关系的，并无今意。

到了宋朝，"连襟"一词的含义已与今天差不多，并在民间通行。当时对姐妹的丈夫叫法比较多，但连襟一词颇为流行。北宋末，著名学者洪迈有个堂兄在泉州做幕宾，洪迈妻子的姐夫在江淮一带做节度使，写了一封荐书，荐洪迈的堂兄去京城供职。事成之后，洪迈的堂兄甚为感激，托洪迈替写了一份谢启，里边有这样几句："襟袂相连，凤愧末亲之孤陋；云泥悬望，分无通贵之哀怜。"这里的"襟袂相连"，就是用来形容姐妹的丈夫之间的密切关系了。

后来，"连襟"一词逐渐成为姐妹的丈夫间的专用称谓了。

104

为什么把未出嫁的女孩叫"黄花闺女"?

所谓"黄花"，其实指的是古时妇女额前的一种装饰，又称"花黄"。当时的妇女喜欢用黄颜色的粉在额头上画出各种花鸟形状，或是用金黄色纸剪成花鸟形状贴在额头。这种习俗大约起于南北朝，盛行于隋唐。《木兰辞》中就有"当窗理云鬓，对镜贴花黄"之说。

关于这一习俗的由来，还有一个美丽的传说。相传，南北朝刘宋时，宋武帝的女儿寿阳公主有一次睡在含章殿檐下，有梅花恰巧落在她的额头上，梅花渍染，在她额头形成梅花之形，拂之不去。此后寿阳公主便经常将梅花贴在额前，宫人们也纷纷效仿。此后就有所谓梅花妆，简称梅妆。这种妆饰传到宫外后，民间女子也纷纷效仿，或用菊花或用黄纸剪出花样贴在前额，后来逐渐发展成"贴黄花"的习俗。由于这种妆饰在未婚的女孩子中比较流行，渐渐地，"黄花闺女"就成为了未婚女孩的代称。

105

为什么女孩待嫁叫"待字闺中"？

将女孩待嫁叫"待字闺中"，是与古代人取名字的礼俗有关系的。现代人一般只有一个比较正规的大名，作为社会交往中代表个人的符号。而在古代，人们取名字要更加讲究：出生三个月后要由父亲为孩子取名，作为幼年时对他（她）的称呼。到成年后，还要在名之外取一个庄重、正规的别名"字"。古代男子二十岁要举行结发加冠仪式，代表成年，要取一个"字"作为别名；女子十五岁举行笄礼，又叫上头、上头礼，即改变幼年的发式，把头发盘起来，插上簪子，从此代表成年了，也要取"字"作为别名。这就是《礼记·曲礼上》所说"女子许嫁，笄而字"。有了"字"就表示已经成年了，标志着到了嫁人的年龄了，所以在特定的语言环境中"字"就有了出嫁的意思，那么女孩待嫁也就叫做"待字闺中"了。

106

古代结婚主要有哪些程序？

古人结婚讲究三书六礼，极为周全。所谓三书，就是奉行六礼应备有的文书，即聘书、礼书和迎书。聘书是男家交予女家的用作确定婚约的书柬。礼书是女家详细列明过大礼时的物品和数量的书信。迎书则是迎亲当日，男方送给女方的书柬。

而六礼则是指纳采、问名、纳吉、纳征、请期、亲迎等六种礼节。纳采即提亲，问名则是问女方的名字和出生年月，这两项主要由男方请的媒人负责。纳吉又称过文定，男家会请算命先生根据男女双方的年庚八字推算双方是否相配，以决定这婚事是否吉利。八字相合，这门亲事也就定下来了。纳征亦称纳币，即男方家以聘礼送给女方家，又称过大礼，是三书六礼中保留下来比较完整的，沿袭至今仍是婚嫁礼仪中最为重要的环节。女家接受男方的聘礼，称之为许缨。请期又称择日，即男家择定婚期，备礼告知女方家，求其同意。最后就是亲迎了，即新郎亲至女家迎娶。亲迎是夫妻关系是否完全确立的基本依据。凡未亲迎而夫死，女可以改嫁。而一旦举行了亲迎之礼后夫死，按礼俗规定，新妇就只能认命"从一而终"了。

六礼已毕，只意味着完成了成妻之礼，还需在次日完成"谒舅姑"，即拜见公婆。若公婆已故，则于三月后至家庙参拜公婆神位，称为"庙见"。

今人的婚俗其实是在三书六礼的基础上进行了精简，更适合今天快节奏的生活和万事崇简的现代理念。

○ 107

古人什么时候结婚？

我国古代，结婚的"婚"最初是写作黄昏的"昏"的。至于为什么这样写，还是有一定缘由的。

原始氏族社会时期，尤其是母系氏族向父系氏族过渡时期，曾经盛行过抢婚的风俗。一般是男方纠集一帮人，利用黄昏时刻去抢掠妇女成婚。《白虎通》说："婚姻者何谓？昏时行礼，故曰婚。"意思是结婚要在夜间进行，这正是古代掠夺婚的真实写照。后来，这种通过抢掠而成婚的风俗就成为了一种仪式，男方依然是在黄昏时到女方家里迎亲，女方在黄昏时跟着男方出门。这也便是为什么写作"昏"的最直接原因了。后来为了与黄昏的"昏"区别开来，就加了一个"女"字旁，写作"婚"了。直到现代，仍然很盛行夜间迎亲的习俗，据说是为了不见人，其实是古代婚俗的遗迹。而抢亲的习俗也仍然为一些少数民族沿袭，为婚礼制造了热烈、紧张而浪漫的气氛。

108

为什么古时新娘出嫁要在头上盖一块红布？

盖头出现在婚礼中的历史很长，出嫁盖红盖头的习俗也曾经在我国许多地区广泛流传。宋代吴自牧《梦粱录·嫁娶》中有这样的描述："（两新人）并立堂前，遂请男家双全女亲，以秤或用机杼挑盖头，方露花容。"可见在当时的婚俗中，新娘就是盖着盖头的。

新娘戴盖头婚俗一般的做法是新娘出嫁上轿前戴上盖头，到夫家拜堂时或入洞房后，由新郎用秤杆或机杼等物挑去。这一做法始于东汉。因东汉魏晋时期，社会动荡不安，人们来不及履行繁琐的婚姻仪式，遇到良辰吉日就匆忙完婚。这种"拜时婚"不符合当时"礼"的程序，因而就用纱布蒙住新娘头脸以遮盖。这在当时本属权宜之计，后人却习非为是，使之成为世代沿袭和传承的婚姻习俗。到了南北朝时的齐，那里的妇女普遍用头巾来避风御寒。而发展到唐朝初期，盖头便演变成一种用以遮盖的从头披到肩的帷帽。开元天宝年间，唐明皇李隆基标新立异，命令宫女以"透额罗"罩头，就是让妇女在唐初的帷帽上再盖一块薄纱遮住面额作装饰。

盖头的来历还有一个传说，据唐朝李冗的《独异志》载：在宇宙初开的时候，天下只有伏羲和女娲兄妹二人。为了繁衍人类，兄妹俩商议之后决定配为夫妻，但他俩又觉得十分害羞。于是他俩向天祷告说："天若同意我兄妹二人为夫妻，就让空中的几个云团聚合起来；若不许，就叫它们散开吧。"话音一落，天上的几个云团就聚合为一了。于是，兄妹俩就成亲了。新娘子女娲为了遮盖羞颜，就用草结成扇子来遮挡面庞。后人以轻柔、美观的丝织品代替草编的扇，逐渐形成了盖盖头的婚俗。

之所以选用红色的盖头，是因为红色在古人心中是吉祥喜庆的象征。

○ 109

交杯酒怎么喝？

喝交杯酒是古代婚礼的重要仪式之一，当时叫"合卺（jǐn）"。

"合卺"中的"卺"是瓢的意思，古人习惯把一个匏（páo）瓜（葫芦）剖成两个瓢，将两瓢的柄相连，内盛酒，夫妇共饮，表示从此成为一体，故名"合卺"。《礼记》有载："所以合体，同尊卑，以亲之也。"即夫妻共饮合卺酒，不但象征夫妻合二为一、永结同心，而且也含有让夫妇同甘共苦的深意在里面。

宋代以后，合卺之礼逐渐演变为新婚夫妻在洞房里共饮交杯酒。《东京梦华录·娶妇》记载：新人"用两盏以彩结连之，互饮一盏，谓之交杯酒。饮讫，掷盏并花冠子于床下，盏一仰一合，俗云大吉，则众喜贺。然后掩帐讫"。这个仪式的象征意义是意味深长的。喝完交杯酒后，"合卺"礼毕。但古人将合卺杯掷于地上，就有了占卜的意思，通过看两个杯的俯仰来看日后夫妇是否和谐。杯子一仰一合，则大吉大利。这里进行合卺礼就不是用瓢了，而是一种造型奇特的杯子，叫"合卺杯"。晋和唐宋文献中，都有关于"合卺杯"的记载，而明代胡应麟的《甲乙剩言》中更是详细地描绘了"合卺玉杯"："形制奇特，以两杯对峙，中通一道，使酒相过。两杯之间承以威凤，凤立于蹲兽之上。"明清时期还有玉雕合卺杯流传至今，比如清乾隆时期的玉鹰熊合卺杯。据说，鹰熊有英雄之意，象征丈夫的英武豪气。

○ 110

为什么把完婚的新房称作"洞房"？

"洞房"一词出现很早，不过最初并不是指结婚的新房。据说，汉代大才子司马相如曾赋了一首《长门赋》，描述了失宠的陈皇后得知武帝许诺朝往而暮来，于是苦苦等待。可是天色将晚，还不见君王幸临，于是她独自徘徊，只好"悬明月以自照兮，徂清夜于洞房"。这里的洞房就不是指新人完婚的新房，而是指幽深而又豪华的居室。北周时庾信《三和咏舞》诗中有"洞房花烛明，燕馀双舞轻"句，这里的洞房首次与花烛"携手"，但也不是描写新房的。

到了唐代，洞房一词频频用来指代男欢女爱的场所，借以描写"闺情"。如"落叶流风向玉台，夜寒秋思洞房开"（沈佺期《古歌》），"莫吹羌笛惊邻里，不用琵琶喧洞房"（乔知之《倡女行》）等都是例证。这些"洞房"还不是专门指新婚卧房的词汇。由于盛唐时佛教流行，洞房还曾用来指僧人的山房，王维就有"洞房隐深竹，清夜闻遥泉"（《投道一师兰若宿》）的诗句。

直到中唐以后，洞房才渐渐引申为新婚婚房。诗人朱庆馀在《近试上张籍水部》诗中留下了脍炙人口的诗句："洞房昨夜停红烛，待晓堂前拜舅姑。"宋人洪迈在《容斋随笔》里更有"洞房花烛夜，金榜题名时"的佳句流传后世。此后，洞房也就慢慢成为新婚夫妇新房的专称，一直沿用至今。

111

古代的冥婚是怎么回事？

古代有为死去的未婚者寻找配偶的习俗，谓之"冥婚"，也叫"阴婚"。

冥婚早在周代时就已开始流行，当时政府还曾明令禁止，《周礼·地官》"禁迁葬者与嫁殇者"中的"迁葬"和"嫁殇'指的就是冥婚。但此种习俗一直流传了下来，而且受到了统治者的肯定和倡导。曹操就曾为其夭折的小儿子曹冲聘甄氏亡女与之合葬。

冥婚不单单只在两个死人之间举行，有些有钱有势的家庭为了不使已死的儿子有未曾娶妻的缺憾，甚至会聘娶活着的女子嫁给死人。婚后，女子只能一辈子与一块木牌位同居，既不能改嫁，也不能怠慢公婆和"丈夫"。历代也有不少女子受礼俗影响颇深，在订亲纳采后，如果未婚夫猝死，便抱着"姻缘天定"、"好女不事二夫"等观念，与木牌位举行婚礼，自愿守着丈夫牌位，终生不渝。

由于冥婚形式的盛行，古代还逐渐形成了一整套较为完整的冥婚礼俗。当时民间甚至出现了许多专营此事的鬼媒人，这些鬼媒人收受双方家长的答谢钱财，操办冥婚仪式。

冥婚习俗直到清代仍颇为盛行，到了清末，随着西方文明的大量传入，才逐渐式微。但直到新中国建立前，仍在部分地区流传。

112

古代对"死"主要有哪些叫法？

古人对"死"的称呼有着严格的规定，死者的身份、地位不同，其"死"的叫法也各不相同，绝对不能混淆。据《礼记·曲礼下》记载："天子死曰崩，诸侯死曰薨，大夫死曰卒，士曰不禄，庶人曰死。"也就是说"崩"是天子专用的；诸侯死则称为"薨"，秦汉以后也用于高级官员的死亡；大夫死叫"卒"；士人死则叫"不禄"；而只有平民百姓的死才能称为"死"。不过，后来随着时代发展，这种情况也逐渐有所变化，其限制也不再那么严格。唐代时，二品以上官员死称薨，五品以上称卒，自六品以下以至平民百姓都称死。清代皇室成员中，皇帝、皇后和皇太后等身故称"崩"，皇贵妃以下到嫔、王、公、侯、伯的世爵之死称"薨"。

113

为正义事业而献身为什么叫"牺牲"？

现在我们往往用"牺牲"来表示为正义事业而献身或舍弃自身利益，其实，"牺牲"在古代指的是用于祭祀的禽畜，通常是指马、牛、羊、鸡、犬、豕等，也就是后世所称的"六畜"，而其中最常用的是牛、羊、豕三牲。

在古代，"国之大事，唯祀与戎"，所以古人对宗庙祭祀非常重视，不但制定了严格、复杂的礼制规仪，对于祭品也有着严格的规定：用于祭祀的禽畜必须要用纯色，而且必须是完整的，只有纯色、完整的牲畜，才能叫做"牺牲"。如《国语·周语上》记载："使太宰以祝、史帅狸姓，奉牺牲、粢盛、玉帛往献焉，无有祈也。"《左传》庄公十年也有："牺牲玉帛弗敢加也，必以信。"后来，牺牲的含义逐渐宽泛，也用来泛指用其他动物所作的祭品了。

正是由于牺牲最初是用作祭祀的，这些祭品是在舍弃自己生命而为大家祈福，牺牲一词后来也就逐渐有了自我奉献的意思。

114

"坟"与"墓"有何区别？

根据现代考古发现及史书记载，我国古代人死之后，一般只挖好墓穴将人掩埋，当时是不堆起土堆的，这种不起土堆的掩埋之地就是墓。其实"坟"最初的意义和"墓"没有联系，它就是指高出地面的土堆。如《楚辞·九章》中就有"登大坟以远望兮"，指的就是登上大的土堆向远处张望。到了奴隶社会后期和封建社会，等级制度的划分越来越严格，一些统治者在死后大修墓穴，并且把地面封土的大小也作为了一种身份的象征，到后来发展到连平民百姓死后也要在墓上封土了，于是"坟"和"墓"就紧密地联系在一起。一直到现在，我们说到葬处都是"坟""墓"连用，甚至把"墓"字省略，只说"坟"了。

115

古代"衣"和"裳"有什么不同?

古时衣服上曰衣,下曰裳。上衣,省称"衣",以障蔽身体。《说文·衣部》: "衣,依也。"段玉裁注:"依者,倚也。衣者,人所倚以蔽体者也。""裳",亦作 "常",是专用于遮蔽下体的服装,男女尊卑均可穿着。由于古代纺织工具简陋,布 的幅面很狭窄,所以一件下裳通常需用七幅布帛拼合而成,前三后四,样子像一幅 腰围,另在腰部施褶,褶的多少视具体情况而定,两侧还各开一道缝隙。两汉以后, 裳渐由裙取代,惟在贵族祭祀和朝会时穿着的礼服中保留遗制。《后汉书·舆服志 下》:"行大射礼于辟雍,公卿诸侯大夫行礼者,冠委貌,衣玄端素裳。"裳与裙大致 相同,惟裳被制成两片,彼此分离,一片蔽前,一片挡后,上用布带系结于腰,裙 则多被做成一片,穿时由前围向臀后。随着时代的发展,"衣"、"裳"连用,往往泛 指衣服。

116

古代的礼服都是什么样子的?

中国古代的服饰与礼制紧密结合,如祭祀着祭服、朝会着朝服、公务着公服、 居丧着凶服等,服饰从质料、色彩、花纹、款式无不为礼制所规范,被赋予天道伦 理和身份地位的诸多涵义,成为封建政治的图解和符号。

传说,从黄帝尧舜到夏商西周时期的统治者都穿着一种上衣下裳的服装。《后汉书·舆服志》："黄帝、尧、舜垂衣裳而天下治，盖取诸乾《《。乾《《有文，故上衣玄，下裳黄。"这种服装的样式和颜色是出于对天地的崇拜而产生的，故此，冠冕衣裳作为祭服之制沿用了两千多年。

秦始皇深受阴阳五行学说的影响，以黑色为尊贵之色，并进一步规范礼服制度。两汉四百年间，袍服一直被当作礼服。袍服的领子以袒领为主，大多裁成鸡心式，并以大袖为多，领、袖都饰有花边。唐代至明代最具时代特色的礼服是常服，它是内有夹层的圆（盘）领连体长衣。此服皇帝与官员均可穿着，前者着黄色，后者以绯、紫、绿色等区别等级。而明代对常服最大的改进是洪武二十五年（1392）以后，朝廷要求文武官员袍服的胸前和后背各缀一方形补子，文官用飞禽，武官用走兽，以示区别，"衣冠禽兽"之称由此得来。此制被后来的清朝所沿用，称为"补服"。

到了清朝，礼服制度在保留满洲习俗礼仪的同时，吸收了汉族服饰中的一些特点，但彻底废弃了冠冕衣裳为祭祀之服，以及通天冠、绛纱袍服的传统制度。

117

凤冠霞帔是什么样的服饰？

明万历孝靖皇后凤冠

凤冠霞帔，旧时女子出嫁时的装束，以示荣耀；也指官员夫人的礼服。凤冠是一种以金属丝网为胎，上缀点翠凤凰，并挂有珠宝流苏的礼冠。早在秦汉时期，凤冠就已成为太后、皇太后、皇后的规定服饰。明代凤冠有两种形式，一种是后妃所戴，冠上除缀有凤凰外，还有龙等装饰。明制，皇后礼服的冠饰有九龙四凤，皇妃、公主、太子妃的凤冠九翚（huī）四凤。另一种是普通命妇所戴的凤冠，一品至七品命妇的凤冠没有凤，只缀珠翠、花钗，但习惯上也称为凤冠。

明代霞帔

清代霞帔

　　霞帔亦称"霞披"、"披帛"，以其艳丽如彩霞，故名。披帛以一幅丝帛绕过肩背，交于胸前。宋代定为命妇冠服，非恩赐不得服，且随品级的高低而不同。明代自公侯一品至九品命妇，皆服用不同绣纹的霞帔，其形状宛如一条长长的彩色挂带，每条霞帔宽三寸二分，长五尺七寸，服用时绕过脖颈，披挂在胸前，下端垂有金或玉的坠子。清代霞帔演变为阔如背心，下施彩色旒（liú）苏，是诰命夫人专用的服饰。中间缀以补子，补子所绣纹样图案，一般都根据其丈夫或儿子的品级而定，惟独武官的母、妻不用兽纹而用鸟纹。凤冠霞帔本是宫廷命妇的着装，平民女子只有出嫁时才可以穿着，因为按照礼俗，大礼可摄胜，就是祭礼、婚礼等场合可向上越级，不算僭越，因此，着凤冠霞帔结婚的习俗一直保留到建国前。

○118

"冠冕堂皇"一词是怎么来的?

秦始皇像,头戴冠冕

冠冕是古代帝王、官吏的帽子,尤其冕是作为吉服即祭服的冠式,因此遂成为身份地位的象征。冕是帝王、诸侯及卿大夫在举行祭祀等大典时所戴的大礼冠,外表黑色,里面朱色,由"冠"与"延"组成。冕顶有一长方板,称为"延",其前圆后方,象征天圆地方;前低于后约一寸,有前倾之势,以示俯伏谦逊。延的前后悬挂珠玉串饰,以五彩丝线编织为藻,藻上穿以玉珠,一串玉珠即为一旒,服时各按等秩,以十二旒为贵,乃帝王所服。冕冠垂旒之意,除用来表明等级外,还可使戴冠者目不斜视,以免看到不正之物,"视而不见"即由此得来。

延的下部即为冠,古称"冠卷",其两旁各有一个对穿的小孔,称"纽",用以贯穿玉笄(jī),以使冠体固结于髻。笄的两端绕颔下系丝带,谓之"纮(hóng)";笄的两端又各用一条名叫"统(dǎn)"的小丝绳挂下一个绵丸,谓之"黈(tǒu)纩(kuàng)"或"纩",纩下端饰玉,谓之"瑱(zhèn)"。因两瑱正临左右两耳,故又名充耳、塞耳。古人用瑱充耳,目的是以戒妄听,"充耳不闻"即由此得来。

西周之时定制:天子之冕十二旒,诸侯九旒,上大夫七旒,下大夫五旒,此后历代之制大略相同。南北朝以后，只有帝王可以戴冕，因用以专称皇帝的礼冠。王维《和贾舍人早朝大明宫之作》就有："九天阊阖开宫殿，万国衣冠拜冕旒。"因此，"冠冕堂皇"就用来形容人的外表庄严或正大的样子了。

119

马弁、武弁指的什么人？

弁（biàn）是古代一种尊贵的冠，为男子穿礼服时所戴，即吉礼之服用冕，通常礼服用弁。弁制出商周，主要有爵弁、皮弁、韦弁三种。爵弁用于祭祀，是为文冠。它是没有上延的冕，其形广八寸，长一尺二寸，前小后大，用极细的葛布或丝帛做成，色似雀头赤而微黑。皮弁用于田猎战伐，是为武冠。它以白鹿皮做成，形制似两掌相合，上锐下广，其各个缝合处缀

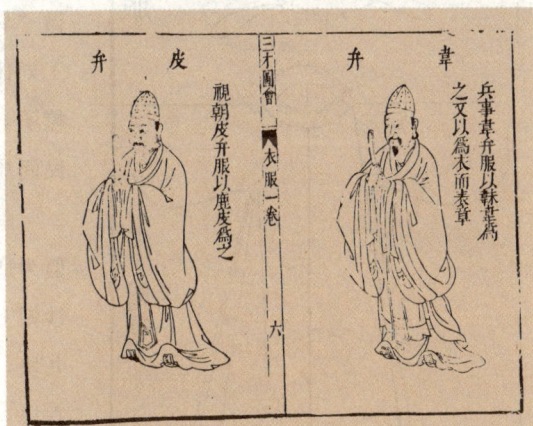

《三才图会》之"韦弁、皮弁"

有一行行玉石，称为"璂（qí）"，同时，为区分等级，天子以下皮弁之璂逐次递减。韦弁为天子诸侯大夫兵事服饰，用熟皮制成，浅朱色，制如皮弁。由汉至明，弁的形制虽有差异，但始终是礼服的主要内容之一。

由于古代武官戴皮弁，后来，"武弁"专指低级武官。至于"马弁"，原也指低级武官，后专指当官的身边所带随从，特别是骑马的随从。

120

丢了官为什么常说丢了“乌纱帽”?

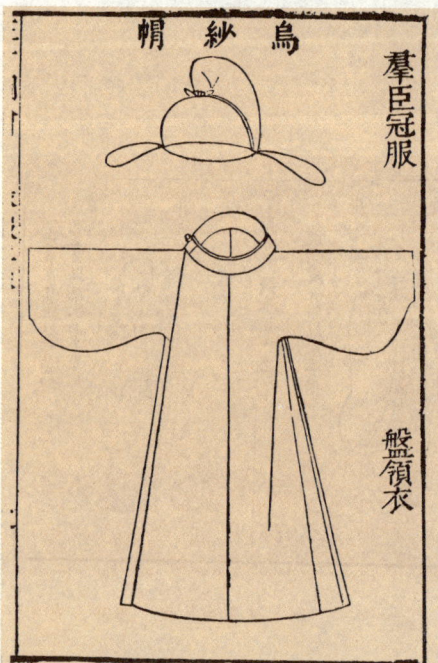

《三才图会》之“乌纱帽”

乌纱帽原是民间常见的一种便帽,东晋成帝咸和九年(334),成帝让在宫廷中做事的官员都戴一种黑纱制成的帽子,叫做“乌纱帽”。后来,南朝宋明帝时,建安王刘休仁创制了一种用黑纱抽边的半透明帽子,亦称“乌纱帽”。这种帽子很快就在民间流行,无论官民贫富都可以戴服。

隋唐时期,天子百官士庶都戴乌纱帽。但为适应封建社会的等级制度,隋朝用乌纱帽上的玉饰多少显示官职大小:一品有九块,二品有八块,三品有七块,四品有六块,五品有五块,六品以下就不准装饰玉块了。

到了宋朝时,乌纱帽的形状有了改变。据说宋太祖赵匡胤登基后,为防止议事时朝臣交头接耳,就下诏改变乌纱帽的样式:在乌纱帽的两边各加一个翅,有一尺多长,并装饰不同的花纹以区别官阶高低。如此一来,朝臣们只要脑袋一动,软翅便会随之摆动,皇上居高临下,就看得清清楚楚了。

明太祖朱元璋定都南京后,于洪武三年(1370)规定:凡文武百官上朝和办公时,一律要戴乌纱帽,穿圆领衫,束腰带。另外,取得功名而未授官职的状元、进士,也可戴乌纱帽。从此,“乌纱帽”遂成为官员的一种特有标志。此时的乌纱帽以藤丝或麻编成帽胎,涂上漆后,外裹黑纱,呈前高后低式,两侧各插一翅。而自明世宗朝开始，乌纱帽的双翅又做了一些变动，翅的长度缩短，其宽窄也改变了，官阶越高，双翅就越窄，官阶越低，双翅则越宽。

清初顺治皇帝入关后，由于收留了众多明朝的降臣，为笼络人心，就允许不少地方官员仍穿着明朝朝服，并戴乌纱帽。但等到清室统治巩固之后，遂下令将官员所戴乌纱帽全改为红缨帽。可是，人们仍然习惯将"乌纱帽"作为官员的标志。因此，丢了官也就常说丢了"乌纱帽"了。

121

明清之际为何流行戴六合帽？

古时候，戴冠是上层男子的特权，下层男子只能戴巾、帻（zé）或帽。到了明代，巾帽式样繁多，而民间使用最为广泛的是网巾、平定四方巾和六合帽。六合帽，相传为明太祖朱元璋创自洪武年间（1368～1398），世人皆可戴之。

六合帽，又称六合一统帽，也称六合巾、小帽、圆帽等，是以罗缎、马尾或人发所做，裁为六瓣，缝合一体，下缀一道一寸左右的帽檐。"六合"指天地东西南北，"六合一统"有天地四方由皇帝一人统帅、统领之意，此帽以"六合一统"为名，取意安定和睦，天下归一。由于此帽在政治上有一定象征意义，因此由政府规定成为全国通行的帽式，通常用于市民百姓，而官吏家居时也可戴服。

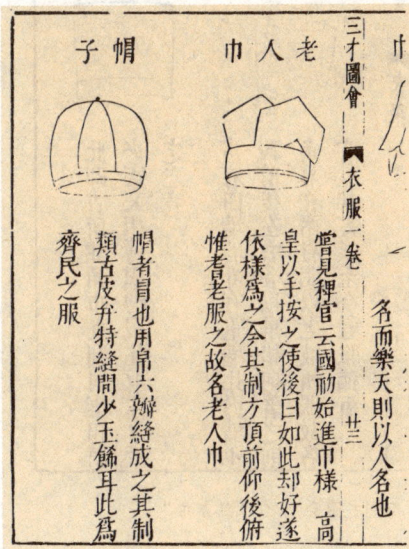

《三才图会》之"六合帽"

六合帽影响深远，瓜皮帽即是沿袭其制。满族入关以后，受汉族传统文化影响，也取其"六合一统"之意，加之清朝的发辫，戴起来亦很方便，因此开始流行戴用此帽。因此帽分成六瓣，半圆形状如半个西瓜皮，俗称"瓜皮帽"。清代谈迁《枣林杂俎》："清时小帽，俗称'瓜皮帽'，不知其来久矣。瓜皮帽或即六合巾，明太祖所制，在四方平定巾前。"明朝六合帽顶只许用水晶、香木。到清朝一般用丝绦结顶，讲究的用金银线结顶，也有用玉顶或红珊瑚顶的，如遇丧事，帽顶则用黑或白。

122

"一统六合帽，平定四方巾"中的四方巾是怎样的服饰？

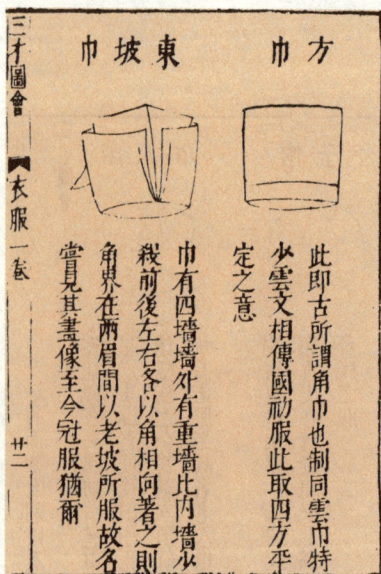

《三才图会》之"四方巾"

四方巾，即四方平定巾，亦称"方巾"、"四角方巾"，是明初颁行的一种方形软帽。它是官员、儒士所戴的便帽，以黑色纱罗制成，可以折叠，呈倒梯形造型，展开时四角皆方。

据传，明初士人杨维祯头戴此巾参见太祖朱元璋，太祖未曾见过这种服饰，便询问此巾之名，杨维祯为取悦他，回答说："此四方平定巾也。"太祖听罢，龙颜大悦，诏布天下，复制此巾，令士庶服用。当时，头戴四方平定巾，服装可随便穿着，不像其他服饰规定那么严格。

四方平定巾初兴时，高矮大小适中，其后处在不断变化之中，到明末则变得十分高大，故民间常用"头顶一个书橱"来形容。清代叶梦珠《阅世编》卷八"冠服门"："（明人）其便服，自职官大僚而下至生员，俱戴四角方巾。……其后巾式时改，或高或低，或方或扁，或仿晋唐，或从时制，总非士林，莫敢服矣。"

◯ 123

步摇是什么样的首饰?

步摇是古代妇女的一种首饰,其制作多以黄金屈曲成龙凤等形,其上缀以珠玉。步摇始见于汉代,最初只流行于宫廷与贵族之中。当时是在簪钗上装饰一个可以活动的花枝状饰物,花枝又垂以琼玉,因在走动之时,簪钗上的珠玉会自然摇曳,遂得名"步摇"。《释名·释首饰》:"步摇,上有垂珠,步则动摇也。"戴步摇者行动要从容不迫,以使垂珠伴随身上的玉佩发出富有节奏的声响,因此,步摇又被人称为"禁步"。此外,在汉代贵族妇女中,还实行过一阵加于冠上的步摇冠,则更富有富贵豪华之气。

步摇属于汉代礼制首饰,其形制与质地都是等级与身份的象征。汉代以后,步摇才逐渐被民间百姓所见。魏晋南北朝之时,步摇花式愈繁,或伏成鸟兽花枝等状,晶莹辉耀,与钗钿相混杂,簪于发上。唐宋之后步摇形制变化多端,除金质称为金步摇以外,还出现了玉石、珊瑚、琉璃、琥珀、松石、晶石等珍贵材料制作的步摇。明代唐寅《招仙曲》诗曰:"郁金步摇银约指,明月垂珰交龙椅。"由此可知明代步摇用"郁金",是用金属与珠宝镶嵌的一种步摇形制。而明代步摇制作的焊接新工艺,就是将金累丝与金

北朝牛头鹿角形金步摇

底托焊接在一起再嵌上珍珠宝石等作点缀,其耐久程度大大超过了雕琢、焖压等传统工艺技术。

清代步摇制作工艺与明代一脉相承。台北故宫博物院藏有一件清代"点翠嵌珠凤凰步摇",就是使用了金属焊接作底托,凤身用翠鸟羽毛装饰,其眼与嘴巴用红色

宝石、雪白的米珠镶嵌，两面嵌红珊瑚珠。凤身呈侧翔式，尖巧的小嘴上衔着两串十多厘米长的小珍珠，坠角是一颗颗翡翠做成的小葫芦。整个步摇造型轻巧别致，选材精良，实为罕见。

124

何谓"玉搔头"？

玉搔头即是玉簪。东晋葛洪《西京杂记》卷二曰："武帝过李夫人，就取玉簪搔头。自此后宫人搔头皆用玉。玉价倍贵焉。"后代遂称玉簪为"玉搔头"。

金凤簪

簪，先秦称"笄"，最早的笄由竹、木、玉、石、骨等材料制成。在商朝时，笄的种类和佩戴形式就已经非常多样，到周朝时插戴方式遂制度化。秦汉之后，笄改称"簪"，其制作有了金银等贵重材料的运用，工艺也日趋繁复考究，逐渐摆脱了简单的实用功能而跨入奢侈品的行列。簪的形制一头尖，一头大，嵌珠饰银，描龙塑凤。尤其是玉簪形制精美，玲珑剔透，除了取其吉祥、辟邪保身或长佑平安之外，也成为贵族或者富贵人家炫耀财富身份的象征，更是男女情爱寓语寄情之物。明剧《玉簪记》中，美女妙常送情郎赶考时，特赠簪一支："奴有碧玉簪一支，原为笄冠之用，今送你作加官之兆。"

唐宋以来是发簪流行的时期，唐代敦煌壁画中的众多妇女就是插满花簪的形象。明清时期，发簪式样十分丰富，主要变化多集中在簪首。它有各种各样的形状，常有花鸟虫鱼、飞禽走兽作簪首形状，其中常见的花朵形象有梅花、莲花、菊花、桃花、牡丹花和芙蓉花等。明代《天水冰山录》中关于发簪的记载就有"金桃花顶簪"、"金梅花宝顶簪"、"金菊花宝顶簪"、"金宝石顶簪"、"金厢倒垂莲簪"、"金崐点翠梅花簪"等名称。以动物为簪首的发簪，常见的有龙凤、麒麟、燕雀及游鱼等，其中以凤簪最多，制作也最为精致。

125

古人当了官为什么叫"释褐"？

古代"褐（hè）"是指粗布短衣。褐最早用葛、兽毛编织，后来通常用大麻、兽毛织就，是古时贫贱的人或地位卑贱的人穿着的衣服。为便于劳动操作，褐多比较窄短，不同于官员所穿的宽袍大袖。《诗经·豳风·七月》中就有："无衣无褐，何以卒岁？"因此，古时称贫贱之人为"褐"或"褐夫"。

基于此，"释褐"即指脱去平民衣服，谋得官职。西汉扬雄在《解嘲》篇中有"或释褐而傅"之句，后来，新科进士及第授官亦称为"释褐"。唐代李翱《卓异记》"门生先为座主佩金紫"条就记："李石，按石元和十三年及第，后二年赐绯，后二年赐紫，自释褐四年之内，服金紫，量之前辈，实无其比。"

126

古人的"袍"是什么样的？

袍，亦称袍服，是直腰身、过膝的外衣，多为两层，冬季则纳以绵絮。其制起源较早。五代马缟《中华古今注》卷中"袍衫"条说："袍者，自有虞氏即有之，故《国语》曰：'袍以朝见也。'秦始皇

康熙帝龙袍

三品以上绿袍、深衣，庶人白袍，皆以绢为之。"战国以后较为常见，男女均可穿着，主要分为龙袍、官袍、民袍等。

龙袍，是皇帝专用的袍服，因袍上绣龙纹而得名，其制多为盘领、右衽、明黄色。唐代高宗朝规定臣民不得僭服黄色，于是龙袍别称黄袍。龙袍上的各种龙章图案，历代有所变化，但龙数一般为九条，寓意"九五之尊"。清代龙袍还绣"水脚"，即下摆等部位有水浪山石图案，隐喻山河统一。

清代彩绘镶宽边旗袍

官袍，是文武官员用作朝服、公服等的袍服，以一定颜色或图案表明官位等级。东汉永平二年（59）开始将袍服定制为朝服，以所佩印绶为主要官品标识。唐代官员以紫、绯、绿、青的圆领袍服作为常服，武则天又颁绣袍，文官绣禽、武官绣兽，是补服的起源。宋代官袍袖子肥大，明确规定饰襕、佩绶、围鞢（ting，皮革制成的腰带）等。元代官袍多以罗为面料，并以花纹大小表示级别。明代洪武年间创立区别文武官员品级的补服制度。清室官员常服袍的款式为四开衩，由帷帽上的顶珠花翎、外褂上的方圆补子等组成等级森严的制度。

民袍，是平民日常生活所穿的袍服。周、秦、汉士人庶民的袍服衣料粗糙，唐代以来，随着社会的发展和民族服饰的交流，特别是元代蒙古袍、清代满族袍的传入，民袍在款式造型上有过长摆和短摆、交领和圆领、右衽和左衽、大袖和小袖及半袖等多种变化。当代旗袍和中国少数民族服装中的袍服，正是由古代民袍发展演变而来。

◯ 127

布衣之交是什么样的交情？

"布衣之交"是指平民之间的交往、友谊，也指显贵与无官职的人相交往。布衣，是用麻布或葛布制成的衣服。在中古棉花传入我国之前，衣料主要是麻、葛及丝织品，但是一般只有贵族和官员穿丝织品，平民百姓只穿麻葛织物。西汉桓宽《盐铁论》中说到，古代普通人要到八九十岁才能穿丝绸衣服，在这以前，只能穿麻布衣服，所以"布衣"就成了"庶人"的代称，而读书人在没有入仕之前也称"布衣"。由此，布衣之交即有了平民之间、显贵与平民之间往来的含义。如《战国策·齐策三》中提到："卫君与文布衣交，请具车马皮币，愿君以此从卫君游。"

◯ 128

古人把内衣叫什么？

古人的内衣最早称为"亵（xiè）衣"。"亵"意为轻浮、不庄重，可见古人对内衣的心态是回避和隐讳的。中国内衣的历史源远流长，最早见于先秦时期。《礼记·檀弓下》记载："季康子之母死，陈亵衣。敬姜曰：'妇人不饰，不敢见舅姑。将有四方之宾来，亵衣何为陈于斯？'命彻（撤）之。"

两汉时期内衣称"抱腹"、"心衣"，两者的共同点是背部袒露无后片，质地多用平织绢，图案多以爱情为主题。魏晋南北朝时期的内衣称为"两当"，它有前后两片，既可当胸又可当背，材质多为色彩丰富、内有衬绵的织锦。唐代出现了一种无带的内衣，称为"诃子"，诃子常用"织成"（一种名贵织物）为面料，挺括而略有弹性，穿时在胸下扎束两根带子即可。

自宋代开始，女子有了束胸的习惯。此时内衣上可覆乳下可遮肚，用纽扣或带子系结，整个胸腹全被掩住，因而又称"抹肚"。元朝内衣称"合欢襟"，由后向前系束是其主要特点，胸前用一排扣子系合，或用绳带等系束。合欢襟的面料用织锦的居多，图案为四方连续。

明代内衣称"阑裙"，外形与背心相似却为开襟，两襟各缀有三条襟带，肩部有档，档上有带，腰侧有系带，可起到调节腰部的效果。清代内衣称"兜肚"，一般做成菱形。上世纪二三十年代，兜肚演变成小马甲，面料以棉、丝为主，形制窄小，通常用对襟，襟上施数粒纽扣，穿时将胸腰裹紧。小马甲进一步发展并吸收了西方的某些特点，便成了现在的胸罩。

○ 129

兜肚是什么样的衣服？

兜肚是一种贴身的内衣，为近似菱形的布片，有的有袋，用以贮物。穿时以细带系于颈间与腰际，包围着胸部和腹部，具有保温护腑的功能。

明代以来，妇女已普遍有使用兜肚的习惯，当时叫"兜子"，俗称"抹胸"。是用交料两块斜裁，上尖下平而成。清代的抹胸有两种款式，一种是短小贴身的，缚于胸腹之间，俗称"兜肚"；另一种是束于腰腹之间的，称为"抹肚"。清代徐珂《清稗类钞》说："抹胸，胸间小衣也，一名抹腹，又名抹肚；以方尺之布为之，紧束前胸，以防风寒内侵者，俗称兜肚。男女皆有之。"

清代兜肚一般做成菱形，上有带，穿时套在颈间，腰部另有两条带子束在背后，下面呈倒三角形，遮过肚脐，达到小腹。材质以棉、丝绸居多。系束用的带子并不局限于绳，富贵之家多用金链，中等之家多用银链、铜链，小家碧玉则用红色丝绢。

兜肚的面上常有图案，有印花有绣花，印花流行的多是蓝印花布，图案多为"连生贵子"、"麒麟送子"、"凤穿牡丹"、"连年有余"等吉祥图案。绣花兜肚较为常见，刺绣的主题纹样多是民间传说，如刘海戏金蟾、喜鹊登梅、鸳鸯戏水、莲花以及其他花卉草虫，大多是趋吉避凶、吉祥幸福的主题。

130

马甲、马褂与马有什么关系？

旧时人们穿在长袍外面的背心或短褂，因便于骑马，故名"马甲"、"马褂"。马甲，又名背心、背子，无袖而短，通常着于衫外，古时妇女所着有长与衫同的，称为长马甲。发展至清代，男女均可穿着马甲，有大襟、一字襟、对襟及琵琶襟等形制，长度多到腰际，并常缀有花边。

马褂是一种穿于袍服外的短衣，衣长至脐，袖仅遮肘，主要是为了便于骑马，故称为"马褂"。满人初入关时，只限于八旗士兵穿用。直到康熙、雍正年间，才开始在社会上流行，并发展成单、夹、纱、皮、棉等服装，士庶都可穿着。时代不同，用料、颜色、缀饰也有差别。乾隆时曾流行毛朝外的皮马褂，均用珍贵裘皮，非一般人所能置。辛亥革命后，政府曾把黑马褂、蓝长袍定为礼服，长袍马褂一度流行全国。20世纪40年代后逐渐减少。

马褂的样式有琵琶襟、大襟、对襟三种。琵琶襟马褂，因其右襟短缺，又叫缺襟马褂，穿上它可以行动自如，常用作出行装。大襟马褂，则将衣襟开在右边，四周用异色作为缘边，一般作常服使用。大袖对襟马褂可代替外褂而作为礼服使用，颜色多用天青色，大小官员在谒客时常穿此服，因其身长袖窄，也称作"长袖马褂"。

黄马褂是皇帝特赐的服装。有幸穿着这种赐服的人，主要有三类：一是随皇帝"巡幸"的侍卫，所穿黄马褂称为"职任褂子"；二是行围校射时，中靶或获猎多者，所穿黄马褂称为"行围褂子"；三是在治事或战事中建有功勋者，所穿黄马

后妃马褂

91

裀称为"武功裀子",同时,这些人还要被载入史册。

○**131**

古代的斗篷、风衣是用什么做的?

古代斗篷、风衣功能相同,均是披用的外衣,通常无袖,也有虚设两袖的长披风,目的是用以防风御寒。二者的区别在于斗篷的质地有多种材料,而风衣是指丝织物所做的外衣。

后妃氅衣

斗篷,又名莲蓬衣、一口钟、一裹圆。据传是从蓑衣演变而来,最初用棕麻编成,以御雨雪,名谓"斗袯(bó)",到明清时才多用丝织物制作,并不限于雨雪天使用,当时叫做"大衣",是一种御寒的服饰,有长式和短式、高领和低领之分。凡冬天外出,不论男女官庶,都喜披裹斗篷,但有个规矩,不能穿着这种服饰行礼,不然被视为不敬。清代中叶以后,妇女穿着斗篷非常普遍,制作日益精巧,一般都用鲜艳的绸缎制作,上绣花纹,讲究的还在里面衬以皮毛。

此外,还有用鹤毛与其他鸟毛合捻成绒织成的斗篷,称为鹤氅。南朝宋刘义庆《世说新语·企羡》中提到:"孟昶未达时,家在京口,尝见王恭乘高舆,被鹤氅裘。"最初鹤氅的样子,就是一块用仙鹤羽毛做的披肩。鹤氅后来渐为士大夫所接受,表现为大袖、两侧开衩的直领罩衫,不加缘边,中间以带子相系。

132

"纨绔子弟"指什么样的人?

纨绔子弟是指衣着华美的年轻人,旧时指官僚、地主等有钱有势人家成天吃喝玩乐、不务正业的子弟。古称精细有光的单色丝织物(绢)为纨,是一种珍贵的衣料,所谓"白縠之衣,薄纨之里"的名贵衣料即是。汉代宫廷以纨素为冬服,轻绡为夏服;而以细绢制成的团扇,称纨扇,常为古代女子所持。

绔,通"袴",是裤子形成过程中的一种称法,其义为胫衣、套裤。《释名·释衣服》云:"袴,跨也,两股各跨别也。"早在春秋时期,人们的下体已穿着裤,不过那时的裤子不分男女,都只有两只裤管,其形制和后世的套裤相似,无腰无裆,穿时套在胫上,即膝盖以下的小腿部分,所以这种裤子又被称为"胫衣"。古人在绔的外面,往往着有一条围裙状的服饰,那就是裳。衣、裳、绔三者并用,就可以将身体全部遮覆。由于绔都被穿在里面,所以常用质地较次的布制成,而到了六朝时,那些世家子弟居然用白色的丝绸来做裤子,如此之奢靡,所以被称为"纨绔子弟"。《宋史·鲁宗道传》中说:"馆阁育天下英才,岂纨绔子弟得以恩泽处耶?"

北方民族的满裆之裤,在汉代为百姓所采用。唐代男子平常穿着以袍衫为主,袍衫之内有裤。妇女虽然喜欢穿裙,但裤子并没有被废弃,尤其在"胡服"盛行之时,皆以穿裤为尚。宋代以后流行的膝裤,也是一种胫衣。只是先秦时期的胫衣多贴体穿着,而宋明时期的膝裤还可加罩在长裤之外。明清男女穿膝裤者十分普遍。明代膝裤多制成平口,上达于

宋代妇女的开裆裤

膝，下及于踝，穿时以带系缚于胫。清代称膝裤为"套裤"，因为它的长度已不限于膝下，也有遮覆住大腿的，所用质料有缎、纱、绸、呢等，也有做成夹裤或在夹裤中蓄以棉絮的，后者多用于冬季。除套裤以外，普通的长裤在明清两代仍然被使用，既可衬在袍衫长裙之内，也可和襦袄等配用，穿着在外。

133

古代如何扎腰带？

腰带是束腰之带，以丝或皮革制成，故前者称大带，后者称革带或韦带。革带以带钩或带扣系结，而大带的系扎却颇为讲究。

大带，为祭服所用之丝帛带，与革带并用。早在先秦时期，大带即施用于礼服，一直沿用至明末。系束大带时由后绕前，于腰前系结，多余部分下垂，谓之"绅"，因此又称大带为"绅带"。绅的长度多为三尺，而绅自然下垂腰间，方合礼度。

唐墓壁画上的搢笏图

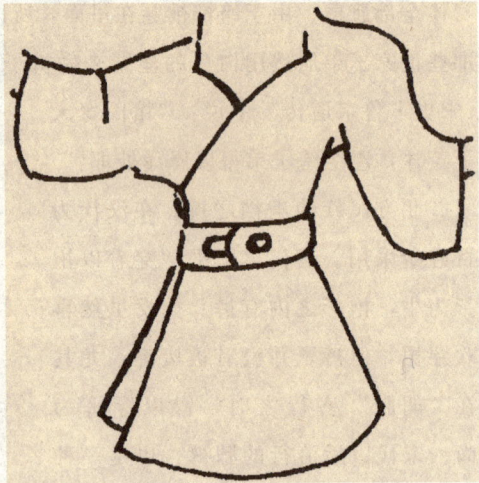

带钩装束

古时臣下朝见君主，常执笏板以奏事，入朝前或退朝后往往插在绅带间，故称"搢(jìn)绅"、"缙绅"，后来，有官职的、做过官的人或儒者就称"搢绅"了。此外，由"绅"的涵义引申为"束绅之士"，简称为"绅士"，并进而特指有一定地位和身份的士大夫阶层。

○ 134

古人如何称呼鞋？

　　古代的鞋有许多种类，其中主要有舄（xì）、屦（jù）、屣（xǐ）、履、鞋、屐、靴等几种。舄，复底之鞋，上层底为皮、葛等质，夏天用葛，以便透气，冬天用皮，利于保暖；下层是设有防潮装置的木制厚底，其形为内装木楦，楦当中有凹槽，填以松软之物，以便行礼时不畏湿泥，通常用于祭祀、朝会等重大场合。舄的穿着礼节，一般在祭祀升坛时脱下，祭毕降坛再穿上。

　　屦，用麻、葛等制成的单底鞋；屣，上古称草鞋；履，原指单底之鞋，后泛指各类鞋子；鞋，最早是皮制鞋子的一种，中古以后成了鞋类的总称。由于屦、履、鞋穿用得较为普遍，所以曾先后成为各种鞋的通称，汉以前是屦，汉以后是履，宋以后是鞋。此外，还有屐，它是一种木底鞋，有平底和装齿两种，唐以前是旅游用的鞋，在宋代以后基本上是专门的雨鞋，雨雪时当套鞋使用，以防打湿鞋袜。

有汉字铭文的五彩锦鞋

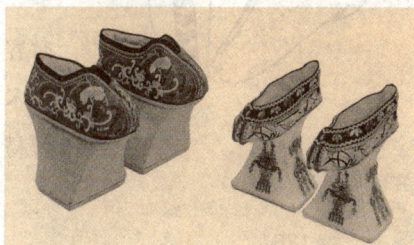

清宫后妃的高底鞋

　　靴，连筒之鞋，通常以皮革为之，穿时紧束于胫，原为西域少数民族所穿。《释名·释衣服》云："靴，跨也，两足各以一跨骑也。"战国时赵武灵王胡服骑射引入中原，用作军服。与汉族传统舄履相比，靴子不仅便于涉草，更适于骑射：靴筒高达于胫，有利于腿部保暖；小腿部位裹上靴筒，可减轻和马鞍的摩擦；加之胡服下体穿裤，穿着靴子之后，还可将裤腿塞入靴筒等。

135

古代"足衣"指什么？

古代足衣指的是袜子。袜，亦作"韤"、"韈"、"襪"等。《释名·释衣服》："韤，末也。在脚末也。"袜子有着漫长的发展历史，早期以皮革制成。"韤"、"韈"均指皮质袜子，然前者指生皮袜，后者指熟皮袜，二者形制相近，多用高筒，同时为了穿脱的方便，皮袜的筒部留有开口，但却容易散热，所以袜筒上又设计了带子，用来将筒口束紧，穿着时以带系结于踝，此外，由于质地结实，也可以直接行走于地，以代鞋履。

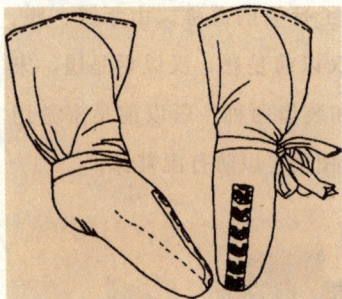

古代袜子

大约到秦汉时期，袜子的质料由厚重的皮革改为柔软的布帛。曹植《洛神赋》就有："凌波微步，罗袜生尘。"西汉以后的袜子曾有实物出土，一般多以纺织品为之，有罗袜、绢袜、锦袜、绫袜、布袜等，多作成高筒，又因布帛本身不具有弹性，穿着时容易滑落，故需以带缚之。东汉以降，随着纺织技术的改进，布帛袜子具有了一定的伸缩性，袜筒容易服贴于腿，因而不再需要开口和带子。

136

"五谷不分"中的"五谷"指什么？

"谷（穀）"原来是指有壳的粮食，如稻、稷、黍等。"谷"字的音，就是从"壳"的音来的。"五谷"，古代有多种不同说法，汉代之前认为是稻、黍、稷、麦、菽（豆），汉代之后认为是麻、黍、稷、麦、菽。两者的区别是：前者有稻无麻，后者有麻无稻。随着社会经济和农业生产的发展，"五谷"的概念在不断演变，现在所谓"五谷"，实际只是粮食作物的总名称，或者泛指粮食作物了。

古时还有"六谷"之说，指稻、黍、稷、粱、麦、苽六种农作物。《周礼·天官·膳夫》："凡王之馈，食用六谷。"郑玄注引郑众曰："六谷：稌、黍、稷、粱、麦、苽。"稌即稻，苽即菰米。

○ 137

"五味俱全"中的"五味"指什么？

五味指酸、甜、苦、辣、咸五种味道，另一说是酸、甘、苦、辛、咸五种味道。其实甜就是甘，辣就是辛。《礼记·礼运》："五味，六和，十二食，还相为质也。"郑玄注："五味，酸、苦、辛、咸、甘也。"《周礼·天官·疾医》："以五味、五谷、五药养其病。"郑玄注："五味：醯、酒、饴蜜、姜、盐之属。"贾公彦疏："醯则酸也，酒则苦也，饴蜜即甘也，姜即辛也，盐即咸也。"由此可知，郑玄所注并不矛盾，后者不过指陈代表五味的五种调味品而已。此外，佛教教义中也有所谓"五味"，是指《涅槃经》所举的譬喻，即乳味、酪味、生酥味、熟酥味、醍醐味，以此比喻华严、阿含、方等、般若、法华涅槃五时之教。

○ 138

"八珍"指的是什么？

"八珍"，上古指的是八种烹饪方法。制作的美食，是只有王一级的人才可享用的，正如《周礼·天官·膳夫》所说："凡王之馈，食用六谷，膳用六牲，饮用六清，羞用百有二十品，珍用八物。"这里的"八珍"，按汉代郑玄的说法是指淳熬、淳母、炮豚、泡牂、捣珍、渍、熬、肝膋。"八珍"后来成为了珍贵食品的代名词。如《三国志·魏书·卫觊传》中有："饮食之肴必有八珍之味。"随年代推移，"八珍"的内容不断得以丰富，所指则各有不同。例如，明清时期，有"水陆八珍"，即海参、鱼翅、鱼脆骨、鱼肚、燕窝、熊掌、鹿筋、蛤士蟆；有"山八珍"，即熊掌、鹿尾、象鼻（一说犴鼻）、驼峰、果子狸、豹胎、狮乳、猕猴头；有"水八珍"，即鱼翅、鱼唇、海参、鲍鱼、裙边、干贝、鱼脆骨、蛤士蟆。后又有"上八珍"、"中八珍"、"下八珍"之分，而且有两套关于上中下八珍的说法等等。

139

为什么把一些小零食叫"点心"？

现在我们所说的"点心"，指的是正餐以外的一些小零食，特别是一些美味的小糕点等。其实"点心"一词早在唐代就已出现，所指范围更广，据南宋吴曾《能改斋漫录·事始》记载："世俗例以早晨小食为点心，自唐时已有此语。按，唐郑傪为江淮留后，家人备夫人晨馔，夫人顾其弟曰：'治妆未毕，我未及餐，尔且可点心。'其弟举瓯已罄，俄而女仆请饭库钥匙，备夫人点心。"可见，点心最早指的是早晨时吃的一些小食品，当时如馒头、馄饨等都可称为点心，现在我们将早饭称为"早点"，可能与此有关。

新疆吐鲁番出土的唐代饺子、点心

关于"点心"一词的来历，还有这样一个传说：南宋抗金女英雄梁红玉为了慰劳士兵，命令制作各种美味糕饼，以表"点点心意"，"点心"由此得名。但"点心"一词在唐代早已有之，则此故事仅为传说而已。

140

馒头是怎么来的？

中国人吃馒头的历史，至少可追溯到战国时期。初称"蒸饼"，不发酵，故有"牢丸"之称，汉代人们懂得制发面饼，称"面起饼"等。据说三国时期，诸葛亮以发酵的馒头代替人头祭泸水，此后，馒头开始成为宴会祭享的陈设之物。明代郎瑛《七修类稿·事物》："蛮地以人头祭神，诸葛之征孟获，命以面包肉为人头以祭，谓之'蛮头'。今讹而为馒头也。"晋以后，有一段时间，古人把馒头也称作"饼"。凡以面揉水作剂子，中间有馅的，都叫"饼"。

唐代以后，馒头的形态变小，有称作"玉柱"、"灌浆"的。宋时把有馅的饼叫做馒头。宋代馒头花色繁多，以馅而论，见诸文献的就有糖肉馒头、假肉馒头、羊肉馒头、笋肉馒头、笋丝馒头、鱼肉馒头、蟹黄馒头、蟹肉馒头、糖馅馒头、辣馅馒头等等，其中最著名的是太学生才可享用的"太学馒头"，学生们还往往转送给亲朋好友尝鲜，后来连南宋京城临安的市场上都打出了太学馒头的招牌。时至清代，馒头的称谓出现分野：北方谓无馅者为馒头，有馅者为包子；而南方则称有馅者为馒头，无馅者也有称作"大包子"的。时至今日，南北方人还都区分包子和馒头。

141

何谓"馄饨"？

馄饨是中国的传统食品，源于中国北方。最早出现于三国时期。魏张辑《广雅》云："馄饨，饼也。"馄饨是饼的一种，差别为其中夹馅，经蒸煮后食用；若以汤水煮熟，则称"汤饼"。

古代中国人认为这是一种密封的包子，没有七窍，所以称为"浑沌"，依据中国造字的规则，后来才称为"馄饨"。在这时候，馄饨与水饺并无区别。千百年来水饺并无明显改变，但馄饨却在南方发扬光大，有了独立的风格。自唐朝起，正式区分了馄饨与水饺的称呼。南宋时，当时临安（今杭州）有每逢冬至吃馄饨的风俗，此后，我国开始盛行冬至食馄饨祭祖的风俗。

馄饨发展至今，更成为制作各异，鲜香味美，遍布全国各地，深受人们喜爱的著名小吃。而且各地还形成了不同的称呼，江浙等大多数地方称"馄饨"，广东称"云吞"，湖北称"包面"，江西称"清汤"，四川称"抄手"，新疆称"曲曲"等等。

142

何谓"珍馐"？

珍馐，也作"珍羞"，原是美食的意思，也可解释为美色，也可指比较美好、比较漂亮的东西。珍，更多的是山珍的意味，是山林野兽或者果蔬制作的食物，而馐却没有这些意思，泛指美味，二者结合代指珍奇名贵的食物。唐代李白《行路难》中也有："金樽清酒斗十千，玉盘珍羞值万钱。"此外，民间还流传着"八大珍馐"，即丝子杂烩、炒肉、酏蒸肉、虎皮丸子、块子杂烩、浑煎鸡、清蒸丸子、银丝肚。

143

《水浒传》中武大郎卖的"炊饼"是什么样的？

炊饼，就是蒸饼，是一种圆形的干体结构的面制食品，外表有一层芝麻。炊饼外部有些干焦，呈琥珀色，内部有一夹层，夹层内是盐和胡椒粉等，外焦内柔，韧性十足，吃时必须口咬手撕，富有弹性。《水浒传》第七十三回"黑旋风乔捉鬼 梁山泊双献头"曾提到燕青与李逵让刘太公"煮下干肉，做下蒸饼，各把料袋装了，拴在身边，离了刘太公庄上。"这里的蒸饼就是炊饼。据说，因为避宋仁宗赵祯的名讳，宫廷上下都把蒸饼唤作炊饼，这种叫法很快传到了民间。在宋代，炊饼是人们的主要食品，大家习惯把无馅的称为炊饼，而把有馅的叫做馒头，因此，实际上，武大郎叫卖的炊饼就是现在的馒头。炊饼这种叫法，元明之际还在民间流行。入明以后，炊饼的叫法逐渐从大众口语里淡出，而直接以馒头来称呼原来实心的炊饼。

144

面条是怎么来的？

面条，是水煮的面食，古称汤饼。宋代黄朝英《缃素杂记·汤饼》云："余谓凡以面为食具者，皆谓之饼，故火烧而食者呼为烧饼，水瀹而食者呼为汤饼，笼蒸而食者呼为蒸饼。"汤饼最早见于史籍是北魏时期，它是将面粉羼水和匀后，撕成片状，扔入汤内煮，而这种面是死面，比较硬，所以古代又叫汤中牢丸。此外，汤饼又叫"托"，其意是一手托着面，一手往锅里撕片，所以，它实际上是一种面片汤。到了唐代，就不用手托，直接用刀切而成了，故此时汤饼又名为"不托"。现在山西的刀削面，就是由"托"转为"不托"的过渡形面条，是古代饮食文化的珍贵遗产。

宋代称面条为"索饼"、"索面"、"湿面"。大约在宋代已出现了挂面，挂面的做法是用和好的面，揉搓成多根细圆条状，粘附在圆棍上，然后挂在木架上，拉抻而成。之后，人们在此基础上，逐步提高技术，加上适量的盐，面条越抻越细，终于制成线面。

145

茶有哪些称呼？

茶，在古代是一物多名。清代郝懿行《尔雅义疏》记载："诸书说茶处，其字乃作荼，至唐代陆羽著《茶经》，始减一画作茶。"《茶经》问世以前，除了"荼"以外，茶还有多种称呼，如槚（jiǎ）、莈（shè）、茗、荈（chuǎn）等。唐代以后，茶的别称逐渐不使用了。

茶作为饮料，在我国已有几千年的历史了。在漫长的历史进程中，人们逐渐认识到了茶的保健功能，茶成为日常生活的必需品。出于对茶的深情厚爱，人们为茶取了不少高雅的名号。唐代陆羽《茶经》美誉茶为"嘉木"、"甘露"，杜牧《题茶山》诗赞誉茶为"瑞草魁"，施肩吾在诗中称呼茶为"涤烦子"；五代郑遨《茶诗》赞称茶为"草中英"；北宋陶谷著的《清异录》一书，对茶有"苦口师"、"水豹囊"、"森伯"、"清人树"、"不夜侯"、"余甘氏"、"冷面草"等多种称谓，苏轼为茶取名"叶嘉"，并著《叶嘉传》，苏易简《文房四谱》称呼茶为"清友"，杨伯岩《臆乘·茶名》喻称茶为"酪苍头"；元代杨维桢《煮茶梦记》称茶为"凌霄芽"。

此外，对茶产品也有很多称呼，如唐宋时的团饼茶喻称"月团"、"金饼"，清代阮福《普洱茶记》所记载的"女儿茶"等。随着名茶的出现，以名茶之名代替对茶的称呼更是丰富多彩，如"滇红"、"铁罗汉"、"白牡丹"、"黄金桂"、"紫鹃"等，称呼极多，美不胜收。

146

酒有哪些称呼？

中国酿酒历史悠久，人们在饮酒赞酒的同时，总要给所饮的酒起个饶有风趣的雅号或别名。这些名字，大都由一些典故演绎而成，或者根据酒的味道、颜色、功能、作用、浓淡及酿造方法等而定，如欢伯、杯中物、金波、秬（jù）鬯（chàng）、白堕、冻醪（láo）、壶觞、壶中物、酌、酤、醑（xǔ）、醍醐、黄封、清酌、昔酒、缥酒、青州从事、平原督邮、曲生、曲秀才、曲道士、曲居士、曲蘖（niè）、茅柴、香蚁、浮蚁、绿蚁、碧蚁、天禄、椒浆、忘忧物、扫愁帚、钓诗钩、狂药、酒兵、般若汤、清圣、浊贤等等。

例如，"欢伯"，因为酒能消忧解愁，能给人们带来欢乐，所以就被称之为欢伯。"杯中物"，因饮酒时，大都用杯盛着而得名。"金波"，因酒色如金，在杯中浮动如波而得名。"秬鬯"，这是古代用黑黍和香草酿造的酒，用于祭祀降神。"白堕"，这是一个善酿者的名字，后人以此代指酒。"冻醪"，即春酒，是寒冬酿造，以备春天饮用的酒。"壶觞"，本来是盛酒的器皿，后来亦用作酒的代称。"醑"，本意为滤酒去滓，后用作美酒代称。"醍醐"，特指美酒。"黄封"，这是指皇帝所赐的酒，也叫宫酒。"清酌"，古代称祭祀用的酒。"昔酒"，这是指久酿的酒。"缥酒"，这是指绿色微白的酒。"香蚁"、"浮蚁",因酒味芳香,浮糟如蚁而得名。"绿蚁"、"碧蚁",指酒面上的绿色泡沫,也被作为酒的代称,等等。

147

何谓"滥觞"?

"觞",是古代的一种酒器,用于盛酒。古代文人玩的一种群体游戏叫"流觞曲水",意思是用酒杯盛上酒,放在上游河面循曲水而下。文人们列位于两岸,看到酒杯停在自己面前了,就端起来一饮而尽。王羲之的名篇《兰亭集序》:"引以为流觞曲水,列坐其次"、"一觞一咏,亦足以畅叙幽情"。

"滥"是"浮起"的意思。"滥觞"即"浮起酒杯"。《荀子·子道》曰:"昔者江出于岷山,其始出也,其源可以滥觞。及其至江之津也,不放舟,不避风,则不可涉也,非维下流水多邪?"原意指江河发源之处水极少,只能浮起酒杯;后以指事物的起源。如唐刘知几《史通·断限》:"若《汉书》之立表志……考其滥觞所出,起于司马氏。"

148

"房"和"屋"有什么不同?

房,古代宫室中供人居住的房间,位于堂之后,室之两侧。在室之东者为东房,室之西者为西房,又叫右房。东房、西房都有门与堂相通,东房后部还有阶通往后庭。后来,住宅内凡是居室皆可称房,而这与上古的房专指东房、西房不同。

屋,本义是幄,后来"屋"指房屋,另造"幄"字。屋,从尸,从至。尸与房屋有关,至表示来到。屋即人来到这里居住之意。因此,房屋一般指上有屋顶,周围有墙,能防风避雨,御寒保温,供人们在其中生活和储藏物资,并具有固定基础的居住场所。

○ 149

何谓"门当户对"?

门指古代宫室的双扇大门,户指其内部堂、室、房之间的单扇门。文献中的户,一般是指室的户,即室户。《礼记·礼器》中"未有入室而不由户者",即指室户。布局上,室户偏东,堂、室之间的牖即窗偏西,分别位于堂的两侧,左右对称。因此,门户是指正门、入口。

此外,"门当户对"也与"门户"有些渊源。"门当"与"户对"最初是指古代大门建筑中的两个重要组成部分。门当原本是指在大门前左右两侧相对而置的一对呈扁形的石墩或石鼓,用石鼓,是因为鼓声宏阔威严、厉如雷霆,人们以为其能避鬼祟;户对则是指位于门楣上方或门楣两侧的圆柱形木雕或砖雕,由于这种木雕或砖雕位于门户之上,且为双数,有的是一对两个,有的是两对四个,所以称为户对。用木头雕刻的户对位于门楣上方,一般为短圆柱形,每根长一尺左右,与地面平行,与门楣垂直;而用砖雕刻而成的户对则位于门楣两侧,上面大多刻有以瑞兽珍禽为主题的图案。

根据建筑学上的和谐美学原理,大门前有门当的宅院必有户对,所以,门当、户对常常被同呼并称。又因为门当、户对上往往雕刻有适合主人身份的图案,且门当的大小、户对的多少又标志着宅第主人家财势的大小,所以,门当和户对除了有镇宅装饰的作用,还是宅第主人身份、地位、家境的重要标志。所以,门当户对逐渐演变成社会观念中衡量男婚女嫁条件的一个成语。

○ 150

"登堂入室"中的"堂"和"室"分别指建筑物的哪个部分?

堂,古代宫室的主要部分之一,位于宫室主要建筑物的前部中央,坐北朝南。堂前没有门,而有两根楹柱;堂的东西两壁的墙叫序,堂内靠近序的地方分别叫东序、西序；堂的东西两侧是东堂（东厢）、东夹和西堂（西厢）、西夹；堂的后部有墙，把堂与室、房隔开，室、房有户（即门）与堂相通。由于当时宫室是坐落在高出地面的台基上的，所以堂前有两个阶，东面的为东阶，西面的为西阶。堂用于举行典礼、接见宾客和日常生活起居，而不用于寝卧。堂上的座位，以朝南为尊，所以有所谓"南面"（坐北朝南）之说。

室，古代宫室中供人居住寝卧的房间，位于堂之后，有户与堂相通，同时，室与堂之间有牖（即窗）。室内的四个角落，称为隅，以坐西向东为尊，其次为坐北向南，再次为坐南向北，最次为坐东向西。由于室在堂后，要入室必须先登堂，"登堂入室"由此得来。如《论语·先进》："由也，升堂矣，未入于室也。"后比喻学问或技能从浅到深，达到很高的水平。

151

为什么常用"家徒四壁"来形容非常贫困？

壁，即墙壁。古人建房造墙，在很长一段时期不是用砖，而是筑土成墙，即"版筑"。我国很早就采用版筑技术。《孟子·告子下》说："傅说举于版筑之间。"傅说是殷代国君武丁的相，他曾在傅岩地方为人筑墙，为武丁访得，举以为相。所谓版筑，就是筑墙时用两块木板（版）相夹，两板之间的宽度等于墙的厚度，板外用木柱支撑住，然后在两板之间填满泥土，用杵筑（捣）紧，筑毕拆去木板木柱，即成一堵墙。我国战国时期发明了砖，但直到秦汉，砖是用来砌筑墓室和铺地面的，不用于造房。用砖来砌墙造房是比较后来的事，而且应用范围有限，一般百姓民居仍用版筑技术建造。直到今天，有的地区仍然使用这种办法筑墙。故此，"家徒四壁"就是家里只有四面的墙壁，形容十分贫困，一无所有。如《汉书·司马相如传上》就有："文君夜亡奔相如，相如与驰归成都。家徒四壁立。"

○ 152

古代大门上的"铺首"是做什么用的?

　　铺首是门扉上的环形饰物,大多铸成兽首衔环之状。以金为之,称金铺;以银为之,称银铺;以铜为之,称铜铺。其形制,有冶蠡状者,有冶兽吻者,有冶蟾状者,盖取其善守济;又有冶龟蛇状及虎形者,以用其镇凶辟邪。铺首的造型多种多样,既有非常简单形状的,也有异常繁复逼真的凶猛奇兽的头部形状的。小的铺首直径只有几厘米,大的直径要有几十厘米。它们既能当做门拉手及敲门物件,起着实际作用,又能起到装饰、美化大门门面的艺术效果。

　　兽首衔环在商周铜饰上早已有之。它是兽面纹样的一种,有多种造型,嘴下衔一环,用于镶嵌在门上的装饰,一般多以金属制作,作虎、螭、龟、蛇等形。它起源于史前人们对兽类的崇拜。汉代寺庙多装饰铺首,以作驱妖辟邪。后民间门扉上应用很广,目的是避祸求福,祈求神灵像兽类敢于搏斗那样勇敢地保护自己家庭的人财安全。

　　普通人家的铺首多为熟铁打制,大多数为圆形、六角形,边缘打制出花卉、草

广州南越王墓石门上所嵌鎏金铜铺首

汉画像石墓门上凿刻的铺首衔环

木、卷云形花边图案，配以圆圈状的门环或菱形、令箭形、树叶形门坠，既美观大方，又结实耐用。王子王孙、达官显贵、富甲豪绅家大门上的铺首大致相同，但是在尺寸上要大了许多，气派了许多。帝王家皇宫大门上的铺首在尺寸、用料、工艺制作上，都达到了登峰造极的地步，铺首的实用价值已经退为其次，而主要是为了彰显皇家君临天下的气势，铺首的尺寸最大不说，用料是铜制鎏金，光耀夺目，造型多为圆形，穹隆凸起部錾出狮子、老虎、螭、龟、蛇等猛兽、毒虫的头像，怒目圆睁，龇牙咧嘴，为皇家把守大门。

153

古代屏风有哪些样式？

屏风最初产生于西周，汉代开始普及，大都比较实用，多用来作临时隔断，或作遮蔽之用。到了明清时期，屏风不仅是实用家具，更是室内必不可少的装饰品。屏风主要有带座屏风、曲屏风、插屏和挂屏几种形式。带座屏风，又叫硬屏风，因屏风之脚插入底座而得名，扇数多为单数，以一、三、五居多，中间一扇较大，两厢扇数对称，扇间用走马销相衔，边饰站牙，顶置屏帽。独扇的带座屏风，往往是大木雕屏风，木雕艺人习惯称它为"落地屏风"，传统上往往都是双面透空雕，很少只有雕一面的。

曲屏风是一种可折叠的屏风，也叫软屏风。它与硬屏风不同的是不用底座，且都

吐鲁番墓室壁画花鸟屏风

由双数组成。最少两扇或四扇，最多可达数十扇。有以硬木做框的，也有木框包锦的，包锦木框木质都较轻；屏心也和带座屏风不同，通常用帛地或纸地刺绣或彩画各种山水、花卉、人物、鸟兽等。一般说来，带座屏风较重，曲屏风较轻。在陈设上，带座屏风多陈设在居室正中的主要位置，而且相对固定。曲屏风则不然，在宫廷中，这种屏风多设在各宫正殿明间，屏前设宝座、条案、香筒、宫扇等物。这样借后面的屏风挡住人们的视线，更突出了屏风前的陈设，造成一种庄严、肃穆的气氛。

插屏一般都是独扇，形体有大有小，差异很大。大者高3米有余，小者只有20厘米，大者多设在室内当门之处，根据房间和门户的大小，来确定插屏的高度。插屏和多扇座屏的作用相差不多，主要是用来挡风和遮蔽，在室内又有装饰作用。

汉南越王墓出土的漆木屏风

清初出现挂屏，多代替画轴在墙壁上悬挂。它一般成对或成套使用，如四扇一组称四扇屏，八扇一组称八扇屏，也有中间挂一中堂，两边各挂一扇对联的。这种陈设形式，雍正、乾隆两朝更是风行一时，在宫廷中皇帝和后妃们的寝宫内，几乎处处可见。明代以前，屏风多趋于实用，主要用于遮蔽和作临时隔断，大多是接地而设，而挂屏则已脱离实用家具的范畴，成为纯粹的装饰品和陈设品。

○ 154

"床"、"榻"有什么不同？

我国床榻出现得很早，传说神农氏发明床，少昊始作簣（zé）床，吕望作榻。当

五代《韩熙载夜宴图》中的床榻形象

时的床包括两个含义，既是坐具，又是卧具。西汉后期，又现了"榻"这个名称，是专指坐具的。西汉刘熙《释名·释床帐》说："长狭而卑曰榻，言其榻然近地也。小者曰独坐，主人无二，独所坐也。"榻与床的功能相似，区别是床较高较宽，周围有围栏，可施帐幔；榻则较低较窄，无围栏，不施帐幔而可置屏风。此外，榻又特指宾客留宿的床，"下榻"即来源于此。

六朝以后的床榻，开始打破了传统形制，出现了高足坐卧具。此时的床榻，形体都较宽大。唐宋时期的床榻大多无围子，所以又有"四面床"的说法，使用这种无围栏的床榻，一般须使用凭几或直几作为辅助家具。辽、金、元时期，三面或四面围栏床榻开始出现，做工及用材都较前代更好。到了明代，这种床榻已盛行，其结构更加合理，装饰手法达到了很高的工艺水平。如罗汉床，它的左右和后面装有围栏，但不带床架，围栏多用小木做榫攒接而成。最简单的用三块整木板做成，围栏两端做出阶梯形软圆角，既朴实又典雅。

清代床榻在康熙以前大体保留了明代的风格和特点，乾隆以后发生了很大变化，形成了独特的清代风格。其特点是用材厚重、装饰华丽，以致走向繁缛奢靡，造作俗气。

155

"桌"、"案"有何不同？

汉代食案

习惯上，桌形结体一般不包括案，而案形结体不仅包括案，也包括同样类型的桌子。但是，案和桌在形制上有本质的区别，腿的位置决定了它的名称，腿的位置缩进来一块为案，腿的位置顶住四角为桌。除了形制上的区别，桌与案更重要的是精神层面的区别，即案的等级比桌高。如拍案惊奇、拍案而起、拍案叫绝，都是比较高等级的情绪，而拍桌子瞪眼、拍桌子砸板凳，都是低等级的情绪。

案类家具主要包括食案和书案。食案是古代进送食物的托盘，或作长方形、四矮足，或作圆形、三矮足，可以放置在地上。《后汉书·梁鸿传》："（梁鸿）为人赁春。每归，妻为具食，不敢于鸿前仰视，举案齐眉。"这里所说之案即为食案。书案是一种长条形的矮桌子，两端有宽足向内曲成弧形，供读书写字和办公之用。

156

"筵席"就是指酒席吗？

筵、席，都是古时铺在地上供人宴饮等活动时所坐的以莞、蒲等编织而成的用具。古人席地而坐，设席每每不止一层。紧靠地面的较大的一层称筵，筵上面较小

的称席，人就坐在席上。《周礼·
春官·宗伯》："司几筵：下士二
人。"郑玄注："铺陈曰筵，藉之曰
席。"贾公彦疏："设席之法，先设
者皆言筵，后加者为席。"《礼记·
乐记》："铺筵席，陈尊俎，列笾
豆，以升降为礼者，礼之末节也。"

　　此后，筵席一词逐渐由宴饮的
坐具演变为酒席的专称。由祭祀、
礼仪、习俗等活动而兴起的宴饮聚
会，大多都要设酒席。中国宴饮历
史及历代经典、正史、野史、笔

汉画像石宴饮图

记、诗赋多有古代筵席以酒为中心的记载和描述。以酒为中心安排的筵席菜肴、点
心、饭粥、果品、饮料，其组合对质量和数量都有严格的要求；而宴饮的对象、筵
席档次与种类不同，其菜点质量、数量、烹调水平也有明显差异。

157

"胡床"是床吗？

　　胡床，亦称交床、交椅、绳床。原为中国古代马上民族的用具，通常被认为是
从席地而坐向椅坐的转变。胡床的结构是前后两腿交叉，交结点做轴，上横梁穿绳
代座，可以折合，上面安一栲栳圈儿。椅圈一般由三至五节榫接而成，下由八根木
棒交结而成，交结关节处，多以金属件固定。整个造型，从侧面看似多个三角形组
成，线条纤巧活泼，但不失其稳重。因其两腿交叉的特点，遂又称交椅。明清两代
通常把带靠背椅圈的称交椅，不带椅圈的称"交杌"，也称"马扎儿"。交椅可以折
叠，携带和存放十分方便，它们不仅在室内使用，外出时还可携带。宋、元、明乃
至清代，皇室贵族或官绅大户外出巡游、狩猎，都带着这种椅子，以便于主人可随

唐墓石椁侍女捧胡床图

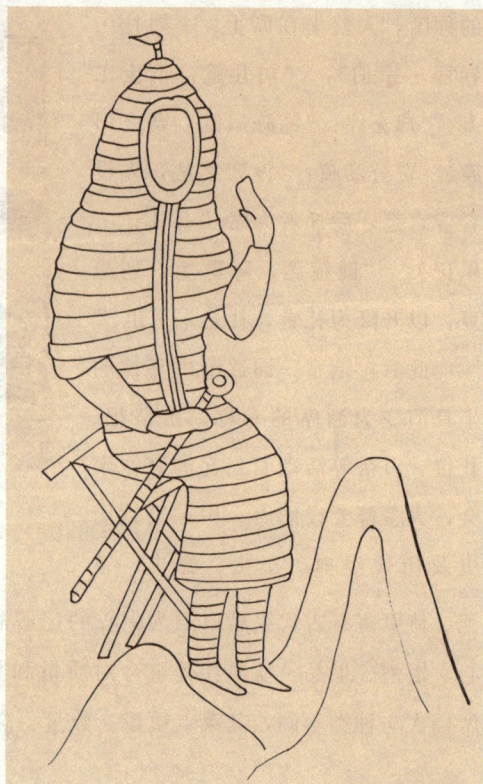

敦煌壁画中武士坐胡床图

时随地坐下来休息，交椅遂成为身份的象征，所以我国有"第一把交椅"代表首领的说法。

  但是，现代人常为古代文献中或诗词中的"胡床"或"床"所误。至迟在唐时，"床"仍然是"胡床"，而不是指我们现在睡觉的床。例如，李白的诗《静夜思》："床前明月光，疑是地上霜。举头望明月，低头思故乡。"诗人此时应该是夜晚坐在门外的小马扎上，感月思乡。如果是睡在室内的床上，且不说古代的窗户小且不能透光，就是抬头和低头的动作也讲不通。

158

"太师椅"与太师有关系吗?

太师椅是唯一用官职来命名的椅子,它最早使用于宋代。太师椅是在圈椅基础之上发展而来的,而圈椅的基础又是交椅。交椅的椅圈后背与扶手一顺而下,就坐时,肘部、臂膀一并得到支撑,很舒适,颇受人们喜爱。后来逐渐发展为专门在室内使用的圈椅。它和交椅所不同的是不用交叉腿,而采用四足,以木板作面,和平常椅子的底盘无大区别。只是椅面以上部分还保留着交椅的形态。这种椅子大多成对陈设,单独摆放的不多。圈椅的椅圈因是弧形,所以用圆材较为协调。明代中后期,有的椅圈在尽头扶手处的云头外透雕一组花纹,既美化了家具,又起到格外加固的作用。明代人对这种椅式极为推崇,因此当时多把它称为"太师椅"。

太师椅在清代大放光彩,最能体现清代家具的造型特点。它体态宽大,靠背与扶手连成一片,形成一个三扇、五扇或者是多扇的围屏。此时,太师椅变成了一种扶手椅的专称,而且在人们的生活中占据了主要的地位。

159

何谓"四通八达"?

四通八达,是指四面八方都有路可通。形容交通极为便利,也形容通向各方。后也用来比喻事理融会贯通。最早见于春秋时期子华子的著作,《子华子·晏子问党》:"其途之所出,四通而八达,游士之所凑也。"其后,"四通八达"被广泛使用,如《晋书·慕容德载记》:"滑台四通八达,非帝王之居。"也有称"四通五达"的,如《史记·郦生陆贾列传》:"夫陈留,天下之冲,四通五达之郊也。"所谓"五达",指的是四面和中央。

160

为什么常用"阳关大道"来比喻前途光明的道路？

阳关是我国古代陆路对外交通咽喉之地，是丝绸之路南路必经的关隘。它位于今河西走廊的敦煌市西南七十公里南湖乡"古董滩"上，因坐落在玉门关之南而取名阳关。阳关始建于汉武帝元鼎年间（前116～前111），在河西"列四郡、据两关"，和玉门关同为当时对西域交通的门户。作为古代兵家必争的战略要地，西汉时为阳关都尉治所，魏晋时，在此设置阳关县，唐代设寿昌县。宋元以后随着丝绸之路的衰落，阳关也因此被逐渐废弃。

故此，阳关大道是指经过阳关通向西域的大道。唐代王维《送刘司直赴安西》："绝域阳关道，胡沙与塞尘。"后泛指通行便利的宽阔大路，也比喻有光明前途的道路。人们常说："你走你的阳关道，我走我的独木桥。"即由此得来。

161

何谓"康庄大道"？

康庄大道，原作康庄之衢。按照《尔雅·释宫》的说法："四达谓之衢，五达谓之康，六达谓之庄。"因而"康庄大道"就是指宽阔平坦、四通八达的大路。它源于战国时期齐宣王为稷下学宫中的学者在四通八达的大道旁修筑宅第。

公元前319年，齐宣王即位。他借助强大的经济军事实力，一心想称霸中原，完成统一中国的大业。为此，他像其父辈那样广招天下贤士而尊宠之，大办稷下学宫，为稷下学者提供优厚的物质与政治待遇，"开第康庄之衢"，修起"高门大屋"，政治上，授之"上大夫"之号，享受大夫的政治地位和政治待遇。勉其著书立说，展开学术争鸣，鼓励他们参政、议政的热情和积极性，吸纳他们有关治国的建议和看法。因此，吸引了众多的天下贤士汇集于稷下。由此，"康庄大道"也被多用来比喻美好光明的前途。清代李宝嘉《官场现形记》六十回："我梦里所到的地方，竟是一片康庄大道，马来车往，络绎不绝。"

162

古代的"道路"是什么样的？

道路，是由一地通往另一地的路径。公元前 20 世纪的新石器晚期，中国就有役使牛、马为人类运输而形成的驮运道。相传，是中华民族的始祖黄帝发明了车轮，于是以"横木为轩，直木为辕"制造了车辆，继而产生了行道。公元前 16 世纪至前 11 世纪间，中国人已懂得夯土筑路、用石灰稳定土壤。在殷墟遗址还发现由碎陶片和砾石铺筑的路面。公元前 11 世纪至前 5 世纪，道路的规模和水平已有了相当的发展，出现了较为系统的路政管理，人们已将市区和郊区的道路做出了不同的划分：城市道路分"经、纬、环、野"四种，南北之道为经，东西之道为纬；城中有九经九纬呈棋盘状，围城为环，出城为野；郊外道路分为路、道、涂、畛、径五个等级。可见，当时周朝的道路已较为完善。公元前 475 年至前 221 年，人们已经能够在山势险峻之处凿石成孔，插木为梁，上铺木板，旁置栏杆，称为栈道，这是战国时期道路建设的一大特色。

公元前 221 年至前 206 年，秦始皇统一中国后立即修建了以首都咸阳为中心、遍布全国的驰道网，这种驰道可与古罗马的道路网媲美。西汉王朝曾派张骞两次出使西域，远抵大夏国（今阿富汗北部），开创了举世闻名的丝绸之路。公元 581～618 年，隋朝建造了规模巨大（数千里）的道路工程。公元 618～907 年，唐朝几次下诏书于全国，保持全国范围内的道路畅通，实行道路保养。当时的道路布置井然、气度宏伟，影响远及日本。宋、元、明、清几代，道路工程方面均有不同的提高和贡献。

然而，"道"与"路"还是各有所侧重。"路"可以理解为"各迈各的脚"，意思是只要迈步顺着走就可以到达目的地的路径；"道"则应理解为"在脑袋指导下而走"，意思是必须用脑袋思考、探索而走通的路径。故此，路是眼睛明显可见的路径，道则是眼睛看不到或看不清，必须由头脑分析、思考和探索才能迈步而行的路径。

○ 163

"车轼"是指车的哪个部位？

乘者扶轼图

轼，古代车厢前面用做扶手的横木，其形如半框，有三面，供人在车子颠簸时抓扶或凭倚之用。古人在行车途中如要对人表示敬意，即扶轼俯身低头，这个致敬的动作也作"式"或"轼"。如《礼记·檀弓下》："孔子过泰山侧，有妇人哭于墓者而哀，夫子式而听之。"《史记·魏世家》："（魏文侯）客段干木过其间，未尝不轼也。"但是，"兵车不式"，大约因为甲胄在身，不便于俯身低头。由于轼在大多数情况下没什么用，可是少了它也不行，以此也用于比喻不要显山露水，不要锋芒毕露，为人老老实实，安守本分。苏洵为他的儿子取名"苏轼"也正是取这个意思。（见苏洵《名二子说》）

○ 164

管辖的"辖"是什么意思？

辖，大车轴头上穿着的小铁棍，即车轴两端的键，可以管住轮子使不脱落。辖用青铜或铁制作，呈扁平长方形。《淮南子·人间训》："夫车之所以能转千里者，以其要在三寸之辖。"《汉书·陈遵传》："遵嗜酒，每大饮，宾客满堂，辄关门，取客车辖投井中，虽有急，终不得去。"后以"投辖"指殷勤留客。由于辖有管辖控制车轮的作用，后来又引申为"管理"、"管辖"之意，如辖区、直辖、统辖等。

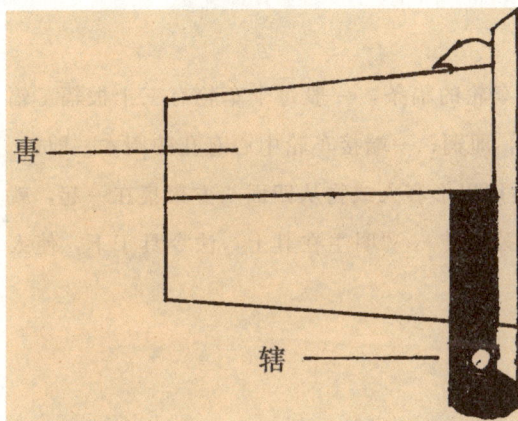

古车上的车辖示意图

西周人形辖

165

比较的"较"指的是什么东西？

较，指车厢两旁板上的横木。士大夫以上的乘车，较上饰有曲铜钩。《考工记·舆人》："以其隧之半为之较崇。"在此基础上，延伸出"比较"、"较量"等。如《老子》："有无相生，难易相成，长短相较，高下相倾，音声相和，前后相随。"

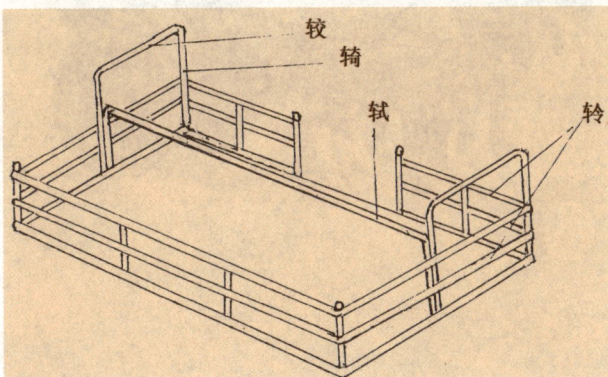

古代车厢示意图

117

○ 166

古代车的轮子是什么样的？

古代车轮由辐、辋、毂组成。辐，车轮的辐条，一般每个车轮有三十根辐。辐是一根一根的木棍，一端接车轮的边框，即辋；一端接车轮中心有孔的圆木，即毂。由于辐都向毂集中，就称为"辐辏"。后用以形容人或物从四面八方聚集在一起，就像车辐集中于车毂一样。如《汉书·叔孙通传》："明主在其上，法令具于下，使人人奉职，四方辐辏，安敢有反者！"

○ 167

为什么动身出发叫"发轫"？

车轫置于轮下情况

轫，阻止车轮转动的木头，车子启行时，拿掉挡车之轫，故车启程称为发轫，借指动身出发。《楚辞·离骚》："朝发轫于苍梧兮，夕余至乎县圃。"朱熹集注："轫，揩（zhǐ）车木也，将行则发之。"《淮南子·兵略训》："故得道之兵，车不发轫，骑不被鞍。"杜甫《昔游》："余时游名山，发轫在远壑。"

168

秦始皇统一全国后为什么要实行"车同轨"?

古代的车轮子是用木料外加铁箍箍紧的,史书称之为铁笼。车子在泥石板的道路上行驶日久,车轮就会在路上留下两道深深的车轮痕迹,即车辙,以后的车辆都是在这两道车辙中行走,所谓南辕北辙的"辙",就是说的这种车轮痕迹。

战国时期,一个国家的车轮距离与其他国家的不同,因为无法套进这两道车辙中,他国的车辆就无法再到路上行走,这也是各国有意用这种车辙来进行防御,以阻挡其他国家侵略的一个方法。秦始皇统一中国后,把这种不同的车辙道路统一为一种尺寸的车辙道路,使得全中国的车轮距离统一尺寸,在各地道路上可以通行无阻,这才是秦始皇车同轨的真正意义。《史记·秦始皇本纪》:"一法度衡石丈尺,车同轨,书同文。"这样一来,全国的辎重车可以在各条道路上自由行走,对于调剂各地的经济、军事以及国计民生有着非常重大的意义,遂成为统一的象征。

169

安车是什么样的车?

安车,古代一种通常用一匹马拉的、可以在车厢里坐乘的车子。上古乘车一般都是站立在车厢里,而安车则可以安坐,故名。《礼记·曲礼上》:"大夫七十而致事……适四方,乘安车。"汉郑玄注:"安车,坐乘,若今小车也。"官员告老,或征召德高望重的人,往往赐乘安车,这是一种优礼方式。

安车多用一马,也有用四马的,那是表示特殊的礼遇。《史记·儒林列传》:"于是天子使使束帛加璧,安车驷马迎申公,弟子二人乘轺传从。"申公年高德劭,故汉武帝用驷马安车去征迎他;其弟子从行,却只能乘一马或二马拉的普通轺车。此外,西汉著名辞赋家枚乘,被汉武帝以"安车蒲轮"(用蒲草裹着车轮)征召进京,但因年老体弱,不胜颠沛之苦,于途中生病离世。

170

辒辌车是什么车?

辒(wēn)辌(liáng)车,古代的一种卧车,设有帐幔,上开窗子,可以根据气温开闭,使车内或温或凉,所以称之为"辒辌车"。秦始皇统一六国后,规定辒辌车为四马驾驭的、车轮轮距为203厘米的卧车。据《史记·李斯列传》记载,秦始皇在巡幸途中病逝,为了防止京城发生变乱,赵高等人严密封锁始皇驾崩消息,将始皇尸体放在其原来乘坐的辒辌车中,每天照常接受百官的朝拜,直到返回首都咸阳,才矫诏立胡亥为太子,然后公布秦始皇驾崩消息,胡亥即位,即秦二世。后来辒辌车就用来作为丧车。《汉书·霍光传》记载:"载光尸枢以辒辌车。"颜师古注:"辒辌,本安车也,可以卧息。后因载丧,饰以柳翣,故遂为丧车耳。辒者密闭。辌者旁开窗牖,各别一乘,随事为名。后人既专以载丧,又去其一,总为藩饰。而合二名呼之耳。"

171

古代对于抬轿子的人数有什么规定?

轿子,是一种靠人或畜扛、载而行,供人乘坐的交通工具。轿子最早是由车演化而来,起初只是作为山行的工具,后来走平路也以它为代步工具,称为肩舆。初期的肩舆为二长竿,中置椅子以坐人,其上无覆盖,很像现代的"滑竿"。唐宋以后,椅子上下及四周增加覆盖遮蔽物,其状有如车厢(舆),并加种种装饰,乘坐舒适,这就是轿子。在结构上,轿子是安装在两根杠上可移动的床、坐椅、坐兜或睡椅,有篷或无篷;在种类上,有官轿、民轿、喜轿、魂轿等不同;在使用上,有走平道与山路的区别;在用材上,有木、竹、藤等之分;在方式上,有人抬的和牲口抬的不同,如骆驼驮的"驼轿"等。

在封建社会的等级制度下,轿子在使用上有着严格的等级规定,违规则要受罚。

《明会要·舆服上》曰："文武官例应乘轿者，以四人舁之。其五府管事、内外镇守、守备及公、侯、伯、都督等，不问老少，皆不得乘轿。违例乘轿及擅用八人者，奏闻。"清代的宗亲、朝臣、命妇等达官显贵乘坐轿子也有严格规定，不准逾制。三品以上及京堂官员，轿顶用银，轿盖、轿帏用皂，在京时轿夫四人，出京时轿夫八人；四

南朝墓画像砖中的肩舆图

品以下文职官员轿夫二人，轿顶用锡等。民用轿一般分为自备轿与营业轿两种。自备轿多属富绅之家，随时伺候老爷、太太、小姐出行，有凉轿和暖轿之分。凉轿用于夏季，轿身较小，纱作帏幕，轻便快捷，通风凉爽；暖轿用于冬季，轿身较大，厚呢作帏，前挂门帘，轿内放置火盆。还有一种专用于妇女乘坐的女轿，装饰精巧讲究，红缎作帏，辅以垂缨，显得小巧华贵，漂亮典雅，具有浓厚的闺阁气息。

由于抬轿人数不同，二人抬的称"二人小轿"，四人抬的称"四人小轿"；八人以上抬的则称之为"大轿"。由于八抬大轿多用于娶亲，旧时的结婚讲究明媒正娶，由夫家用轿迎娶是其主要内容，所以，此后"八抬大轿"多用来指邀请的态度诚恳，仪式隆重，亦或指摆架子。

172

何谓"骖乘"？

骖乘，也作参乘，指古代乘车时居右边陪乘的人。古人乘车"尚左"，即以左方为尊，乘车时尊者在左，御者（驭手）居中，另有一人在右陪乘，即"骖乘"，其任务在于随侍尊者，防备车辆倾侧。兵车的情况有所不同，主帅居中自掌旗鼓指挥作战，御者在左，另有一人在右陪乘，其任务是保护主帅，排除车行中随时可能出现

的事故，这个人就叫"车右"。《汉书·文帝纪》："乃令宋昌骖乘。"颜师古注："乘车之法，尊者居左，御者居中，又有一人处车之右，以备倾侧。是以戎事则称'车右'，其余则曰"骖乘'。"历史上有"威权震主，祸萌骖乘"一词，说的是汉宣帝继位，按例须谒见高庙。大将军霍光骖乘同行，宣帝坐在舆中，好似背上生着芒刺，很觉不安。霍光死后，宣帝族灭了霍家。后来，此语常用来形容功高震主的权臣。

173

古代"馆驿"是做什么用的？

馆驿，是古代设在驿路上，供传递官府文书和军事情报的人或来往官员途中食宿、换马的场所。驿是由中央直接管辖的官方招待所，馆则是属于地方政府设置的宾馆。我国是世界上最早建立组织传递信息的国家之一，邮驿历史长达3000多年。

文字记载的馆驿最早是在唐朝。唐代每三十里置驿，大多设在州、县城内，以方便来往官员休息和驿夫传递书信公文的业务，也有一些馆驿设在州、县城外附近的地方，其中有的成为高级宾馆，十分豪华，形式很壮观。唐代刘梦得《管城新驿》就记载："门街周道，墙荫竹桑，境胜于外也。远购名材，旁延世工。既涂宣皙，领甓刚滑，求精于内也。"到了元代，由于疆域辽阔，发展交通、强化驿站制度，成为巩固政权的重要手段，这时驿站也叫"站赤"，实际"站赤"是蒙古语驿站的译音。明代在主要道路上设置了馆驿，还设立了递运所，旨在专门从事货物运输，其主要任务是转运国家的军需、贡赋和赏赐之物，由各地卫所管理。

清代驿站分驿、站、铺三部分。驿是官府接待宾客和安排官府物资的运输组织。站是传递重要文书和军事情报的组织，为军事系统所专用。铺由地方厅、州、县政府领导，负责公文、信函的传递。驿站使用的凭证是勘合和火牌。凡需要向驿站要车、马、人夫运送公文和物品都要看"邮符"，官府使用时凭勘合；兵部使用时凭火牌。驿站管理至清代已臻于完善，并且管理极严，违反规定，均要治罪。到了清代末期，由于文报局的设立，驿站作用逐渐减弱，继而废除，以后又设邮政，而文报局也逐渐废止。

174

"脚夫"指的是什么样的人？

脚夫，亦称脚力、脚从，是担任传递文书或搬运货物的差役、民夫。南宋吴自牧《梦粱录》卷十九中说："或官员士夫等人，欲出路、还乡、上官、赴任、游学，亦有出陆行老，顾倩脚夫、脚从，承揽在途服役，无有失节。"脚夫的生活很困苦，走南闯北，翻山越岭，风餐露宿，一走就是十几天或至数月、数年，全凭两只脚谋生糊口。后来，将搬运费也称为脚力。

175

古代不同的船都有什么样的名称？

古代的船有各式名称，按照用途划分，有战船、漕船、课船等，战船又有楼船、艋（měng）艟（chōng）、福船、沙船等；按照形状划分，有舸、舴（zé）艋、舢板等。

例如，楼船是一种具有多层建筑和攻防设施的大型战船，外观似楼，故曰楼船。楼船之名最早始于战国时期南方的越国，越有楼船军，秦朝及汉朝都有官衔为"楼船将军"的军事指挥官。汉代的造船技术渐臻成熟，其楼船高十余丈。三国时东吴建成五层战船，可载兵3000人。楼船不仅外观巍峨威武，而且船上列矛戈，树旗帜，戒备森严，攻守得力，宛如水上堡垒。此后历代水军，都以楼船作为主力战舰。西晋时，楼船上装设有拍竿。东晋时期，孙恩、卢循海上起义军也拥有一支以大型楼船为主力的

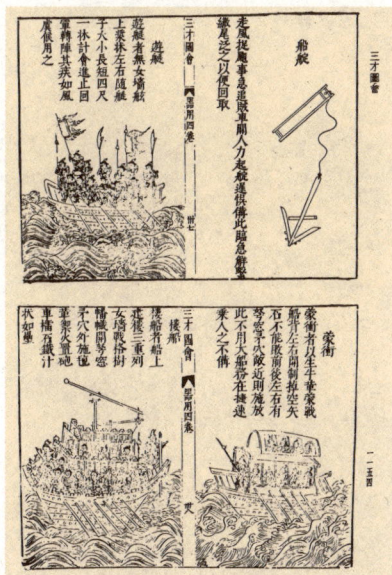

《三才图会》之"游艇、蒙冲、楼船"

舟师。隋代初期的舟师装备有大型楼船——五牙舰。宋代将车船建造技术运用于建造楼船，发展出装有多达 24 车的楼船，船上有的装设拍竿 6 座。明代初期，郑和下西洋的宝船可远渡重洋进行洲际航行，这是中国古代楼船建造技术的最高成就。

沙船，是一种平底、方头、方艄的海船，是我国古老的一种船型。在唐宋时期，它已经成型，成为我国北方海区航行的主要海船。因其适于在水浅多沙滩的航道上航行，所以被命名为沙船，也叫做"防沙平底船"。它在江河湖海皆可航行，适航性特别强，宽、大、扁、浅是其最突出的特点。沙船的纵向结构采用"扁龙骨"，从而使纵向强度得到加强；横向结构则是采用水密隔舱的工艺。这样，沙船纵横一体，抗沉性较好。同时，为提高抗沉性，沙船上还有"太平篮"。当风浪大时，从船上适当位置放下用竹编的其中装有石块的竹篮，悬于水中，使船减少摇摆。

◯ 176

围棋为什么黑子先行？

起源于中国的围棋规则十分简单，却比其他棋类复杂深奥，这就是围棋的魅力所在。现代围棋的开局模式固定为"黑先白后"，如果双方的水平不是一个层次，对局时新手是确定拿黑子。所谓"执黑子为敬"指的就是双方在开始对局时（往往是此前没下过棋的双方、或者双方对棋局胜负不是太在意的情况下），一方主动拿黑子先行，表示"我棋力比较低，应该拿黑棋"。许多学者都认为围棋与《周易》是有紧密关联的。古人认为自然界是"天圆地方，天动地静"，而围棋的棋盘为方形，象征大地是方的，是静止的；棋子为圆形，象征苍天是圆的，是运动的；棋子下在棋盘上，就象征着天圆地方。而下棋时规定落子之后不能反悔，则是有着时间一去不复返的含义。《棋经》中有围棋"三百六十一道，仿周天之度数"的记载。这就是说，棋盘上共有三百六十一个交叉点，正好符合一年的天数。接下来，再以天元为基点可把棋盘分为四个部分，分别寓意春夏秋冬四个季度。从棋的形状上讲，有"双飞燕"、"猴子脸"、"金鸡独立"、"龟不出头"等等，在定式之中有"大雪崩型"和"小雪崩型"，在布局种类中有"宇宙流"等，这些无一不与自然相关联。

◯ 177

中国象棋棋盘上的"楚河汉界"是怎么来的？

在中国象棋的棋盘中间，常有一区空隙，上写有"楚河"、"汉界"字样，这是

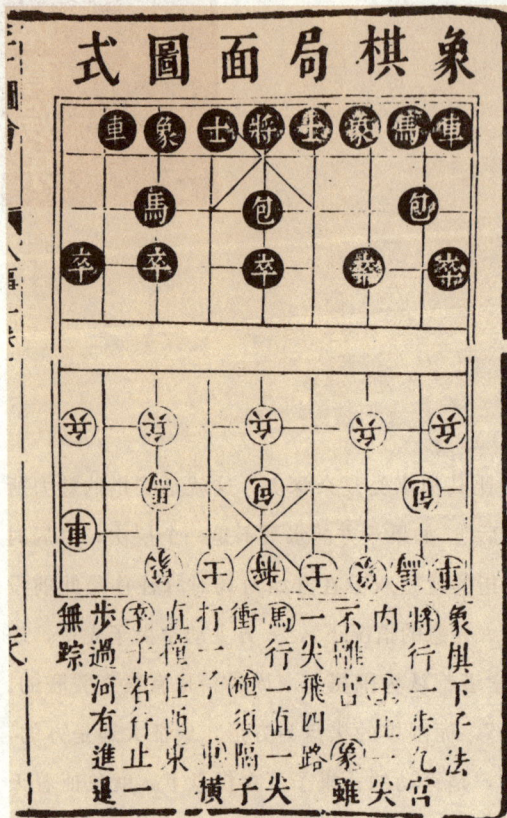

象棋局面图式

明代象棋图式

什么意思呢？原来，这与历史上的"楚汉战争"有关。据史料记载，"楚河汉界"在古代的荥阳（今河南郑州）成皋一带，该地北临黄河，西依邙山，东连平原，南接嵩山，是历代兵家必争之地。公元前203年，刘邦出兵攻打楚国，项羽处于下风，被迫提出了"中分天下，割鸿沟以西为汉，以东为楚"的要求，从此就有了楚河汉界的说法。至今，在荥阳广武山上还保留有两座遥遥相对的古城遗址，西边那座叫汉王城，东边的叫霸王城，相传就是当年刘邦、项羽所筑。两城中间，有一条宽约300米的大沟，这就是人们平常所说的鸿沟，也是象棋盘上所标界河的依据。历史上，2200多年前，楚霸王项羽和汉王刘邦以荥阳为主战场，展开了长达4年的攻伐激战，并以荥阳的鸿沟为界，中分天下，成为中国历史长河中最为精彩的片段之一。当战争的硝烟在历史的长河中渐渐消散，楚河汉界却永远定格在了中国象棋棋盘上，荥阳也因此被誉为中国象棋之都。

○178

古人也玩"飞行棋"吗？

中国古代有一种博戏叫双陆，依据日本现存《双陆锦囊钞》记载，一套双陆棋包括棋盘、黑白棋子各十五枚、骰子两枚。棋子为马形；骰子是正方体，六面分别刻有从一到六的数值。玩时，首先掷出两骰，骰子顶面所显示的数值是几，便行进几步。先将己方十五枚棋子走进对方的棋盘者，即获全胜，故双陆应是一种类似今天飞行棋的游戏。双陆流行于曹魏，盛于南北朝、隋、唐，宋、元时期更为普及。但隋以前的史籍中，谈及双陆者非常少，到了唐朝，记载才多起来。《旧唐书·后妃传》记载：有一次，唐中宗的皇后韦氏与武则天的侄子武三思玩打双陆，唐中宗就在一旁为他们点筹进行娱乐游戏。宋代，双陆在各地更为普及。当时，北方城市中还出现了双陆的赌博组织，一般在双陆

唐·周昉《内人双陆图》（局部）

赌博时均设有筹，以筹之多少赌得钱财，外人入赌，还有优惠条件。这时的双陆形制与打法和唐代差别不大，宋末元初人陈元靓在《事林广记》一书中曾刻入了当时流行的"打双陆图"，对双陆的格式、布局有着非常形象的表现。

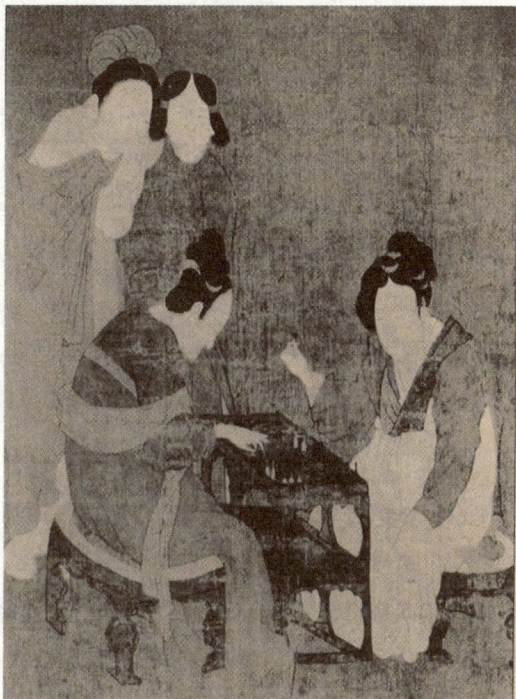

179

古代的"六博"是什么样的游戏？

六博是中国古代一种棋戏。《楚辞·招魂》记载："菎蔽象棋，有六博些。分曹并进，遒相迫些。"这说明战国前后在荆楚一带已流行六博棋。至秦汉时期，六博得到更加广泛的传播，上至贵族官僚，下至黎民百姓无不乐于此道。据史书记载，一

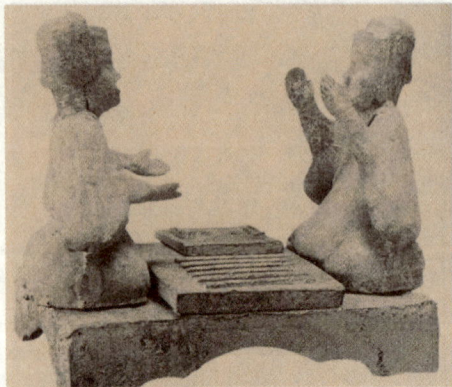

六博俑

套完整的六博棋，应包括棋局、棋子、箸（骰子）等。六博由两人玩，行棋方法主要包括大博和小博两种。西汉以前的玩法为大博，即对博的双方各在己方棋盘的曲道上排列好六枚棋子，其中一枚代表"枭"，五枚称作"散"，用箸六个。对博时，双方先轮流掷箸，根据掷得的"箸"的数量多少行棋。六博行棋时，双方要互相逼迫，对博的胜负以杀"枭"来决定，即《韩非子》中所言"博者贵枭，胜者必杀枭"，这与象棋中以杀将夺帅为胜相类似。东汉时期出现了小博，这种博法是一方执白棋六枚，一方执黑棋六枚，此外双方还各有一枚圆形棋子，称作"鱼"，将它们分别布于棋盘十二曲格道上，两头当中名为"水"，"鱼"便置于"水"中。行棋的多少是根据掷箸的数字而决定，哪一枚棋子先进到规定的位置，即可竖起，称为"骄棋"。随后这枚"骄棋"便可入于"水"中，吃掉对方的"鱼"，称为"牵鱼"。每牵一次鱼，获博筹二根，如能首先牵到三次鱼，得六根博筹，即算获胜。六博最初是一种带有比赛性质的娱乐活动，后来逐渐发展成一种赌博手段。汉代以后，六博开始衰落，至三国时期已受到世人的厌弃，隋唐以后便逐渐失传。

○ 180

樗蒲是一种什么样的游戏？

樗蒲（chūpú），也作"摴蒲"，又名掷卢、呼卢、五木，是在六博游戏的基础上予以改进而形成的，类似掷骰子，但规则比掷骰子要复杂得多。樗蒲的用具起初有盘、杯、马、矢等。盘是棋枰，杯是后代骰盆，马是棋子，矢即骰子，有黑有白，共有五枚，故称为"五木"。宋郑樵《通志·草木略》载："樗似椿……叶脱处有痕，为樗蒲子。"有人认为樗蒲之得名，系由樗叶脱处所留痕迹而来，所以五木又被简称为"齿"，掷得彩名称为"齿彩"。五木可以组成六种不同的排列组合，其中全黑的称为"卢"，是最高彩；四黑一白的称为"雉"，次于卢；其余四种称为"枭"或"犊"，为杂彩。玩樗蒲时，人们都希望能够掷出全黑的头彩。和凝在其《宫词百首》之三十九便形象地描绘了这种心态："锦褥花明满殿铺，宫娥分坐学樗蒲。欲教官马冲关过，咒愿纤纤早掷卢。"宫女们在心中祈祷快点掷出全黑的头彩，以便冲关获胜。

181

中国古时斗牛与西班牙斗牛一样吗？

提起斗牛，人们常常就会想到西班牙的斗牛盛况。实际上，除西班牙有斗牛风俗外，中国的斗牛风俗也有悠久的历史，但与西班牙斗牛不同的是，中国古时斗牛比赛是牛与牛之间的较量。据史书记载，中国早在秦代就有了斗牛的风俗。

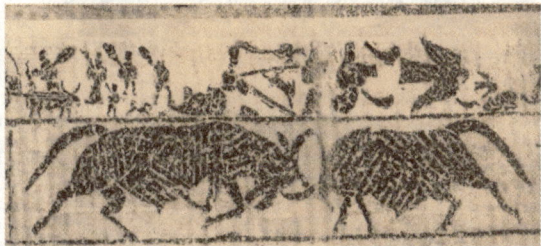

东汉画像石斗牛图

《太平广记》卷291《神一》引《成都记》就曾记载："李冰为蜀郡守，有蛟岁暴……冰乃入水戮蛟。已为牛形……故春冬设有斗牛之戏，未必不由此也。"唐人段成式《酉阳杂俎》卷四也曾记载龟兹国："元日斗牛马驼，为戏七日，观胜负，以占一年羊马减耗繁息也。"据此可知，中国斗牛也曾流行于少数民族地区，是人们节日娱乐的项目之一。中国古代斗牛尤以金华斗牛最为出名，明末著名史家谈迁曾著有《北游录》一书，书中就提到了金华的斗牛："金华近例，正月乡人买健牛，各赴场相角，决胜负，至群杀，不能禁。"

182

斗鸡游戏起源于何时？

汉画像石斗鸡图

斗鸡，顾名思义，指两鸡相斗。斗鸡在我国约有两千多年的历史。《史记》和《汉书》多处记载有"斗鸡走狗"之事。公元前770年，春秋战国时期的鲁季平子与邻昭伯以斗鸡而得罪于鲁昭公，竟互相打起架来。山东《成武县志》记载："斗鸡台在文亭山后。周釐王三年（前679），齐桓公以宋背北杏之会，曾搂诸侯伐宋，单伯会之，取成于宋北境时，斗鸡其上。"可见当时斗鸡已颇盛行。中国古代斗鸡不仅在民间有着大量拥趸，即便是在皇室贵

族中也大受欢迎。例如，唐高宗时期，亲王、大臣们狂爱斗鸡。一次沛王与英王斗鸡，诗人王勃专为沛王写了一篇声讨英王的斗鸡诗文，于是昔日的皇家兄弟几乎为此反目成仇，王勃则被高宗一气之下罢官去职。再如，唐玄宗更是爱好斗鸡，经常在长安举行规模盛大的斗鸡比赛，特别是到了每年的元宵节、清明节、中秋节，唐玄宗都要组织斗鸡，以示天下太平。《东城老父传》中曾记载：每当到了斗鸡的日子，唐玄宗都会让宫廷乐队集体出动，后宫佳丽也纷纷出场。与皇帝的大规模斗鸡仅为娱乐不同，民间斗鸡活动则具有赌博的性质，很多人因斗鸡而发家致富。

183

古人如何斗鸭？

在古代中国，人们有将饲养的家禽相互争斗以作娱乐的习俗，因此人们喜好斗

鸡、斗鹅、斗雁。此外，还有斗鸭比赛。所谓"斗鸭"，就是将鸭蓄于池中，观其相斗以取乐。据历史记载，斗鸭最早可能出现于西汉初年，发展于六朝，鼎盛于隋唐。《南史·王僧达传》记载："（僧达）坐属疾而于扬列桥观斗鸭，为有司所纠。"葛洪《西京杂记》也曾记载："鲁恭王好斗鸡、鸭及鹅、雁，养孔雀、鸬鹚，俸一年费二千石。"鲁恭王喜欢斗鸡、斗鸭等，为了精心饲养这些家禽，一年花费竟需米谷二千石。斗鸭虽然是与斗鸡相类的娱乐项目之一，但斗鸭受地域、时令等方面的制约，因此仅局限于长江中下游流域，未能像斗鸡一样广为流传。但斗鸭比赛亦如斗鸡等那般紧张，晋蔡洪在《斗凫赋》中有描写："性浮捷以轻躁，声清响而好鸣。感秋商之肃烈，从金气以出征。招爽敌于戏门，交武势于川庭。尔乃振劲羽、竦六翮、抗严趾、望雄敌，忽雷起而电发，赴洪波以奋击。""清响而好鸣"，仅是在气势上就已占了上风，再配上一招一式，场景想必很是刺激。

○ 184

古人如何用花草进行比赛？

斗百草，也称"斗草"。古俗认为五月是恶月、毒月，人们必须采集百草以渡过难关，因此，斗百草最初和悬钟馗（kuí）像、挂艾叶菖蒲、饮雄黄酒一样，属端午习俗。不过到了六朝后期，斗百草逐渐成了一种大众游戏习俗，人们在端阳这一天到郊外去踏青时，采集各种花草标本，然后进行比赛。具体说来，斗百草的方式分武斗和文斗两种。武斗的玩法大抵如下：比赛双方先各自采摘具有一定韧性的草，多为生在路边、沟旁、田埂等处的车前草，然后将

斗草图

武斗双方的草打成结，各自用劲拉扯，以不断者为胜。"武斗"是以人的拉力和草的受拉力的强弱来决定输赢，而文斗即各人把自己收集的各种草拿来，然后一人报一种草名，另一人接着拿出草并对答草名称，一直"斗"下去，直到最后见分晓。谁采集的品种多、品种奇，谁就获得优胜。后来，斗百草游戏还演变出妇女尤其喜好的斗花比赛。

185

斗蛐蛐起源于何时？

斗蛐蛐，也即斗蟋蟀，亦称"秋兴"、"斗促织"，即用蟋蟀相斗取乐的娱乐活动。斗蟋蟀是具有浓厚东方色彩的中国特有的文化生活，也是中国的艺术。蟋蟀从原先的听其声，发展到现在的观其斗，从这一微小的侧面，也反映了社会历史的变化。至于斗蛐蛐这一活动起源于哪个朝代，至今仍没有资料可以证明，但宋代朝野内外大兴斗蟋蟀之风，并将"万金之资付于一啄"，已有史料证明。清代比赛益发讲究，蟋蟀要求无"四病"（仰头、卷须、练牙、踢腿）；外观颜色也有尊卑之分，"白不如黑，黑不如赤，赤不如黄"。蟋蟀相斗，要挑重量与大小差不多的，用蒸熟后特制的日菽草或马尾鬃引斗，让它们互相较量，几经交锋，败的退却，胜的张翅长鸣。旧时城镇、集市，多有斗蟋蟀的赌场。总之，这项活动自兴起之后，至今已有八九百年，始终受到人们的广泛喜爱，长兴不衰。真正的蟋蟀名产地是山东齐鲁大平原，而山东宁津县的蟋蟀更是非同凡响，宁津种的蟋蟀头大、项大、腿大、皮色好、体质强健、凶悍，有顽强的斗性、耐力。近些年来全国蟋蟀大赛中，宁津种的蟋蟀多次胜出。

186

古代的投壶游戏怎么玩？

投壶是古代士大夫宴饮时玩的一种投掷游戏。春秋战国时期，诸侯宴请宾客时的礼仪之一就是请客人射箭。那时，成年男子不会射箭是一种耻辱，主人请客人射箭，客人是不能推辞的。后来，有的客人确实不会射箭，就用箭投酒壶代替，即搁一个壶在那儿，然后把箭投进去，输者喝酒。久而久之，投壶就代替了射箭，成为宴饮时的一种游戏。《左传》曾记载过晋昭公大宴诸国君主，举行投壶之戏的事。投壶在战国时得到很大发展，当时的文士倾向于内心修养，投壶这种

清·任渭长《投壶图》

从容安详、讲究礼节的活动，正适合他们的需要。此外，由于社会发展，民间以投壶为乐的现象越来越普遍。《礼记·投壶》记载："投壶者，主人与客燕饮讲论才艺之礼也。"秦汉以后，它在士大夫阶层中盛行不衰，每逢宴饮，必有"雅歌投壶"的节目助兴。在流传过程中，游戏的难度增加了，不仅产生了许多新名目，还有人别出心裁在壶外设置屏风盲投，或背坐反投。宋司马光曾著有《投壶新格》一书，详细记载了壶具的尺寸、投矢的名目和计分方法。宋朝以后，投壶游戏逐渐衰落下去，不再像汉唐那样盛行了。

⭕ 187

"射覆"是古人的猜谜语游戏吗？

"射覆"是古时《易经》的占卜学者为了提高自身的占筮能力而玩的一种高超而又有趣的娱乐活动。"射"就是猜度之意，"覆"便是覆盖之意。覆者用瓯盂、盒子等器物覆盖某一物件，射者通过占筮等途径，猜测里面是什么东西。游戏类似于猜谜游戏，只是谜面为各自所得的卦象。射覆趣味性和交互性很强，且寓教于乐，马上可以验证卦象，无论射中与否，都可以加深对易象的思考理解和启发，是练习占

测能力和自信心的一种很好的方法。纵观历史记载，射覆游戏历史悠久，早在汉代时期已经流行于皇宫中。《汉书·东方朔传》载："上尝使诸数家射覆。"颜师古注曰："于覆器之下置诸物，令暗射之，故云射覆。"射覆所藏之物大多是一些生活用品，如手巾、扇子、笔墨、盒罐等等。

188

古时如何玩纸牌？

关于扑克的起源有多种说法，其中较为被人接受的就是现代扑克起源于中国的"叶子戏"。叶子戏最早出现在唐代。唐苏鹗的《同昌公主传》内有"韦氏诸宗，好为叶子戏"的记载。据考证，唐代著名天文学家张遂（一行和尚），发明"叶子戏"供玄宗与宫娥玩耍。因为纸牌只有树叶那么大，故称叶子戏。以后传入民间，很快流传开来。到五代时期，纸牌戏的记载已经大量涌现，著名的有《偏金子格》、《小叶子格》、《击蒙叶子格》等等。到了明清时期，叶子戏已经成为社会上非常盛行的一种博戏形式，样式及打法已基本完善。李约瑟博士在《中国科学技术史》中将桥牌的发明权归于中国人。法国的学者莱麦撒也说："欧洲人最初玩的纸牌，以形状、图式、大小以及数目，皆与中国人所用的相同，或亦为蒙古输入欧洲。"美国《纽约时报》桥牌专栏主编艾伦·特拉克斯特甚至有"中国是桥牌的故乡"一说。叶子戏于元代传到西方，变化成了塔罗牌及现代扑克，而在中国，则逐渐变成麻将及牌九。

189

高跷戏为什么又被称为"高瞧戏"？

高跷，也称拐子，是由表演者脚踩木跷表演。由于表演者高出一截，观众需要仰起头来或是站在高处观看，所以也有人把高跷称为"高瞧戏"。关于高跷的起源，有的学者认为与原始氏族的图腾崇拜有关，也有人认为与沿海渔民的捕鱼生活有关。

据历史学家孙作云《说丹朱》考证，尧舜时代以鹤为图腾的丹朱氏族，他们在祭礼中要踩着高跷模拟鹤舞。考古学家方起东《甲骨文中商代舞蹈》认为，甲骨文中已有近似踩跷起舞形象的字。两者可互相印证。可以说，高跷历史久远，源于古代百戏中的一种技艺表演，一般以舞队的形式表演，舞队人数十多人至数十人不等；大多舞者扮演某个古代神话或历史故事中的角色形象，服饰多模仿戏曲行头；常用道具有扇子、手绢、木棍、刀枪等。今人所用的高跷，多为木质，表演有双跷、单跷之分。双跷多绑扎在小腿上，以便展示技艺；单跷则以双手持木跷的顶端，便于上下，动态风趣。其表演又有"文跷"、"武跷"之分，文跷重扮相与扭逗，武跷则强调个人技巧与绝招，各地高跷，都已形成鲜明的地域风格与民族色彩。

⊙ 190

古人喝酒时如何行酒令？

酒的魅力，其实不完全在于酒本身，还在于酒文化的丰富内涵和附加的娱乐功能。酒令是中国独有的游戏。它的出现与周代酒礼的产生有关。"酒食者所以合欢"，酒令是一种互动的游戏，给喝酒创造了一种合欢的气氛，酒令的"令"字，就有强制、约束的意思，要保证大家都按照这个秩序来进行。此外，行酒令还调节了每个人喝酒的

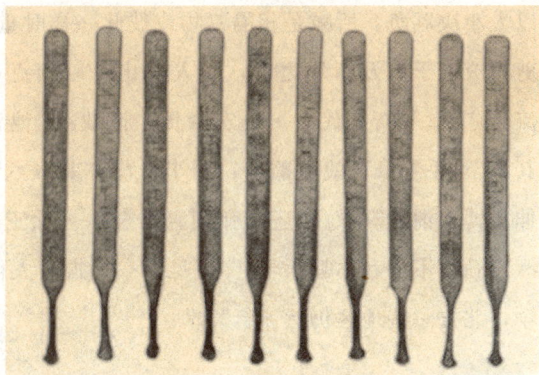

唐代酒筹

量，让参与者喝酒机会均等。酒令在春秋战国的时候就已出现，到南北朝时，便发展成一种让很多人终日留恋的群体游戏。据载，王羲之曾偕同一帮亲朋好友在兰亭清溪旁用曲水流觞的方法即兴赋诗饮酒，而有了著名的《兰亭集》。当时还有一种酒令，是采用"竹制筹令"，把竹签当筹，签上面写有酒令的要求，比如作诗、作对，

抽到的人要按照签上的要求去做。白居易的"花时同醉破春愁，醉折花枝当酒筹"，说的就是这种酒令。到宋代的时候，酒筹变成了纸，当时叫叶子，纸上画有故事，并写明要罚几杯。后来酒令的发展可谓五花八门。谜语，最初也是在酒桌上出现的，包括灯谜、字谜等。既然酒令是一种游戏、一种竞赛，那就有一个公平性的问题，所以行酒令的时候是有裁判的，这个裁判就叫酒监。

191

古时酒席上也划拳吗？

古人在酒席间不仅喜欢行酒令来调动喝酒的气氛，同时还喜欢划拳，古时称为"豁拳"。豁拳又名拇战、猜拳，游戏规则是两人同时出拳伸指叫数，以所喊数目与双方伸出拳指之和数相符者为胜，败者罚饮。此外，也有以棒、虎、鸡、虫代替数字的，四者的大小关系是：棒打虎、虎吃鸡、鸡啄虫、虫蛀棒，所喊是相邻二物时，以大小决胜负，所喊是相隔二物或彼此一样时重新再喊。还有以手势模拟锤或石头、剪刀或锥子以及布块之形，两人对出，以相克一方为胜。豁拳很早以前就已出现，流传广泛。《新五代史·史宏肇传》记载："他日会饮（王）章第，酒酣为手势令。"其中，"手势令"就是豁拳；明李日华在其《六研斋笔记》中亦云："俗饮以手指屈伸相博，谓之豁拳。"还有弹词《描金凤·徐王相见》也提到："惠兰兄，独自吃闷酒没劲，不如和你豁拳吧！"可见豁拳是古时人们饮酒时常用的助兴取乐游戏。现如今，北方一些地区仍然流行豁拳。

192

古代的人怎么钓鱼？

现如今，市场上有品种繁多的钓鱼用具。那么，古代的人没有这些先进钓具又怎么钓鱼呢？当然，古人自有办法。先说钓钩，最初是用两头尖的小石条、竹条、木条和兽骨等物品充当钓钩，将其包在钓饵中，等待鱼儿吞食时卡住喉咙后将之钓起；到新石器时代，人们便会磨制骨质钓钩；到商代和西周以后，便有了铁制钓钩，东汉许慎在其《说文解字》里对"钓"解析为："钩鱼也。钩者曲金也，以曲金取鱼谓之钓。"再说钓线，除麻线、丝线，古时将结茧的蚕体内的丝浆收集后，人工拉成单股粗丝，天然干燥后使用。这种丝线，柔软、光滑、透明、强度大。至于钓竿，古代的人常用细而长的竹子来制作，从《诗经》里就可找到根据，《国风·卫风·竹竿》："籊籊竹竿，以钓于淇。"同时，古人对于钓鱼季节、天气的选择以及钓鱼技巧的运用等方面，也颇有经验。我们把春、秋季视为钓鱼的"黄金季节"，这在古籍里也早有描述，如张志和《渔歌子》中"桃花流水鳜鱼肥"的诗句，指的就是在春季钓鱼的情况；孟浩然《临洞庭上张丞相》："八月湖水平……坐观垂钓者，徒有羡鱼情。"便道出了秋季正是钓鱼好时节。此外，古人对于线与水色相配的重要性也有所研究，唐朝诗人方干在其《赠江上老人》诗中提到："潭底锦鳞多识钓，未设香饵即先知。欲教鱼目无分别，须学揉兰染钓丝。"

193

荡秋千还是荡"千秋"？

现在"千秋"一词是一种对别人生日的敬辞以及对人去世的委婉说法，也常用来形容时间很长，其实"千秋"在古代还指"秋千"。早在远古时代，人们为了获得高处的食物，在攀登中创造了荡秋千的活动，最早称之为"千秋"。传说其为春秋时代北方的山戎民族所创，《艺文类聚》中就有"北方山戎，寒食日用秋千为戏"的记载。后来，齐桓公北征山戎族，把"千秋"带入中原。至汉武帝时，宫中以"千秋"为祝寿之词，取"千秋万寿"之意，后将"千秋"两字倒转为"秋千"，并一直沿用至今。秋千的形制也由最开始的一根绳演化成用两根绳加踏板的形式。到了唐宋时代，秋千成为专供妇女玩耍的游戏，连妃嫔宫女们也多好此戏，据《开元天宝遗事》"半仙之戏"条载："天宝宫中，至寒食节，竞竖秋千，令宫嫔辈戏笑，以为宴乐。帝呼为半仙之戏，都中士民因而呼之。"将荡秋千形容成"半仙之戏"，非常形象。此外，唐人韦应物在其《寒食》一诗中也写道："晴明寒食好，春园百卉开。彩绳拂花去，轻球度阁来。"描写了宫女们在寒食节荡秋千的活动场景。王建还专门作了一首《秋千词》："长长丝绳紫复碧，袅袅横枝高百尺。少年儿女重秋千，盘巾结带分两边。身轻裙薄易生力，双手向空如鸟翼。下来立定重系衣，复畏斜风高不得。"生动形象地描绘了宫女们荡秋千的情形。

◯ 194

古人怎么玩"藏猫猫"？

捉迷藏的历史十分古远，唐代就有了相关文字记载。元伊世珍在《琅嬛（huán）记》卷中引用《致虚阁杂俎》记载唐明皇和杨贵妃玩此游戏的场景："明皇与玉真恒于月下以锦帕裹目，在方丈之间相互捉戏。玉真捉上每易，而玉真轻捷，上每失之，宫人抚掌大笑。一夕，玉真于袖上多结流苏、香囊与上戏，上屡捉屡失，玉真故与香囊惹之，上得香囊无数，已而，笑曰：'我比贵妃更胜也。'"此文很生动地描写了唐玄宗与杨贵妃月下捉迷藏的情景，虽为小说家言，但估计唐宫中应该有捉迷藏这种游戏。一般说来，捉迷藏的形式有三种：一是把自己藏在树丛、竹林或屋角等隐蔽处，让人直接寻找；一是叫人用手帕蒙住眼睛，在一定的范围内找。有时为了加强"捉"的难度，把这一游戏安排在晚上进行；还有一种叫"摸瞎鱼"，一群儿童用绳子牵成一个"圆城"，在"城"中有两个小儿，各用手帕厚厚地蒙上眼睛，一个小儿手里拿一只木鱼，敲一声便迅速换一个地方，另一小儿循着声音去摸，如逢巧摸上，就把木鱼夺下，执木鱼的人即被罚出"城"外。接着，由牵绳子的人中出一人作为摸者，木鱼改由原摸者敲着，引其来摸，如此轮流往复。

◯ 195

踢毽子是从什么时候开始的？

踢毽子是我国民间的一项体育游戏，在古代，它是所谓"杂伎"、"杂戏"、"博戏"、"百戏"的一种。毽子分毽铊和毽羽两部分，毽铊多用圆形的铅、锡、铁片或铜钱制成，毽羽多用翎毛，正如《燕京岁时记》所说："毽儿者，垫以皮钱，衬以铜钱，束以雕翎，缚以皮带。"毽子的踢法甚多，阮葵生《茶余客话》"踢毽"条说："其中套数家门，凡百十种。"据说清朝光绪年间，承德有一个百岁老进士，能踢出喜鹊登枝、金龙探爪、狮子滚绣球等一百零八种花式。那么踢毽子究竟始于何时？古代的名物考据家认为踢毽子源于蹴鞠，如宋高承《事物纪原》称踢毽子为"蹴鞠之遗事也"。如此说来，踢毽子的历史就要追溯到战国以至遥远的黄帝时代了。黄帝时代，史事邈远不可求。说起于战国之时，或许有些根据，但因踢毽子乃细物中之细物，要找到确凿的证据，也几乎不可能。但是，据文物家考证，汉代画像砖上已有踢毽者的形象，照此推断，踢毽子最晚也起源于两千年前的汉代。踢毽子根植于民间，既有趣又有益健康，因而获得了很强的生命力，千年不衰，至今仍然是人们喜欢的一种体育游戏。

196

如何把空竹"抖"出彩？

抖空竹，又称"响簧"、"空钟"、"扯铃"、"闷葫芦"等，是我国民间广为流传的体育项目之一。此项目历史悠久，流传甚广，早在三国时期，曹植便写过一首《空竹赋》："乐手无踪洞箫吹，精灵盘丝任翻飞。小竹缘何成大器，健身娱乐聚人气。"形象地描绘了抖空竹的灵动之美以及在当时的受欢迎程度。空竹有木制或竹制，分单轴和双轴两种。轴形如小轮，由两片木或竹片夹制而成，中为空心，轴上有4～5个小孔，内嵌小木片，高速转动时发声。抖空竹时，双手各持一小木棍，两棍之间用线连接，以线绕空竹，持木棍，木棍上下来回扯动，空竹即急速旋转并发出悦耳的响声。抖动时姿势多变，使绳索翻花，做出"过桥"、"对扔"、"串绕"、"抢高"等动作，常见抖空竹的技巧有"满天飞"、"鸡上架"、"放捻转"和"仙人跳"等。抖空竹流行于全国各地，尤其北方非常盛行，后演变为一种杂技项目。

197

抽陀螺为何又叫"抽贱骨头"？

抽陀螺，是一种民间传统游戏，历史悠久，山西夏县西阴村仰韶文化遗址（距今约五六千年前）中曾出土陶制小陀螺。"陀螺"这个名词，最早出现在明朝，刘侗、于弈正合撰的《帝京景物略》中有"杨柳儿活，抽陀螺；杨柳儿青，放空钟；杨柳儿死，踢毽子"的记载。陀螺有陶制、木制、竹制、石制多种，以木制居多。木制陀螺为圆锥形，上大下小，锥端常加铁钉或钢珠。玩时，以绳绕陀螺使其旋于地，再以绳抽打，使之旋转不停。抽打得越狠旋得越快，故又称"抽贱骨头"。到明朝以后，陀螺已成为一种颇受儿童喜爱的游戏。有些玩技好的孩子，可一人同时抽打 2 至 3 个陀螺，亦可 2 至 3 人同时各抽陀螺，转的时间最长者为胜。抗日战争时期，日本人侵占了北京城，不少汉奸助纣为虐，老百姓就借抽陀螺时出气儿，一边抽一边说："抽汉奸，打汉奸，打败日本，打汉奸。""抽汉奸，打汉奸，棒子面涨一千。"以解心头之愤恨。

198

正月十五猜灯谜的习俗由何而来？

灯谜最早是由谜语发展而来的，是我国传统的娱乐形式之一，它运用艺术的手法和汉字的规律，着眼于字义词义变化，常用一个词句、一首诗来制成谜语，既能达到娱乐的目的，同时又能使人增长知识，为人们所喜闻乐见。春秋战国时代，宫廷和墨客中出现了"隐语"等文字游戏，这可以说是最早的灯谜。那时一些游说之士出于利害考虑，在劝说君王时往往不把本意说出，而借用别的语言来暗示，使之得到启发。这种"隐晦"的话语，当时叫做"廋（sōu）词"（廋是隐藏之意），也叫"隐语"。秦汉以后，这种风气更加盛行，《文心雕龙·谐隐》指出："自魏代以来……而君子嘲隐，化为谜语。"唐宋时期，制谜和猜谜的人多起来。至南宋时，每逢元宵佳节，文人墨客把谜语写在纱灯之上，供人们猜测助兴，至此可以说是名副其实的灯谜了。至明清时代，春节前后全国各地张灯悬谜，盛况空前。元宵佳节，帝城不夜，春宵赏灯之会，百姓杂陈，诗谜书于灯，映于烛，列于通衢，任人猜度，所以称为"灯谜"。灯谜活动，虽属艺文小道，然上自天文，下至地理，经史辞赋，包罗万象，非有一定文化素养，不易猜出。可以说，猜灯谜锻炼思维，启发性灵，是一种益智的娱乐活动。元宵佳节各地举行灯谜活动一直流传到现在。

⭕ 199

元宵佳节舞狮子起源于何时？

舞狮子，是我国历史悠久的民间艺术之一。每逢元宵佳节或集会庆典，民间都以狮舞来助兴。这一习俗起源于三国时期，南北朝时开始流行，至今已有一千多年的历史。有学者认为，它最早是从西域传入的。狮子是文殊菩萨的坐骑，随着佛教传入中国，舞狮子的活动也输入中国。但也有学者认为狮舞是五世纪时产生于刘宋的军队，后来传入民间的。两种说法都各有依据，今天已很难判断其是非。不

戏狮图

过，唐代时宫廷、军旅、民间盛行狮舞已是不争的事实。唐段安节在其《乐府杂录》中说："戏有五方狮子，高丈余，各衣五色，每一狮子，有十二人，戴红抹额，衣画衣，执红拂子，谓之狮子郎，舞太平乐曲。"白居易《西凉伎》诗中对此也有生动的描绘："西凉伎，假面胡人假狮子。刻木为头丝作尾，金镀眼睛银帖齿。奋迅毛衣摆双耳，如从流沙来万里。"诗中描绘的是当时舞狮的情景。在一千多年的发展过程中，狮舞形成了南北两种表演风格。北派狮舞以表演"武狮"为主，小狮一人舞，大狮由双人舞，一人站立舞狮头，一人弯腰舞狮身和狮尾。舞狮人全身披包狮被，

下穿和狮身相同毛色的绿狮裤和金爪蹄靴，人们无法辨认舞狮人的形体，它的外形和真狮极为相似。南狮虽也是双人舞，但与北狮不同的是，南狮舞狮人下穿灯笼裤，上面仅仅披着一块彩色的狮被而舞。

200

清明为何也放风筝？

清明节有不少独特习俗，比如禁火、寒食、上坟扫墓、踏青春游等。值得一提的是，人们还常常在清明节放风筝。放风筝作为清明习俗之一，流传已久。从元宵节后放风筝活动一直持续到清明节，所以古时也把清明节称为"风筝节"。古时放风筝是一项具有巫术意义的户外活动，目的是为了放掉身上的"晦气"。当风筝放飞升高后就有意把引线剪断，让风筝远远飘去，据说它可以带走晦气、烦恼、苦闷、忧患与病痛。于是有人便将自己的苦恼事写在纸上，扎在风筝上，让它随着风筝一去不复返。当然，随着时光的流逝，现在放风筝早已冲去旧时的"巫术"色彩，人们只不过是借此表达自己的美好愿望而已。如今放风筝成为了一项颇受大众喜爱的娱乐活动，人们在户外放风筝大大舒展了平日紧张严肃的气氛，调节了忙碌的生活节奏。

201

端午节为什么赛龙舟？

每年的农历五月初五，是我国的传统节日——端午节。这一天，很多地方都要举行盛大的赛龙舟比赛。据说，这一风俗是为了纪念诗人屈原。屈原出身于楚国的贵族家庭，从小立志要为国家建功立业。长大之后，屈原以非凡的才华，得到了楚国国君的重用。他主张改革内政，推行了一系列富国强兵的改革措施，受到百姓的欢迎。但是，这些措施触犯了贵族集团的利益。他们在楚王面前挑拨离间。昏庸的楚王不辨是非，免除了屈原的官职，并把他流放到边远的地方。公元前278年，秦将白起攻破了楚国首都。听到这个消息，屈原痛苦万分。五月初五，屈原怀抱青石，悲愤地跳入滚滚的汨罗江中，以死实践了自己的誓言。当地的百姓听说屈原自沉汨罗江后，都争相驾驶小船，在江上往来穿梭，希望能打捞上屈原的尸体，但是最终未能如愿。为了使屈原的尸体免受鱼虾的咬食，大家将五色丝粽子投入江中，喂食鱼虾。后来，每逢五月初五，人们都要包粽子、赛龙舟，以此来纪念屈原。

202

古人怎么玩 "高尔夫球"?

现在高尔夫球可谓是一种高贵优雅的运动。但在古代，人们也常玩一种类似高尔夫的运动，但却是一项平民运动，这就是"捶丸"。捶丸是中国古代的一种球类游戏，它是由唐朝"步打球"发展而来的。唐代盛行打马球，但由于人多马少，同时还兼顾女子柔弱的体征，于是

捶丸击球图

在打马球基础上又分化出一种运动危险系数相对较低、徒步持杖打球的游戏方法，即为"步打球"。这种步打球受到不善骑马的宫女们的欢迎。唐王建在其《宫词》中云："殿前铺设两边楼，寒食宫人步打球。一半走来争跪拜，上棚先谢得头筹。"便描绘了寒食节唐朝宫女们玩"步打"的情形；而在宋代宫廷礼乐中，"又有步击者，乘驴骡击者，时令供奉者朋戏以为乐云"，可见宋代"步击"是宫廷礼乐中一项热门节目。到1282年，有了关于捶丸（步打）的详尽规则方法的专著《丸经》问世，捶丸自此成为步打的新名称。根据《丸经》记载：捶丸是在空旷地上画一球基，离球

基七步至百步做一定数目的球窝，旁树彩旗，用棒从球基击球入窝，以用棒数少或得穴数多的一方为胜者。从所记场地、运动用品、竞争人数、竞赛方式、裁判规则等方面来看，与现代的高尔夫球很相似。

203

古时人们如何踢"足球"？

蹴鞠图

蹴鞠又名"蹋鞠"、"蹴球"、"蹴圆"、"筑球"、"踢圆"等，"蹴"即用脚踢，"鞠"系皮制的球，"蹴鞠"就是用脚踢球，它是中国一项古老的体育运动。与今天的足球运动类似，紧张激烈。"蹴鞠"一词，最早载于《史记·苏秦列传》，苏秦游说齐宣王时形容临菑（zī）："临菑甚富而实，其民无不吹竽、鼓瑟……蹋鞠者。"中国古代人们踢"足球"的花样比现代足球要多得多，大致说来有如下几类：其一，双球门踢法：这一比赛方法是在球场两端设立球门，队员分成两队，互攻球门，该踢法类似现代足球和橄榄球的比赛方法；其二，单球门踢法：在场地中央设置一个球门，用两个长竿做门柱，再在两柱中部悬空联结一张网，球网上方与两柱呈"U"型，此为得分区，双方队员分别站在球门两侧，按一定的规则将球从得分区踢到对方的场地，最后以得分多者为胜；其三，打球：又称一般场户，从一人场到十人场，共有十种踢法。一人场踢法，就是一人独踢，用头、肩、背、臀、胸、腹、膝等身体部位支配球，花样繁多。比赛时，球手们轮流表演，以花样多者为赢。二人场就是二人传接对踢，既讲究花样又需要配合默契。其余几种，分别是三到十人为一组，彼此传踢，互相配合完成一些花样动作。有趣的是，南宋《武林旧事》曾列出了"筑球三十二人"竞赛时两队的名单与位置："左军一十六人：球头张俊、跷球王怜、正挟朱选、头挟施泽、左竿网丁诠、右竿网张林、散立胡椿等；右军一十六人：球头李正、跷球朱珍、正挟朱选、副挟张宁、左竿网徐宾、右竿网王用、散立陈俊等。"这恐怕是历史上的第一份足球"首发名单"了。

204

古人如何打马球？

　　击鞠，亦称打马球，也称"打球"、"击球"，所用马球是用质轻韧性好的木料制成，空心或实以柔物，球大若拳，外涂红漆，彩绘花纹，亦称"彩球"、"画球"、"七宝球"、"珠球"。球杖为木质，长数尺，杖头一端呈月牙形，亦绘有彩色花纹，类似今之冰球棍。

打马球图

至于游戏规则，则是在马上持鞠杖击球，往来驰逐，"以先得球而击过球门者为胜"，因此打马球不仅要练球技，还要习马术。唐代皇帝多好竞争激烈的马球，故唐代宫廷大内中马球之风尤甚。据载，宫廷内马球场有多处，且质量考究，"平望若砥，下看如镜"，由此可看出击鞠在唐代宫廷生活中的重要地位。值得一提的是，唐代宫女们也非常喜好打马球，而且技艺颇高，当时还出现了打背身球的方法。据王建《宫词一百首》之十五："对御难争第一筹，殿前不打背身球。内人唱好龟兹急，天子鞘回过玉楼。"五代杨太后《宫词》亦云："击鞠由来岂作嬉？不忘鞍马是神机。牵缰绝尾施新巧，背打星球一点飞。"这种背身打球，据史学家分析和考证，认为可能类似于现代打网球之反手抽击动作。马上反身打球，今天看来仍不失为惊险的高难动作，而唐代宫廷妇女们却能挥洒自如，可见其身手不凡。

205

角力比赛起源于何时？

角抵图

角力，也称为角抵，通常是指人们力量的比赛。在周代，角力是一种重要的军事体育活动，据《礼记·月令》记载："孟冬之月……天子乃命将帅讲武，习射御角力。"可知，从每年阴历十月开始，周天子就下令要战士们练习射箭、驾车和角力。到秦代，角力成为宫廷宴乐场合的一项表演节目。据《史记·李斯列传》所载："是时（秦）二世在甘泉（宫），方作角抵优俳之观。"到了汉代，角力已经成了经常表演的一项竞赛活动。《汉书·武帝纪》记载："（元封）三年（前 108）春，作角抵戏，三百里内皆来观。"元封六年（前 105）"夏，京师民观角抵于上林平乐馆"。可见，汉武帝时盛行角力比赛，经常在京城举办大型的竞赛活动，方圆三百里内的老百姓都赶来参观。到唐代，宫廷中还有了专门的角力选手。据《续文献通考·百戏散乐》："角力戏，壮士裸袒相搏而角胜负。每群戏既毕，左右军擂大鼓而引之。"各种杂戏表演完毕，由左右军擂鼓助威，专业角力壮士赤膊上阵，进行比赛。宋代的摔跤更为盛行。朝廷中的选手称为"内等子"，由军队中选拔，属于左右军的编制，这些内等子是专为朝中盛会表演的；民间表演的则是"瓦市相扑者"——他们都是江湖卖艺之人，在集市庙会上表演，以乞钱糊口。

206

古时女子也会骑马射箭吗？

2008 年北京奥运会，随着张娟娟的神奇一射，中国队夺得了中国奥运会历史上的第一枚射箭金牌，打破韩国选手 24 年不败神话。据历史记载，中国古代有不少妇女也会射箭，并且技艺相当高超，能将骑马与射箭完美结合，游刃有余。据《魏书·崔光传》记载，北魏孝明帝的母亲灵太后"每于后园亲执弓矢"。《魏书·杨大眼传》记载：北魏将军杨大眼的妻子潘氏"善骑射，自诣军省大眼。至于攻阵游猎之际，大眼令妻潘戎装，或齐镳战场，或并驱林壑，及至还营，同坐幕下，对诸僚佐，言笑自得，时指之谓人曰：此潘将军也"。其骑射水平之高，以致当时人们称她为"潘将军"。《魏书·李安世传》中一首北朝民歌《李波小妹歌》说："李波小妹字雍容，褰裙逐马如卷蓬。左射右射必叠双。妇女尚如此，男子那可逢。"此后，骑射逐步发展成为一项体育娱乐活动，《万历野获编》记载端午节时，"天坛游人极盛，连钱障泥，联镳飞鞚（kòng），豪门大估之外，则中官辈竞以骑射为娱"。

207

"扛鼎之作"中的"扛鼎"是指什么？

现在，人们常常用成语"扛鼎之作"来形容花大力气完成的影响大、意义深远的作品。那么"扛鼎"原指什么呢？扛鼎是中国古代举重运动，古人扛鼎，主要有两种方法，一种是单手举，一种是双手举。单手举，即用一只手抓住鼎的一足，把它举起来；双手举，即用双手抓住鼎的双耳，把鼎翻过来，使鼎足朝天，然后举过头顶即可。鼎，原是古代的炊器，多用青铜等金属铸成。有圆形，三足两耳的；也有长方形，四足的，最早用于烹煮牲畜，以供祭祀用。古代宫殿前均有摆设。其重量一般约一千余斤。扛鼎所用多为中小型鼎。战国时，秦国举鼎力士最多。西汉司马迁在《史记·秦本纪》中记载："武王有力，好戏，力士任鄙、乌获、孟说皆至大官，王与孟说举鼎，绝膑。"秦国用封官奖励的办法招募了许多大力士，如著名的乌获当上了将军，任鄙被封为汉中郡太守，都是高官厚禄了。扛鼎运动在汉代较为流行，张衡在《西京赋》中描述百戏场面时也说："程角抵之妙戏，乌获扛鼎，都卢寻橦。"可见，在东汉时期，扛鼎仍是一种重要的百戏表演项目。唐宋以后，随着石担、石锁等举重器械的产生和发展，扛鼎便渐渐退出了历史舞台。

208

五禽戏的五禽是指哪五种动物？

　　五禽戏是模仿虎、鹿、熊、猿、鸟五种动物的动作来进行健身的一种运动。五禽戏，又称"五禽操"、"五禽气功"，相传由东汉医学家华佗创制。"禽"指禽兽，古代泛指动物；"戏"在古代是指歌舞杂技之类的活动。《后汉书·华佗传》载："是以古之仙者为导引之事，熊经鸱顾，引挽腰体，动诸关节，以求难老。吾有一术，名五禽之戏，一曰虎，二曰鹿，三曰熊，四曰猿，五曰鸟，亦以除疾，兼利蹄足，以当导引。"据此可知，五禽是指虎、鹿、熊、猿、鸟五种野生动物。五禽戏就是模仿这五种禽兽的姿势，即熊姿，如熊的沉稳爬行；虎姿，如虎的快速扑动；鹿姿，如鹿的伸展头颈；猿姿，如猿的机敏纵跳；鸟姿，如鸟的展翅飞翔。目前所能见到的较早载录"五禽戏"练法的文献，是南北朝时陶弘景所编撰的《养性延命录》。五禽戏不仅有助于健身，也利于治病，而且简便易学，是人类宝贵的文化遗产之一。1982 年，中国卫生部、教育部和国家体

五禽拳

委发出通知，把五禽戏等中国传统健身法作为在医学高校中推广的"保健体育课"的内容之一。2003年，中国国家体育总局把重新编排后的五禽戏等健身法作为"健身气功"的内容向全国推广。

209

"十八般武艺"都有什么？

武侠小说中时常提到某某大侠"十八般武艺样样精通"，那这"十八般武艺"是指什么呢？明人谢肇淛（zhè）《五杂俎》中对"十八般武艺"的具体内容作了记述："一弓、二弩、三枪、四刀、五剑、六矛、七盾、八斧、九钺、十戟、十一鞭、十二简、十三挝、十四殳、十五叉、十六耙头、十七绵绳套索、十八白打。"前十七种都是兵器的名称，第十八般名曰"白打"，就是"徒手拳术"。而《水浒传》写到的十八

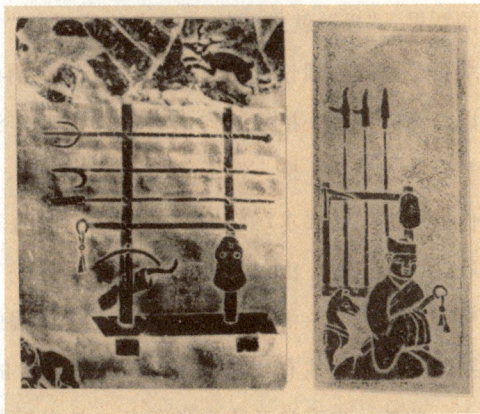

东汉画像石上的兵器架

样为：矛、锤、弓、弩、铳、鞭、铜、剑、链、挝、斧、钺、戈、戟、牌、棒、枪、扒。此外，还有的称十八般武艺为九长九短：九长是枪、戟、棍、钺、叉、镋、钩、槊、环；九短是刀、剑、拐、斧、鞭、铜、锤、杵。还有一说是刀、枪、剑、戟、棍、棒、槊、镋、斧、钺、铲、钯、鞭、铜、锤、叉、戈、矛；另一说是：弓、弩、枪、刀、剑、矛、盾、斧、钺、戟、鞭、铜、挝、殳、叉、耙头、绵绳套索、白打。虽然关于"十八般武艺"的具体内容各有不同，但总的说来，十八般武艺指武术中常见的诸种兵器。当然，"十八般武艺"中所指的只是有代表性的种目，并未能包括武器的全部，例如飞刀、匕首、三节棍等均未包括。

210

张三丰和太极拳有关系吗？

太极拳是以"太极"哲理为依据，以太极图形组编动作的具有健身祛病功效的拳术。太极一词，出自《易经·系辞》："易有太极，是生两仪。"北宋哲学家周敦颐最先开始使用太极图来揭示大至宇宙、小至万物的阴阳关系。简言之，"太"就是大的意思，"极"就是开始或顶点的意思。"太极"寓有无限大和无限小的意义。太极拳正是以这种理论为依据，讲求动静与阴阳，即形体外动，意识内静。太极拳整体以浑圆为本，一招一式均由各种圆弧动作组成，并按太极图形组成各种动作。太极拳以"掤、捋、挤、按、采、挒、肘、靠、进、退、顾、盼、定"等为基本方法，动作舒展流畅，要求练拳时正腰、收颚、直背、垂肩，有飘然腾云之意境。太极拳到底产生于何时？由何人所创？武术学界一直是众说纷纭，莫衷一是，争论不休。一般都认为是明末清初河南温县陈王廷创编的。至今在陈家沟的陈氏家谱中，还能见到陈王廷名下注有"陈氏太极拳创始人"的字样及《长拳谱》、《太极拳谱》的旧抄本。此外，也有学者认为张三丰才是太极拳的创始人，但唐豪在《少林武当考》中认为这完全是讹传。应该说，太极拳并不是一人独创的，而是在前人长期发展成果的基础上编制而成的，其形成发展是一个较为漫长的过程。

211

少林寺与少林拳有什么联系？

少林拳是我国最早的武术流派之一，起源年代可以追溯到北魏年间（386～534），源于河南省登封市嵩山少林寺，并因寺而得名。南北朝时，天竺僧人菩提达摩来到中国，颇得北魏孝文帝礼遇。太和二十年（496），以少室山为佛陀立寺，供给衣食。因寺处少室山林中，故名少林寺。少林拳本是少林寺众僧为健身强体而编制出的武术拳法，后在此基础上不断吸收其他武林拳术精华，经世代相传，长期磨合，推敲而合成一套完整拳法套路。它具有刚健有力、刚柔并济、朴实无华、擅长技击等特点，在武术界中独树一帜，闻名天下。少林拳的动作整体表现为全身上下协调一致。据少林寺有关武术资料记载，少林拳突出的特点就是一个"硬"字，以刚劲有力著称。用深呼吸法，运用丹田之气，而四肢发劲，头、手、身、足更是坚硬如石，故又被称为外家拳。新中国建立后，在少林寺所在的登封建立了武术学校，并成立了少林拳研究小组，搜集到了一些民间珍藏的拳谱，挖掘到一些濒于绝传的拳术和器械套路。现如今，少林拳主要包括小洪拳、罗汉拳、梅花桩、炮捶等拳种，器械则以少林棍最著名。

212

内家拳创始人是谁？

内家拳，中国拳术的著名流派之一，16 世纪中叶盛行于我国浙东一带，陈州同、张松溪等为当时名家，清初有王征南、黄百家等传授此拳。内家拳的提法最早见于明末清初黄宗羲所撰的《王征南墓志铭》："少林以拳勇名天下，然主于搏人，人亦得以乘之。有所谓内家者，以静制动，犯者应手即仆，故别少林为外家。"可知，所谓内家拳是在战术上主张以静制动、后发制人的拳术，即主于防御型的拳法。一般来讲，人们习惯把那种主于攻击，以动为主，先发制人的拳种称为外家拳；而把主于御敌，以静制动，后发制人的拳种称为内家拳。《王征南墓志铭》又载：内家拳的技法是"凡搏人皆以其穴，死穴、晕穴、哑穴，一切如铜人图法"。此外，内家拳还有五不可传，即心险者、好斗者、酗酒者、轻露者以及骨质柔纯者不可传。关于内家拳的创始者，有文献记载为张三丰。黄宗羲之子黄百家所著《内家拳法》一书中记载："盖自外家至少林，其术精矣，张三丰既精于少林，复从而翻之，是名内家。"我们认为内家拳的产生和发展曾经历了一个相当漫长的历史过程，它是众多武林人士在长期练习实践中，继承前辈经验的基础上，加以精练、融会贯通而逐步形成的，是中华武术的瑰宝之一。

213

吐纳炼气技法如何养生？

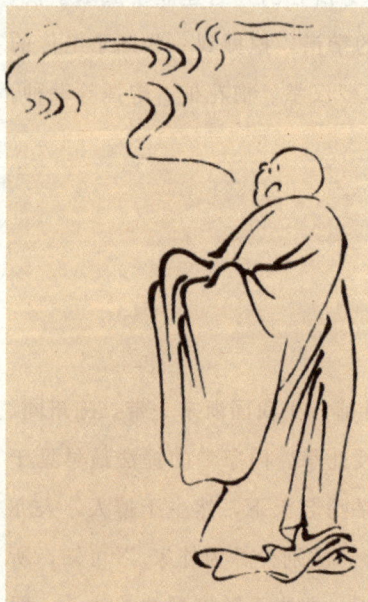

吐纳

吐纳即吐故纳新，古代道家的养生之术，即把胸中的浊气从口中呼出，再由鼻中慢慢吸入清鲜之气。《庄子·刻意》云："吹呴（xǔ）呼吸，吐故纳新……为寿而已矣。"意即吐出浊气，纳入人体所需清气，以达到修身养性、延年益寿之目的。具体说来，吐纳属气功中的炼气技法，吐纳即呼吸，吐纳练息的要诀是吸气时气贯注于腹部，呼气时气上引至头巅，这样可以吸取生气，排出死气和病气，从而提高人体潜能。吐纳的方法很多，分动静两类，其中流行的吐纳练息法有：六字气诀、抱朴子胎息法、何仙姑胎息诀。而胎息是吐纳练息的最高境界，《抱朴子·释滞》载："得胎息者，能不以鼻口嘘吸，如在胞胎之中"，练功至深者，就像胎儿在母腹之中，鼻无出入之气。

214

道家为何重视炼气？

行气，又称炼气、食气、服气，道家修炼养生的方法之一，是一种以炼呼吸为主，辅以导引、按摩的养生修炼方法，与房中、服食统称为中国古代养生三大流派。道教十分重视气对人体的作用，据《太平经》卷四十二记载："神者乘气而行，故人有气则有神，有神则有气，神去则气绝，气亡则神去。故无神亦死，无气亦死。"《云笈七籤》卷五十六《元气论》亦载："人与物类皆禀一元之气而得生成，生成长养，最尊最贵者莫过人之气也。"可以说气是人赖以存在的根本。同时，行气的功用非凡，据《抱朴子·内篇》："善行气者，内以养身，外以却恶。"《抱朴子内篇校释》亦载："行气或可以治百病，或可以入瘟疫，或可以禁蛇虎，或可以止疮血，或可以居水中，或可以行水上，或可以辟饥渴，或可以延年命。"正基于此，道教形成了一整套的行气法，比较有名的有：以疗病为目的的陶弘景六字诀、模仿动物的龟鳖行气法、与存思结合的服元气、类似今日气功的墨子闭气行气法等。

○ 215

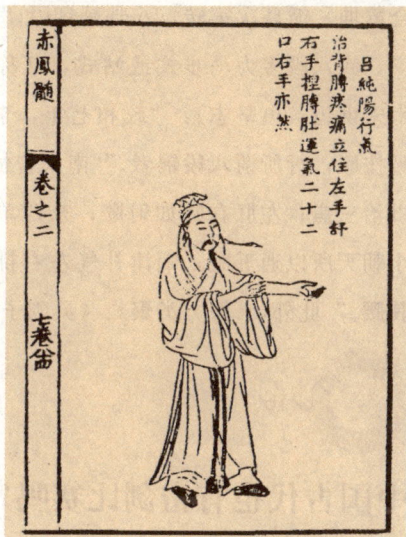

行气

何谓"八段锦"？

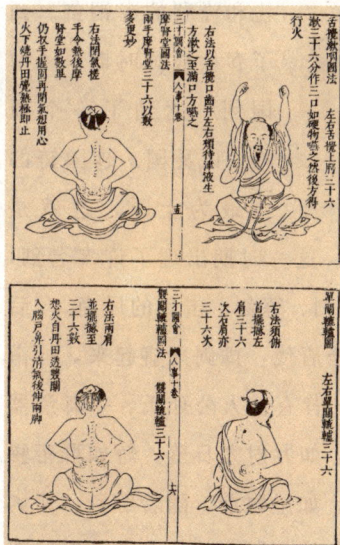

《三才图会》之"八段锦"

古代有一种气功导引功法，叫八段锦。此功法共八节，可分文八段与武八段两种。文八段，又称南派，多用坐式，注重凝神行气。其图式出自南宋河滨丈人《摄生要义》。明人王圻《三才图会》载有类似图式并附有功法。高濂《遵生八笺》概括为："闭目冥心坐，握固静思神。叩齿三十六，两手抱昆仑。左右鸣天鼓，二十四度闻。微摆撼天柱，赤龙搅生津。漱津三十六，神水满口匀。一口分三咽，龙行虎自奔。闭气搓手热，背摩后精门。尽此一口气，想火烧脐轮。左右辘轳转，两脚放舒伸。叉手双虚托，低头攀脚频。以候逆水上，再漱再吞精。如此三度毕，神水九次吞。……子后午前后，造化合乾坤。循环次第转，八卦是良因。"曹无极《万育仙书》曾转载此诀，后世流行颇广。武八段多为马步式或站式，又称北派，适合青壮年与体力充沛者，其名称出自南宋洪迈《夷坚志》："政和七年，李似矩弥大为起居郎。……尝以夜半时起坐，嘘吸按摩，行所谓八段锦者。"南宋曾慥在其《道枢》记其基本功法为："仰手上举所以治三焦；左肝右肺如射雕；东西单托所以安其脾胃；返而复顾所以理其伤劳；大小朝天所以通五脏；咽津补气左右挑起手；摆鲜鱼尾所以袪心疾；左右攀足所以治其腰。"此外，《医方类聚》、《灵剑子导引子午记》等均载有类似功法。

○ 216

中国古代也有击剑比赛吗？

击剑

距今大约五千年前的青铜时代，中国古人已掌握了青铜冶炼技术，并制作出了非常尖锐和锋利的青铜剑。到了春秋战国时期，"中国剑"达到了一个顶峰，以吴国、越国铸的剑最为上乘，这就是《周礼·考工记》所谓"吴越之金锡，此材之美者也"。这一时期出现了许多名剑，著名的有越王勾践剑、吴王夫差剑。当时社会上也有佩剑、练剑、击剑的风尚。《后汉书·马廖传》云："吴王好剑客，百姓多创瘢。"时至唐代，舞剑兴盛起来，杜甫《观公孙大娘弟子舞剑器行》描述公孙大娘舞剑绝技："昔有佳人公孙氏，一舞剑器动四方。观者如山色沮丧，天地为之久低昂。㸌（yào）如羿射九日落，矫如群帝骖龙翔。来如雷霆收震怒，罢如江海凝清光。"剑术精湛，如呈眼前。随着练剑、舞剑技术的进步，一种对抗的击剑比赛技术也发展起来。曹丕《典论》中记述了他同邓展的一次剑术比赛。一日曹丕与奋威将军邓展谈论剑法，曹丕认为邓展所谈技术已经落后了，邓展则要求与曹丕比试。这时大家正在吃甘蔗，便以甘蔗为剑下殿较量。结果曹丕接连三次取得胜利。到了唐朝末年，火药开始应用于军事，传统的刀、剑冷兵器便在自卫、健身、杂技表演方面继续发展。虽然我国古代击剑的技术不断发展，但遗憾的是，其始终没有脱离传统轨迹发展成现代击剑运动。

217

我国古代最著名的女击剑手是谁？

我国古代最著名的女击剑手应该首推越女。越女，姓氏不详，春秋末期越国南林（今绍兴平水镇一带）人，善于射击，以剑术闻名天下。越王勾践听说后，即派使者前往聘请。越女虽为女子，但个性直率，在与勾践谈话时，面无惧色地陈述她的击剑术。勾践经试验证明其剑术果有灵效，即赐其号"越女"，并封她为越军总教练。此后，越国军官和士兵向越女学习剑术，作战锐不可当，故史有"当世莫胜越女之剑"等说法。有关"越女剑"的历史传说甚多，最早、最详尽的记载是东汉赵晔《吴越春秋·勾践阴谋外传》所记《越女剑论》："其道甚微而易，其意甚幽而深；道有门户，亦有阴阳；开门闭户，阴衰阳兴；凡手战之道，内实精神，外示安仪；见之似好妇，夺之似惧虎；布形候气，与神俱往；杳之若日，偏如腾兔；追形逐影，光若仿佛；呼吸往来，不及法禁；纵横逆顺，直复不闻。斯道者，一人当百，百人当万。"越女剑将阴阳矛盾对立应用在剑术中，讲究"阴阳"、"开闭"、"内外"、"形神"、"呼吸"、"往来"、"纵横"、"逆顺"，把剑术中动静、快慢、攻守、虚实、内外、逆顺、呼吸的辩证法运用得恰当、深透，足见其剑术水平之高。

218

古代水上游戏有什么花样？

水嬉，古代水上游戏的总称，主要包括游水、赛船和水上杂戏等项目。纵观历史，我国古代善于游泳者不计其数，这主要是一种生存手段的传承。而游泳在秦汉以后则逐步成为民间喜爱的游戏活动之一。苏辙《竞渡》诗曰："父老不知招屈恨，少年争作弄潮游。"唐朝赵璘在其《因话录》亦记载："洪州优胡曹赞者，长近八尺，知书而多慧。凡诸谐戏，曲尽其能。又善为水嬉，百尺樯上，不解衣投身而下，正坐水面若在茵席，又于水上靴而浮。或令人以囊盛之，系其囊口，浮于江山，自解自系，至于回旋出没，变易千状。见者目骇神竦，莫能测之。"可以看出，唐时不仅有跳水等高难动作，而且游戏时还能变换各种姿态，反映出当时游泳技艺之高超。至南宋，钱塘江水嬉称得上是水上活动的盛举。据吴自牧《梦粱录》记载：每年中秋后，"至十六、十八日，倾城而出，车马纷纷。十八日最为繁盛"。在水嬉活动中最引人注目和最具挑战性的运动就是水上杂技。目前保存的西藏拉萨布达拉宫的壁画中有一幅"水戏图"。此画所绘场面十分壮观。在滚滚河水中有十余位游泳高手，他们中有的仰泳、有的跳水，最高超者为画面中间的游泳者，他双膝盘腿在水面上打坐。可以说，这幅清代水嬉壁画，画面生动，充分反映了当时高超的游泳技术。

219

古代冰上游艺活动主要有哪些项目？

冰嬉，各种冰上运动的总称。我国北方民族冬季生活在寒冷地区，很早以前就开展了滑雪、滑冰等体育活动。《宋史·礼志》载：皇帝"幸后苑观花，作冰嬉"。清代诗人的《冰嬉》一诗，生动地描绘了滑冰的景象："朔风卷地河水凝，新冰一片如砥平。何人冒寒作冰戏，炼铁贯韦作膝行。铁若剑脊冰若镜，以履踏剑磨镜行。其直如矢矢逊疾，剑脊镜面刮有声。左足未往右足进，指前踵后相送迎。有时故意作敧（qī）侧，凌虚作势斜燕轻。飘然而行陡然止，操纵自我随纵横。"时至明清，冰嬉真正盛行起来。当时冰嬉运动主要包括：一、速度滑冰。清潘荣陛《帝京岁时纪胜》载："冰上滑擦者，所著之履皆有铁齿，流行冰上，如星驰电掣，争先夺标取胜。"二、冰上足球。《帝京岁时纪胜》记载："冰上作蹴鞠之戏，每队数十人，各有统领，分位而立，以革为球，掷于空中，俟其将坠，群起而争之，以得者为胜。或

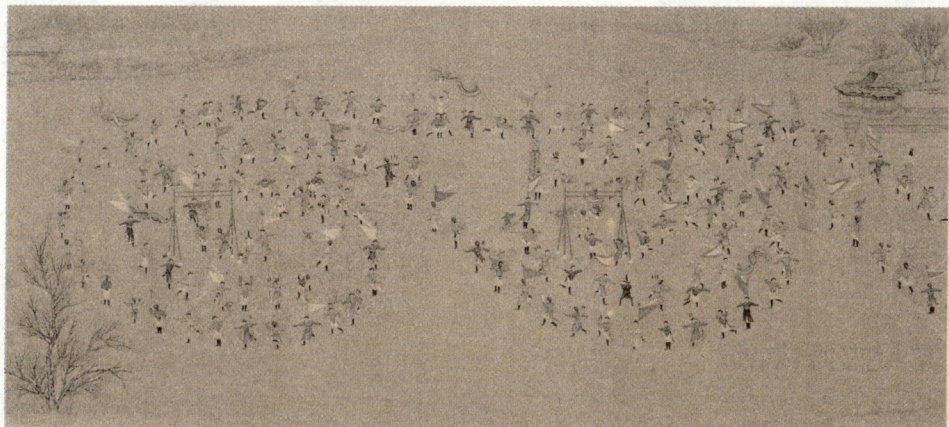

冰嬉图

此队之人将得，则彼队之人蹴之令远，欢腾驰逐，以便捷勇敢为能。"这种与古代蹴鞠相结合而产生的冰上蹴鞠，参加比赛的队员分成两队，背上插上不同颜色的小旗，脚穿冰靴。冰场上立三座插有彩旗的高大的门，两队队员各自列成一路纵队，分别从门中穿过，在冰场上形成两个云卷形的大圈，场面相当壮观。

220

"弄潮儿"一词是怎么来的？

弄潮，古代在潮头搏浪嬉戏的民间体育活动，流行于今浙江杭州地区。明田汝衡《西湖游览志》记载："濒江之人，好踏浪翻波，名曰'弄潮'。"每年夏历八月十八日，钱塘江有观潮之举，善泅健儿，踩水嬉弄于潮头，以显示其惊险动作和高超技艺。宋吴自牧《梦粱录·观潮》记载："其杭人有一等无赖不惜性命之徒，以大彩旗，或小清凉伞，红绿小伞儿，各系绣色缎子满竿，伺潮出海门，百十为群，执旗泅水上，以迓子胥弄潮之戏，或有手脚执五小旗，浮潮头而戏弄。"弄潮的人视水中如陆地，以弄潮为戏，水平之高，可以想见。古时候，"弄潮"活动往往与"天下奇观"的钱江潮联系在一起。《武林旧事·观潮》记载：当潮水涌来之际，弄潮儿"百十为群"、"披发文身"，争先跳入潮中，踏浪争雄。他们出没于汹涌澎湃的潮水之中，腾身百变，各献技艺。弄潮胜出者，除赏赐银钱外，还插花披红，鼓乐吹打，迎入城中，万人夹道欢呼争观。李益《江南词》："嫁得瞿塘贾，朝朝误妾期；早知潮有信，嫁与弄潮儿。"可知"弄潮儿"古已有之。现在的"弄潮儿"一词，则指的是"敢于冒险、有进取精神的人"。

221

古人如何拔河？

拔河，是一种民间娱乐活动，古代最初称为"牵钩"、"强钩"。相传兴起于春秋战国时期，其起源与古时水乡拉纤和水军操练活动有关。春秋时期，楚国准备攻打吴国，曾以"牵钩"来训练士兵。这种牵钩是用竹皮做成的一种竹索，在水战中，这种工具可以紧紧钩住敌船，使其无法逃脱。拔河就是从楚国这种用牵钩对拉的军事训练中演变而来，逐渐发展成为一项民间游乐活动。拔河活动曾在唐朝盛极一时，达到了空前的规模。封演在其《封氏闻见记》中记载："拔河……古用篾缆，今民则以大麻绠（gēng），长四五十丈，两头分系小索数百条，挂于前。分二朋，两朋齐挽。当大绠之中，立大旗为界，震鼓叫噪，使相牵引。以却者为胜，就者为输。"唐人薛胜还专门作了一篇《拔河赋》，全面翔实地描述了唐玄宗时一场声势浩大的拔河比赛，对场地、器材、规则、裁判以及比赛的紧张激烈、扣人心弦，都写得惟妙惟肖、真切翔实，其中还提到"令壮士千人，分为两队"，每队有500人参赛，声势之大，历史罕见，真可申请吉尼斯纪录了。有趣的是，拔河还曾经是奥运会的比赛项目，被归入田径范畴，自1900年起连续举行过五次，从第七届比利时安特卫普奥运会（1920年）后，国际奥委会考虑到拔河缺乏基本的体育比赛条件，因而取消了奥运会的拔河比赛。

222

古人如何跳绳？

跳绳是一项广泛流传于中国民间的传统体育项目，历史悠久。唐代以"透索为戏"，明代称"跳白索"，清代称"绳飞"。明刘侗、于奕正在《帝京景物略》中描述道："二童子引索掠地，如白光轮，一童跳光中，曰跳白索。"形象地描绘出小孩跳绳的情形。还说："跳白索无稚壮。"即青壮年人也参加这项活动，因此不难看出跳绳的参与群体范围颇广。《松风阁诗抄》中也有诗记载："白光如轮舞索童，一童舞索一童唱，一童跳入光轮中。"一边跳绳一旁还配有伴唱，娱乐性很强。现在，跳绳活动仍广泛流行。跳绳有短绳和长绳之分：短绳可单人跳或双人跳，长绳则为集体跳。跳法有前甩、后甩、前交叉、后交叉、多人跳双绳、双摇飞、多摇飞、计时跳绳、集体八字形编花等；跳绳花样也层出不穷，有单脚跳、单脚换跳、双脚并跳、双脚空中前后左右分跳、一摇一跳、一摇二跳、一摇三跳、双人同跳、多人轮跳、同跳、编花跳、自摇自跳、边摇绳边跑跳等多种。

223

爬绳运动是怎样起源的？

爬绳是一种沿着悬垂的绳索向上攀援的民间体育活动，属于传统体育活动之一。爬绳最初是为了适应生产活动和军事斗争的需要。在山区的日常生产劳动中，人们遇到陡崖峭壁便需要悬绳拉索进行攀援，而攀援时便需要一定的爬绳技巧。此外，据《后汉书·南匈奴传》中记载，在一次战争中，汉军"绳索相悬，上通天山，大破乌桓"，可知在当时爬绳也是一个非常有效的作战手段。爬绳的方法有两种：一种是手足并用，双手握绳直臂悬垂，然后收腹屈腿夹绳，两腿蹬直，同时屈臂引体上升；另一种只用上肢，双手握绳，两腿悬空，双臂用力向上引体，双手交替向上换握，不断引体上升。比赛时可数人同时爬，以先到顶端者为胜。现在，爬绳成为了一种在中国比较普及的健身运动，它不仅能发展力量、耐力和攀援技能，而且能培养人们勇敢顽强的意志品质。目前，爬绳已被列为中国《国家体育锻炼标准》的项目之一。

224

石球也可以踢吗？

在古代，人们不仅蹴鞠，还踢石球，尤其在北方民间颇为流行。古人将石头琢成小球状，一般在冬天户外进行踢玩。踢石球是由蹴鞠与击壤结合变异而来，据翟灏《通俗编》卷三十一记载："今小儿抟土为丸，置其一以为标，足蹴他丸击之，或用瓦球，或用胡桃，率以中者为胜。应属击壤遗习。"又，富敦察崇在其《燕京岁时记》载："十月以后，寒贱之子，琢石为球，以足蹴之，前后交击为胜。盖京师多寒，足指酸冻，儿童踢弄之，足以活血御寒，亦蹴鞠之类也。"古时人们踢石球有两人和多人两种玩法。据《帝京景物略》记载："是月（十二月），小儿及贱闲人，以二石球置前，先一人踢一令远。一人随踢其一，再踢而及之，而中之，为胜。一踢即着焉，即过焉，与再踢不及者，同为负也。再踢而过焉，则让先一人随踢之。"意思是，将两石球置于地，先由第一人踢第一球至远处，第二人共踢两脚，踢第一脚时被踢的第二球，必须赶上第一球，但不能超过，更不许碰到第一球。踢第二脚击中第一球，为赢。倘若踢第一脚超过或碰上第一球，算为输；第二脚未击中第一球，亦为输。输球者要将踢球权让给对方，以此循环。无论两人踢或是分为两队对踢，玩法都类似，每人都可在比赛中踢到石球。

225

古人也会变魔术吗？

古人其实很早就会变魔术，不过有一个特别的名称——变戏法。杨晓歌《中国魔术》考证，中国戏法产生于距今四千年前的夏朝，汉刘向《列女传·孽嬖传》载：

"桀既弃礼义……收倡优侏儒狎徒能为奇伟戏者，聚之于旁。"这里的"戏"指的就是戏法表演。戏法盛于西汉，直到上世纪初才开始叫魔术。我们知道，现代魔术往往有专业的道具，比如魔术棍、魔术枪、魔术缸、魔术扑克等。而在古代，戏法儿的道具大部分是人们司空见惯的日常生活用品或生产工具，如盆、碗、碟、勺、笼、箱、柜、刀等。戏法儿的手法讲究"上下翻亮，经外交代"，意思是表演前向观众交代双手时的姿态，必须上、下、反、正都要亮明，把盖布里外让观众看过。《搜神记》卷二曾记载："晋永嘉中，有天竺胡人，来渡江南。其人有数术，能断舌复续、吐火，所在人士聚观。将断时，先以舌吐示宾客。然后刀截，血流覆地。乃取置器中，传以示人。视之，舌头半舌犹在。既而还取含续之，坐有顷，坐人见舌则如故，不知其实断否。"这名天竺胡人向宾客表演的就是用刀截断舌头的戏法，颇为惊险。

226

中国戏曲的最早雏形是什么？

东海黄公，为汉代"百戏"节目之一。据《西京杂记》记载，"东海黄公"的故事情节大致如下：从前，东海地方有一黄姓老头，年轻时很有法术，能够制服蛇虎。他身边常备一把赤金刀，以红绸束发，可以立兴云雾，能使平地化为山河。及至年老，气力衰惫，且饮酒过度，从此就不能再行其法术了。秦朝末年，东海地方忽出现白虎，黄公就带了赤金刀想去把白虎制伏，不料法术失灵，遂为白虎所害。当时，陕西关中一带的人民，将这个故事编成角抵戏演出，后被汉武帝引进宫廷，经过加工，作为"百戏"节目，并以招待"四方来宾"。正如《西京杂记》所云："三辅人俗用以为戏，汉帝亦取以为角抵之戏焉。""东海黄公"，是汉时典型的角抵奇戏，但它在表现人虎搏斗时，不像一般的角抵戏那样，由两个演员上场竞技，以强弱决定输赢，而是以表演故事的姿态出现。在表演上既有吞刀、吐火及立兴云雾等幻术，又有人与虎斗的角力，使各种艺术熔于一炉，并塑造了黄公这个有戏剧性的人物，这就说明当时的"百戏"技艺，已借故事的情节，由单纯趋向复杂，使形式服从于内容，所以有学者认为："后世戏剧，是于此发端，确有直接渊源。"

227

跳丸与跳剑属于哪一类杂技表演?

跳丸剑,又叫"弄丸剑",表演者用两手快速地连续向空中抛起若干弹丸或短剑,一手抛,另一手接;再继续抛向空中,最多可以连续抛起九丸或七剑。跳丸(或剑)数字的多寡,标志着技术水平的高低。根据我国出土文物资料判断,"跳丸剑"在汉代已很盛行,并在"百戏"中占据着重要位置。山东沂南汉墓画像石上的《角抵百戏图》中,就有此项技艺的图像:一个飘着长须的伎人,赤着上身,穿着短裤,头上似戴一顶有缨平幅。他把三把短剑掷在空中,一剑尚在左手,右手张开接剑。他的左脚后踢,背后有五个镂孔的圆球飞起。看来,这人有一身兼玩丸剑的高超本领。四川宜宾市翠屏村出土的汉墓石棺上,刻有弄剑丸者三人,各向空中抛掷刀、圆球、木棍等。成都凤凰山的汉画像砖上,画着一个伎人,飞数丸于空中,似乎连接连抛。四川彭县的汉画像砖上,也刻着跳丸伎,一人手跳三丸。另外,见于汉代雕刻的还有孝堂山、济宁两城山、嘉祥隋家庄、戴氏享堂等画像砖上,都出现跳丸剑表演的形象。这说明跳丸剑在汉代曾流行之广。

跳丸

跳剑

228

"胡旋舞"是一种什么样的舞蹈？

胡旋舞，即踏球游戏，是唐代一种女子游戏。唐封演所著《封氏闻见记》云："今乐人又有踏球之戏，作彩画木球，高一二尺，女伎登蹑球，宛转而行，萦回来去，无不如意。"唐段安节《乐府杂录》、宋王谠《唐语林》等也有关于踏球的记述。不过，唐代女子踏球游戏的形态，唐人王邕《内人踏球赋》描绘得最为详尽："球以行于道，嫔以立于身"、"虽进退而有据"，球循着事先铺设的道进退，不是任意滚动的。进行踏球表演的宫女们"下则雷风之宛转"、"上则神仙之结束"，大球滚动如风行雷鸣，可见其踏球技艺颇高。那么，踏球之戏源于何？据段安节《俳优》载："有夷部乐，即有扶南、高丽、高昌、骠国、龟兹、康国、疏勒、西凉、安国……舞有骨鹿舞、胡旋舞，俱于一小圆球子上舞，纵横腾踏，两足终不离于球子上，其妙

唐代胡旋舞白玉带板

如此也。"其中，"骨鹿"点出球的滚动声音，而"胡旋"一语双关，既道出旋转之舞态，又指明来自何方。因此，踏球又被称为"胡旋舞"。踏球在当时是一种娱乐性很强的游戏，不过到后来逐渐杂技化了，杂技"踩大球"大概就来源于古代这种踏球游戏。

229

古代马戏就是今天所说的马戏吗？

马戏，杂技门类之一，原指人骑在马上所作的表演，以驯马、马上技艺、大中

马戏

型动物戏、高空节目为主，也包括部分杂技、戏法和滑稽等表演，而现代马戏则专指驯马和马术。马戏在我国有着悠久的历史，西汉桓宽在其《盐铁论》中就有"马戏斗虎"的记载。三国时马戏表演也很普遍。《三国志·魏书·甄皇后传》记载："（后）年八岁，外有立骑马戏者，家人诸姊皆上阁观之，后独不行。"唐代，马戏表演已经达到很高水平，其中"透剑门伎"尤为精彩。"透剑门伎"就是马越刀山：地上倒插刀剑，间隔分成几级，有如房椽，寒光闪闪，使人望而却步，表演者驾乘小马，奔腾跳跃，飘忽而过，人马无伤。到了宋代，马戏技艺更为成熟，表演技巧，精湛高超。在东京汴梁（今河南开封）给皇帝表演马戏时，就有引马、立马、骗马、跳马、倒立、拖马、镫里藏身、赶马等多种多样的马上功夫。

○ 230

古人如何表演爬竿杂技？

"寻橦（tóng）"，为"百戏"节目之一，橦是橦木竿的意思，因此寻橦即俗话中的爬竿。根据《汉书》记载："自合浦南，有都卢国。"《大康地志》又云："都卢国，其人善缘高。"因此，寻橦又因都卢国人善缘木而得名为"都卢伎"。寻橦的历史可上溯到春秋战国时的晋国，当时有一些矮小的艺人，在矛戟的柄上进行爬缘表演，这估计便是"寻橦"的前身。到汉代，寻橦已成为颇受百姓欢迎的节目之一。在汉代的"百戏"演出中，往往安排一个压轴戏——"百马同辔（pèi）"，即

寻橦

出现许多戏车，车上架橦木，由幼童在戏车的橦木顶部"上下翻翻"，表演其高超技能，惊险却不失精彩。汉代寻橦也留下了不少历史痕迹：孔望山汉代摩崖造像中，有一幅"寻橦图"，形象地展示了寻橦的场景：表演者两人，一人托竿，一人在竿上表演。托竿者两腿作弓步，以求平衡。右掌托一竿，左手后伸，张开手掌，极力稳竿，保持平衡的姿势刻画得非常生动。竿上表演者，身稍倾斜，以足登竿，右手叉腰，左手上举，也作力求平衡的姿势。还有一些汉画中画有伎人头顶竹竿，另有一至三人缘竿而上进行表演的场景。由此我们可看出，汉代便有了"掌托竿"、"头顶竿"等花样，可见其技巧已达到相当高的水平。

231

佛教为什么要分"大乘"、"小乘"?

最初的佛教并无小乘、大乘之分。只不过后来在内部崛起的一股新势力觉得自己有别于、甚至高于别人,就自命为"大乘"(为"菩萨道"),贬别人为"小乘"(声闻乘、缘觉乘之总称)。

简单一点说,"小乘"意为狭小之车乘,指运载狭劣之根基以达小果之教法;"大乘"佛教认为小乘的教法只注重使自己觉悟和解脱,最终也只能修成"罗汉",而大乘佛教则不但注重自己的觉悟,还能由此度尽一切众生,最后修行果报也是最高的"佛陀"。

二者的不同之处还有,小乘主张"我空法有",大乘认为"人法两空";小乘认释迦牟尼为教主、导师,是一个达到彻底觉悟的人,大乘尊释迦牟尼为威力广大、法力无边、全知全能的佛陀。

我们所熟知的《般若经》、《法华经》、《华严经》等经,以及《中论》、《摄大乘论》等论,也都是大乘佛教的经典。我国及日本现行之佛教(包括藏传佛教),也主要属大乘佛教。

当然,现在学术界的大乘、小乘只是沿用了他们的称呼,并无褒贬意。

232

佛家的"三宝"是哪三样呢?

"三宝"是指为佛教徒所尊敬供养的佛、法、僧,又作三尊。其中"佛"指觉悟了人生真相，并教导他人的佛祖释迦牟尼，或泛指修成正果的一切诸佛；"法"指佛所说之法；"僧"指奉行佛所说之法的人。此三者在佛家看来，威德至高无上，永不变移，如世间之宝，故称三宝。

具体说来，"佛宝"包括佛身、佛德，前者说的是法身，是诸佛的清净无漏功德所依，为真如实相的理体，常住不灭。后者说的是成就佛果的诸佛具足十力、四无所畏、十八不共法、四无量心及寿命自在、神通自在等德相。综言之，即是智、断、恩三德。

法宝包括：一、以涅槃解脱，常乐我净为体性；二、以三十七道品为方便；三、以八万四千法门为调伏众生的甘露法药。

僧宝也可略分为三种：义僧：即诸佛如法而住于世间，随众生的机缘和悟境显现差别相，而其实相不可亲见、不可捉持、不可破坏、不可思议，为一切众生的良佑福田。贤圣僧：为见道位以上的贤圣。若在小乘，指证得初果以上的境界，大乘指初发心住以上的菩萨。福田僧：指在凡夫位的出家沙门，虽然未证道果，但亦能庇荫众生，能给予众生安稳快乐，所以为众生种福田的处所。

值得一说的是，禅宗六祖惠能在《坛经》里面讲到，佛宝是自性觉，法宝是自性正，僧宝是自性净。所以慧能传授的"三皈依"，准确点来说，就不再是"皈依佛、皈依法、皈依僧"，而是"皈依觉、皈依正、皈依净"，即自性三宝。

233

为何说"无事不登三宝殿"？

"三宝"分别是佛宝、法宝、僧宝。那么"三宝殿"自然是指"佛法僧"之地。佛宝殿就是"大雄宝殿"；法宝殿是大名鼎鼎的"藏经阁"；僧宝殿即是"禅房"。

"无事不登三宝殿"最初是针对僧众们说的。由于"三宝殿"都是庄严肃穆的场所，僧众们没有事时，是不能随便到大雄宝殿和藏经阁去的，即便是自家的禅房，也是用来打坐清修的。后来佛教广为传播，这一规定就演化成俗语了。

234

大千世界是指什么？

"世界"是时、空的集合，其中的"世"是时间流变，"界"是空间边线。按照佛经的说法，在大海中，以须弥山为中心，四方四大部洲（东胜身洲、西牛货洲、南赡部洲、北俱庐洲），这些由一日月所照的范围为一世界。

千个这样的世界为小千世界，千个小千世界为中千世界，千个中千世界为大千世界，共有三"千"（小千、中千、大千），故称为"三千大千世界"。

我们地球所在的"大千世界"名叫"娑婆世界"（"娑婆"意为"堪忍"。娑婆世界众生安于十恶，堪于忍受诸苦恼而不肯出离），由释迦牟尼，也即大日如来教化。

佛陀要教化世人，以"大千世界"为单位。而现在多用"大千世界"来形容人世间的纷繁复杂。

235

佛家的"唯心"与哲学的"唯心"是一回事吗？

哲学说"唯心"，是指"唯心主义"。佛家讲"唯心"，是说"三界唯心"。

佛家中的"三界"指的是欲界（具有淫欲、情欲、色欲、食欲等有情所居之世界）、色界（远离欲界的淫、食二欲，却仍具有清净色质等有情所居之世界）、无色界（只有受、想、行、识四心而无物质）。此三界的果报虽有优劣、苦乐等差别，但都属迷界，是众生生死轮回之趣，一般为圣者所厌弃。《法华经·譬喻品》说："三界无安，犹如火宅；众苦充满，甚可怖畏。"

可这三界怎么就"唯心"了呢？三界中所有现象皆由一心识（唯识宗认为是阿赖耶识）之所变现，此外无别法。凡三界生死、十二缘生等诸法，实是妄想心（阿赖耶识中的"执藏"，即末那识的执着）所变现。妄想心对应的是清净心，即如来藏，即佛性。

当然，这里的"心"就像老子的"道"一样，属"强为之名"的东西。佛家讲空，也讲"空空"，即把"空"也给空掉，而这里的"心"也是这样的。也正是因为佛教要"空空"的这点，佛家的"唯心"是出世间法，哲学的"唯心"是世间法。后者是前者要破的对象之一。

236

佛家的"十二因缘"指什么？

因缘实际上是两字两个意思：因，引发结果的直接内在原因；缘，外来相助的间接原因。

佛教认为，一切万有皆由因缘之聚散而生灭，称为因缘生、缘生、缘成、缘起。因此，由因缘生灭产生万事万物的道理，称为因缘生灭法；而由因与缘和合所产生的结果，称为因缘和合。一切万有皆由因缘和合而假生，没有自性，此即"因缘即空"的道理。如果以烦恼为因（内在原因），以业为缘（外部条件），能招感迷界之果；以智为因，以定为缘，则能招感悟界之果。

"十二因缘"是具体讲"缘起"，即有情众生生死流转的过程。十二因缘，又名十二有支，其中"十二"即无明（贪嗔痴等烦恼为生死的根本）、行（造作诸业）、识（业识投胎）、名色（但有胎形六根未具）、六入（胎儿长成眼、耳等六根的人形）、触（出胎与外境接触）、受（与外境接触而生的苦乐等感受）、爱（对境生爱欲）、取（追求造作）、有（成业因能招感未来果报）、生（再受未来五蕴身）、老死（未来之身又渐老而死）。

237

因果报应是怎么回事？

"因果报应"这一习语来自佛家。

简单说来，"因果"就是原因与结果，即因果律。其中"因"又称作"因缘"，分为"六因"（能作因、俱有因、相应因、同类因、遍行因、异熟因）、"十因"（随说因、观待因、牵引因、摄受因、生起因、引发因、定别因、同事因、相违因、不相违因）、"四缘"（因缘、所缘缘、等无间缘、增上缘）等；"果"又称为"果报"，一般分为"五果"（等流果、异熟果、离系果、士用果、增上果）。佛教因果论的特点可以概括为八个字"已作不失，未作不得"，即任何思想或行为，都会导致相应的后果，"因"未得"果"之前，不会自行消失，反之，不作一定之业因，亦不会得相应之结果。

因果可分为世间之因果、出世间之因果、迷界之因果、悟界之因果。且依四谛而言，苦、集为世间、迷界之因果。灭、道是出世间、悟界之因果。在时间上，因果遍于过去、现在、未来三世。在空间上，则除无为法（无生灭变化而寂然常住之法，比如说涅槃）之外，一切事物皆受因果律支配。佛、菩萨亦然。

所以佛也只能是证得因果报应的人，即有因必有果，只不过佛种的是善因，结的是善果。

238

什么是"六道轮回"？

佛家讲"因果报应"，靠的就是今生来世的轮回转变来支撑。你上一世种的各样因结成你这一世的各种果报，这一世的因会在你的来生得到报偿。怎么报偿呢？六道轮回！

"六道"之中有三善道、三恶道。前者有天道（天人，相当于通俗所谓"神"一词）、阿修罗道（富有战斗力的神）和人道。后者有畜生道、恶鬼道（鬼道，贪邪却永不得满足）、地狱道（受苦之牢狱）。

你作恶便会有恶道相逼，你行善便有善道相报。所以我们平常就讲"善有善报，恶有恶报，不是不报，时候未到"。

239

“如来”是谁？

宋人《如来说法图》

《西游记》中孙悟空大闹凌霄殿时，玉帝狂喊了一声：“快去请如来佛祖！”如来佛祖是个佛不错，但为什么叫如来？为何不叫如去呢？

事实上，“如来”还就是能叫“如去”，只不过含义不同而已。

“如”在佛经中称真如，就是真理之义。“如来”就是“由真理而来（如实而来），而成正觉之义”。

“如去”就是“乘真如（绝对真理）之道，而往于佛果涅槃”。

还有一点要说明，“佛”这个词本身就是乘真理而来，由真如而现身，故尊称佛陀为如来。所以“如来佛祖”是一个同语反复。

不过值得一说的是，“如来”并不仅仅指释迦牟尼佛。因为“如来”和“佛”一样，是一切佛的通称；而佛有十种称号，“如来”只是其中之一。另外九种是：应供、正遍知、明行足、善逝、世间解、无上士、调御丈夫、天人师、佛世尊。这就是“如来十号”。其中，“佛世尊”又可分为“佛”、“世尊”。

240

"菩萨"是什么人？

我们回忆一下《西游记》中的菩萨：手持净瓶的南海观世音菩萨、骑着青狮的文殊菩萨、坐着白象的普贤菩萨、骑着谛听的地藏王菩萨。

西方佛国中的"四大菩萨"，他们在职称上仅次于"佛陀"。我们知道"佛陀"是佛家的智者，是老师的老师。那菩萨是干嘛的呢？

四大菩萨

佛陀既然是老师，那菩萨就只能是徒弟了。只不过这种徒弟比罗汉之类的更加向道（不但自觉，更是觉他）。"菩萨"（术语为"菩提萨埵"）即"求道求大觉之人、求道之大心人"。所以有时候人们会只根据这"一心求道化众"的含义把那些精通佛法，德高望重的寺院高僧和在家居士也称作"菩萨"。

我们最熟悉的菩萨肯定是观世音菩萨（意思是"凡遇难众生诵念其名号，菩萨即时观其音前往拯救"），他又称光世音、观自在、观世自在，全称尊号是"大慈大悲救苦救难观世音菩萨"。

"菩萨"虽说有大慈与大悲二心，但是并非都是慈眉善目的主儿。文殊菩萨就是勇猛无畏类型的菩萨，曾为了方便讲道，持剑逼害于佛。当然，这是人家由"大智"生出来的"大勇"。我们对禅宗的"呵佛骂祖"都有点冒冷汗，何谈剑指佛祖以行道？

241

观音菩萨是男是女？

清代白石雕千手千眼观音像

观音菩萨据说本来是男身，但是嫁过人。当然了，他是化成女身出嫁的，意在点醒世人不要贪恋女色。这就牵扯到"化身"的概念。

在佛家故事中，佛或菩萨为了方便度化众生，就变化出各类众生的形象。这些形象就是他（她）们的化身，即三身（法身：普遍的真理；报身：发愿成佛时完满之身；化身：应现于世间的身体）之一。法身永远不灭，但缺乏人格性；化身具人格性，然而却无常变迁；而统合此二者的理想的佛身，就是报身。西方极乐净土的阿弥陀佛就是报身佛。

242

"四大金刚"都是谁？

"四大金刚"是佛家"四大天王"的一种俗称，四大天王是佛家二十诸天中的四位天神，职责是守护须弥山周围四大部洲的平安，故又称"护世四天王"。

具体说来：东方持国天王（"持国"的意思是慈悲为怀，保护众生，护持国土），持琵琶，守护东胜身洲。南方增长天王（"增长"的意思是传令众生，增长善根，护持佛法），持宝剑，守护南赡部洲。西方广目天王（"广目"的意思是能以净天眼随时观察世界，护持民众），持赤龙，守护西牛货洲。北方多闻天王（"多闻"的意思是精通佛法，以福、德播于四方），持宝伞，守护北俱卢洲。

后来，民间把这四位护世天王称为"风调雨顺"，其中增长天王持剑代表"风"、持国天王持琵琶代表"调"、多闻天王持伞代表"雨"、广目天王持龙代表"顺"。风调雨顺四天王又以北方多闻天王地位最尊。

243

"十八罗汉"都是些什么人？

先看其中我们所熟知的降龙、伏虎罗汉都是什么出身？简单一点说，他们两个的出身都不算太正规，是编外人员。因为十八罗汉中的另外十六位都是佛经上明确记载，受过佛祖册封和嘱咐的。这两位则是我们世人补充进去的。

那佛祖册封的十六位罗汉都干些什么呢？他们永驻世间、护持正法。"永驻世间"的意思就是不入涅槃；并受世人供养而为众生作福田。别看

承德普宁寺内的十八罗汉壁画

十八罗汉很是深入人心，但恐怕你对这十六位正统的罗汉一个也说不上来。不信吗？看看他们的名字吧，分别是：宾度罗跋啰惰阇（shé）尊者（旧称宾头卢颇罗堕誓）、迦诺迦伐蹉尊者、迦诺迦跋厘惰阇尊者、苏频陀尊者、诺距罗尊者、跋陀罗尊者、迦理迦尊者、伐阇罗弗多罗尊者、戍博迦尊者、半托迦尊者、啰怙罗尊者（旧称罗云）、那伽犀那尊者、因揭陀尊者、伐那婆斯尊者、阿氏多尊者、注荼半托迦尊者。

这十六位名字不为人知的正统罗汉各驻一方，护得一方僧俗平安喜乐。

○244

鸠摩罗什是何许人？

鸠摩罗什像

鸠摩罗什（344～413），此为梵语Kumārajīva音译，意译汉语为"童寿"。原籍天竺，生于西域龟兹国（今新疆库车县）。东晋时后秦高僧，著名的佛经翻译家。与真谛（499～569）、玄奘（602～664）并称为中国佛教三大翻译家。

据《出三藏记集》和《高僧传》记载，其父母均为出家人。父名鸠摩罗炎，弃相位出家，东渡嶺岭，远投龟兹，被龟兹王迎为国师，后被逼和王妹耆婆结婚，生鸠摩罗什和弗沙提婆兄弟二人。鸠摩罗什七岁从母出家，初学小乘，后改学大乘中观学派，学成讲经时"诸王长跪高座之侧，令什践其膝以登焉"。

鸠摩罗什后从西域至凉州，被后秦国主姚兴迎至长安，此时他已五十八岁。有趣的是，即便如此年纪的鸠摩罗什，此后待遇竟和其父惊人地相似：姚兴待以国师礼，并以使女十人，逼命受之。

在长安，成亲后的鸠摩罗什依旧译经不辍。他与弟子共译出《大品般若经》、《法华经》、《维摩诘经》、《阿弥陀经》、《金刚经》等经和《中论》、《百论》、《十二门论》、《大智度论》（至此为"四论"）、《成实论》等论，系统地介绍了龙树中观学派的学说。他的译文多采用意译，却圆通融洽，"众心惬服，莫不欣赞"。其中他所译的"三论"（《中论》、《百论》、《十二门论》）为三论宗所依据的主要经典；《成实论》流行于江南，为成实学派主要依据；《法华经》是天台宗主要经典；《阿弥陀经》是净土宗所依"三经"（另外两经为《无量寿经》、《观无量寿经》）之一。

此外，他与庐山慧远交友，他们之间有关教义的问答也被辑录成《大乘大义章》,和《维摩诘注》共同成为后世的经典文献。

鸠摩罗什在译经过程中也培养了大量弟子(据传,鸠摩罗什弟子三五千,著名者数十人),其中名僧辈出,例如道生、僧肇、道融、僧睿就被称为"什门四圣"。

245

达摩祖师是谁?他跟中国的禅宗有什么关系?

据《景德传灯录》载,达摩是南天竺香至王的第三个儿子,属印度刹帝利种姓,通晓大小乘佛法。公元527年,中国南北朝时期,他渡海来到属南梁的南海(今广东广州),广州刺史厚礼相迎,梁武帝派遣使者请他到金陵(今江苏南京),因会谈不甚契合,于是同年潜行到北魏,藏身于嵩山少林寺,九年"面壁而坐,终日默然",世称"壁观婆罗门"。所传安心禅法,深受魏孝明帝推崇,僧俗信向者甚多。

达摩以《楞伽经》为据,提出"理入"(冥想体悟)和"行入"(实践修行)的"入道"路径。

"理入"即"凝住壁观",其内容为"藉教悟宗,深信含生同一真性。客尘障故。令舍伪归真,凝住壁观,无自无他,凡圣等一,坚住不移,不随他教,与道冥符,寂然无为"。这种特重心性的大乘壁观,主要是比喻人心如壁立,不偏不倚,从认识上舍伪(抛弃现实世界)、归真(追求超现实的真如世界)、无自(否认个人存在的真实性)、无他(否认他人乃至整个客观世界存在的真实性),排除一切执见。

明代白瓷达摩立像

"行入"是指万行同摄的"四行",即报怨行(于一切因果都"甘心忍受,都无冤诉")、随缘行(相信业力流转,缘起性空)、无所求行(安心无为,万有皆空)、称法行（除妄想，修六度而无所为）。

"达摩"所奉行的"二人四行"的禅法，经其弟子慧可等以下几代禅师的阐发，到惠能时正式形成"禅宗"。惠能法嗣神会，坚持南宗为禅宗正统，认定自达摩至惠能六代系一脉相承，从此达摩被尊为东土禅宗的祖师爷。

246

历史上的唐僧就是《西游记》中那个唐僧吗？

唐玄奘像

唐僧的原型就是玄奘（602~664），唐朝著名的三藏法师（精通精、律、论三藏）。俗姓陈，本名祎（huī），出生于河南洛州缑氏县（今河南省偃师县南境），与鸠摩罗什、真谛并称为中国佛教三大翻译家，是唯识宗的创始者之一。

咱们再来看看他的其他事迹：抗过旨——"玄奘以贞观三年冬，抗表辞帝，制不许，即私遁出玉关"；翻山越岭，行走五万余里——从长安、经西域诸国、到天竺自费留学；拒过婚——印度王族公主的青睐都不能打动他。

有趣的是，玄奘出国留学时还是一个地道的偷渡客，可他学成归来时就变样了（《双树幻抄》："以贞观十九年至长安。文皇惊喜，手诏飞骑迎之。亲为经文作序，名《圣教序》云"）。

还有，玄奘在天竺求学时辩才可是雄冠诸国——在五印十八国、五千多人参加的辩经大会上，无一人能予以诘难。由此他被大乘尊为"大乘天"，被小乘尊为"解脱天"；取经回来后还继续从事梵文经书的翻译和解释工作。

247

猪八戒的"八戒"是什么意思？

据《俱舍论》载，"八戒"，又作八斋戒、八关斋，即以下八种过失：一者杀生，二不与取（指偷抢），三非梵行（男女之媾合，注意不同于五戒中的"不邪淫"），四虚诳语，五饮诸酒，六涂饰香鬘（mán）歌舞观听，七眠坐高广严丽床座，八食非时食（午后之食）。

"五戒"是不杀生，不偷盗，不邪淫，不妄语，不饮酒。

"十戒"就是把八戒中的第六戒拆分成两条，最后又加上"不蓄金银财宝"。

此外，佛家对"戒"和"律"还有分别："戒"指内在自律；"律"则有外在规范。佛家有戒、定、慧三种学问，称为"三学"，这里的"戒律"就是"戒"学，以期借此达到"禅定"，乃至"般若"。

248

佛家也有"口头禅"吗？

"口头禅"原指只空谈禅理而不去实行，也指借用禅宗常用语作为谈话的点缀。今指经常挂在口头的词句。

为什么说"口头禅"只是一种点缀呢？因为它只是一种口上的宣称和记忆，不关乎觉悟。就比如说佛祖的"拈花微笑"吧，这段公案可以说是家喻户晓，人人都可以说上一两句，可这种说法关"觉悟"什么事儿呢？

道家讲"道可道，非常道"，佛家也讲口头禅不是禅。

佛家最有名的口头禅就是"心不是佛，智不是道"。

○ 249

"六根清净"是什么意思？

佛家用"六根"来说人的六种认识器官，即"眼耳鼻舌身意"六官；"六根"通过接触和加工外物（六尘，即六官所感应到的不同对象），生成六种认识（色声香味触法）。

没有修行的凡人通常只是用眼贪色、用耳贪声、用鼻贪香、用舌贪味、用身贪细滑、用意贪乐境。这不就是庄子说的"与物相刃相靡"和"终身役役"吗？换用老子的话说就是"五色令人目盲，五音令人耳聋，五味令人口爽，驰骋畋猎令人心发狂，难得之货令人行妨"。

如果想改变这种"终身役役"的境遇，就必须清净六根！怎么清净呢？

《法华经·法师品》谓，依受持、读、诵、解说、书写经典等五种行，则可依经典之力量，而使六根清净，并得清净六根后的种种功德。说得再明白点，就是要戒（持戒）、定（禅定）、慧（般若）。

所以"清净六根"就是要你修身、修心，进而通达无上智慧！什么时候能达到"慧"呢？到达"慧"之后的一个表现就是"六根互通"——任何一根都可以兼备其他五根的效用。

○ 250

"拈花微笑"说的是怎样一段公案？

话说有一次在灵山会上，大梵天王向佛祖释迦牟尼敬献上金菠萝花，并请佛祖说法。可是，佛祖却一句话也不说，只是拈起一朵金菠萝花遍示会上众人。当时，会众都不明白他的意思，面面相觑，默然不已；佛祖有个大弟子，叫迦叶，也在会上，整个会上只有他破颜轻轻一笑。佛祖当即说道："我有绝妙高招，能够直达涅槃至高境界，可以摆脱一切虚假表相修成正果，其微妙之处在于：我不立文字，以心传心，于教外别传一宗，现在传给摩诃迦叶。"这就是佛教禅宗里的"拈花微笑"公案。

佛祖讲经四十九年，独有此次一言不发。"拈花微笑"也是中国禅宗的第一宗公案，摩诃迦叶也被列为中国禅宗的"西天第一代祖师"。"拈花微笑"也作"拈花一笑"或"拈花破颜"，本指以心传心直悟禅理，正是禅宗所谓"不立文字，教外别传，直指人心，见性成佛"之义；后来也泛指彼此默契、心领神会、心心相印。

其实，释迦牟尼这里传示的乃是一种心境，这种心境是纯净无染、无欲无贪、无拘无束、坦然自得、不着形迹、超脱一切，是佛教禅宗说的"无相"、"涅槃"之最高境界，只可意会，不可言传。迦叶与佛祖在灵山会上心心相印，无须更多言语或其他表示，但一切尽在不言中，此时无声胜有声。而释迦牟尼最后对迦叶所嘱咐的话，也正好是对这种心境的最好阐释。

元代铜释迦牟尼像

◯ 251

高僧大德为什么要留下"舍利"？

"舍利"有"遗骨"之意。通常指佛陀之遗骨，而称佛骨、佛舍利，后来亦指高僧死后焚烧所遗之骨头。这些骨头有时呈珠状宝石样，且五颜六色。据说，只有佛或得道的高僧大德圆寂火化后才能出现这种结晶体。

呈珠宝样的舍利，颜色通常有三种：白色的是骨舍利；黑色的是发舍利；赤色的是肉舍利。只有佛舍利有五色。当然这种区分也只是理论上的，得道高僧、大德的舍利子颜色也有五色——红、绿、黄、黑、白，乃至多色的。从种类上，有全身

释迦车尼佛七彩脑舍利

舍利（全部遗骨收入一处）和碎身舍利（遗骨分置多处者）；有生身舍利（佛的遗骨）和法身舍利（佛留下来的教法、戒律，借"舍利"比喻其坚实不坏）。

那"舍利"是怎么来的呢？是一个人通过戒、定、慧的修行，加上临走时自己的大愿力得来的。这修行自然可以理解，那什么是大愿力呢？就是圆寂前高僧想留下舍利来令信徒供奉。这并不是说发大愿力的这些高僧大多贪恋身后名，而是在他们看来，这样的舍利供奉有利于人们发善心。因为你天天诚信供奉一个东西，能不心生警惕慈悲、向善之心吗？所以，留下这些舍利的人是不愿就这样撇下众生独自成佛的，也是大慈大悲的。这有点鞠躬尽瘁、死而后已的意思。

此外，我们经常听到的"舍利子，色不异空，空不异色……"中的"舍利子"也可简称为"舍利"，但这并非什么遗骨的意思，而是一个人的名字。他是佛陀的十大弟子之一，以智慧第一著称。

〇252

佛家为什么称别人为"施主"？

"施主"梵文音为陀那钵底（其中"陀那"是施，"钵底"是主），又作布施家，即施与僧众衣食，或出资举行法会等之信众。没干过这些事就不是"施主"了？

咱们先看一看施主惠施的五功德：（一）名闻四远，众人叹誉；（二）若至众中，不怀惭愧，亦无所畏；（三）受众人敬仰，见者欢悦；（四）命终之后，或生天上，为天所敬；或生人中，为人尊贵；（五）智慧远出众人之上，现身漏尽，不经后世。

可见，"施主"的称呼就是晨钟暮鼓般地警醒着你要做到五事：一者身行慈，二者口行慈，三者意行慈，四者以时施，五者门不制止。那些和尚们称你为"施主"，也不是非得让你布施东西，而只是为你好——提醒你有许多福分可以得到。至于你要不要这些福分，就是你的事了。

需要补充的是，举行丧葬仪式的丧家，亦称施主。

◯ 253

"无间地狱"是什么意思？

凡被打入无间地狱的，永无解脱希望！期间要经受五种无间。第一"时无间"，无时无刻不受罪；第二"空无间"，从头到脚都受罪；第三"罪器无间"，各式各样刑具无所不用；第四"平等无间"，用刑不论男女均无照顾；第五"生死无间"，重复死去无数回还得继续用刑。

你猜猜，在这一层的人要受多长时间的苦？——换算成人间的纪年就是 2.3×10^{25} 年！这是第十八层地狱的时间。而你的时间观念也就是在十八层地狱的第一层，最多是在第二层。为什么这么说呢？

《十八泥犁经》记载的十八层地狱，是以受罪的时间长短与罪刑轻重而排列的。每一层地狱比前一层地狱，增苦二十倍，增寿一倍。十八层地狱的"层"不是指空间的上下，而是在于时间和刑罚上的不同，尤其在时间之上。其第一狱以人间 3750 年为一日，30 日为一月，12 月为一年，罪鬼于此狱服刑一万年（即人间 135 亿年）。其第二狱以人间 7500 年为一日，罪鬼于此狱服刑须经两万年（即人间 540 亿年）。其后各狱之刑期，均以前一狱的刑期为基数递增两番。

前面讲"六道轮回"时说，"地狱道"就是这里的十八层地狱，为六道中最苦的。在梵语中，"地狱"就有"苦具"、"不自在"等意义。

人如果六根不净、六识不明，贪、嗔、痴"三毒"就出来了，而中毒的人最终要遭十八层地狱的果报。（当然，十八层地狱的具体名目在各种说法中不尽相同。既然如此，我们也只需晓得：所谓"十八"，只是果报的轻重不同。）

需要说明的是，轮回有六道，而地狱仅是其中之一，所以人未必一定会进地狱中轮回。

◯ 254

灵魂怎么转世?

转世是有前提的:灵魂不死、万物有灵、灵魂可以流转驻留。这三个前提在中国民间信仰、佛教、印度教以及希腊哲学中都是存在的。

藏传佛教中的达赖、班禅的灵童就是转世理论中的产物。

值得一说的是,转世也并非在什么时候都是令人愉快的,相反,有时是一种有些残忍的痛苦。这种痛苦不单单是指六道轮回之苦,还可以指转世的方式——夺舍。夺舍说得通俗点就是"借尸还魂",而且西藏历史上有的活佛转世就是以这样的方式。

据《安多政教史》载,三世东科尔活佛杰瓦嘉措(1588～1639),圆寂于甘肃凉州(今武威市)。遗体被送往东科尔寺途中,遇到送殡队伍,死者为19岁的汉族青年。这青年当时复活,自称东科尔,遂被认定为三世东科尔活佛夺舍转世。青海却摩寺最后一代却摩仓活佛,也以夺舍法转世。当然,这种情况在活佛中较为罕见。

◯ 255

佛门的"书记"是干什么的?

虽然我们印象中书记有很大的政治权柄,但佛门的"书记"就不是那么回事了。

佛门的"书记"做的事既不是签字签单,也不是政治教育,他们只管榜疏、书问、祈祷之类写东西的活。比如《鹿鼎记》上,康熙帝让韦小宝替自己当和尚,又让他随身带了好些香油钱修缮庙门。那可是皇恩!佛门不能收完钱就没事了,总得上表叩谢一下皇恩。但这种活又不能让方丈去干。先不说精研佛法的方丈能不能做得了这类的书面文章;即便做得了,也不能让佛门一把手来干文秘类工作吧?所以佛门就要设立书记一职,一来他们写的东西专业;二来分担了其他人对外文书应对方面的工作,其他人可以专心修行。

虽然这种文书工作听起来像文秘干的活，但干这些活的"书记"在佛门中地位很高，为禅林六头首之一。

256

"天龙八部"是什么意思？

天龙八部其实是两个词段：天龙、八部。

"八部"也称"八部众"，是指护卫佛法的八种守护神：天、龙、夜叉（住于地上或空中，以威势恼害人，或守护正法，属于鬼类）、乾闼婆（与紧那罗一同奉侍帝释天，主管奏雅乐之神。又作寻香神、乐神、执乐天）、阿修罗、迦楼罗（金翅鸟）、紧那罗（此神形貌似人，然顶有一角，人见而起疑，故译为疑人、疑神；具有美妙的音声，能歌舞，又称为歌神、歌乐神、音乐天）、摩睺罗伽（大蟒神，其形人身而蛇首）。其中天、龙二众居上首，所以就用"天龙八部"作为八部众的统称。

257

佛家也讲"相好"吗？

佛家的"相好"就是指"好的相貌"——佛的色身所具备之庄严微妙的形相。

其中"色身"就是属物质的身体，它有形有相能摸能触。不过要注意的是那可是"佛的形相"，自然不似你我这般邋遢俗气。佛的"相好"是"三十二相"与"八十种好"的并称。其中佛身微妙之相状，可了别者，是谓之相，细相之可爱乐者，谓之好。也就是说，"相"较粗，"好"较细。也就是这"一粗一细"使得你我这等凡夫即便见到了佛，也最多是见他的"相"而已，其"好"则很是难见。

举个例子吧，"阿弥陀佛"就有八万四千相，每一相中，各有八万四千随形好，每一好中，复有八万四千光明。厉害吧？所以即便美如潘安，顶多就是一臭皮囊而已。

另外，"相好"也不是什么容易事，菩萨修满了三大阿僧祇劫之后，要在佛前修各种的"相好"，而且只有修完一百种福，才成就一种相好。

258

你知道"邪魔外道"的真正涵义吗?

"邪魔外道"语出《药师经》:"又信世间邪魔外道、妖孽之师，妄说祸福。"

玄奘法师在印度求学时，参加辩经大会。会上，他与五千人辩难而难逢敌手。要说的是，这五千人中有两千是外道人士。可"外道人士"是什么意思呢?

"外道人士"就是不明佛法的人，其中有"邪"有"魔"。前者是指走了歧路而向心外求法的人，后者是指妨害佛法的人（包括异教徒）。由此也可见唐僧与人辩难时的精彩，因为这些外道人士的"不明"不是不知道，而是偏执。对付偏执的人自然是要有大智慧、大手段的。

259

"一尘不染"的"尘"是灰尘吗?

佛教中有六根、六识、六尘的说法。其中"六尘"指的是色尘（眼睛所看到的）、声尘（耳朵所听到的）、香尘（鼻子所闻到的）、味尘（舌头所尝到的）、触尘（身体所感觉到的）、法尘（思维到的）。

这六尘会污染我们的六根，从而污染我们的清净本性，即如来藏。因此佛教修行时，就要通过学习佛法，去除这六尘所带来的污染，回复清净本性。一旦修行到"一尘不染"的境界，人就不再受到六尘的侵扰，从而证得"般若智慧"，如《五灯会元》所说:迥脱根尘，灵光独耀。

俗语用"一尘不染"来形容衣物、环境的清洁、洁净，也可引申赞誉人高洁的品格。

260

"一丝不挂"和佛教有什么关系?

"一丝不挂"在佛家表示的是一种自然专一的清净心。

源律禅师问:"和尚修道,还用功否?"师(慧海大师)曰:"用功。"曰:"如何用功?"师曰:"饥来吃饭,困来即眠。"曰:"一切人总如是,同师用功否?"曰:"他吃饭时不肯吃饭,百种须索;睡时不肯睡,千般计较。所以不同。"

云门文偃说:"终日说事,未尝挂着嘴唇,未尝道著一字。终日著衣吃饭,未尝触着一粒米,挂一缕丝。"

"一丝不挂"是指不流于口头禅、打机锋这类的事情上,而是主张顿悟的禅宗在修行功夫上的体认。以前我们以为轻松随意的禅宗,其实在简单的吃饭穿衣上都要下大工夫。"一丝不挂"在这里就是外物外事不萦于心的意思。

261

"居士"一定是佛教徒吗?

"居士"在梵语中意为长者、家主、家长,原指印度四种姓中的吠舍种的富豪,或在家有道之士。在我国,"居士"一词原出于《礼记·玉藻》篇。《韩非子》中,也记有任矞、华仕等"居士",指颇有道艺而不求仕宦闻达的人。

高僧慧远《维摩经疏一》说:"居士有二:一广积资财,居财之士,名为居士。二在家修道,居家道士,名为居士。"后者这层意思为佛、道两教通用,指称男女皆可。

262

《周易》为什么能成为六经之一？

首先，《周易》本身博大精深。周易中的"周"有周全普遍之意；"易"有简易、变易、不易（变）三种含义。从这两个字就可以看出《周易》讲的是放之四海而皆准的天下达道。

这种"道"都包括什么呢？就内容上看，今本《周易》包括"经"和"传"两部分。"经"的部分，主要是六十四卦的卦形符号与卦爻辞。

"传"是阐释《周易》经文的专著，即《象传》上下、《象传》上下、《文言》、《系辞传》上下、《说卦传》、《序卦传》、《杂卦传》，共计七种十篇。因其阐发经文大义，如"经"之羽翼，故汉人称之"十翼"，后世统称为《易传》。

《周易》之所以能成为六经之一，主要是因为它影响深远。

春秋时期，筮法上出现过变卦说、取象说、取义说、吉凶由人说、天道无常说。战国时期出现过阴阳变易说。汉代有象数之学（卦气说、五行说、纳甲说），魏晋唐时期称玄学。宋明时期，又出现五大学派：理学派、数学派、气学派、心学派和功利学派。又有人笼统地分为两派：一派是儒家，一派是道家。儒家重乾卦，重阳刚，讲的是"天行健，君子自强不息"，强调修身以有用于社会。道家则重坤卦，重阴柔，讲的是"大道若水，弱能胜强"，强调精神自由，以无为顺应自然，追求天人合一的境界。

263

"太极"是什么意思？

"太极"最早出于《易传·系辞上》说的"易有太极，是生两仪。两仪生四象，四象生八卦"，说的是天地未生之前只有原始混沌之气，混沌中生出阴阳二气，从而逐渐演变出春夏秋冬四时和乾（天）坤（地）震（雷）巽（风）坎（水）离（火）艮（山）兑（泽）八卦。可见"太极"的地位极高，是万物的根基和起始。可为什么叫做太极呢？"太"有至的意思；"极"有极限之义，合起来就是至于极限，没有与之对待匹敌之意。既包括了至极之理，也包括了至大至小的时空极限。"太极"基本上同时为儒、道两家并重。

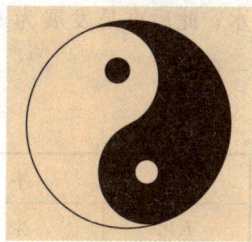

太极图

"太极"之说在宋明理学中极受重视，其涵义既可上至天理，又能下贯人心。同时为道教的内丹学提供了理论依据，比如说《性命圭旨》中有"天地万物，各有太极具焉……人身太极，在晏息杳冥，交媾结胎，交媾有时，调养有法，不伤太极。此尽年令终，断绝淫欲，时入杳冥，保元太极，此乃长生不化、尽年令终之道"。

除此，道教教理上还有一种有趣的说法。他们吸收了汉代谶纬五运（《孝经·钩命诀》说："天地未分之前，有太易，有太初，有太始，有太素，有太极，是谓五运。"）之说，用"太极"表示天地未分之前的五个阶段的最后一个阶段。

"太极"的这种阴阳动静之说，也为后来的太极拳、太极剑所吸收。

264

"阴阳五行"是用来算命的吗？

我们已经知道，"阴阳"是太极生出来的有对待关系的一组基本概念（"太极生两仪"、"一阴一阳之谓道"）。因此，它们可以用来指称任何一种对待关系，比如说男为阳、女为阴；天为阳、地为阴；日月、南北、上下、左右、前后、昼夜、奇偶莫不如此。可以说在哲学、中医、风水和日常生活中，"阴阳"都是一组基本概念，被用来解释天道循环、人体健康、吉凶祸福等诸多问题。

值得一说的是，"阴阳"不但可以对待，更是可以互有，即阳中有阴，阴中有阳。于是就有了"太阴、太阳、少阴、少阳"四种情形。

"五行"观念最早流行于春秋战国时期。《国语》中就记述过构成万物的五种基本物质元素——金、木、水、火、土。后来的道教更是发挥为五行相生相克：木生火、火生土、土生金、金生水、水生木；水克火、火克金、金克木、木克土、土克水。此后更是发展为四时、五脏六腑、五官等无所不包的理论系统，由下表可见一斑。

五行	木	火	土	金	水
五化	生	长	化	收	藏
五色	青（绿）	赤（红）	黄	白	玄（黑）
五方	东	南	中	西	北
五季	春	夏	长夏	秋	冬
五节	新年	上巳	端午	七夕	重阳
五星	木星	火星	土星	金星	水星
五声	呼	笑	歌	哭	呻
五音	角	徵	宫	商	羽
五恶	风	热	湿	燥	寒
五脏	肝	心	脾	肺	肾
五腑	胆	小肠	胃	大肠	膀胱
五志	怒	喜	思	悲	恐
五指	食指	中指	大拇指	无名指	小指
五官	目	舌	口	鼻	耳
五觉	色	触	味	香	声
五味	酸	苦	甘	辛	咸
天干	甲·乙	丙·丁	戊·己	庚·辛	壬·癸
地支	寅·卯	巳·午	辰·未·戌·丑	申·酉	亥·子
五兽	青龙	朱雀	黄麟/螣蛇	白虎	玄武
五畜	犬	羊	牛	鸡	猪
五谷	麦	黍	禾	米	豆
五金	铁	铜	金	银	锡
五常	仁	礼	信	义	智

265

"八卦"是什么意思？与"乾坤"有什么关系？

"乾坤"原为八卦中最为基础的两个卦象。

为什么说是最为基础呢？因为其余六卦在理论上均是由乾、坤二卦所生，即"乾坤生六子"。我们经常说的"天地万物"中的天、地就分别可以用乾、坤两卦代表。天地可以囊括万物，那代表它们的乾、坤自然也是。所以"乾坤"一旦定了，还有什么不能成事呢？

为什么说乾坤是"卦"、"象"呢？因为八卦并非是无意义的抽象符号，无论是其成卦来源，还是其象征意义都是"拟诸形容"的。就其来源说，是"仰则观象于天，俯则观法于地，观鸟兽之文与地之宜，近取诸身，远取诸物"（《周易系辞下》）；就其象征意义来说，是乾（☰）天、坤（☷）地，其余六卦是震（☳）雷、巽（☴）风、坎（☵）水、艮（☶）山、离（☲）火、兑（☱）泽。《周易系辞上》上说："八卦定吉凶，吉凶生大业。"

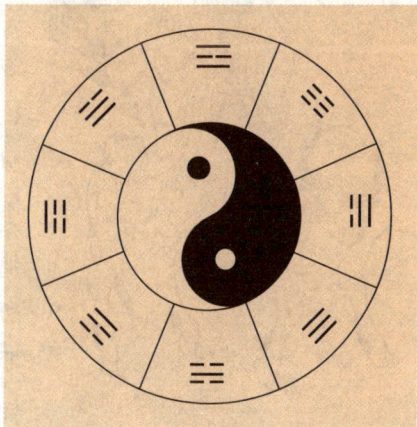

太极八卦图

那么，"八卦"这样一个解释系统是怎么来的呢？传说是上古伏羲参天地易理画出来的。

至于后来的"文王拘而演周易"（《史记·太史公自序》）说的则是推演"八卦"成"六十四卦"。为什么要这么推演呢？因为八卦的取象虽说很明了，但解释世界时还是太过简单。从形式上看，文王把"八卦"两两上下叠用，用来说明更为复杂的社会事件，比如"屯（上坎下震）象草木、蒙（上艮下坎）象童稚、需（下乾上坎）象燕宾、讼（下坎上乾）象饮食……余卦尽然"（《麻衣道者正易心法》）。从内容上看，六、九等被看成了"极数"——极大、极高、极远、极尊、极易生变之义。

266

"老子"是谁？

老子骑牛图

老子，相传为《道德经》作者，先秦道家的创始人，道教的始祖。

据《史记·老子列传》记载，老子本姓李，名耳，字伯阳，谥号聃。河南鹿邑人。曾任东周国家图书馆馆长（守藏室之史）。

相传孔子曾向老子问礼（学术界有人持怀疑态度），老子说"我听说'富贵者赠送人以财物，仁人者赠送人以格言'。我不能富贵，但窃冒了'仁人'的称号，所以我只有赠送你以嘉言：一个聪明深察的人而所以走近于死亡者，就是因为他喜好议论别人的是非；一个博辨广大的人，而所以危害其本身者，就是因为他喜好揭发别人的罪过。为人子者不要只知有己，为人臣者不要只知有己。"据现有的资料，老子的生平我们所知甚少。据传，老子见周室衰微，西行至函谷关，留下《道德经》一书，并有"老子化胡经"的传说。

西汉初期盛行黄老学说，老子备受尊崇；东汉初期，黄老思想与神仙方术结合，形成黄老道；东汉中期天师道创立，在其经典《老子想尔注》中说，"一（道）散形为气，聚形为太上老君"。至此，老子被尊为"道德天尊"，也为"三清"之一。

说老子是"中国哲学的鼻祖"则是胡适先生的赞评，但学术界显然对此存在着争议：现代新儒家代表冯友兰先生和劳思光先生就认为中国哲学只能自孔子始。

267

《道德经》讲正经八百的"道德"吗？

《道德经》一般视为古代大思想家老子的著作，学术界也认为它可能是老子及其后学集体创作的产物，又称《德道经》、《老子》、《五千言》，分上下两篇，即前三十七章的《道经》、后四十四章的《德经》。后来马王堆汉墓出土的西汉初年版本的帛书《老子》，却把《德经》放在了《道经》前面。

《道德经》全文尽管只有五千余字，却历来被看做是"万经之王"——因为其包含形上宇宙论、阴谋诡诈、帝王权术、兵家诡道、养生等众多思想，结出了先秦哲学和美学上的道家（例如庄子）、汉初的"黄老之术"、汉末的道教（例如张陵的"五斗米道"，以及后来的各种道教流派）等硕果。

具体说来，《道德经》提倡"对立面的转换"、"善为下"、"寡欲"、"居后不争"、"守柔"、"抱朴"和"无为"等思想。

如果单就其对道教的影响说，"致虚极，守静笃"、"专气致柔"、"涤除玄览"、"抱一处和"等修养之道，更为道教守一、心斋、坐忘、服气、内丹等多种炼养术之基本；而"长生"、"死而不亡者专"等说法，道教引为仙学长生说之根源，"归根"、"复命"之说，内丹学则发挥为内炼成真、与道合一的哲学依据。

268

道教信奉的最高神灵有哪些？

道教的最高神是"三清"尊神，即掌管清微天玉清境的元始天尊（又称天宝君）、掌管禹馀天上清境的灵宝天尊（又称太上道君）、掌管大赤天太清境的道德天尊（又称太上老君）。他们治下的"三天"均是从"大罗天"里生出来的。至于"一气化三清"的说法最早始于《封神演义》，说的是太上老君与通天教主斗法时，太上老君用一口气化出三个法身的故事。后来的传说则认为"三清"均是元始天尊的化身。也正是因此，元始天尊的塑像一般都会出现在道观正殿的正中央位置。

"三清"之下一等的神仙就是"四帝"了。"四帝"中的老大是我们熟知的"玉皇大帝"（我们熟知的王母娘娘倒不是他的夫人，而只是女仙的首领，西王母的说法出现得也比玉皇大帝早），总掌天道；接下来三者是：中央紫微"北极大帝"，协管天地经纬、日月星辰和四时气候；勾陈上宫"天皇大帝"，协管南北极和天地人三才，主持人间兵革之事；后土皇地祇（又称"后土"），是协管阴阳生育和山河万物之美的女神。

这"四帝"也像"一气化三清"一样存在着不同的说法。除了上述说法，还有"四极大帝"一说，即北极紫微大帝、南极长生大帝、西极天皇大帝、东极青华大帝。

接下来的一些神仙就不说级别了，其中"八仙"恐怕最为我们熟知了。

○ 269

"西王母"是谁？

首先，"西王母"不是玉皇大帝的夫人，而是所有女仙的首领，掌管着昆仑仙岛。她又称金母（因为她本身是先天阴气凝聚而成）、瑶池金母（因为她住在昆仑山的瑶池）、王母娘娘。与此相应的是先天阳气凝聚而成的东王公，为男仙首领，掌管着蓬莱仙岛。在他们上面则是群仙之首、众神之主的玉皇大帝。

西王母，名叫瑶琼，原是掌管刑罚和灾疫的怪神。之所以说"怪"，是因为她人首兽身。

但就是这样的西王母，在后来的流传过程中逐渐女性化与温和化，成为年老慈祥的女神。最明显的例子就是《穆天子传》的记载：周穆王周游天下至昆仑山时，就拿着白圭、玄璧等玉器拜见了西王母。第二天，穆王在瑶池宴请西王母，两人各自作了一些诗句相互祝福。此外还有《汉武帝内传》中的记载，说她是容貌绝世的女神，并赐予汉武帝三千年结一次果的蟠桃。

不过与《西游记》里相同的是，西王母就是住在瑶池里面，掌管着可令人长生不老的蟠桃。传说三月初三是王母娘娘的诞辰，道教会在这天举行"蟠桃盛会"来庆祝。

270

道教的派别有哪些？

关于道教的派别，我们可以从"八仙"中各仙所开的教派说起。

吕洞宾开出纯阳派（又称天仙派）、何仙姑开出云鹤派、曹国舅开金丹派、张果老开云阳派、铁拐李开虚无派。

此外我们熟悉的还有全真教（王重阳）、五斗米道（又称正一教、天师道，张道陵）、武当派（又称三丰派，张三丰）。全真七子下面也大多各自开出一派。

历史上的系统说法是：正一宗（张道陵）、南宗（吕纯阳）、北宗（王重阳）、真大宗（张清志）、太一宗（黄洞一）为五大宗；天师道、全真道、灵宝道（周祖）、清微道（马丹阳）是四大派；当然还有道德、先天、灵宝、正一、清微、净明（许旌阳）、玉堂、天心（饶洞天）八派的说法。而今许多教派式微，尚存的著名教派主要有北方全真教、南方正一教、茅山教、崂山教、武当教、闾山教及香港、台湾的民间道教派别。

以全真教为例，金初创立，又称全真道或全真派。因创始人王重阳在山东宁海（今山东牟平）自题所居庵为全真堂，凡人道者皆称全真道士而得名。该派兼采儒、释相关思想，声称三教同流，主张三教合一；以《道德经》、《般若波罗蜜多心经》、《孝经》为主要经典；教人"孝谨纯一"和"正心诚意、少思寡欲"；早期以个人隐居潜修为主，不崇尚符箓（不同于龙虎山的正一道），不从事炼外丹之术。

271

"五斗米道"是怎么来的？

"五斗米道"是一个俗称，因为加入这一教派的人需要交纳五斗米作为起初凭据。它的正名实叫"正一盟威之道"，后来尊称为"天师道"、"正一道"。

东汉时，张陵在四川创立"五斗米道"。据《道门科略》记载，这一教派禁戒科律、检视万民逆顺、祸福、功过，令人知好恶。以清约廉耻治民，向神明认罪盟约（把病人生来犯的所有罪过写在纸上，分抄三份，一呈与山，二埋于地，三沉之水。此外，还有修路等类似做功德的方式）以治病之类的事情。可见这一教派是由宗教入政治，而且科教文卫都一手抓了。

张陵死后，其子张衡、孙张鲁相继掌教，尊老子为教祖，著名的《老子想尔注》就在这时问世。三国战乱，张鲁占据汉中，政教合一，使用教中道人做官，后归降曹操，被封侯；而关中信众被迁至江东一代，至此汉中"五斗米道"逐渐衰落。传至张鲁的儿子张盛，他辞官不受，并从汉中迁居江西龙虎山，以此为中心传播天师道。到晋代时，豪门士族如王羲之、谢灵运都信奉天师道。

元代，天师道发展至鼎盛。从第36代掌教张宗演开始，代代被元朝封为天师、真人，主领江南道教。至第38代张与材时，更被封为正一教主，主领三山符箓，位居诸符箓派之首。龙虎山因此也成为此后诸符箓派众山之首，且有"道都"之称。

272

道士也讲戒律吗？

道教当然也讲戒律，而且戒律和佛教徒很像，也可以说是沿袭了佛教的戒律，并汲取了儒家的名教纲常。

比如说，作为道教最重要戒律的"老君五戒"就是指：一戒杀生、二戒两舌、三戒妄酒、四戒偷盗、五戒淫邪。这和佛家五戒近乎一样。

正一宗也有三皈九戒之说，其中"三皈"是指皈依道，得正觉，化化出人天；皈依经，得正法，劫劫度群迷；皈依师，得正行，不堕诸旁生。这完全是佛家"皈依三宝"的变形。"九戒"是指一者敬让，要孝养父母；二者克勤，要忠于国主（由于起初的正一教是政教合一，所以也可以说是忠于教主）；三者不杀，要慈救众生；四者不淫，要正心处物；五者不盗，要推义损己；六者不嗔，不凶怒凌人；七者不诈，不谄贼害义；八者不骄，不微忽至真；九者不二，要奉戒专一。这也完全吸取了儒家的名教思想。

全真教从丘处机开始，有传戒制度，就是说出家道士必须要经过师长的受戒仪式。这有点类似于佛教的剃度受戒。

此外还有"全真出家初度十戒"、"灵宝初盟闭塞六情戒文"等一系列条目，但大致都不离忠孝仁信和顺的范畴。《太上感应篇》恐怕就是最为著名的有关道教戒律和教义的书了。

273

"真人"是什么人？

老子被庄子誉为"博大真人"，庄子被人称为"南华真人"，丘处机被称为"长春真人"。这些"真人"自然是有道之人，可还是有略微的不同：老子的"真人"是庄子赞叹的，可算得上是"素王"。而庄子和丘处机的"真人"则分别是唐玄宗和元世祖封的，多少带了点官方政治意味，尤其是主持天下道教的丘处机。这种官方认证到明清时代更为兴盛，甚至把"真人"作为一种封号赐给道士，而且这种封号是带有品秩的。明代真人的官阶相当于二品官，清代相当于正三品大员。

《史记》卷六中有："真人者，入水不濡，入火不蒸，陵云气，与天地久长。"

《黄帝内经素问·上古天真论》说："黄帝曰：余闻上古有真人者，提挈天地，把握阴阳，呼吸精气，独立守神，肌肉若一，故能寿敝天地，无有终时，此其道生。""真人不露相"便是这种意思的引申。

此外，"真人"还可以指炼丹时的金丹（"一霎火焰飞，真人自出现。"《悟真篇》），佛家的阿罗汉（"真人，是阿罗汉也。或言阿罗诃。"《一切经音义》卷八），世俗中的统一天下的真命天子（"始皇曰：吾慕真人，自谓'真人'，不称朕。"《史记·秦始皇本纪》）等。

◯ 274

古代帝王如何追求长生？

古代帝王求长生的秘诀就是炼丹。炼丹在早期只是炼"外丹"，即用炉鼎烧炼金石，然后配制成药饵，做成长生不死的金丹。这种炼丹术又称为"黄白术"。东汉魏伯阳著的《周易参同契》，用阴阳论述金丹，被誉为"万古丹经王"。东晋著名道教仙家葛洪对当时流传的外丹加以总结，著有《抱朴子》一书，将外丹分为神丹、金液、黄金三种，并称"金丹之为物，烧之愈久，变化愈妙。黄金入火，百炼不消，埋之，毕天不朽。……能令人不老不死"。南北朝时外丹得到进一步发展，唐代时达到兴盛，出现了孙思邈、陈少微、张果等炼丹家，服食外丹亦成为一种社会风气。但是外丹的炼丹术不易掌握，丹药也多含毒性。宋代以后外丹就渐渐衰微了。

就在外丹逐渐势衰时，另外一种"丹药"逐渐兴起。这种"丹药"的炼制是以人身为炉鼎，身上的精、气为药物，以神为炉火，在自己身中烧炼，使精、气、神不散而成"圣胎"——在丹田处形成的某种有形物。这种"丹药"称为"内丹"。内丹始于隋唐，兴于宋元，开了气功的先河。内丹术语多借外丹名词，但其意义完全不同，就好比上面说的丹药炼制。

◯ 275

空气能当饭吃吗？

理论上是可以的，因为《庄子》一书中就载有"餐风饮露"的神人。在实践上也是有的，因为道教养生上就有"服气"（并非指感情上服不服气）一说。

在道教中，"服气"是一种养生方法，主要是要人锻炼自己呼吸，达到入多出少的效果。这种出入之间的一多一少的差异就好像是人在服食"气"一样，所以叫做"服气"，亦称为"食气"、"行气"。那怎么锻炼呢？

《抱朴子·释滞》说道："初学行气，鼻中引气而闭之，阴以心数至一百二十，乃以口微吐之，……常令入多出少，以鸿毛着鼻口之上，吐气而鸿毛不动为候也。渐习渐增其心数，久久可以至千。"

《道藏》中也有《服气经》、《服气口诀》、《服气精义论》等关于服气养生的法诀。

这种锻炼有什么好处呢？《淮南子·坠形训》说："食气者，神明而寿。"《论衡·道虚篇》引道家说："食气者，寿而不死，虽不谷饱，亦以气盈。"如果说"不死"还是一种夸张，那实际上以养生达到长寿还是可能的。

"服气"本来是关乎于己的养生之术，现在则是追逐欣羡外物的用语了，比如说表示佩服某人、赞叹某事。

276

道士能不能结婚？

道士有出家和不出家的区别，不出家的又称"居士"。金、元以前，都是不出家的道士，没有必须出家的道士。金代全真教等创立后，才有了出家制度（即丘处机的传戒制度）。道士分全真和正一两大派。全真派道士为出家道士，不结婚，素食，住在道观里，男为道士，女为道姑，皆蓄长发，拢发于头顶挽成髻，可戴冠，男道士蓄胡须。而正一派道士可以结婚，吃荤，大部分为不出家的道士，也称火居道士，少部分为出家道士。不出家的正一道士，一部分在宫观里活动，也有一部分没有宫观，为散居道士；没有宫观的散居道士，一般情况是平时穿俗装，住在家中。正一道士多为男性，不蓄长发和胡须，发式与俗人相同，他们不穿道装时，看不出是道士。此外，正一派弟子须经过授箓才成为有资格的道士，而全真派弟子则须经过授戒。授箓、授戒均有严格规定，仪式非常隆重。

道士也是有级别的，像受朝廷册封的"先生"、"真人"等，这些被册封的道门领袖是有品秩的，例如明代真人的官阶相当于二品官，清代相当于正三品大员。"方丈"则是道门老大，要戒行精严，德高望重，受全体道众拥戴而选；"监院"则是道门总管，要才全智足、通道明德、功行俱备。

值得一提的是，佛教初传北方时，僧侣也会被称为"道士"。

○ 277

历史上有"全真七子"吗？

历史上还真有"全真七子"，他们分别是马钰（号丹阳子，被封"丹阳抱一无为善化真君"）、谭处端（号长真子，被封"长真凝神玄静蕴德真君"）、刘处玄（号长生子，被封"长生辅化宗玄明德真君"）、丘处机（号长春子，被封"长春全德神化明应主教真君"）、王处一（号玉阳子，被封"玉阳体玄广慈普度真君"）、郝大通（号广宁子，被封"广宁通玄妙极太古真君"）、孙不二（号清净散人，被封"清净渊贞玄虚顺化元君"）。他们的师傅就是开创全真派的王重阳。这都和金庸小说中一样。

不一样的是，他们是以"道行"闻名当时，并非什么武学大家。他们继承王重阳"三教合一"的精神，仍以《道德经》、《般若心经》、《孝经》作为信徒必读经典。修行方术以内丹为主，不尚外丹符箓，主张性命双修，先修性，后修命。而且他们各有发展，例如丘处机创立了龙门派，改"单传秘授"为"公开传戒"，受成吉思汗敕书虎符，主持天下道教；王处一创仑山派；郝大通精通《周易》，流传华山派；孙不二，开清净派。

顺便说一句，这七个人大多是名门世族子弟。

○ 278

"同学"就是一同学习的人吗？

"同学"这个词源于道教。"同学"不单单是指一同学习的人，有三重意思：1. 跟随同一个道教老师学习道法的人，见于《洞真太上太霄琅书》卷六："同学者，同师也。师玄师者，同习上法，是谓同学。" 2. 同师同坛行事的道友，见于南宋王契真编的《上清灵宝大法》卷五十四："同学者，谓上道同坛同师友也。" 3. 道门中，志同道合之士。见于王契真编的《上清灵宝大法》卷五十四："同学者，谓同志性普为幽明者也。"

今天"同学"的意思与上述前两重意思可资类比。

279

孔子、孟子、荀子之间是什么关系?

孔子、孟子、荀子三人同为先秦儒家代表人物。

其中,孔子是众所周知的至圣先师,继承周公的"德",发现了"仁"与"礼"。他把人的价值性(明显不同于巫、鬼的一面)比如说仁义礼智信,高扬了起来。可是,据说孔子死后就"儒分为八"了,孟子、荀子大概就是其中两家的继承者。

孟子作为亚圣,主要发明了孔子的"仁"义。一是在强调人的价值性方面进一步做了自己的论证,比如恻隐(仁)、羞恶(义)、恭敬(礼)、辞让(智)等四心,并提出"性善"论。二是明确提出了政权更替的标准是人心向背。当人心不在统治者身上时,造反是合理的。比如说商汤诛桀、武王伐纣。

孔子像

荀子,继承了孔子学说的另一面,特别重视和阐发"礼"对于人和社会的意义。但是自宋代以后,因其思想与孟子不同而被理学家(扬孟抑荀)排除在儒家的正统之外。这种不同根本就在于对人性的看法。孟子言"性善",即强调人有向善的可能性,而人自身就要努力把握住这点可能性;荀子则认为"性恶",人性本来是争、是抢的,是需要后天的文明教化来使其向善,原来的"恶"也仅仅是被一层层地深深包裹起来而已。这样的观点自然就会把注意力引向后天教化,而强调"礼"的功能。

所以法家天才李斯、韩非子出自其门下也不奇怪了。

280

"名不正"为什么就"言不顺"？

《论语·子路》中孔子回答他的学生子路"名不正则言不顺，言不顺则事不成"。意思是：名分不正，道理就讲不通；道理讲不明白，事情就办不成。

在这里，孔子强调的是治理国家时要做到名实相副，言行一致，即"君君、臣臣、父父、子子"（做国君的要有个国君的样子，做大臣的要有个大臣的样子，做父亲的要有个父亲的样子，做儿子的要有个儿子的样子）。

后来"名正言顺"就泛指人的言行举止合乎道理，理直气壮或光明正大的意思。

中国历史上许多朝代的权臣造反时，都要挖空心思地做到师出有名，恐怕就是这个原因。例如，汉景帝时，诸侯们打着"诛晁错，清君侧"的旗号，发动了"七国之乱"；唐朝的安禄山打着铲除杨国忠的幌子，发动了"安史之乱"；明朝的朱棣举着"靖难"（诛齐泰、黄子澄）的牌子，生生地夺了侄子建文帝的江山。

可话又说回来了，孔夫子虽然借此教导我们要打好舆论战（"正名"），可他也只是说舆论战（"正名"）影响着全局的胜利（"事成"），却没有说舆论战（"正名"）赢了，"事"就一定成功。比如说汉景帝和建文帝，他们同样是削藩，但怎么就一成一败呢？所以有时问题的关键不在于舆论战，而在于"枪杆子里面出政权"。在讲"名正言顺"的同时，千万别忘了，历史往往也是由胜利者书写的。

281

什么事情才算是"天经地义"的？

这个问题得看什么时候来作答了。

《左传》那个时候给出的回答是："夫礼，天之经也，地之义也，民之行也。"这个回答还是有些笼统的，唐朝的"礼"和宋明理学理解的"礼"都是不同的。不然儿子娶父亲小妾的事怎么看都是大逆不道的，可事实上唐高宗李治和武则天就是这样的，难不成就天塌地陷、国将不国了？可见"礼"并非像《左传》宣称的那样恒久不变，绝对正确。

对此，有一种说法，认为"礼"的具体条例可以变更，但精神还是永久不变的。可我们再问一句，礼的精神是什么？规范人相互间的行为，使得和睦相处。可这种精神恐怕只是安了一个"礼"的名字吧，或者空洞得仅仅剩下了一个"好"的内涵。

而所谓的"天经地义"说到底还是人对自己向上一面的恒久的抽象肯定。有了这重肯定，人办起事来才会觉得踏实。

282

"朝三暮四"是说明"花心"吗？

"朝三暮四"是出自《庄子·齐物论》里的一个寓言。之所以说是寓言，是因为寓言的主人公——一个爱养猴的宋国人——竟神奇地能和猴子交流。

富人有养宠物的习惯没啥奇怪，可这养猴的人不富，而猴子还养了一群，经济上就日渐捉襟见肘了。他就试着和猴子商量一下精简口粮的事："给你们吃的橡子，早上三个晚上四个，好不好？"猴子一听就怒了，这怎么行？不是让我们饿肚子嘛。于是，这人又跟猴子说："那早上四个晚上三个，可以了吧？"这是一个傻到家的问题，一般来说是不会奏效的，可让人诧异的是，猴子们竟然答应了，还一个个乐得在地上翻腾。

"朝三暮四"本来是一个拙劣的骗猴把戏，但后来竟发展到骗人了，还骗成功了——无论是被指责成反复无常，还是不讲信用以及感情欺骗（花心），恐怕都是被骗的人事后评价的。所以说人未必就比吃多了橡子的猴子高明多少，因为人也有短视贪吃的时候。

283

"呆若木鸡"究竟是褒还是贬?

《庄子·达生》中有这样一个寓言故事。

有一个叫纪渻子的人专门为国王训练斗鸡,参加斗鸡比赛。有一次训练斗鸡,训练了十天后,国王问纪渻子:"训练好了吗?"纪渻子说:"不行,正虚浮骄矜自恃意气哩。"再过十天,国王又问,纪渻子回答说:"不行,还是听见响声就叫,看见影子就跳,说明还有好斗的心理。"又过十天,国王去问,但还是不行,因为纪渻子认为这只鸡还有些目光炯炯,气势未消。这样再过了十天,纪渻子终于说差不多了,它虽然偶尔还叫几声,但已经有些呆头呆脑、不动声色了,看上去就像木头鸡一样。这只鸡一进斗鸡场,别的鸡一看,就吓得落荒而逃。

这里的"木鸡"之"木",并不是"呆滞"的意思,应该是"拙"的意思,很有老子"大巧若拙"的意味。这个"拙"是如何养出来的呢?前十天去掉骄矜之气,之后十天做到不被外物所夺,再之后做到不动心,最后去掉"斗鸡之势",可谓老子之"众人昭昭,我独昏昏;众人察察,我独闷闷"。到了这个境界,已经精神内守,不为外境所夺,与道合一,以无斗之心斗之。其他的斗鸡骄矜自恃,逐于外物,哪里见过这样的"神鸡"?是以落荒而逃。

所以说你"呆若木鸡",实际上有可能是在夸你。

284

古代第一人称代词有哪些？

现代常用的作为第一人称代词的有我、我们，是比较单纯的。古汉语中第一人称代词比现代汉语要复杂，经常使用的有"余、予、吾、我"四个，还有"朕、卬、侬"等，这些代词没有单、复数的区别，相当于现代汉语的"我、我们"。

"余"和"予"在古代常常通用，常做主语、宾语和定语，表示单数。如苏轼《石钟山记》"古之人不余欺也"（古代的人没有欺骗我）；《孟子·万章上》"予既烹而食之"（我已经做熟了而且吃掉了）。

"吾"和"我"在古籍中通用，可以做主语、宾语、定语，根据上下文的意思，可以表示复数。如《史记·项羽本纪》"今人方为刀俎，我为鱼肉，何辞为"（别人是刀和砧板，我们是被宰割的鱼和肉，为什么还要告辞呢）；《孟子·梁惠王上》"夫子言之，于我心有戚戚焉"（先生说的这些话，对我触动很大，有豁然开朗的感觉）。

"朕"在秦以前本是一般的自称，如屈原《离骚》"朕皇考曰伯庸"（我父亲的名字叫伯庸）；秦始皇以后就成为只能用于皇帝的专用代词了，如《史记·秦始皇本纪》"朕为始皇帝，后世以计数，二世、三世至于万世，传之无穷"（我是始皇帝）。

"卬"多用在《诗经》中，如《诗经·邶风·匏有苦叶》"人涉卬否，卬须我友"（别人涉水过河，而我却不，我要等待我的好友）。

"侬"属于吴地方言，魏晋南北朝时开始被作为第一人称代词使用。

○ 285

古代第二人称代词有哪些？

古汉语中，第二人称代词主要有"汝、尔、而、乃、若、你"六个。其中以"汝、尔、若"等最为常见。

"汝"在上古时写做"女"，常做主语和宾语。如《诗经·魏风·硕鼠》"三岁贯女，莫我肯顾。"（多年来辛勤地侍奉你，你却对我不照顾）；《史记·平原君列传》"汝何为者也"（你是干什么的）。

"尔"常做定语，如《诗经·卫风·氓》"以尔车来，以我贿迁"（带着你的车来，把我的嫁妆拉走）。"尔"后来也写做"你"。

"若"主要用做主语、宾语，有时也做定语。如《史记·淮阴侯列传》"若虽长大，好带刀剑，中情怯耳"（你虽然长得高大，又喜欢带着刀剑，但内心很胆怯）；《史记·项羽本纪》"吾翁即若翁"（我的父亲就是你的父亲）。

"乃"和"而"常用做定语，表示"你的、你们的"。如《史记·项羽本纪》"必欲烹而翁，则幸分我一杯羹"（如果一定要煮了你父亲，那么请分一碗肉汤给我喝）。

○ 286

古代第三人称代词有哪些？

古汉语的第三人称代词很不发达，常用"之"、"其"、"厥"、"彼"等指示代词充当第三人称代词，此外"伊、渠"也可做第三人称代词。

"之"在古汉语中经常做宾语，如《左传·隐公元年》"爱共叔段，欲立之"（偏爱共叔段，想立他做世子）；《触龙说赵太后》"太后盛气而揖之"（太后怒气冲冲地等待他）。

"其"经常做定语，如《史记·廉颇蔺相如列传》"臣从其计，大王亦幸赦臣"（我听从了他的建议，幸而大王免了我的罪）。

"厥"其实和"其"是异体字，它们的用法是一样的。

"彼"在句中可做主语、宾语，不过指示性很强，多带有"对方、那一方"的意思。如《左传·僖公二十二年》"彼众我寡，及其未既济也，请击之"（他们的或对方的军队势力强大，我方军队力量单薄）。

"伊"原来是指示代词，后来用做人称代词，如《世说新语》"汝兄自不如伊"（你哥哥本来比不上他）。

"渠"是江左方言，也是"他"的意思。

287

"鄙人"是用来称呼谁的？

古人为表示谦虚，在与别人说话时，往往在一些词前加上"鄙"字，如鄙人（称呼自己）、鄙意（自己的意见）、鄙见（自己的见解）。先秦时，"鄙"是指穷乡僻壤、不开化的地方，又指居住在郊野的人。对别人自称为"鄙人"，是表示自己地位不高、知识浅陋的意思。如《史记·廉颇蔺相如列传》"鄙贱之人，不知将军宽之至此也"，意思是自己本是个卑贱无知的人，不知将军您竟宽厚到这样的地步。现代人在特殊的场合有时也用这个词表示自谦。

除表示自谦外，古人也用这个词称呼别人。如《荀子·非相》"楚之孙叔敖，期思之鄙人也"，用的是本义；《庄子·应帝王》"汝鄙人，何问之不豫也"，用的是贬义。

288

"孔子"、"老子"的"子"为什么是尊称？

据先秦文献记载，周代分封有公、侯、伯、子、男五等爵位，"子"本来是其中的一种爵位。后来它作为一种称谓保留下来，成为对有道德、有学问、有地位之人的尊称。古籍中常见到这种称呼，如《左传·僖公三十年》"吾不能早用子，今急而求子，是寡人之过也"。春秋战国时期著名的思想家诸如孔子、孟子、老子、荀子等，他们都有姓有名，人们之所以在姓氏后加"子"来称呼他们，其实是对他们表示尊敬的意思。如《论语》"子曰：学而时习之，不亦说乎"，这是学生对孔子的敬称。后来又出现了"夫子"的称谓，它是在"子"的基础上更郑重的称呼，是对年老有德行、有声望的人的尊称，多用来指老师。孔子是我国古代最伟大的教育家，所以也被称为"夫子、孔夫子"。如《论语·先进》"夫子何哂由也"，就是孔子学生曾皙对他的尊称。

289

"令兄"和"令妹"的"令"是什么意思？

中国自古就是礼仪之邦，在称呼上，一般遵循对自己谦虚、对别人尊重的原则。于是就有了"家、舍、令"等这样加在称谓前面的词。"令"，意为美好，所以在对别人的家人称呼时前面习惯加上"令"字，以示尊敬。如称呼别人的父母为"令尊、令堂"；称呼别人的兄弟姐妹为"令兄、令妹"；称呼别人的子女为"令郎、令爱"。古代曾有过第一和第三人称的用法，如《孔雀东南飞》中"直说太守家，有此令郎君"就是用于第三人称的例子。现在"令"字常用于第二人称，相当于"您的……"，这已经成为一个固定用法。

290

"足下"这一尊称是怎么来的？

"足下"是个表示尊敬的词，古人写信和与人交谈时常常用到。关于"足下"这个词的由来有一个典故，见南朝宋刘敬叔《异苑》卷十：春秋时期，晋公子重耳流亡在外十九年，终于回国做了国君，即晋文公。即位后，他要封赏有功之臣。当年逃亡时，因为没有粮食吃，大臣介之推曾经把自己腿上的肉割下来让他吃，立下了大功，理应在封赏范围之内。但介之推为人一贯耿直、仗义，他不愿接受封赏，就带着老母藏到绵山中。晋文公去绵山找不到他，就下令放火烧山，想用这种办法逼他出来。没想到介之推还是不肯出来，最后抱着大树被烧死了。晋文公看到这悲惨的一幕，既后悔又悲伤。无奈，他只好叫人用被烧的这棵大树制成了一双木鞋，说："悲乎，足下！""足下"一词便由此而来。因为介之推是晋文公所尊重的人，所以"足下"一词逐渐演变成对表示敬重的人的称呼。后来，晋文公为纪念介之推，还将介之推被烧死的这一天定为"寒食节"，规定这一天吃冷食，不准动烟火。这个习俗一直延续到今天。

291

"了了"和"寥寥"有什么区别？

有些人写文章时"了了"、"寥寥"混用，导致语意的曲解。其实，这两个词虽然字音相同，但意义没有任何联系。

古汉语中，"了了"的原义为聪明，明白事理。《世说新语》中有一篇讲到孔融小时候的故事。十岁时他随父亲去拜谒当时很有名气的官员李元礼，以其伶俐的口才赢得了大家的交口称赞，而太中大夫陈韪说他是"小时了了，大未必佳"，就是小时候聪明，长大了未必。类似的例子还有很多。魏晋南北朝时，"了了"还有清楚的意思。如，"说之了了"，即说得很清楚。

"寥寥"在古汉语中原义为空虚、空阔。如左思的"寥寥空宇中，所讲在玄虚"就是这个意思。后来，它又被引申为少，非常少，也就是我们现代汉语中常用的意义。

292

古汉语中的"信"和"书"有什么区别？

学习古代汉语，只有正确辨析古今词义的异同，才能有助于理解语言的发展变化。拿"信"和"书"来说，"信"，古汉语中主要是指信使，即送信的人。如《世说新语·雅量》中"外启信至，而无儿书"，就是说外边的人报告使者到了，却没有看到儿子的信。"东信至，传淮上大捷"中的信也是信使的意思。"书"在古汉语中才是书信的意思。唐朝杜甫《春望》中的"烽火连三月，家书抵万金"，家书就是家信。《世说新语》中"谢万寿春败后，还，书与王右将军云：惨负宿顾"，还书就是回信的意思。这样的例子还有很多。不过"信"在古代有时也作书信讲，如《梁书·到溉传》有："研磨墨以腾文，笔飞毫以书信。""书信"就是写信。

随着时代的发展，"书"、"信"的含义逐渐发生了变化。"书"在现代汉语中指的就是书本，而"信"的含义比较丰富一些，在不同的语言环境中，可以作"信息、书信、相信、信用"等意义用。可见，"书"和"信"的现代意义与古代意义是有很大区别的。

293

"造次"是什么意思？

"造次"在现代汉语中的解释是"匆忙、仓促、轻率"等意思，从古至今，词义变化不大，有例为证。《红楼梦》中"宝玉一时情急，说得造次，不由红了脸"，就是说宝玉因为着急，所以说话没有考虑，莽撞、轻率的意思；《论语·里仁》"君子无终食之间违仁，造次必于是，颠沛必于是"，是说君子无论在仓促匆忙的时候，还是颠沛流离的时候，没有一餐饭的时间可以违背仁；《后汉书·吴汉传》"汉为人质厚少文，造次不能以词自达"，说他质朴缺少文采，着急的时候不能用语言把自己的思想表达清楚。类似这样的例子还有很多，不过从意义上看基本是一致的。现在，"造次"这个词已经不多用了，一般以"匆忙、仓促"等词代替。

294

令人扫兴为什么叫"杀风景"？

"杀风景"，也写作"煞风景"，指的是美好的景色或环境遭到破坏，现多比喻在兴高采烈的场合使人扫兴。

唐代诗人李商隐就曾经把"清泉濯足、花上晒裈、焚琴煮鹤、对花啜茶、背山起楼、松下喝道"列为六大杀风景事情，即他认为在清澈的泉水中洗脚，盛开的花枝上晒裤衩，用琴做柴煮鹤吃，赏花时喝茶，背靠山盖楼阻挡美丽风景进入视野，幽静的松林下有官老爷的车马随从吆喝着走过等是有损环境，有碍观瞻，庸俗不堪，破坏心情的最应该避免的事情。现实生活中，类似的事也有不少，但愿会引起人们注意，不要做有损形象、大杀风景之事。宋·苏轼《次韵林子中春日新堤书事》也有："为报年来杀风景，连江梦雨不知春。"

295

"难兄难弟"是指共同经历患难的人吗？

"难兄难弟"这个成语常被理解为共同经历患难的人。这样理解也不为错，但这只是当"难"这个字读做去声（四声）时的意义。其实，"难"还有一种读法，即阳平（二声），这时的"难兄难弟"的意义就需要我们探究一番了。

《世说新语·德行篇》有这样的故事：陈寔是东汉人，他为人忠厚，德行高尚，很受人尊敬。他的两个儿子一个叫元方，一个叫季方，在父亲言传身教的影响下，同样具有很好的德行，所以他们父子三人在远近都很有名望。有一次，元方的儿子长文和季方的儿子孝先争论起了谁的父亲德行更高，双方都说自己的父亲好，一时争执不下。他们只好去让爷爷评判。陈寔听后笑了，说："元方难为兄，季方难为弟。"意思是说元方卓尔不群，他人难为其兄；季方也俊异出众，他人难为其弟，两个都不错，不相上下。这才是"难兄难弟"的本意。现在多反用其义，指两个人同样坏。

296

"佞人"是什么样的人？

现代汉语对于"佞"的解释是，惯于用花言巧语谄媚人，带有贬义。其实，"佞"字最初并不像我们认为的那样是个坏字眼，它的本义是思维敏捷、伶牙俐齿，能说会道。但是过分地靠花言巧语取悦于人，就近似于奴颜媚骨、低三下四了。凡事有度，过犹不及，这样，"佞"的意义便逐渐向贬义过渡，以至于人们常把它和"奸"连用，说到小人时往往加上"奸佞"二字，最初的意义也就慢慢丧失了。"佞人"也就由口才好的人变为指靠花言巧语向人献媚的人了。

唐代宇文士这个人特别会巴结逢迎，专拣好话给皇上听，有一次唐太宗说一棵树很好，他也逢人就夸这棵树好，太宗知道了，就说他是一个逢迎阿谀的佞人。

297

古代"胖"是"肥"的意思吗？

"肥"在古汉语中最初指肌肉丰满、皮下脂肪厚，可以说人，也可以指动物，还可以引申为土地富饶。如：《孟子·梁惠王上》"庖有肥肉，厩有肥马"指的是牲畜的肉肥；《礼记·礼运》"肤革充盈，人之肥也"指人的肥。

而"胖"最初是和"肥"无关的。古人在杀牲畜时，一般是把两肋分开放，称肋骨处叫做"半体肉"，也就是"胖"。后来，人们感觉"肥"这个词有不尊敬的意思，况且又和动物联系在一起，于是就用"胖"代替了"肥"，来称呼某人丰满肥硕了。

298

"符合"这个词是怎么来的？

杜虎符

在说话或写文章时，经常用到"符合"这个词，意思是数量、形状、情节等相合。它的来历和我国古代的"符"有关。

"符"是我国古代调兵遣将验证身份时的凭证，最初是用竹片制作，一般做成动物的形状，分两部分，相关人员各拿一半，用到时合在一起。

它在古代经常用于军事中，调拨军队时，必须用放在国君身边的一半符与统率军队的将领所持有的半边符相合，命令才能生效。历史上还有一个"窃符救赵"的故事，讲的是战国末年秦昭王的大军围困了赵国都城邯郸，赵国急向魏王求救，魏王名义上派出大将晋鄙带大军救赵，但实际上是在观望。情况危急，魏王的宠妃如姬与信陵君合作，盗出虎符，夺取兵权，救了赵国的邯郸之围。正因为传达命令、验证身份、对证事实时要合符，便产生了"符合"这个意义。

299

什么样的人可以称为"英雄"？

现代意义上的"英雄"主要指那些不怕困难、不怕牺牲、为人民利益而英勇斗争的人。其实"英"和"雄"最初并不是指代人的。"英"是一种只开花而不结果的花，比如"落英"就是落花的意思。因为开花的时刻是最灿烂美丽的，所以古人常用"英"比喻事物的精华，后来又引申为人中的精华、杰出的人物，如我们常见到的"英姿、英武、英气、英名"都含有才能智慧过人的意思。"雄"原指公鸟，在鸟类世界里，雄鸟要通过美丽的外表和有力的搏击来赢得雌鸟的青睐，一般都比雌鸟漂亮，因此"雌雄"常用来比喻优劣。后来，"雄"被引申为杰出的、强有力的意思，如"雄心、雄壮、雄健"等。"英"、"雄"连用成为一个褒义词，指非凡出众的人物，前者侧重表示智慧、才能出众；后者侧重表现刚健有力、压倒一切。

300

什么样的人可以称为"豪杰"？

现代汉语中，"豪杰"指的是才能出众的人，它常与"英雄"连在一起使用。追本溯源，"豪"原指一种叫做豪猪的动物，因它身上又长又硬的毛而得名。后来，豪的意义由毛中的长者扩大为比喻具有杰出才能的人、人中的出众者，如"英豪、文豪"。"杰"原指高出地面的木桩，后来也被引申为超出一般的或才能出众的人。如

"杰出、杰作"。"豪杰"常连用成为一个词,如苏轼《念奴娇·赤壁怀古》"江山如画,一时多少豪杰";《三国志·诸葛亮传》"自董卓以来,豪杰并起";《管子·七法》"收天下豪杰,有天下之俊雄",其中"豪杰"均指才能超出众人者。

○ 301

古人为什么把沾染的不洁之物称为"污点"?

"污"本来指洼地不流动的浑浊之水、肮脏之水,所以有脏、臭的意思,如"粪污、污迹、污垢、污秽"。用做动词时,"污"就是把东西弄脏、污染的意思。如白居易《琵琶行》"血色罗裙翻酒污";《史记·东方朔传》"尽怀其余肉持归,衣尽污"。"点"的本义为黑色的斑痕,主要指白色东西上的黑点,如"斑点、墨点儿"。当它做动词时,就表示污损。"污"的引申义是使别人的名声受到损害,"点"的引申义是自己的清白受到玷污。既然"污"与"点"都是指脏东西,所以古人把沾染的不洁之物就叫做"污点"了。除此之外,利用其引申义,"污点"一词还被用来比喻不光彩的事情,如刘勰《文心雕龙·程器》:"陈平之污点。"

○ 302

"储蓄"一词是怎么来的?

"蓄"原写做"畜",最初指饲养动物。人类社会初期,我们的祖先靠捕获动物作为食物的来源之一,有时捕获的动物多了,一时不必全部杀死,就把它们储备起来,到需要的时候再吃,这样饲养业慢慢发展起来,人类有了比较稳定的肉食来源。从此便有了马、牛、羊、猪、鸡、狗等"六畜"。因为这些"畜"最初是被储备起来的,所以它就有了"储备"的意义。后来"畜"的范围扩大到了植物以及动植物以外的事物,甚至抽象的意念,就写做了"蓄",如"蓄养、蓄积、蓄念"等。

"储"最初以储藏财物为主,后来又扩大到储藏非生活用品或生物,所以它也就具有了"蓄"的一些特点。

"储蓄"连用在一起，最初是指积存财物、牲畜等实物，货币出现后，储蓄逐渐转为储备金银和钱币。如今所说的储蓄，多指把钱存到银行。

303

古人打猎为什么叫"田猎"？

"田"在古汉语中除了指供耕种的农田外，还指大规模、有组织的狩猎活动，这在当时是一项有利于农业生产的活动。

中国自殷、周以来，由原始社会以狩猎为主的生活方式进入了以农耕为主的生活方式，狩猎不再是获取食物的主要来源。农业社会，为了保护农作物不受野生动物的糟践，经常进行大规模的围猎活动，这种围猎最初是在保护农田的名义下进行的，所以被叫做"田猎"。周代有四时田猎的制度，春搜、夏苗、秋狝、冬狩。"田猎"中还有严格的规定，比如不猎幼兽、不采鸟卵、不一网打尽等。史书中有不少关于"田猎"的记载，如《左传·宣公二年》"宣子田于首山"；《淮南子·本纪》"焚林而田，竭泽而渔"；《孟子·梁惠王下》"田猎于此"。除了保护农田的作用外，"田猎"的目的还在于进行军事训练和把所获猎物祭祀宗庙等。

304

"酝酿"最初是什么意思？

平时我们说为一些事情做准备工作时经常用到"酝酿"这个词，比如"酝酿候选人名单"、"酝酿一个计划"等，其实这些都是"酝酿"的比喻义。

"酝酿"一词最初是造酒的发酵过程。"酝"的本义为酿酒，含有长期储存的意义。如曹植《酒赋》"或秋藏冬发，或春酝夏成"；又如"酝户"，指专门酿酒的人家；"酝酒"，指酿酒等。"酿"是把谷物放在容器中制酒。如，"酿米"，酿酒的米；"酿具"，酿酒的器具。古人把粮食经过蒸煮晾晒发酵，最后成酒，这就是"酿"。唐代白居易《与梦得沽酒闲饮且约后期》有"更待菊黄家酿熟，共君一醉一陶然"的诗句。除了酿酒，后来又把利用发酵作用制作的其他东西也叫做"酿"。如酿醋、酿酱等。

○ 305

为什么把反复考虑叫"斟酌"？

"斟酌"在现代汉语中是反复考虑的意思。它的本义却是倒酒，也指饮酒。

古代舀取液体用的器物一般是"斗"和"勺"，因为斗比较大，它的用途比较广，不仅可以舀酒，还可以舀其他液体。而"勺"主要是向饮器内舀酒的用具。古人倒酒喝的过程比现在复杂，首先要用"斗"把酒从盛酒的器具中舀到喝酒用的尊里，这个过程叫做"斟"。饮用时，再用"勺"把酒从尊中舀到专门用来温酒的器具里，再倒入饮器中喝，这叫做"酌"。我们来分析"斟"字，它是个形声字，从斗甚声，本义是用斗舀取，后来用其他器具向杯或碗内倒也叫"斟"。"酌"从勺酉声，本义也是用勺舀酒。后来，饮酒的过程逐渐简化，"斟"主要指倒酒，而"酌"主要指饮酒了，二者常结合在一起使用。因为不论是倒酒还是饮酒都要适量，所以由此也就引申出遇事反复考虑力求处理得当的意义。

○ 306

为什么互相研讨叫"切磋"？

"切"与"磋"的本义是指磨砺的方法。我国古代，把骨头加工成器物叫做"切"，把象牙加工成器物叫做"磋"。《尔雅·释器》"骨谓之切，象谓之磋，玉谓之琢，石谓之磨"就是对古代惯用的切、磋、琢、磨四种磨砺方法的解释。不管使用哪种加工方法，其间都要经过细致的研究、磨炼过程方能成器，所以后来常用"切磋"比喻互相商量研究，取长补短。如《论衡·量知》"切磋琢磨，乃成宝器；人之学问、知能、成就，犹骨象玉石切磋琢磨也"，用形象的比喻，说明一个人要想在学问、道德、事业上有所建树，一定要经过艰苦磨砺的过程。现在，我们经常在互相学习、探讨、研究等过程中用到"切磋"这个词语。

307

怎样的过程叫"锻炼"？

现代汉语中，"锻炼"是一个使用比较频繁的词语，或指通过体育运动使身体强壮，或指通过生产劳动、社会斗争、工作实践使能力提高。比如"锻炼身体、体育锻炼、劳动锻炼、工作锻炼"等。"锻炼"的现代意义多指人的社会活动，而它最初的意义却和人无关，主要指金属的冶炼加工。

"炼"从字形看从"火"，最初指的是"炼铁"、"炼钢"。因为铁的熔化温度很高，只有经过反复地加热锻打，挤出杂物，渗进炭素才能变成钢。这种反复在炉内加热的过程就叫"炼"。后来，把凡是用加热的方法使物质纯净或坚韧都叫做"炼"了，如"炼丹、炼药、炼乳"等。在此基础上又引申出了"用心琢磨"的意义，如"炼字，炼句"。"锻"和"炼"是紧密相关的过程，将熟铁加热后反复锤打成为器物的过程就叫做"锻"。如《后汉书·乌桓传》"男子能作弓矢、鞍勒，锻金铁为兵器"，又如"锻压、锻造、锻接"等。

308

为什么搞卫生叫"扫除"？

"扫"的本义是用扫帚清除尘土、垃圾，与现代的意义一致。如杜甫《客至》"花径不曾缘客扫，蓬门今始为君开"。

"除"的本义是指宫殿的台阶，后来泛指所有的台阶。如《汉书·李广苏建传》"扶辇下除，触柱折辕"。当它作为动词用时，就有了"打扫、修整"的意义，不仅指打扫台阶庭院，而且可以涉及更多的场所。后来它还引申出"清除"的意义，如"除旧迎新、铲除祸害、除暴安良"等。因为都有打扫的意义，所以"扫除"常连用在一起。直到现在，每当搞卫生时，人们总习惯说要"大扫除"了。

○ 309

披星戴月怎么"戴"?

现代意义上的"戴"大多是佩带的意思，如"戴手表、戴红领巾、戴眼镜"等，那么形容早出晚归，辛勤劳动的成语"披星戴月"中的"戴"是不是也做"佩带"讲呢？那样肯定是解释不通的。理解此成语，要从探究"戴"的古义开始。

现代用头支撑东西叫"顶"，而在古代叫"戴"。如《孟子·梁惠王上》"谨庠序之教，申之以孝悌之义，颁白者不负戴于道路矣"，意思是办好各级学校，反复地用孝顺父母、敬爱兄长的道理来开导他们，那么，老人便不致背负着、头顶着东西在路上行走了。后来，"戴"引申为爱戴、拥戴，也是从"在头上顶"的意义发展来的。由此看来，披星戴月中的"戴"其实是"顶着"的意思。

○ 310

"负荷"是用哪里承担重物?

我们知道，"负荷"一词有用人力承担重物的意思，但用身体的哪些部位来承担呢？先来看"负"，它的本义是用背驮东西，相当于我们今天的"背"。如"负荆请罪"就是背着荆条去请求别人责罚，"负重"就是背上背着沉重的东西。"荷"的本义是用肩膀承担重物，相当于今天的"扛"或"担"。如"荷锄、荷枪、荷担"等；又如《列子·汤问》"遂率子孙荷担者三夫，叩石垦壤，箕畚运于渤海之尾"，说的是愚公率领三个能挑担子的子孙移山的事情；《汉书·朱买臣传》"其妻亦负戴相随"，说的是朱买臣的妻子背上背着、头上顶着柴草跟着他走。可见，"负荷"是用背和肩承担重物的，所以有"背负肩荷"的说法。

311

"供给"是给谁东西？

"供给"现代的意义是把生活中必需的物资、钱财、资料等给需要的人使用，分开来讲，"供"和"给"都有把东西给需要的人用的意思，但在古汉语中，二者所供应的对象是有分别的。

"供"最初的意义多用于在祭祀中供应鬼神或是卑下者供应尊长者的需要。它所包含的内容很广泛，不论什么物品，只要是有需要，都可以"供"。如《韩非子·解老》："凡马之所以大用者，外供甲兵而内给淫奢也"；又如：供膳（供给膳食）、供饷（供给差粮）、供祀（供给祭祀）。

"给"在古汉语中不是"给予"的意思，而是指满足人的日常衣食的需要，它所提供的物品种类比"供"要少得多，而且主要是自己供应自己，也包括平等人之间的相互救济和尊长对卑下者的救济。如《战国策·齐策》"孟尝君使人给其食、用，无使乏"，是尊长者对卑下者救济，只限于食物和生活所需；《汉书·朱买臣传》"常艾薪樵，卖以给食"，这是自己供应自己食物。

312

"施舍"就是给人东西吗？

现代汉语中"施舍"的意思是把财物送给穷人或出家人。古代汉语中"施"与"舍"是两个意义相关而又相反的词。

"施"的本义是予，侧重将事或物推行、给予别人。它包括物质方面的和精神方面的两层含义，如《论语·颜渊》篇"己所不欲，勿施于人"中的"施"就是施加、推行的意思；《汉书·苏建传》"武所得赏赐，尽以施予昆弟故人，家无余财"中的"施"是把东西给别人的意思。"舍"的本义是免，侧重的是放弃自己应得的利益、权利等，如我们常说的"舍生取义、舍己为人、舍近求远"等都是指放弃、舍弃的意思。到汉代以后，"施"和"舍"的意义逐渐一致，都表示把东西给贫民和僧侣等的捐助了。

○ 313

"奉承"就是说好话吗？

我们经常把用好听的话恭维人，向人说好话称为"奉承"，并且多作为贬义词来用。其实"奉承"的本义与说好话无关。

"奉"是"捧"的古字，本义是两手捧着。古代向尊长者呈献东西时都要用两手捧着以表示尊敬，所以它又被引申为"进献、奉献"。如《史记·廉颇蔺相如列传》"请奉盆缶秦王，以相娱乐"中"奉"就是捧着进献的意思。如果是从尊长处接受物品，也应该用双手来接以表尊敬，所以又引申出"承受、承担、担任"的意义。"承"和"奉"的意义在古代是一致的，也表示向尊长者进献和从尊长处接受两方面的意义，后来在单独使用时有所侧重，分别表示"奉献"和"承受"。至于以后诸如表示说好话等意义，则是在语言发展中逐渐引申出来的。

○ 314

"贡献"是给谁东西？

"贡"是个形声字，从"贝"，"贝"字最初指钱财，所以"贡"本义是毕恭毕敬地献上，它与"供、恭"同源。古代社会中，臣下或属国向天子进献物品就叫做"贡"，弱国向强国进献物品也叫"贡"。它也代指所献的物品，如"进贡、纳贡、贡品、贡献"。"献"字从"犬"，"犬"代表祭祀中进献的物品，所以它的本义是指祭祀中供献的物品，后来把进献宝物、意见等也称为"献"，这是引申出来的意义。

"贡"、"献"常连用在一起，都有向尊者呈献的意义。不过前者侧重向帝王进献，而后者侧重进献给敬畏者。现在我们把拿出物资、力量、经验等献给国家、人民或对国家、人民所做的有益的事称作"贡献"，如"为祖国贡献自己的一切"，"为人民作出了新的贡献"等。

315

为什么道歉叫"谢过"?

"谢"在古代的意义就是向人道歉、认错，或者表示感谢，这些意义在古代作品中不难看到。如《战国策·魏策》"长跪而谢"意思是长跪着谢罪，《史记·项羽本纪》"旦日不可不蚤自来谢项王"，意思是明天不能不早些亲自来向项王谢罪。后来多用"谢过、谢罪"表示道歉。

现在，"谢"的道歉、认错意已不多用，而多用于表示感谢的意义，如"谢幕、谢恩、谢词、谢意"等；有时也用做"拒绝"的意义，如"谢客、谢绝"等。

316

为什么形容有个性叫"特立独行"?

"特"最初是指"雄的"，如"特牛"就是公牛的意思。我国古代，祭祀时一般要用猪、牛、羊等动物，而选择时必须是公的。祭祀用的动物一般都是一只，这样"特"就和"一"发生了联系。"特"的意义由此也就引申为单独、独立、特殊等意义。

"独"的本义指"单独、独自"，如"独一无二、独木桥、独出心裁"等。它的意义常侧重与众不同，不与人共的意味。

由"特"与"独"的意义可以看出，它们都具有突出的、与众不同的意思，所以"特立独行"用来形容有个性也就很恰当了。

317

为什么没有条理叫"紊乱"?

我们常把"紊乱"一词和"秩序、思想、言语、神经"等连用，表达杂乱、没有条理等意思。

从本义上探究，"紊"是乱的意思，它是从"文"的意义分化出来的。"文"最初指各种线条、色彩的有秩序交错所构成的图案。后来，由本义又分化出条纹的凌乱和没有条理的意义，这就是"紊"，比如"有条不紊"就是指有条理、有次序，不凌乱。从"乱"的古字形看，像一个人用双手整理乱丝，所以它最初指把混乱的事物理出头绪，使之恢复原状。不过，"乱"还有一个分化出来的意义，表示混乱、紊乱，它可以指各种各样的乱，也包括条理的混乱。因此，"紊乱"连用就表达没有条理的意义了。

318

为什么不含杂质称"纯粹"？

"纯"是个形声字，从纟，屯声，表示与丝线有关，它的本义是蚕丝。蚕丝在没有织成各种纺织品以前称为"纯"，意思是不含杂质的、纯一的丝。后来，把凡不含杂质的都称为"纯"，这是引申出来的意义，如"纯金、纯水、纯天然食物、单纯"。

"粹"也是个形声字，从米，卒声，本义指精米，即去除了皮壳等杂质的米。后来所有不含添加、替代或杂质的纯的东西都可以称为"粹"，如"粹毛"指纯色的毛，"粹正"指纯正。

经过上面的分析，"纯粹"连用在一起表示不含杂质的意义也就很容易理解了。现在我们还常把它用于人，如"一个纯粹的人"就是指没有任何私心杂念、思想纯洁的人。

319

为什么无能叫"不肖"？

"肖"的本义为相似、相像。"不肖"就是不像、不似，在古汉语中是和"贤"相对的。它有两种解释，一是指品行不好，多用来指子孙不具备他们先辈的良好品行，如"不肖之子"，《说文解字》解释说，"肖，骨肉相似也。不似其先，故曰不肖"；另一种解释为才能和力量与所承担的工作不相称，后来逐渐成为一个表示无能的谦辞。如《史记·廉颇蔺相如列传》"臣等不肖，请辞去"，就是说我们实在无能，请允许我们告辞吧。《战国策·齐策》"仪愿乞不肖身而之梁"，意思是我张仪愿意捐弃我无能的身子前往魏国。

"不肖"在古汉语中运用较多，现代汉语中已不常用。

320

风骚指什么？

风骚是《诗经》和楚辞的代称。十五"国风"是《诗经》中最优秀的作品，《离骚》则是楚辞中的代表性作品，所以用"国风"和《离骚》代指《诗经》和楚辞。而《诗经》和楚辞是我国文学史上最早出现的现实主义和浪漫主义两座高峰，成为后世艺术创作的典范，因而后世又常用"风骚"代指诗文之事，最有名的莫过于毛泽东的"唐宗宋祖，稍逊风骚"的诗句了。

321

什么是赋比兴？

赋比兴是《诗经》的三种艺术表现手法，最早见于《周礼·春官》。南宋朱熹解释说，"赋者，敷陈其事而直言之也"，也就是直接陈述铺叙的意思；"比者，以彼物比此物也"，就是比喻；"兴者，先言他物以引起所咏之辞也"，就是起兴，先说其他事物，引起所咏之辞。

322

什么叫楚辞?

楚辞的名称,最早见于《史记·酷吏列传》。其本义是指楚地的言辞,后来逐渐固定为两种含义:一是诗歌的体裁,一是诗歌总集的名称。从诗歌体裁来说,它是战国后期以屈原为代表的诗人在楚国民歌基础上开创的一种新诗体,因为以屈原的《离骚》为代表,又称"骚体"。从总集名称来说,它是西汉刘向在前人基础上辑录的一部"楚辞"体的诗歌总集,收入战国楚人屈原、宋玉的作品以及汉代贾谊、淮南小山、庄忌、东方朔、王褒、刘向诸人的仿骚作品。

323

作为文学体裁的赋有哪些特点?

赋是中国古典文学中一种重要的文体,主要用铺陈夸张的手法,体物写志,辞藻华丽但不能歌唱。它介乎诗歌和散文之间,韵散兼行,可以说是诗的散文化、散文的诗化。赋萌生于战国,兴盛于汉唐,是汉代最具代表性、最能彰显其时代精神的一种文学样式。它继承《诗经》、《楚辞》的赋颂传统,兼收战国纵横之文和先秦诸子作品的铺张恣肆之风,是一种综合的新文体。它与汉代的诗文一起,成就了汉代文学的灿烂与辉煌。司马相如、扬雄、班固、张衡四人被后代称为汉赋四大家。诗和赋的区别本来是很明显的:诗者缘情,赋者体物;诗不忌简,赋不厌繁;诗之妙在内敛,赋之妙在铺陈;诗之用在寄兴,赋之用在炫博。虽然对于现代人来说,赋远不及诗词、散文、小说那样脍炙人口,但在古代,特别在汉唐时,诗与赋往往并举连称,从曹丕的"诗赋欲丽"和陆机的"诗缘情而绮靡,赋体物而浏亮"可窥见端倪。赋在汉唐时期,有只作赋而不写诗的文人,却几乎没有只作诗而不写赋的才子。建安以后乃至整个六朝时期,对赋的推崇更甚于诗。

赋按体裁形式可分为骚体赋(以屈原的《离骚》为代表)、散体大赋(司马相如的《上林赋》为代表）和抒情小赋（张衡的《归田赋》为代表）。

324

乐府、乐府诗、新乐府之间有什么密切关系？

乐府有两个含义，一是机构名，二是诗体名。

作为官府机构的乐府建立于秦朝，其任务是收集编纂各地民间音乐、整理改编与创作音乐、训练乐工歌女、进行演唱及演奏等。汉时沿用了秦时的名称，汉武帝时扩大了乐府机关。

后来，人们就把这一机构收集并制谱的诗歌称为乐府诗，或者简称乐府。汉代乐府民歌继承和发展了《诗经》的现实主义传统，取得极高的成就，成为乐府诗歌最辉煌的时期。到了唐代，士人又撇开音乐而注重其社会内容，乐府由带有音乐性的诗体名称，变为批判现实的讽刺诗。新乐府就是用新题写时事的乐府式的诗。因为是自创新题，所以叫"新乐府"。

325

什么是志人小说？

志人小说是指魏晋六朝时流行的专记人物言行和历史人物的传闻轶事的一种杂录体小说，又称清谈小说、轶事小说。是在品藻人物的社会风气影响之下形成的。数量上仅次于志怪小说，著名的有《笑林》、《世说新语》等。志人小说和其他小说一起，开启了后世小说之先河。

326

什么是志怪小说？

志怪，就是记录怪异，主要指魏晋时代产生的一种以记述神仙鬼怪为内容的小说，也包括汉代的同类作品。当时盛行神仙方术之说，从而形成了侈谈鬼神、称道灵异的社会风气，志怪小说是在此种风气影响之下形成的。志怪小说的内容很庞杂，大致可分为三类：炫耀地理博物的琐闻，如东方朔《神异经》等；记述正史以外的历史传闻故事，如托名班固的《汉武故事》等；讲说鬼神怪异的迷信故事，如东晋干宝《搜神记》等。志怪小说对唐代传奇产生了直接的影响，对后世小说也有影响：一、为后世小说提供了丰富的素材；二、对后世小说中鬼狐一派有直接影响；三、为后世小说发展提供了艺术借鉴。

327

玄言诗中有多少"玄"的东西？

玄言诗发端自魏正始时代。西晋著名玄学家不善作诗，故只有少数诗人以玄言入诗。东晋中期是玄言诗的成熟和高潮期。东晋末叶，玄言诗已经式微了。玄言诗的"玄"，一是指在内容上以谈论老庄玄理为主，少数兼及佛理的表述；二是指在表达上抽象玄虚，淡乎寡味，纯以韵语敷述玄理，背离了艺术表现的形象、情感等原则。例如孙绰的《答许询》，满篇是道、神、玄风、蒙园等玄学词语，确乎"平典似《道德论》"。这种不同于前代的东晋特有诗风，不但直接启发影响了陶渊明平淡自然之风格，而且对后代文人诗歌中冲淡自然、旷达闲适风格的影响至为深远。同时，玄言诗人对山水的体悟与描写，也为晋宋之际山水诗的发展提供了审美心理和创作方面的准备。

328

什么是永明体？

永明体是指南朝齐武帝永明年间出现的一种新诗体。在佛经翻译的过程中，周颙发现了汉语的平、上、去、入四声规律，沈约、谢朓等诗人将其运用于诗歌创作中，结合汉魏以来的对偶、用典等修辞手法，讲究"四声""八病"等，以规范诗的声韵，增强了诗歌艺术的形式美。这种新诗体，人称永明体。代表作家有沈约、谢朓、王融、范云、江淹以及齐梁间的何逊、吴均和陈代的阴铿。永明体是中国格律诗的开端，此后，诗即从自由状态开始走向格律化。

329

宫体诗就是"艳情诗"吗?

南朝梁代宫廷创作形成了一种诗风，大都描绘闺情声色，清绮靡丽，伤于轻艳，格调不高。倡导者是梁简文帝萧纲。徐陵、庾信父子是代表作家，其创作风格流丽轻艳、"辑裁巧密"，被称为"徐庾体"。风气所至，陈后主与江总亦有此类创作。徐陵编有《玉台新咏》，只收"艳诗"，可说是宫体诗的合集。从宫体诗的创作来看，确实存在一些致命的弱点。在内容上，它以咏物、游宴、登临、艳情等题材为主。其中咏物、游宴、登临这些题材内容，往往流于琐屑，且作家常是以娱乐的心态从事创作，因而从中看不到有意义的社会生活与对人生的积极追求，甚至看不到诗人的个性；在艳情题材中，他们对女性的描写，往往着眼于妇女的容貌、体态、服饰等，也即在他们的笔下，女性不是作为爱情的对象，而是作为赏玩的对象，因而这一部分作品格调不高，甚而卑靡、秽荡。从风格上，宫体诗以秾丽为特色，但由于作品中缺乏充实的内容与有生气的情感，这就使秾丽的风格由于先天的贫血而显得浮艳、卑弱。尽管宫体诗有以上的缺陷，其在艺术上也还是有一些地方值得肯定的。首先，它巩固了永明体以来在格律、声韵上的成绩并有所发展，五言诗的创作开始由长篇走向短制，诗中的对偶、平仄和定型的律诗已相去不远，七言诗的写作更为普遍。其次，它在描写上的细腻精巧为后代诗人提供了可供借鉴的经验。

330

什么是骈文?

骈文是南北朝时期出现并流行的一种文体，具有裁对、隶事、敷藻、调声的特点。裁对，即讲究对偶工整，就是用语法结构基本相同或相似、音节数目相同的一对句子，表达一个相对立或相对称的意思，句式上用四字句或六字句；隶事，即用典，表现典雅含蓄；敷藻，即讲究文采，显示作者的语言才华；调声，即注意语言的平仄协调，读起来有韵律美。

骈文是与古文相对而言，先秦时期，无所谓骈文与散文，骈文的确定，是从魏晋开始的，而在南北朝时期，骈文创作则趋于兴盛，成为其时最具代表性的一种文体。王国维在《宋元戏曲史·序》中，曾将"六朝之骈语"作为一代文学的代表，魏晋南北朝骈文的兴盛，是与这一时期文学观念的变化密切相关的，是这一时期文学的自觉意识发展的结果。从南北朝时期开始，作家已开始探索文学与非文学的区别，起初，他们把经、史与诸子之类的作品划在文学范围之外，后来又进一步在文学范围内对文笔之别进行辨析，把有韵与无韵作为区分文、笔之别的一个标准。刘勰在《文心雕龙·总术篇》中曾称："今之常言，有文有笔，以为无韵者笔也，有韵者文也。"《文心雕龙》中分论文与叙笔，分别论述了十多种文体，梁元帝萧绎又提出："至如文者，惟须绮縠纷披，宫徵靡曼，唇吻遒会，情灵摇荡。"就强调了词藻、声律、抒情三方面的特点。这就是南北朝时期颇有影响的文笔说。而这一时期永明体作家在声律方面的探索，也对骈文的形成起了促进作用。这样，骈文的创作便在南北朝时期兴盛起来。

就文体特征而言，骈文具有以下三方面的特点：第一，骈文讲究对偶，并且在句式上多用四六句式，所以骈文又称为"四六文"。第二，骈文讲究平仄。讲究平仄的谐和调，是永明新体诗的追求，但这一时期受永明体诗歌创作的影响，文的创作也注意声调的谐美。尽管骈文创作没有诗歌那样有"四声八病"的严格限制，但追求平仄配合，造成辘轳交往，也是骈文文体的特点之一。第三，骈文一般注意征事用典和辞藻的华丽，因此，可以说骈文实际上是一种诗化的散文。

331

什么是古体诗、新体诗、近体诗？

古体诗，又称"古风"，唐代以后指区别于律诗、绝句的一种诗体，这种诗体以五言和七言居多，也有四言、六言和杂言，每首不限句数，不讲究对仗，用韵和平仄相对自由。

新体诗，因产生于齐武帝永明年间，故又称"永明体"。以沈约为代表的诗人，把四声运用到诗歌声律上，同时与诗歌对偶形式相结合，于是形成了一种新诗体。其特点是讲求平仄、音韵，对仗工整，词采华美。

近体诗又称今体诗。是唐代形成的律诗和绝句的统称，句数、字数、平仄、用韵等都有严格的规定。

332

什么是律诗？

近体诗以律诗为代表。律诗的韵、平仄、对仗都有许多讲究。由于格律很严，所以称为律诗。它起源于南北朝，成熟于唐代，共有八句，分为首颔颈尾四联，中间两联必须对仗。二四六八句必须押韵，首句可押可不押。按每句字数的多少，分为五言律诗和七言律诗。特殊的在十句以上的，叫做排律。

333

什么是绝句？

绝句比律诗的字数少一半。五言绝句只有二十字，七言绝句只有二十八字。绝句实际上可以分为古绝、律绝两类。

古绝可以用仄韵。即使是押平声韵的，也不受近体诗平仄规则的束缚。这可以归入古体诗一类。

律绝不但押平声韵，而且依照近体诗的平仄规则。在形式上它们就等于半首律诗。这可以归入近体诗。

334

什么是词牌？

词牌即词的曲谱。词总共有一千多个曲谱，人们给每个曲谱起了一个名字，就是词牌。最初是先有词，再配上曲，后人就依照前人创作过的曲谱来依声填词，形成了每个曲谱的固定格式，对句数、字数、用韵、平仄等都有一定的规定。有些词牌，正名之外另有异名，也有同名异调、一名数体的。

335

什么是阕？

阕的本义是"祭事结束而闭门"，引申为"止息、终了"。在诗词中，歌曲或词的一首叫一阕，一首词的一段也叫一阕，如苏轼的名词《水调歌头·明月几时有》就分上、下两阕。"阕"，也叫"片"、"遍"，指乐曲演奏完一遍。

336

唐传奇是怎样一种文体？

传奇是唐代开始流行的文言短篇小说，作者大多以记、传名篇，以史家笔法，传奇闻异事。如《柳毅传》。唐传奇的发展大体可分为三个阶段：初、盛唐时代为发轫期，也是由六朝志怪小说到成熟的唐传奇之间的一个过渡阶段，作品数量少，艺术表现上也不够成熟。现存主要作品有王度的《古镜记》、无名氏的《补江总白猿传》、张鷟的《游仙窟》。中唐时代为兴盛期，从唐代宗到宣宗这 100 年间，名家名作蔚起，唐传奇的大部分作品都产生在这个时期。元稹、白居易、白行简、陈鸿、李绅等人更以诗人兼传奇家的身份，将歌行与传奇配合起来，用不同体裁不同方式来描写同一事件（如元稹的《莺莺传》、白行简的《李娃传》、陈鸿的《长恨歌传》，都有与之相配的长篇歌行），从而既提高了传奇的地位，也扩大了传奇的影响。晚唐时代开始退潮，出现了由盛转衰的局面。虽然此期作品数量仍然不少，并出现了不少传奇专集，如袁郊的《甘泽谣》、皇甫枚的《三水小牍》、裴铏的《传奇》、薛用弱的《集异记》、李复言的《续玄怪录》等，但这些作品大多篇幅短小，内容单薄，或搜奇猎异，或言神志怪，思想和艺术成就都失去了前一个时期的光彩。

337

什么是变文？

变文简称"变"，是唐代通俗文学形式之一。它是在佛教僧侣所谓"唱导"的影响下，继承汉魏六朝乐府诗、志怪小说、杂赋等文学传统逐渐发展成熟的一种文体。郑振铎认为，"变文"的意义，和"演义"差不多，就是把古典的故事，重新再演说一番，变化一番，使人们容易明白。变文长期以来一直湮没无闻，直到敦煌藏经洞发现大批手抄写本变文以后，才逐渐为人们所认识和重视。变文包括讲唱佛经故事和世俗故事两类作品。讲唱佛经故事的变文，其内容主要是宣扬禅门佛理和封建迷信，有时还掺杂着儒家道德观念。表现形式大致有两种：一种是故事展开之前先引一段经文，然后边说边唱。另一种是前面不引经文，直接讲唱佛经神变故事。变文在艺术形式上也有独特的创造，除了叙事曲折、描写生动、想象丰富、语言通俗外，体制上韵文与散文相结合是其重要特点。变文的韵句一般用七言诗，也夹杂三言、五言、六言句式。散文多为浅近的文言和四六骈语，也有使用口语白话的。变文对唐代文人创作，特别是传奇的创作，具有一定的影响。唐初传奇《游仙窟》通篇以散文叙事、以韵语对话，便与变文散韵夹杂、唱白并用的形式基本一致；而且描写细致生动，语言通俗易懂，也接近变文的风格。中唐时期的传奇《柳毅传》、《莺莺传》、《长恨歌传》等，都明显地受到变文的影响。此外，从唐代传奇到宋、元以后的话本、拟话本等白话小说，它们那种长篇铺陈叙事的表现手法，也是跟变文相通的。

338

词作为一种文体有哪些别称？

词，是"曲子词"的简称。所谓"曲子词"，就是能够合乐而歌的歌词，唐五代时期通常称"曲"、"杂曲"或"曲子词"。因为词的句式大多长短不一，故又名长短句。有人认为，词是诗的余绪，所以词又称"诗余"。此外，词还有乐府、琴趣、乐章等别名。

339

什么是小令？

关于小令，有多种说法。一种是词中的短小者，明人曾以 58 字以内者为小令，实则并不绝对。唐宋文人在酒宴上即席填词，利用短篇小调，当作酒令，造句要非常凝练，讲究言有尽而意无穷。第二种是指散曲中的只曲，与"套数"相对：一般以一支曲子为独立单位。但也有例外，如"带过曲"、"集曲"、"重头"、"换头"等都是小令的特殊形式。第三种是指民间的流行小曲。

340

什么是"青词"？

青词，又叫做"绿章"，是道教举行法事时献给天神的祈祷词。唐人《翰林志》记载："凡太清宫道观荐告词文，用青藤纸书朱字，谓之'青词'。"这大概就是青词称呼的来源。后来，由于道教盛行，写青词的人也就多了起来，青词的作者也多数是文人，逐渐形成了一种文体。比如明代徐师曾的《文体明辨》就专列"青词"一类。明代道教非常流行，例如嘉靖皇帝就是道教爱好者，他所宠信的大臣都写得一手好青词。

341

什么是"话本"?

话本是指宋代"说话"(说书)人所依据的底本,起源于唐代人的说话,也称为"话文"或简称"话",是随着民间说话伎艺发展起来的一种文学形式。"说话"就是讲故事,类似现代的说书。北宋东京、南宋临安等大城市里,有许多"瓦舍",每座"瓦舍"中的"勾栏"(类似后代的戏院),就是上演"说话"伎艺的场所。话本在宋代逐渐盛行,开始有刻本流传。话本一般指小说、讲史、说经等说话人的底本,"小说"家所用的话本,都是短篇故事,通常即称为"小说",如《新编小说快嘴李翠莲记》等,长篇的讲史话本,一般称为"平话"("评话"),如《新编五代史评话》等。但皮影戏、杂剧和诸宫调的底本,也称作话本。后来还有人把明清人摹拟话本而写的短篇白话小说也称为话本。又有人只把小说家的底本称作话本。明代人则称为评话或词话。话本本来是说话人讲说故事的底本,往往只是粗略地陈说故事的大意,编印成书以后,就成为一种通俗读物,形成一种特殊的体裁和风格,代表中国白话小说的一个发展阶段。话本的题材非常广泛,有爱情、公案、神怪以及历史故事等,几乎无所不包。

话本的作者几乎都是无名氏,创作后又经不断补充润饰,多数经过文人加工。话本的语言以白话为主,融合部分文言,中间也穿插一些古典诗词。作为一种新的文学体裁,语言生动、泼辣,富于表现力,作品的主角多为手工业者、妇女、市井商人等,为新兴的市民阶层所喜闻乐见。对后代的通俗文学和戏剧、曲艺等产生了很大的影响。鲁迅说:"这类作品,不但体裁不同,文章上也起了改革,用的是白话,所以实在是小说史上的一大变迁。"因此,宋元话本是中国小说史的一个重要发展阶段,明清的白话小说主要是在话本的基础上发展起来的,如《水浒传》、《三国志通俗演义》、《西游记》等文学名著都是宋元话本继续发展的产物。

342

什么是元曲、元杂剧？

元曲是元代杂剧和散曲的合称。其曲文形式与词相近，用长短句，但格律较自由，多用口语，便于直率地表达感情，"元曲"与唐诗、宋词并称，在我国文学史上具有很高的地位。其中尤以剧曲（即杂剧）成就更高，这是一种用北曲演唱的，把唱、念、科、舞有机结合起来表现完整故事的综合性的戏曲形式，它是融合了前代各种表演艺术而形成的。元杂剧代表着元代文学的最高成就，故通常把"元曲"作为元杂剧的同义语。如《元曲选》实际上是元杂剧集。同时，把剧称为"曲"，也反映出当时人们对戏剧中的曲的重视。"元曲"均用北方流行的曲调，故又称"北曲"。

343

什么叫章回小说？

章回小说是我国古代长篇小说主要的、甚至是唯一的形式。其特点是：分回标目，分章叙事，首尾完整，故事连接，段落整齐。

章回小说直接的源头是宋元讲史话本，而间接的源头可以追溯到唐代佛教寺院的俗讲。因为一朝一代的历史故事要分多次才能讲完，就需要分章分回；而说话人为了招徕或留住听众，所以往往会在情节高潮时打住，留下悬念；而为了使听众对所讲的内容事先有了解，也往往用易记易背的对偶句将要讲的故事做概括，这就形成回目。产生于元末明初时期，以民间长期流传的长篇话本的基础上，由文人加工而成的著名小说有《三国演义》《水浒传》等。这两大长篇共同的特点是都有历史上的依据，但是因虚构成分的多少不同而分成历史演义与英雄传奇。这也是民间话本向案头小说转变的开始。明代中叶以后，形成了三大系统：一是历史传奇类，二是神魔志怪类，三是世俗风情类。尤其是世情类，只是形式上还保留着章回，在内容上已与说话分道扬镳。以《金瓶梅》的出现为标志，中国小说已从古典的故事情节模式，向近现代的人物小说转变。其故事情节淡化到无法再"说话"。

344

什么是"八股文"？

八股文又称制义、制艺、时艺、时文、八比文等，是明清科举考试时所采用的一种专门文体。因其要求文章中必须有四段对偶排比的文字，共八部分，所以叫八股文。

八股文注重形式，缺乏内容。其特点有四个方面：一是题目必须摘自四书、五经的原话；二是所论内容必须以程朱学派的注释为准，不得自由发挥；三是结构体裁死守在固定的格式里，每篇文章均由破题、承题、起讲、入手、起股、中股、后股、束股八部分组成。破题是用两句话将题目的意义破开。承题是承接破题的意义而说明之。起讲为议论的开始，首二字用"意谓"、"若曰"、"以为"、"且夫"、"尝思"等开端。入手为起讲后入手之处。起股、中股、后股、束股才是正式议论，以中股为全篇重心。四是字数与书写款式有固定的要求。一篇八股文的字数，清顺治时定为550字，康熙时增为550字，乾隆以后增至700字。文章要求点句、勾股（标明段落）、避讳。试题低二格，试文一律顶格。不符要求者取消考试资格。

八股文滥觞于北宋，成熟泛滥于明清，随着科举停止而废除。

345

什么是弹词？

弹词是明清时代很流行的说唱曲艺形式，主要流行于南方，用琵琶、三弦伴奏。弹词的来历缺乏清楚的记载，可能是从变文、词话演变来的。弹词到了乾隆中期以后，主要流行于江浙一带，地域文化特征越来越明显。现在见到的弹词，多产生于清代中期，文字包括说白和唱词两个部分。说白是散文体，唱词以七言韵文为主，中间穿插三言。语音上有"国音"（就是普通话）和"土音"（就是方言）的分别，其中的方言弹词又以吴语为最多。弹词的篇幅很长，一般用第三人称来叙述，语言浅显，通俗易懂。

弹词的演出很简单，只要两三个人一两件乐器就行，有的甚至可以一人演出，很适宜家庭的日常娱乐。同时，弹词的本子又很长，也适宜作为一种消遣性的读物，这就是弹词被人们喜爱的主要原因。

346

什么是"口号诗"？

所谓"号"就是随口吟诵的意思，和"吟"是同义词，所以"口号诗"就是随口吟诵的诗歌。严格来说，口号诗并不能算是一种诗体，因为都是随口吟诵的，大多不免草率而成，因此，一般只要求能够表达一时一地的感情而已，并不注重文辞的锤炼和含蓄。例如李白的《口号诗》："食出野田美，酒临远水倾。东流若未尽，应见别离情。"诗句意思平白，言辞简单易懂，这就是为了特定的环境下来抒发心绪服务的，要是作为咏史怀古的诗作来说，就味同嚼蜡了，没有什么艺术价值。

347

什么叫"试帖诗"？

试帖诗起源于唐代，多为五言六韵或八韵排律，是受"帖经"、"试帖"的影响而产生的。其题目范围和用韵，原来都比较宽泛。明朝科举考试不考诗赋。清朝自乾隆二十二年（1757）在乡试、会试时增试五言八韵诗一首。这也是一种形式古板的诗体，其内容不能随意抒发情感，而要严格依题写作，并且必须是歌功颂德、粉饰太平的内容。试帖诗的题目都要在前面用"赋得"二字（所以又叫赋得体），然后取古人五言或七言诗一句，指明以诗句中的某字为韵，称"得某字"，也就是限定要用这字的韵部，同时这个字还必须在诗的第二句或第四句的韵脚上出现；题目中还要指明要求"五（七）言六韵"、"五（七）言八韵"等；在诗中，除首尾两联外，中间各联都须对仗工整等等。如此多的限制，作者就只能依格式填写一些颂扬太平盛世的字句，使得试帖诗也和八股文一样，不仅形式呆板，内容也极空洞、乏味。

○

"书法"与"法书"有什么不同?

中国书法不是单纯的写字,而是根据汉字的造型规则,以毛笔宣纸作为主要工具,运用点画构成各种章法形态,表现书写者的精神、气质、学识和修养,并从中获得一种精神上的享受与满足。

书法一词较早见于南齐王僧虔论谢综书:"书法有力,恨少媚好。"

书法包含三个基本要素:笔法、笔势、笔意。笔法是因为毛笔的柔软而富有弹性的特点,铺毫抽锋,变化无穷,书家在运笔过程中熟练地掌握执笔法、运笔法、运腕法、用墨法等技巧,达到刚柔并济、收放自如、万毫齐发等自由而多样的点画线条,展示各种形体、情感与气势。笔势,要求点画粗细有法,书写过程中"势来不可当,势去不可遏",使点画之间的搭配合乎审美的规范,给字体赋予生命力,字与字及行与行之间有一点虚实相生的呼应关系。笔意,清刘熙载《艺概·书概》:"书虽重法,然意乃法之所受命也。"意思是说,书法作品不仅能表现客观事物的动态美,更能展露书家的思想情感与审美趣味、学养气度等,从而构成某种美的理想境界。

法书指的是可以取法借鉴与楷模的书法佳作。北齐颜之推在《颜

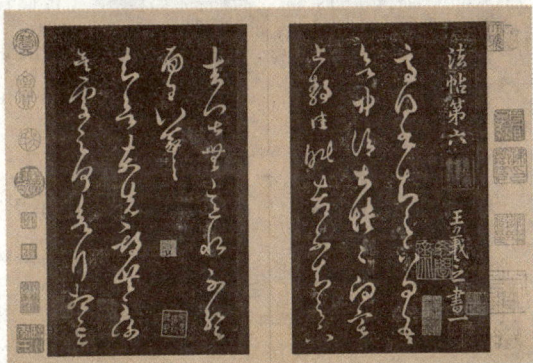

法帖

氏家训·杂艺》中说:"吾幼承门业,加性爱重,所见法书亦多,而玩习功夫颇至,遂不能佳者,良由无分故也。"意思是说他从小时即得到家族长辈们的教导,从小也看到很多可以当作楷模的书法真迹,如果工夫下了而书法没有进步,只能说是没有天分的缘故。

要使书法成为法书,须得下一番苦工夫。《书法三昧》就说:"作字之要,下笔须沉着,虽一点一画之间,皆须三过其笔,方为法书。"米芾《海岳名言》则说:"一日不书便觉思涩,想古人未尝片时废书也。因思苏之才《恒公至洛帖》,字明意殊有工,为天下法书第一。"正因法书的难得与珍贵,所以古人对其非常珍惜,南宋虞龢《论书表》记载:"桓玄爱重书法,每燕集,辄出法书示宾客。客有食寒具者,仍以手捉书,大点污。后出法书,辄令客洗手,兼除寒具。子敬常笺与简文十许纸,题最后云:'民此书甚合,愿存之。'"

此外,古人对别人的书作亦称之为法书,以示尊重。

○ 349

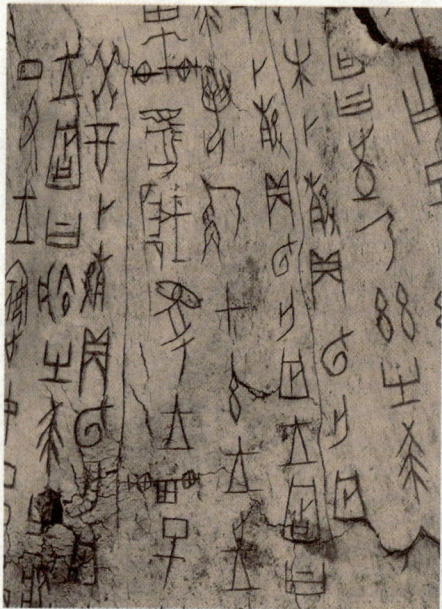
甲骨文

何谓篆书?

篆书是大篆、小篆的统称。从广义讲,大篆包括甲骨文、金文、籀文、六国文字,它们保存着古代象形文字的明显特点。从狭义讲,大篆就是籀文。

甲骨文是中国现存最古老的一种成熟文字。甲骨文又称"契文"、"龟甲文"或"龟甲兽骨文"。现今发现的绝大部分甲骨文发现于殷墟,主要是商王朝统治者的占卜纪录。

金文是泛指在三代(夏商周)青铜器上铸铭的文字,因为先秦称铜为金,所以后人把古代铜器上的文字也叫做金文。由于钟和鼎在周代各种有铭文的铜器中占有比较重要的地位，所以也称金文为"钟鼎文"。

籀文又叫"籀书"。卫恒《四体书势》说："昔周宣王时史籀始著大篆十五篇……世谓之籀书也。"班固《汉书·艺文志》记有《史籀篇》，是一部启蒙用的识字读物，共 15 篇，东汉建武帝时就已经丢失了 6 篇，现在已全部丢失了，只在《说文解字》中还残存 220 多个字。

小篆又称秦篆，是由大篆省略改变而来的一种字体，产生于战国后期的秦国，通行于秦代和西汉前期。战国时代，列国割据，各国文字没有统一，字体相当复杂，于是秦始皇便以

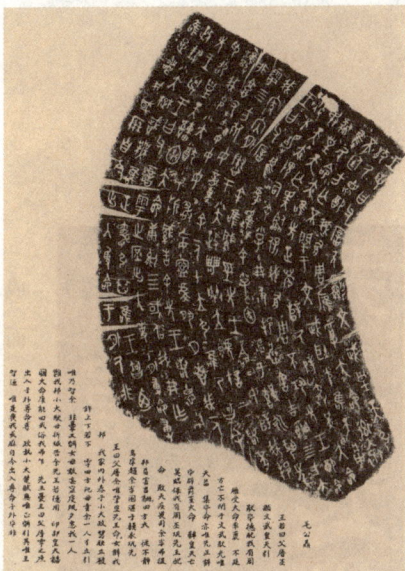

金文（毛公鼎拓片）

秦国的文字篆体，施行"书同文"来统一天下的文字，废除六国文字中各种和秦国文字不同的形体，并将秦国固有的篆文形体进行省略删改，同时吸收民间文字中一些简体、俗字体，加以规范，就成为一种新的字体——小篆。

中国文字发展到小篆阶段，逐渐开始定型（轮廓、笔画、结构定型），象形意味削弱，使文字更加符号化，减少了书写和识读方面的混淆和困难，这也是我国历史上第一次运用行政手段大规模地规范文字的产物，在中国文字发展史上有着重要的作用。

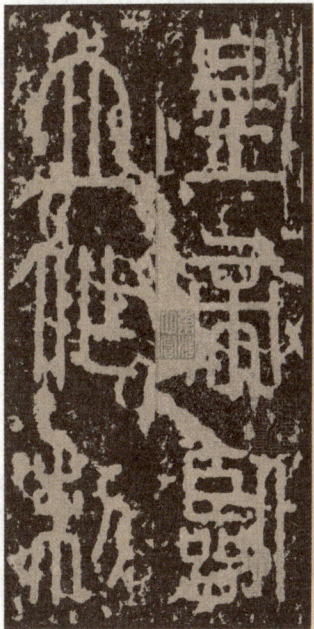

小篆（泰山刻石拓片）

○ 350

何谓隶书？

隶书代表作之《张迁碑》

一般认为隶书之由来为"奏事繁多，篆字难成，即令隶人佐书，曰隶字"。"隶人"不是囚犯，而指"胥吏"，即掌管文书的小官吏。这句话的意思是说，当时要处理的公文非常多，而小篆字形繁复，书写起来相当不方便，所以掌管文书的小官吏们就创造出了隶书。

隶书相传为秦末程邈在狱中所整理，他将小篆去繁就简，字形变圆为方，笔画改曲为直，改"连笔"为"断笔"，从线条到笔画，更便于书写。隶书这种字体据说当时在下层小官吏、工匠、奴隶中较为流行。

隶书盛行于汉朝，成为当时主要书体。同时，派生出草书、楷书、行书各书体，为书法艺术发展奠定了基础。

○ 351

何谓楷书？

楷书又称正书，或称真书，是在减省隶书的基础上发展而成的，是隶书的变体，其特点是：形体方正，笔画平直，可作楷模，故名。始于东汉，盛行于东晋并一直沿用至今。

魏晋之间，凡工楷书者，都称之为善于隶书。《晋书·王羲之传》："（王）善隶书，为古今之冠。"《晋书·李充传》："充善楷书，妙参钟（繇）索（靖），世咸重之。"初期"楷书"，仍残留极少的隶笔，结体略宽，横画长而直画短，在传世的魏晋帖中，如钟繇的《宣示表》、《荐季直表》仍存隶书的遗意，然已备尽楷法，实为正书之祖，其书可为楷书的代表作。

楷书按字体大小分为大楷、中楷、小楷。又因为历代科举考试，试卷都必须用小楷书写，所以从前的读书人，必先学小楷。

352

何谓草书？

草书有章草、今草、狂草之分。章草最早形成于汉代。当时通行的是草隶，即草率的隶书，又名"隶草"、"古草"，其后发展成为"章草"。正如刘熙载《艺概·书概》所说："解散隶体，简略书之，此犹未离乎隶也。""章则劲骨天纵，草则变化无方。"章草笔画省变有章法可循，代表作如三国吴皇象《急就章》。至汉末，张伯英（芝）把章草里面的隶书笔意省去，将上下字体之间的笔势连带、偏旁连接，从而创造出了"今草"。今草不拘章法，笔势流畅。到唐代，以张旭、怀素为代表，在"今草"的基础上，写得更加狂放不羁，称之"狂草"，成为完全脱离实用的艺术创作。

353

何谓行书？

行书出现在汉末，是介于楷书、草书之间的

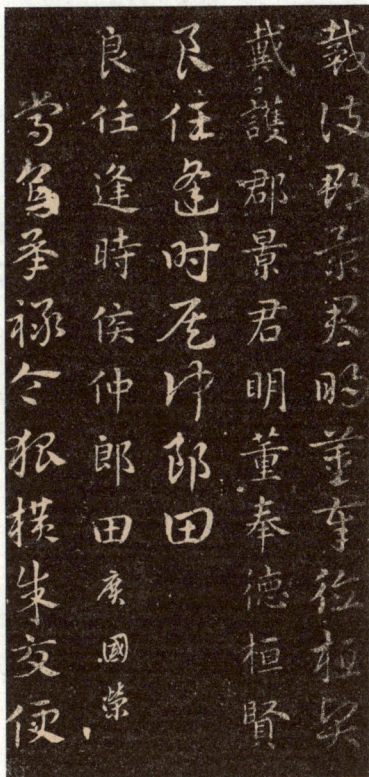

皇象章草《急就章》

一种字体，是楷书的草化。它是为了弥补楷书的书写速度太慢和草书的难于辨认而产生的，笔势不像草书那样潦草，也不要求楷书那样端正。行书点画常常强调游丝引带，笔锋使转遒丽明快，活泼自然，如行云流水一样。

据张怀瓘《书断》说："行书者，后汉颍川刘德升所造也。行书即正书之小讹。务从简易，相间流行，故谓之行书。"孙过庭《书谱》："趋变适时，行书为要。"即"行书"是由"正书"转变而成的，接近楷书的称"行楷"，接近草书的则称"行草"。

行书也称为押书，起初当由画行签押发展而来。据南朝宋王愔说："晋世以来，工书者多以行书著名，钟元常（繇）善行押书是也。"行书书写方便快捷，因此一直通行至今。

354

何谓八分书？

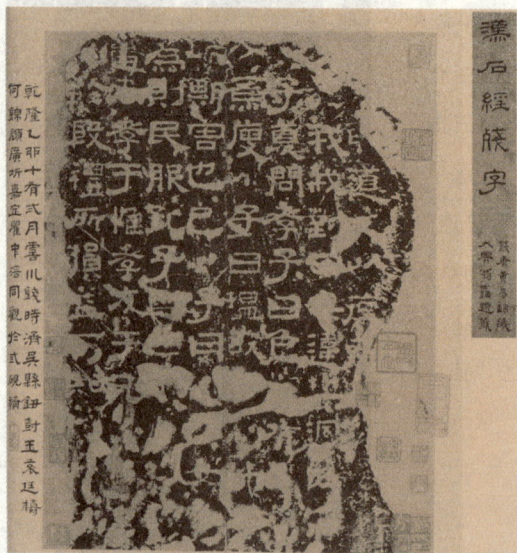
蔡邕八分书

何谓八分书，历代说法不一，如南朝宋王愔说："王次仲始以古书方广少波势，建初中，以隶草作楷法，字为八分，言有楷模。"齐萧子良也说："王次仲饰隶为八分"；宋郭忠恕则说："书有八体，汉蔡邕以隶作八分体，盖八体之后又生此法，谓之八分。"因为魏晋时期的楷书又称为隶书，所以将有波磔的隶书都叫做八分书，以示区别。唐杜甫《李潮八分小篆歌》："陈仓石鼓又已讹，大小二篆生八分。"《唐六典》称："四曰八分，谓《石经》碑碣所用。"汉代成熟的隶书，字形扁方而规整，用笔上有蚕头燕尾的特点，具备这些特点的隶书称为汉隶，也称八分。

355

什么叫飞白书？

飞白书源于八分书，是隶书八分体演变而成的，其内涵包括隶书中的"飞"与线条中的丝丝露"白"，并不是简单的因为墨的干涸而笔画露白。飞白书在墨法上要求黑、白相间，以体现"白"的特点；在形体上要求用波磔的飞扬体势，以体现"飞"。传说汉朝书法家蔡邕到皇家藏书的鸿都门送文章，他在等待被接见时，看到门外工匠在用扫把蘸石灰水刷墙，每一刷下去，白道里有些地方透出墙皮来。蔡邕回到家不断练习，独创了黑色中隐隐露白的笔道，即"飞白书"。

至唐代，飞白书仍然盛行，唐代的皇帝还写飞白体赐给臣下作为礼物："伊唐二叶，迨及高宗。咸所留意，亦云尽工。分赐宰弼，涣扬古风。"飞白书因为本身的特点，所以被称之"空蒙蝉翼之状，宛转蚪骖之形。斓皎月而霞薄，扬珍林而雾轻"。历史上善于写飞白书的名家很多，如韦诞、王慄、张弘、王廙（yì）、王羲之、王献之、武则天等。

武则天升仙太子碑额飞白书

356

何谓破体书？

所谓"破体书"，历来学界争论不休，比较有代表性的有以下几种解释。一是指书法结构的变体，是王献之创造的非草非行的多体杂糅并存的行草书和一笔书。另一种解释是，破体书法中的"破"字即不完整之意。

"破体"二字，最早出现于唐徐浩《论书》，原文为："厥后钟善真书，张称草圣，右军行法，小令破体，皆一时之妙。"这里的小令指的是王献之。唐张怀瓘《书

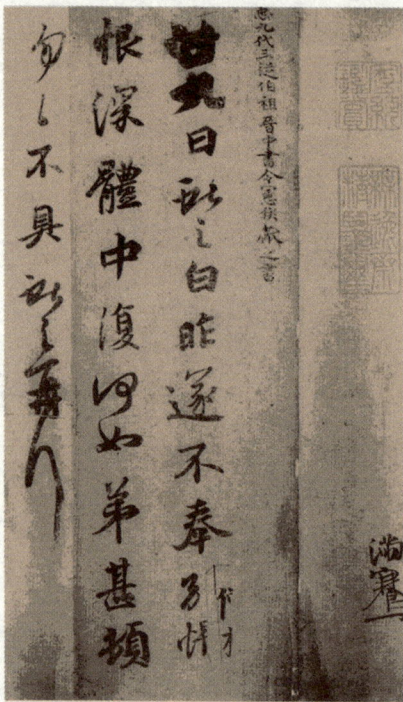

破体书示例

议》曰："子敬之法，非草非行，流便于草，开张于行，草又处其中间。"另外唐戴叔伦《怀素上人草书歌》和宋吴曾《能改斋漫录·论文》及清钱谦益《华山庙碑歌》也均对破体一词有解释。

从多体杂糅这点来立论，破体书法有三种，即大破体、小破体、全破体。大破体是指四种以上破体书法作品，给人别具一格、错落有致的感觉；小破体是指三种书体以内的破体书法作品，给人秀美、清新之感觉；全破体是指字字皆为破体书法，给人一种杂乱无章之感。

总之，破体书法是中国书法的一枝奇葩，它打破了单一书风的流行和限制，融会贯通各种书体进行创新，成为书家施展才华、表现思想、抒发个性的载体。

○ 357

什么叫蝌蚪书？

蝌蚪书是篆书手书体的别称，也可以说是古文书体的一种。笔画多头粗尾细，形如蝌蚪，故而得名。

蝌蚪我们一般很少见到，仅有魏石经中出现过粗头细尾的字体：魏正始年间

（240～249）刻儒家经典《尚书》、《春秋》二经，立石于洛阳太学门前，被后人称为《正始石经》。因经文是用古文、小篆、隶书三种字体书写而成，

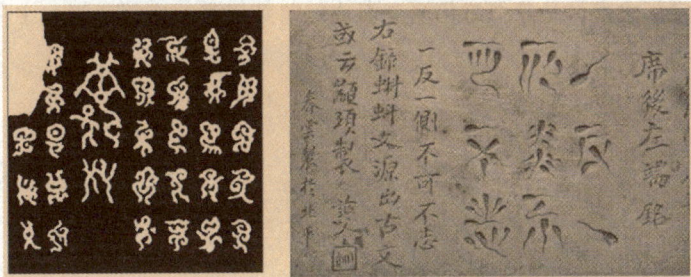

蝌蚪书示例

所以被称为《三体石经》。其中的古文，据卫恒的看法，书写者用"科斗（蝌蚪）书就"。《晋书·束晳传》中说："科斗文者，周时古文也，其字头粗尾细，似科斗之虫，故俗名之焉。"所谓"似科斗之形"，是指用毛笔书写篆书时，由于用笔的力度不同而造成的笔画的头部、腹部过肥的一种形象，并非形状真的和蝌蚪一样。

358

何谓"秦书八体"？

　　春秋战国时期战争不断，诸侯割据数百年，礼崩乐坏，文化多元。汉字的发展也受到了严重影响，文字异形、书体多样，这对于文化的交流和发展是十分不利的。故而秦始皇统一全国后实行了"书同文"政策，虽然在政策上统一了文字，确立了小篆的正体地位，但秦国文字依然纷繁复杂，有"秦书八体"之称。东汉许慎在《说文解字·叙》中云："自尔秦书有八体：一曰大篆、二曰小篆、三曰刻符、四曰虫书、五曰摹印、六曰署书、七曰殳书、八曰隶书。"

　　大篆，即籀文，是周宣王时太史籀书写整理的十五篇文字。小篆，即秦朝李斯《仓颉》篇、赵高《爰历》篇、胡毋敬《博学》篇等著录的文字，是根据大篆字形省改简化而成，又名"秦篆"。刻符，是刻在符节上的字体。虫书，是写在旗幡、铭旌上的字体。因这些字体有鸟虫之形，故称"鸟虫书"。摹印，是铸造、刊刻在印章上的字体。署书，是题刻在匾额、书榜上的文字。殳书，是铸造、刊刻在兵器上的文

字。隶书，是篆书简化演变而成，萌芽于秦，盛行于汉，字体书写较为便捷，一说为程邈所创。

359

何谓"永字八法"？

"永字八法"其实就是"永"字的八个笔画：侧（点）、勒（横）、弩（直笔）、趯（tì，钩）、策（仰横）、掠（长撇）、啄（短撇）、磔（zhé，捺）。唐张怀瓘《玉堂禁经》："八法起于隶字之始，后汉崔子玉历钟、王以下，传授所用八体该于万字。"

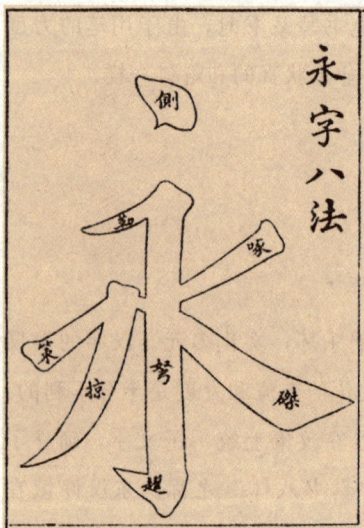

永字八法

关于"永字八法"的起源有很多的说法，如源于崔瑗、蔡邕、钟繇、王羲之或张旭等。因为"永字八法"指的是楷书，据书史资料，真书定型的年代应在魏晋时期。崔瑗和蔡邕留下的书法，还见不到真书。钟繇的真书已见成型，但隶书的影子还很重。卫夫人真书已经很成熟，并传授给王羲之。所以起源崔瑗、蔡邕、钟繇的可能性都不大，因为当时还是以写隶书为主。

周越《法书苑》说王羲之专攻"永"字十五年，然后终成大家，但这说法明显不太合情理。但是《兰亭序》的第一个字是"永"字却毋庸置疑。"永字八法"虽然说是学习楷书的"不二法门"，但正如黄庭坚《豫章黄先生文集》卷二十八《题绎本法帖》云："王氏书法以为如锥画沙，如印印泥，盖言锋藏笔中，意在笔前耳。承学之人更用《兰亭》'永'字以开字中眼目，能使学家多拘忌，成一种俗气。"可见所谓的"法"不能是死法，而应该是活法才对。

360

"碑"、"帖"有什么区别?

碑，东汉许慎《说文解字》释为"竖石也"，是竖立在地上的石头。原义是没有文字的竖石，后来经过发展才成为刻有文字的碑。今日的碑，有广义和狭义二解。广义的碑是指镌有述德、铭功、纪事与篆言等文字的刻石，如碑碣、摩崖、造像记、塔铭、刻经、界石、墓志等。狭义的碑则是指东汉以后，立于纪念地、建筑或墓前，刻镌文辞的长方形石板。而我们今天理解的碑，大都从广义的角度来理解，故碑的含义当指一切刻有文字的（除刻帖外）石刻的总称。

帖，东汉许慎《说文解字》解释为"帛书也"。古人把写在竹、木片上的字，称之为简牍；书写在丝织品上的字迹称之为帖。由于帖最早是指写了字的奏事的小纸片，一般指字条、请帖、庚帖之类，因此凡是小件篇幅的书迹，过去都称之为帖。自后汉开始，书法艺术逐渐受到社会的重视，很多士大夫习惯于把书家信札作为珍秘收藏起来欣赏研习，称之为帖。自北宋，刻帖之风盛行，人们把帖刻于木板、石头之上，名之曰丛帖、汇帖或集帖。从木板、石头上拓下来的拓本，为便于欣赏学习，装裱成册，亦称之为帖。清末西方摄影技术传入我国后，凡镌刻、手写等一切书法文字，一经影印装订成册，亦皆称之为帖。

碑帖作为一个连词来讲是一个概念。分而言之，碑是碑，帖是帖，二者是有很大的区别的：

一、功用不同。碑是为了追述世系，表功颂德或祭祀、纪事用的，以期达到"托坚贞之石质，永垂昭于后世"的愿望。刻帖则是专为书法研习者提供历代名家书法的复制品。

二、文字内容不同。碑是为了表功颂德追述世系，故有一定的文字格式和内容；帖无内容和格式的限制，以书法优劣为选择标准。

三、书体不同。碑的书体在隋以前以篆、隶、楷书为主，至唐太宗作《温泉铭》，以行书书丹，始有行书之碑，草书除武则天《升仙太子碑》外绝少有之。帖的书体没有限制，以信札为主。

四、形制不同。碑是竖立在地面上的石刻，高辄丈余，形制以长方为主，也有圆形、尖形、圭形，有额、有趺，部分有穿孔，往往四面刻字。帖为横石，一般高不过盈尺，只正面刻字，无额、趺、穿孔。此外，帖有木刻，碑则绝少。

五、上石法不同。碑一是用刀直接镌刻，二是书丹上石；帖是模勒上石，就是用油素纸覆在真迹上，把真迹复制下来，然后在纸的背面用朱墨双钩一遍，再将朱墨双钩粘现于石上，刻工遂依次镌刻。

六、刻法不同。碑刻有时因循刀法与书丹相同或有所出入；帖则必须忠于原作，力求所刻与原貌完全一样。

361

怎样读帖？

帖，一般称之为"法帖"，是专供人们学习、临摹和研究的范本。所谓"读帖"，就是通过对范本字帖的用笔、线条质感、节奏、空间构成等方面的观察，然后去临习。宋代黄庭坚云："古人学书不尽临摹，张古人书于壁间，观之入神，则下笔时随人意。"宋代姜夔在《续书谱》中引用唐太宗的话："皆须古人名笔，置之几案，悬之座右，朝夕谛观，思其用笔之理，然后可以临摹。"这里所说"观"、"谛观"，即是读帖的意思。读帖务求精细周到。既然如此，首先在读帖过程中必须对每一点、每一画、每一行以致通篇认真细致地读，体会其手势转换，注意每一个细节部位的变化，怎样藏锋下笔？怎样换锋行笔？怎样回锋收笔？如何翻转？如何顺势接笔？何处提？何处按？何处疾？何处涩？……想古人写字时的手势、姿势以及动作的矜持与放松等等，不但要看到有字处的轨迹，也要看到无字处的必然轨道，也就是说把古人由动而留下来静的痕迹，再在想象中恢复。正所谓字外无法，法在字中。只有逐渐正确理解这些痕迹，才能和古人对话。其次，研究字的形体结构特征，如笔画的粗细、长短、大小、高低、斜正、收放以及曲直刚柔、阴阳疏密、错落奇正，还要分析帖字的布局和神情、意态等，领会作品的倾向和意趣，进一步探索作者写此作品时的心境。

当然，对初学者来说，读帖并不是一"读"就懂，"读"后也不一定立即奏效。它有一个养成习惯和逐步提高的过程，而且应将读帖与临帖紧密结合起来，读后临，临后读，两者配合，逐步深化。另附带说明的是，对初学者来说，选帖最好选影印版本较好的墨迹本，不要选刻本，因为墨迹本比刻本笔路清晰、易读。选帖时最好请教一下有经验的老师。

362

什么是"三希堂法帖"？

三希堂法帖是清代宫廷刻帖。乾隆十二年（1747）朝廷敕命吏部尚书梁诗正、户部尚书蒋溥等人，将内府所藏历代书法作品，择其精要，由宋璋、焦林等人镌刻而成。法帖共分 32 册，刻石 500 余块，收集自魏、晋至明代末年共 135 位书法家的 300 余件书法作品，因帖中收有被乾隆帝视为稀世墨宝的三件东晋书迹，即王羲之的《快雪时晴帖》、王献之的《中秋帖》和王珣的《伯远帖》，而珍藏这三件希世珍宝的地方又被称为三希堂，故法帖取名《三希堂法帖》。

363

"石鼓文"是一种什么样的文字？

"石鼓文"是先秦石刻文字，没有具体年月记载，有人认为是周宣王时期的作品，也有人认为其时间应为秦惠文王之后、始皇之前，但不论其时代如何，它都是我国遗存至今时间最长的石刻文字，被称为"石刻之祖"，因其文字被刻在鼓形的石头上，故被称为"石鼓文"。"石鼓文"共十鼓，每鼓都分别刻有四言诗一首，记述了秦国国君游猎之事，又称"猎碣"。

唐代初期，"石鼓文"在陕西郊外被发现，之后杜甫、韩愈吟咏不断，故而闻名于世。其结字多为长方形，体势严整，肃穆端庄，笔力沉雄稳健，雍容大度，有着

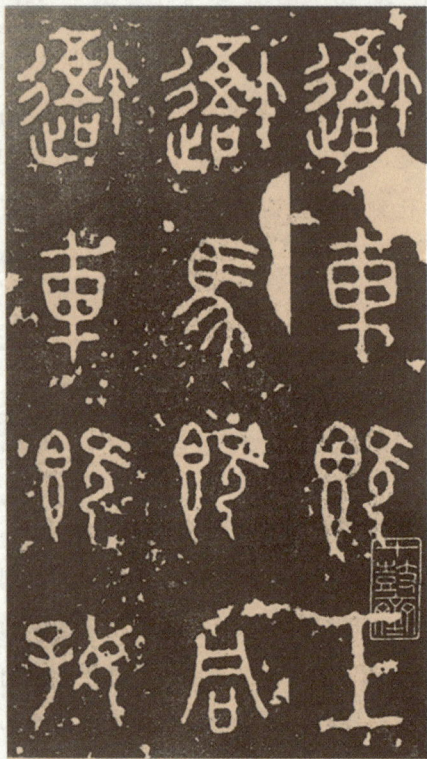

"石鼓文"

浓郁的庙堂气息,再加上经历了千年的风雨剥蚀、漫漶,形成了石、字、诗浑然一体的风格,给人以苍茫古朴、雄浑大气的美感。"石鼓文"是介于金文、小篆之间的文字,是从金文向小篆发展的一种过渡,它比金文更加规范、统一,但仍在一定程度上保留了许多金文的特征。后人对"石鼓文"的评价很高,唐代张怀瓘说它"若取于诗人,则《雅》、《颂》之作也"(《书断》中篇之《神品》)。康有为称曰:"若'石鼓文'则金钿落地,芝草团云,不烦整截,自有奇采。……既为中国第一古物,亦当为书家第一法则也。"(《广艺舟双楫》之《说分第六》)"石鼓文"被历代书家视为学习篆书的不二法门,其对书坛的影响以清代最盛,著名篆书家杨沂孙、吴昌硕书法都受其影响。存世的版本有先锋本、中权本、后劲本等。

○ 364

王羲之"书圣"之名是怎么来的?

在早期书法史上,王羲之并没有"书圣"之名,其名气甚至比不上当时的一般书法家,如梁武帝萧衍在《观钟繇书法十二意》中就说:"子敬(王献之)之不逮逸少(王羲之),犹逸少之不逮元常(钟繇)。""不逮",不及之意。唐代时,唐太宗极度推尊王羲之,不仅广为收罗王书,还亲自为《晋书·王羲之传》撰赞辞,评钟繇则"论其尽善,或有所疑",论献之则贬其"翰墨之病",论其他书家如子云、王蒙、徐偃辈皆谓"誉过其实"。通过比较，唐太宗认为王羲之"尽善尽美"，"心慕手追，此人而已，其余区区之类，何足论哉"！从此王羲之在书学史上至高无上的地位被确立并巩固下来。宋、元、明、清诸朝学书人，无不尊晋宗"二王"。唐代欧阳询、虞世南、褚遂良、薛稷、颜真卿、柳公权，五代杨凝式，宋代苏轼、黄庭坚、米芾、蔡襄，元代赵孟頫，明代董其昌，历代书学名家无不皈依王羲之。清代虽以碑学打破帖学的范围，但王羲之的书圣地位仍未动摇。"书圣"、"墨皇"虽有"圣化"之嫌，但世代名家、巨子，通过比较、揣摩，对其无不心悦诚服，推崇备至。

365

"天下第一行书"指什么作品？

被称为"天下第一行书"的是王羲之的《兰亭序》。《兰亭序》，又称《兰亭集序》、《禊帖》等。东晋永和九年（353），王羲之与谢安等在绍兴兰亭"修禊"。会上人皆赋诗，王羲之写下了这篇优美的序文。传世法帖共28行、324字，笔法、结构、章法都很完美，被视为是王羲之书法成就最具代表性的得意之作。赵孟頫《阁帖跋》说"右军王羲之总百家之功，极众体之妙"。因此，王羲之的书法得到人们普遍喜爱和推崇。唐太宗更是以帝王之力，确立了王羲之的"书圣"地位。王氏书法也同样被历代书家所推崇。

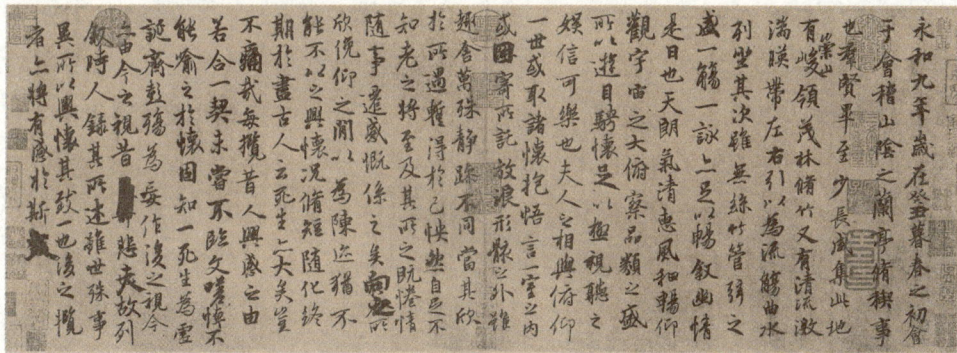

王羲之行书《兰亭序》

关于《兰亭序》的真伪，古来说法不一。清末广东顺德书家李文田《定武〈兰亭跋〉》断言"文尚难信，何有于字"，认为晋人的书法不应脱离汉魏隶书的樊笼，认为《兰亭序》不可能是王羲之所书，应为后人之伪作。1965 年郭沫若在《文物》上发表了《由王谢墓志的出土论到兰亭序的真伪》一文，指出《兰亭序》不仅从书法上来讲有问题，就是从文章内容上来讲也有问题，斥《兰亭序》为伪作。此后，启功、李长路、章士钊、高二适等名家都对《兰亭序》的真伪问题进行了公开论辩，这就是著名的"兰亭论辩"。至今，由《兰亭序》引发的疑案仍然众说纷纭，难有定论。但是不论如何，《兰亭序》的书法价值，是值得肯定的。唐太宗推崇王羲之的书法，曾命欧阳询、冯承素、褚遂良等钩摹《兰亭序》，分赐近臣。相传真迹被唐太宗殉葬昭陵（一说被武则天殉葬乾陵）。传世至今的《兰亭序》均为临本或摹本，有"定武本"、"神龙本"等。

366

"天下第二行书"指哪件作品？

王羲之《兰亭序》、颜真卿《祭侄文稿》、苏轼《黄州寒食诗帖》被称为"三大行书"。按时间排序，颜真卿《祭侄文稿》名列第二，故称"天下第二行书"。

颜真卿《祭侄文稿》又称《祭侄季明文稿》，书于唐肃宗乾元元年（758），全文共 234 字。《祭侄文稿》是颜真卿为祭奠安史之乱中英勇就义的侄子颜季明所作。唐天宝十四年（755），安禄山谋反，颜真卿、颜杲卿讨伐叛军。次年正月，叛军攻陷常山，颜杲卿及其少子季明被捕，英勇就义。乾元元年，颜真卿命人到河北寻访季明的尸骨，并挥泪写下了这篇祭文。

此帖为草稿，字迹仓促，涂抹删补之处甚多，本无意于书法。然而不求工而自工，无意于佳乃佳。此作中，颜真卿将悲愤之情流淌于笔端，充满了对亲人的哀悼和对叛贼的仇恨。元代张敬晏跋云："以为告不如书简，书简不如起草。盖以告是官作，虽端楷，终为绳约；书简出于一时之意兴，则颇能放纵矣；而起草又出于无心，

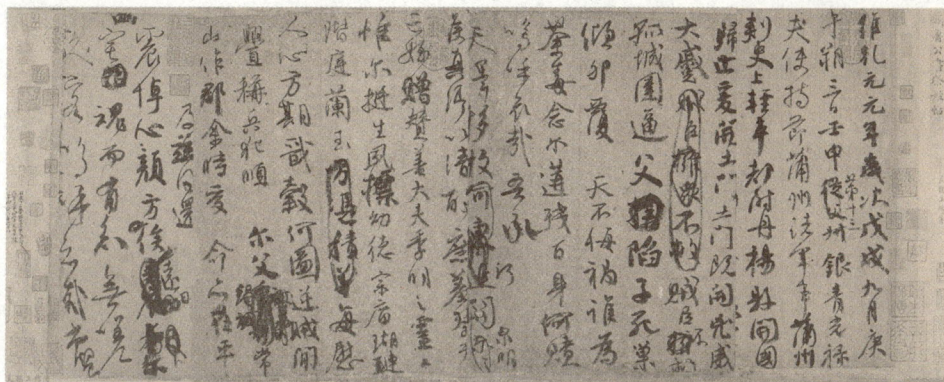

是其手心两忘，真妙见于此也。"元著名书法家鲜于枢跋曰："《祭侄季明文稿》，天下行书第二。"

367

"铁门限"一词从何而来？

"铁门限"一词的出现与著名的书法家僧智永有关。智永出身于天下第一名门望族的琅琊王氏，是晋代大书法家王羲之的七世孙。著名书法家王羲之有临池学书的佳话，智永也有"退笔冢"、"铁门限"的美谈。

智永在永欣寺苦练书法 30 多年，十分用功，写坏了无数毛笔。每坏一枝，就将废笔头投入瓮中。30 多年临池不辍，废笔头也积攒了数瓮，每瓮数石，智永遂将废笔头埋葬在一起，世人称之为"退笔冢"。

经过 30 多年的勤学苦练，智永的书法达到了很高的境界，真正继承了王羲之书法的精髓。当时求字之人络绎不绝，居然把门槛踏破。智永遂请人在门槛上包了一层铁皮，人们称之为"铁门限"。此事历史上有相关记

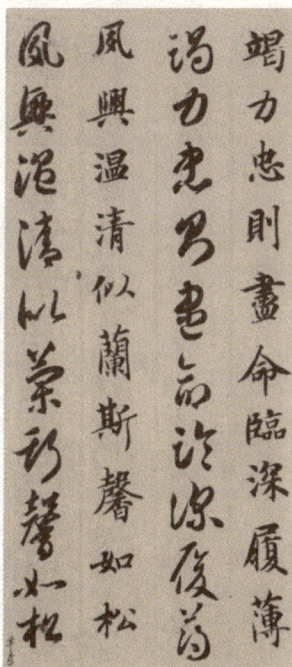

载："（智永）积年学书，后有秃笔头十瓮，每瓮皆数石。人来觅书，并请题额者如市，所居户限为之穿穴，乃用铁叶裹之，人谓之铁门限。"（张宗祥抄本陶宗仪《说郛》卷九十二）智永的"退笔冢"和"铁门限"千百年来被人们赞颂。智永也因此成为勤学的典范。

368

书法史上的"初唐四家"指的是谁？

书法史上的"初唐四家"是指欧阳询、虞世南、褚遂良、薛稷。他们都是唐代初期很具有代表性的书法家，皆擅长楷书，为南北书风的融合和书法的继承发展作出了巨大贡献。欧阳询，字信本，长沙人。在隋时书法就很有名，他的书体被称为"欧体"。他与唐代书家颜真卿、柳公权、元代赵孟頫并称为"楷书四大家"。其作品有墨迹《卜商帖》、

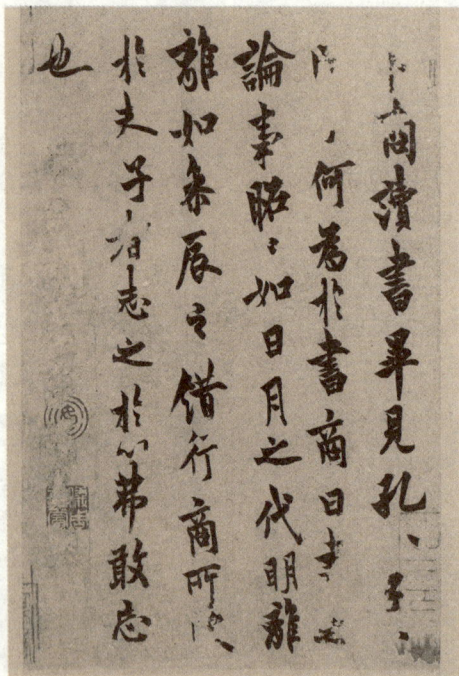

欧阳询《卜商帖》

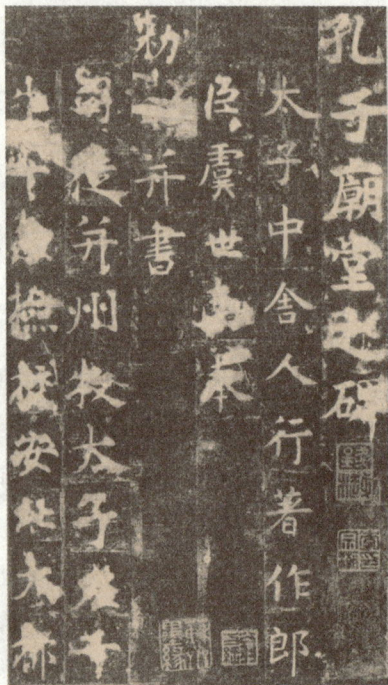

虞世南《孔子庙堂碑》

《梦奠帖》等。所书碑刻传世的有《九成宫醴泉铭》、《皇甫诞碑》等。相传欧阳询临有《兰亭序》，流传的定武本《兰亭序》，就是根据欧临本上石刊刻的。虞世南，字伯施，余姚人。太宗曾称其德行、忠直、博学、文词、书翰为五绝。其书法刚柔并重，清丽刚健。碑刻有《孔子庙堂碑》等。褚遂良，祖籍河南禹州，为秦王李世民文学馆十八学士之一，精于书法，以善书由魏徵推荐给太宗。薛稷，山西人。他书法学虞世南和褚遂良，唐人说："买褚得薛，不失其节。"唐代张怀瓘评其书："书学褚公（遂良）尤尚绮丽媚好，肤肉得师之半，可谓河南之高足，甚为时所珍尚。"（《书断》下篇之《能品》）碑刻有《升仙太子碑碑阴题名》、《信行禅师碑》、《涅槃经》等。

369

"颜筋柳骨"是什么意思？

"颜筋柳骨"一词相信大家不是很陌生，因为学习书法，对楷书的学习是必须

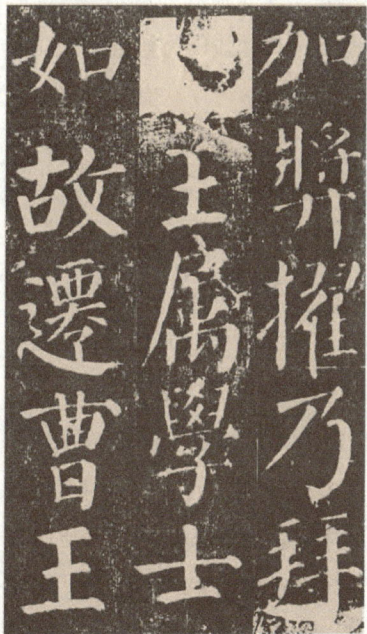

颜真卿《勤礼碑》

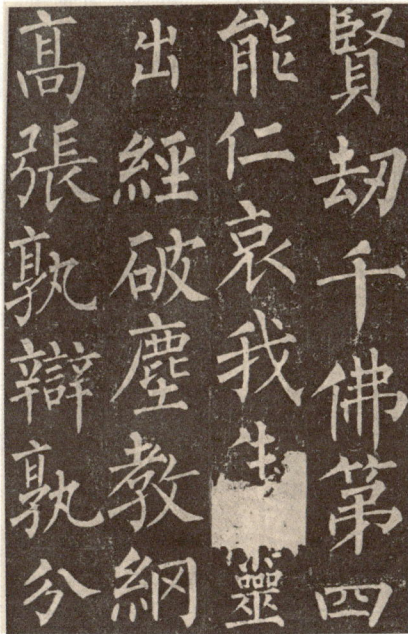

柳公权《玄秘塔碑》

的，颜真卿、柳公权的楷书又是学习楷书的最佳范本。人们评颜真卿的字多"筋"，柳公权的字多"骨"，故有"颜筋柳骨"之说。那么"筋"、"骨"又指什么呢？

我国古代的先哲们习惯于形象思维，特别善于联系生活，谓书法要和人一样："书必有神、气、骨、肉、血，五者阙一，不为成书也。"（苏轼《论书》）。"筋"的含义有很多，或指筋脉相连的势，或指线条的弹性和韧性，"筋"书通常柔中带刚、润中带涩。晋卫夫人《笔阵图》云："善笔力者多骨，不善笔力者多肉；多骨微肉者谓之筋书，多肉微骨者谓之墨猪。"柳公权最醉心于骨力，精心于中锋逆势运行，细心于护头藏尾，端正笔锋，如"锥画沙"、"印印泥"。颜柳书法相比，颜书筋肉多，但也并非无骨；柳书骨力深，但也并非无肉。

370

"颠张醉素"分别指谁？

所谓"颠张"、"醉素"分别指的是唐代两位著名的草书家张旭和怀素。

张旭，字伯高，苏州人，曾任常熟尉，以草书而闻名。其母陆氏为初唐书家陆柬之的侄女，即虞世南的外孙女。陆氏世代以书法名世，故张旭学习书法有着良好的外在环境。张旭为人潇洒狂放，豁达不羁；才华横溢，学识渊博，曾官至"金吾长史"，故人称之为"张长史"。他与李白、贺知章等人交往甚密，杜甫将他三人都列入"饮中八仙"。张旭是一位极有个性的草书大家，其草书笔画精绝，神逸天纵，萦绕连绵。每作草书必激情勃发，甚至达到癫狂的程度，且嗜酒成性，每喝大醉，就呼叫狂走，然后落笔成书。有时竟以头发濡墨为书，酒醒之后，连自己都觉得神妙天真，故人们称他为"颠张"。当时，人们把张旭草书、李白诗歌和裴旻剑舞称为"三绝"。

怀素为湖南永州人，俗姓钱，出身贫寒，早年出家为僧。怀素学书勤奋，性情爽朗，嗜酒如命，他"饮酒以养性、草书以畅志"（《书苑菁华》卷十八，陆羽《僧怀素传》），故人称"醉素"。怀素继承和发展了张旭的草书，他的书法既有张旭的颠狂怪奇之气势，又有圆转玲珑的气韵，他把禅佛之学熔铸到作品之中，达到"字字欲仙，笔笔欲飞"的境界，故而人们将他与张旭并称为"颠张醉素"。

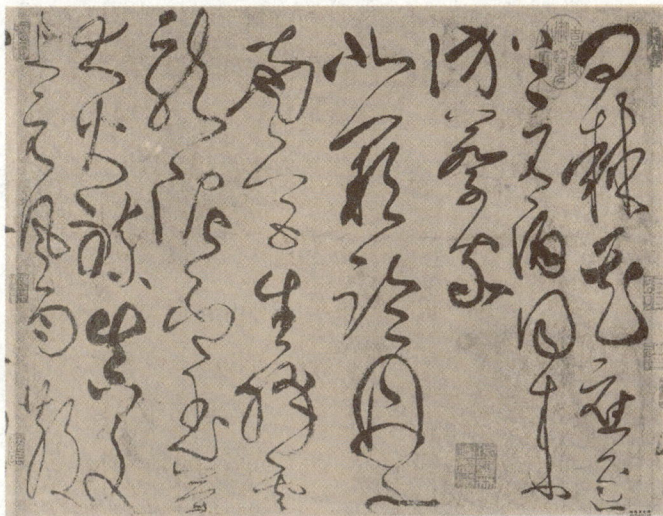

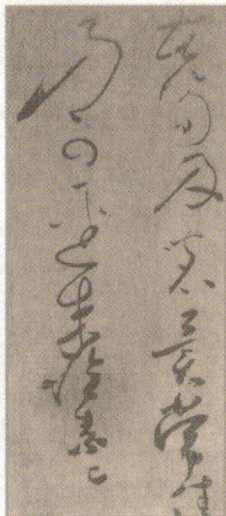

张旭《古诗四帖》

怀素《自叙帖》

371

书法"宋四家"指的是谁?

宋代是书法发展的黄金时期,这一时期出现了四家著名的书法家,人称"四家"、"宋四家"、"北宋四家",他们就是苏轼、黄庭坚、米芾、蔡襄（一说为蔡京）。他们将宋代书法推向了巅峰。

苏轼,字子瞻,号东坡居士。他的书法从"二王"入手,后从颜真卿、柳公权、褚遂良、徐浩、李北海、杨凝式等各家吸

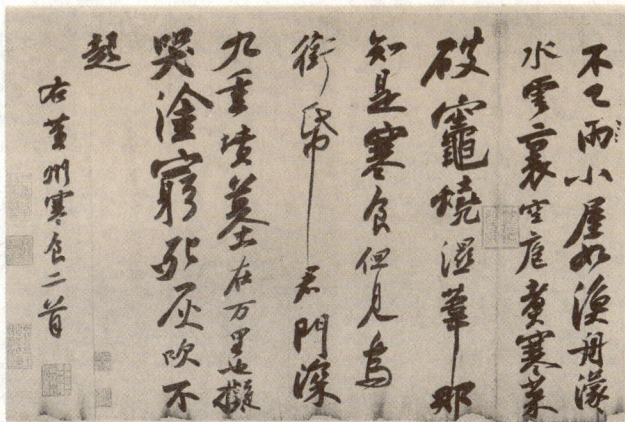

苏东坡《黄州寒食帖》

取营养，在继承传统的基础上努力革新。他重在写"意"，寄情于"信手"所书之点画，曾说："我书意造本无法，点画信手烦推求。"（《石苍舒醉墨堂》）传世书迹有《前赤壁赋》、《黄州寒食帖》、《洞庭春色赋》等。《寒食帖》与王羲之的《兰亭序》、颜真卿的《祭侄文稿》并称"天下三大行书"，其尚意书风对宋代乃至后世产生了巨大的影响。

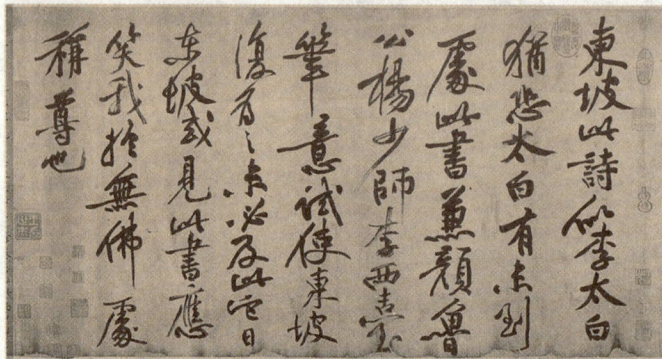

黄庭坚《跋黄州寒食帖》

黄庭坚，字鲁直，号山谷道人，后世称他黄山谷，晚号涪翁，出于苏轼门下，后与苏轼齐名，世称"苏黄"。书法初以周越为师，后取法二王、颜真卿及怀素，受杨凝式影响，尤得力于《瘗（yì）鹤铭》，笔法以侧险取势，字体开张，纵横奇倔，笔法瘦劲，自成风格。他自己说："余学草书三十余年，初以周越为师，故二十年抖擞俗气不脱。晚得苏才翁、子美书观之，乃得古人笔意。其后又得张长史、僧怀素、高闲墨迹，乃窥笔法之妙。"（《山谷题跋》卷七《书草老杜诗后与黄斌老》）他著名的书迹有《松风阁诗帖》、《跋黄州寒食帖》、《花气熏人帖》等，其中最负盛名者当推《松风阁诗帖》。其风神洒荡，长波大撇，提顿起伏，一波三折，意韵十足，堪称行书之精品。

米芾，字元章，号襄阳漫士、海岳外史、鹿

米芾《珊瑚帖》

门居士。因他个性怪异，举止癫狂，人称"米颠"。徽宗诏为书画学博士，人称"米南宫"。米芾集书画家、鉴定家、收藏家于一身。米芾传统功力最为深厚，尤其是行书，实出苏黄二者之右。传世墨迹主要有《苕溪诗卷》、《蜀素帖》等。米芾自称是"刷字"，他的书法作品，大至诗帖，小至尺牍、题跋都具有痛快淋漓、奇纵变幻、雄健清新的特点。后人评价很高，王澍云："米老天才纵逸，东坡称其超妙入神……然出入晋唐，脱去滓秽，而自成一家，涪翁、东坡故当俯出其下。"（《虚舟题跋补原》之《评宋四家书》）

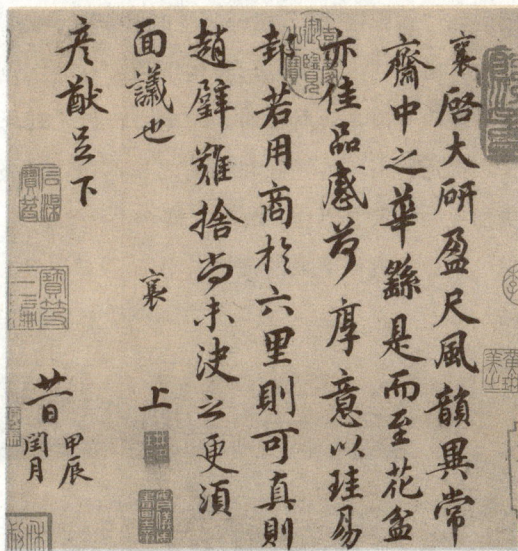

蔡襄《大研帖》

蔡襄，字君谟，书法各体皆优，行书、小楷、草书、隶书、飞白无所不能，此外尚能书写大字，可谓是一个全能的书家。书法先受之于周越、宋绶，再参以欧阳询、虞世南笔意，而上溯二王，融合颜真卿书体而自成面目。其成就最高的行书，主要表现为两种面目，其一以《澄心堂纸帖》为代表，写得较为工整，有雍容婉美之韵；另一类较为洒脱，以《扈从帖》、《脚气帖》为代表，用笔简练灵动。小楷有《谢赐御书诗》和《茶录》传世。草书以《陶生帖》为代表。

372

宋徽宗的书法为什么被称为"瘦金书"？

"瘦金书"又叫"瘦金体"或"瘦筋体"，是宋徽宗赵佶独创的书法字体，也有"鹤体"的雅称，是楷书的一种。宋徽宗书法早年学习褚遂良、薛稷诸家，而后融会贯通，变化两家法度，形成了自家独特的艺术风貌。其书法瘦劲挺拔、笔力深厚，笔画如"铁画银钩",横画收笔时常常带有钩挑,竖画收笔多带点,顿挫分明,起伏较大,撇如剑,捺如刀,竖钩细长。有些字点画之间连绵不断,运笔快捷,笔迹瘦挺,瘦而有肉,骨而含筋。起笔、转折之处可明显见到藏锋、露锋等运转提顿的痕迹,接近行书。其笔画和用笔之法取法于褚遂良、薛稷,然而又超过褚、薛,写得更加瘦劲,筋力俱佳,故称"瘦金书"。

宋徽宗流传下来的瘦金体作品很多,比较有名的有《楷书千字文》、《秾芳诗帖》等。

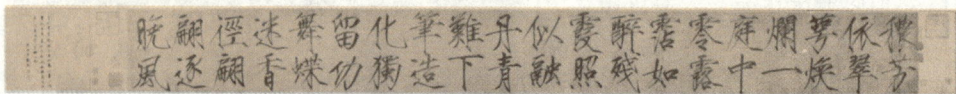

赵佶瘦金书《秾芳诗帖》

372

为什么把郑板桥的字称为"六分半书"?

清代著名书画家郑板桥,称自己的书法为"六分半书"。此种书体参以篆、隶、草、楷等书体的字形,介于楷隶之间。一说因隶书又称"八分",故而戏称自己所创的非隶、非楷的书体为"六分半书"。至于其所谓的"六分半"具体为哪"六分半",便不得而知。

郑板桥的书法是典型的以碑破帖,他在《署中示舍弟墨》中自云"字学汉魏,崔、蔡、钟繇。古碑断碣,刻意求索"。此外他还以兰草画法入书,形成了有行无列、疏密错落、潇洒自然、变化莫测的书法风格,体现了独特的

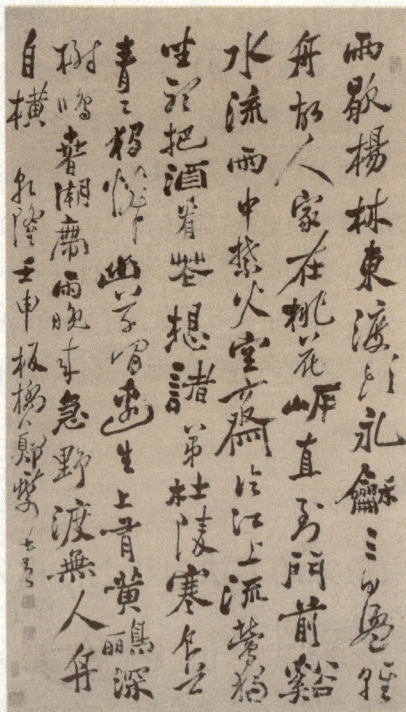

郑板桥六分半书

审美情调。

关于郑板桥创"六分半书"还有一个传说。据说，郑板桥年轻时，在历代书法名迹上下了很大的工夫，达到了很高的水平，但依然不被世人所关注。一日，他从梦中醒来，用手指在自己身上写字，不经意间，就写到了妻子身上。妻子被惊醒，问："你有你的体（身体），我有我的体，为什么不在自己的体上练呢？"言者无心，听者有意，郑板桥从妻子的话中得到了启发。从此，他另辟蹊径，融会贯通，在吸取各种书体优点的基础上，努力熔铸自己的风格，创造了"六分半书"，从此声名远播。

郑板桥的"六分半书"有着较高的艺术价值，可谓"前无古人，后无来者"。它打破了篆、隶、正、行、草等各种书体之间的界限，将文字的点画和结构析出后整合，熔铸了篆、隶、草、行、楷等各种书体的优点于一炉，通篇大小、方圆、浓淡、斜正、疏密错落穿插，犹如"乱石当道"，节奏性强，给人一种灵动跳跃、跌宕有序的感觉。

374

"浓墨宰相"和"淡墨探花"分别指谁？

说到"刘罗锅"（刘墉），一定是家喻户晓，因为他为官"忠君、爱民、勤政、廉洁"，深得老百姓的喜爱，其事迹广为流传。然而，很少有人知道刘墉除了在政治方面有着出色的表现外，还是著名的书法家。他与同时代的书家王文治齐名，时有

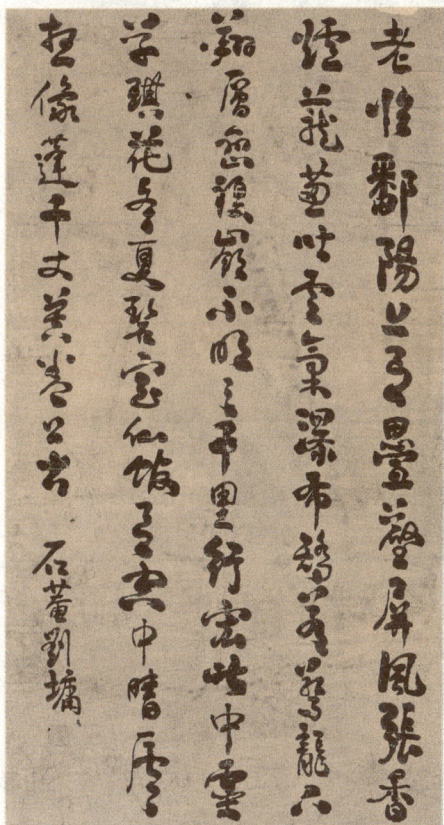

刘墉书法

263

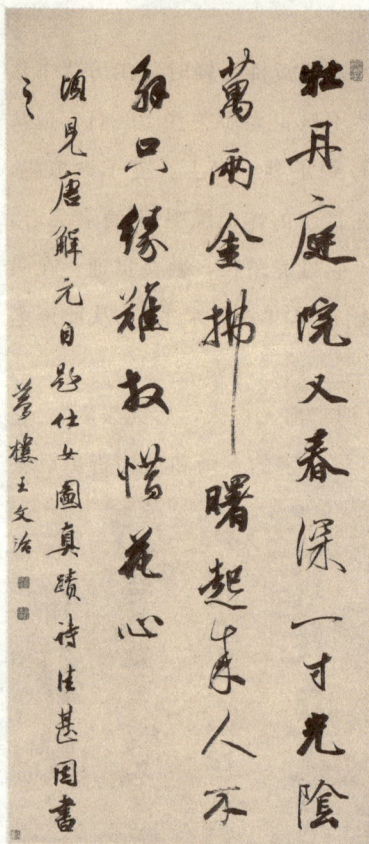

王文治书法

"浓墨宰相、淡墨探花"之说。

刘墉勤奋好学、师古不泥。其书法擅长行书、小楷，初学董其昌和赵孟頫，因而珠圆玉润；中年以后受到苏东坡等人书法的影响，形成了雄健堂皇、铿锵挺拔的书法风格；晚年以后，刘墉学习颜真卿，对碑学也多有涉猎，达到了炉火纯青的境界，形成了敦厚宽博、貌丰骨劲、味重神藏的艺术特色。或谓刘墉书"精华蕴蓄，劲气内敛，殆如浑然太极，包罗万有，人莫测其高深耳"（《清稗类钞》之九《刘文清书自成一家》）。又因刘墉官至体仁阁大学士，故人称之为"浓墨宰相"。

王文治，乾隆三十五年（1770）探花，以书法称名于世。与刘墉、翁方纲、梁同书并称"清四家"。王文治早年受到褚遂良、笪（dá）重光、董其昌的影响，再加上其潜心禅理，形成了婉约飘逸、匀净妩媚的风格特征，作字喜用淡墨，以表现其疏朗秀润的神韵，故被世人称为"淡墨探花"。

375

"蚕头燕尾"的书法是什么样子的？

"蚕头燕尾"一词出自《宣和书谱》一书，云："惟其（颜真卿）忠贯白日，识高天下，故精神见于翰墨之表者，特立而兼括……后之俗学，乃求其形似之末，以谓蚕头燕尾，仅乃得之。"后来被用作形容书法起笔凝重，用笔轻疾。

其实，"蚕头燕尾"一词是说书法中笔画在起笔时圆润凝重，像蚕的头，收尾时扁方轻灵，像燕子的尾巴。这种笔画在各种书体中都有，尤其在隶书中极为常见。例如隶书的长横、捺画等都是典型的"蚕头燕尾"。

隶书上承篆书，下启楷书，是书体演化的一大转折点。隶书的用笔，突破了篆书用笔单调的束缚，点画分明、八法皆备、方圆周整、轻重有致，尤其是汉代的官方标准隶书，在书写捺画时往往"一波三折"、"蚕头燕尾"，且讲究"蚕不双食，燕不双飞"（即一个字只能出现一个燕尾）。汉代末期楷书萌芽，其中还保留了不少类似隶书"蚕头燕尾"的笔画。魏晋南北朝以后伴随着楷书的正式形成，"蚕头燕尾"型的笔画基本消失，汉字的结构大体固定了下来。

376

《曹全碑》中的蚕头燕尾现象

什么是"万毫齐力"？

南朝梁王僧虔在《笔意赞》中说："剡（shàn）纸易墨，心圆管直，浆深色浓，万毫齐力。"万毫齐力是指墨色饱满、运笔沉着的艺术效果。近代书法家沈尹默先生说："运笔时，要使笔颖的每一根毫毛都发挥出作用，不能有一根'贼毫'。"他说的"贼毫"就是那些翘起来、绞起来或扭曲的笔毛，不能和其他毫毛一起接触纸面。这便要求"万毫齐力"。"万毫齐力"的要求是把笔毛理顺，调动副毫的作用，使笔毛一无扭结地聚结运动，从而使笔力贯注下去，发挥出毫毛的弹性特性。如果在行笔时笔头提不起按不下，则无法表现出沉着有力的笔道。因此，"万毫齐力"是书法用笔的一个基本要求。要做到万毫齐力，使每一根毫毛都能接触纸面发挥作用实在是太难，首先在笔毫落纸之前理顺笔毛，然后在行笔过程中不断提按顿挫，保持毫毛的弹性，特别在转折的过程中，必须在提按时转换运行方向，否则难免出现笔毛绞起来或扭曲，"万毫"便无法"齐力"了。

○ 377

"力透纸背，入木三分"的书法是什么样子的？

"入木三分"源于王羲之的传说，据唐代张怀瓘《书断》载：王羲之书祝版，"工人削之，笔入木三分"。"力透纸背"见颜真卿《述张长史笔法十二意》："当其用锋，常欲使其透过纸背。"又唐代韦续《墨薮》："用笔如锥画沙，使其藏锋，画乃沉着。当其用笔，常欲使其透过纸背，此功成之极矣。"后来遂成了两个带夸张性的成语，用来形容书法笔力的强健。如何才能写出"力透纸背，入木三分"的字呢？清代刘熙载云："用笔者……每不知如何得涩。惟笔方欲行，如有物以拒之，竭力而与之争，斯不期涩而自涩矣。"包世臣云："五指齐力，故能涩。"这样写出的笔画，沉着、凝重，自然有"力透纸背、入木三分"的效果。从褚遂良的《雁塔圣教序》中，我们可以看到，有很多细小的笔画，虽细若游丝，但力若千钧。从颜真卿的《颜氏家庙碑》中，你能感觉到画笔凝重，笔笔如铁钩银画。这都是力透纸背的典范之作。

○ 378

"春蚓秋蛇"形容的是怎样的字？

"春蚓秋蛇"是对草书用笔软弱飘浮、笔画盘结缠绕、没有规律法度、一味萦绕的贬称。《晋书·王羲之传论》："（萧）子云近出，擅名江表，然仅得成书，无丈夫之气，行行若萦春蚓，字字如绾秋蛇。"宋苏轼《龙尾砚歌》："粗言细语都不择，春蚓秋蛇随意画。"清宋曹《书法约言》："若行行春蚓，字字秋蛇，属十数字而不断，萦结如游丝一片，乃不善学者之大弊也。"亦作"春蛇秋蚓"。明宋濂《史书会要序》："近世以来，徇末而忘本，濡毫行墨，春蛇秋蚓之连翩。"近人林散之《认书诗》："满纸给披夸独能，春蛇秋蚓乱纵横。强从此处看书法，闲着眼睛慢慢睁。"

379

何时开始将笔墨纸砚统称为"文房四宝"?

将笔、墨、纸、砚统称"文房四宝"是有一个逐渐发展的过程的。南唐后主李煜擅长诗词、书画，酷爱"澄心堂纸"。五代时，始将"澄心堂纸、李廷珪墨、龙尾石砚"称为"新安三宝"。到了宋代，苏易简著《文房四谱》（又名《文房四宝谱》），第一次将纸、笔、墨、砚从文房用具角度做专门研究，自始便有"文房四宝"之说。北宋诗人梅尧臣有

文房用品

"文房四宝出二郡，迩来赏爱君与予"句，"文房四宝"的称呼，遂流传至今。宋陆游《闲居无客所与度日笔砚纸墨而已戏作长句》诗："水复山重客到稀，文房四士独相依。"也有一说法是指宣纸、湖笔、徽墨、端砚。

380

毛笔有哪些种类?

毛笔种类很多，目前约有三百多种。

按笔头原料可分动物类和植物类。动物类如：胎毛笔、狼毛笔、兔毛笔、紫毫笔、鹿毛笔、鸡毛笔、鸭毛笔、羊毛笔、猪毛笔、鼠毛笔、虎毛笔、黄牛耳毫笔等；植物类如茅龙笔、蔗渣与竹丝笔等。

按尺寸可以把毛笔分为小楷、中楷、大楷、提笔（斗笔）等。

按笔毛的特性可分为软毫、硬毫、兼毫等。兼毫笔即是在硬毫与软毫之间，一般将狼毫与羊毫按不同比例制成，分"三紫七羊"、"七紫三羊"和"五紫五羊"等。

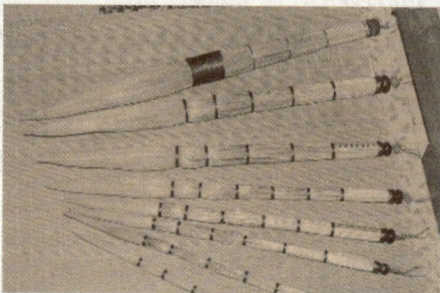

毛笔的历史非常悠久，原始社会末期已用类似毛笔的工具在陶器上彩绘图案，之后，经过长期的发展，出现了名目繁多、种类不一的各种毛笔。现今中国毛笔以浙江省湖州市产的湖笔最为著名，此外比较有名的毛笔产地还有宣州、歙州、新安、黟州（均在今安徽省）和吴县（今江苏省苏州市）、江西南昌市进贤县等地。

茅龙笔

381

毛笔的"四德"是什么？

毛笔是古人必备的文房用具，因此，古人非常重视毛笔本身的功能，一款好的毛笔必须具备"四德"，即"尖、齐、圆、健"。

尖：指笔锋聚拢时，末端要尖锐。只有笔尖，写出的字才能有锋有棱，富有神采。

齐：指笔尖润开压平后，毫尖平齐。只有毫尖平齐，长短相等，运笔时才能做到"万毫齐力"。

圆：指笔锋要圆满。笔锋圆满，运笔时才能圆转如意。

健：指笔要有弹力。笔有弹力，才能运用自如。

○ 382

历代有哪些著名的笔?

　　鼠须笔,据记载,书圣王羲之、张芝、钟繇等用此种笔。《法书要录》:"右军写《兰亭》以鼠须笔。"

　　竹丝笔,米芾《笔史》云,晋右将军王羲之《行书帖》真迹是竹丝干笔所书。宋人陈槱(yǒu)《负暄野录》载:"吴俗近日却有用竹丝者,往往以法揉制,使就挥染。"宋岳珂《玉楮集试庐陵发竹丝笔》诗中谓南宋笔工贺发善制此笔。

　　鸡距笔,唐代笔型,因笔锋短而犀利宛如鸡距(后爪)而得名,唐人白居易《鸡距笔赋》:"故不得兔毫,无以成起草之用;不名鸡距,无以表入木之功。"宋梅尧臣《九华隐士居陈生寄松管笔》:"鸡距初含润,龙鳞不自韬。"

　　无心散卓笔,宋时名笔,为苏东坡、米芾等大书家所用。苏东坡《东坡题跋》:"散卓笔,惟诸葛能。他人学者,暂得其形似而无其法,反不如常笔。如人学杜甫诗,得其粗俗而已。"黄庭坚《书吴无至笔》:"(吴无至)今乃持笔刀行卖笔于市。问其居,乃在晏丞相园东。作无心散卓,小大皆可人意。"叶梦得《避暑录话》卷上:"歙本不出笔,盖出于宣州。自唐惟诸葛一姓世传其业。治平、嘉祐前有得诸葛笔者,率以为珍玩,云一枝可敌它笔数枝。熙宁后,世始用无心散卓笔,其风一变。"

　　笋尖笔,明代名笔,因为毫丰而锋长如笋尖,因此得名。

　　白沙茅龙笔,此笔为明广东新会人陈献章(字白沙)制。黄佐《广州人物传》:"尝束茅代笔,人争效之,谓之茅笔字。"张翊《东所文集》:"公甫能作古人数家书,束茅代笔,晚年专用,遂自成一家。"今广东尚有制作,分大小数种。其名即为"白沙茅龙笔"。

383

历代有哪些著名的墨？

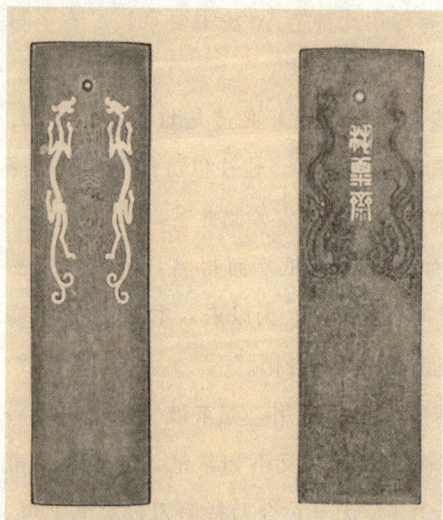

曹素功紫玉光墨

松烟墨，燃松取烟炱（tái），经过漂、筛，除去杂质，配上上等皮胶与麝香、冰片加工而成，系用我国较早的制墨法所制。屠隆《考槃余事》卷二："余尝谓松烟墨深重而不姿媚，油烟墨姿媚而不深重。"松烟墨特点是浓黑无光，入水易化。宜写小楷、书绘瓷器、印刷制版、画人物须眉、翎毛和蝶翅等。

油烟墨，用桐油、麻油、脂油等燃烧之烟炱，再配以麝香、冰片加胶而成。此墨黝黑呈紫玉光泽，运笔时，滋润流畅、灵活应手，不粘、不滞，使纸上墨色神采奕奕，层次分明，水走墨留，经久不褪。

清康熙曹素功紫玉光墨，居曹氏名墨十八之冠。曹氏《墨品赞》称其"应远而生，玉浮紫光"，今传世之紫玉光墨，以黄山风景三十六峰为主题，图为通景，按山势地位之高低，分为三十六锭墨。此墨"坚而有光，黝而能润，舐笔不胶，入纸不晕"。

384

历史上有哪些有名的纸？

宣纸，为我国主要的书画用纸。唐书画评论家张彦远《历代名画记》云："好事家宜置宣纸百幅，用法蜡之，以备摹写。古时好拓画，十得七八，不失神采笔踪。"这说明唐代已把宣纸用于书画了。宣纸的原产地是安徽省的泾县。此外，泾县附近的宣城、太平等地也生产这种纸。到宋代，徽州、池州、宣州等地的造纸业逐渐转移集中于泾县。当时这些地区均属宣州府管辖，所以这里生产的纸被称为"宣纸"，也有人称之"泾县纸"。《旧唐书》记载，天宝二年（743），江西、四川、皖南、浙东都产纸进贡，而宣城郡纸尤为精美。可见宣纸在当时已冠于各地。南唐后主李煜亲自监制的"澄心堂"纸，就是宣纸中的珍品，它"肤如卵膜，坚洁如玉，细薄光润，冠于一时"。由于宣纸有易于保存，经久不脆，不会褪色等特点，故有"纸寿千年"之誉。

剡纸，浙江传统名纸。亦称"剡藤"、"溪藤"。唐、宋时，浙江等地多以古藤制纸，故名"藤纸"。孙能传《剡溪漫笔·小叙》说："剡故嵊地，奉化与嵊接壤亦有剡溪，为余家上游。其地多古藤，土人取以作纸，所谓剡溪藤是也。"因之纸名"剡藤"。《浙江通志·物产》引《嵊志》："剡藤纸名擅天下，式凡五，藤用木椎椎治，坚滑光白者曰硾笺，莹润如玉者曰玉版笺，用南唐澄心堂纸样者曰澄心堂笺，用蜀人鱼子笺法者曰粉云罗笺，造用冬水佳，敲冰为之曰敲冰纸，今莫有传其术者。"

纸造出来以后经过加工以供题诗、写信所用的精美的纸张即为笺，"薛涛笺"就是成都古代一种著名的加工纸。相传女诗人薛涛旅居成都浣花溪畔，好写小诗，见一般纸张尺幅太大，"乃命匠人狭小为之，蜀中才子既以为便，后裁诸笺亦如是，特名曰'薛涛笺'"。薛涛笺是彩笺，颜色有十种之多。大概因为薛涛是女性，爱用红色，加之传说红色为芙蓉花汁染成，这样红色小笺就尤为人们推崇，成了薛涛笺以至整个蜀笺的代表。

薛涛笺

385

历代有哪些名砚？

端砚，中国四大名砚之首。端砚石出产在肇庆市东部的烂柯山和肇庆市七星岩北面（西起小湘峡，东到鼎湖山）的北岭山一带，尤以老坑、麻子坑和宋坑三地之砚石为最佳。砚石多为青紫色、猪肝色、天青色，其上有凤眼、鹦哥眼者属上品，而眼中呈现出翠绿色者最为难得。无论是老坑砚石、麻子坑砚石，还是宋坑砚石，属佳品者，其上又多伴有冰纹、胭脂晕、马尾纹、金线纹，或单一纹路，或兼而有之，组合成一幅瑰丽多彩的画图。

端砚

龙尾砚

歙砚，始于唐代。据北宋唐积《歙州砚谱》载：婺源砚在"唐开元中，猎人叶氏逐兽至长城里，见叠石如城垒状，莹洁可爱，因携之归，刊出成砚，温润大过端溪"。自此以后，歙砚名冠天下。歙砚中又以婺源的龙尾砚为优。龙尾砚之得名，在于龙尾山所产砚石料最为高档。歙砚石质坚韧、润密，纹理美丽，敲击时有清越金属声，贮水不耗，历寒不冰，呵气可研，发墨如油，不伤毫，雕刻精细，浑朴大方。歙砚已有一千多年历史。

386

中国古代绘画为什么叫"丹青"？

我国古代绘画通常是以朱砂和青色为主色调，故称为"丹青"。早在汉魏时期，史书便有了丹青的记载。《汉书·苏武传》载："竹帛所载，丹青所画。"《晋书·顾恺之传》在评顾恺之时云："尤善丹青。"丹青不仅仅指绘画，在其后的使用过程中又逐渐引申为画工等。唐代李白《于阗采花》诗云：
"丹青能令丑者妍，无盐翻在深宫里。"明代画家徐渭
《为杭人题画》诗之二云："无端士女如云集，也要丹
青费笔描。"因为朱砂色和青色不易变色，也用来比
喻坚贞，如"丹青不渝"。

西汉·《鸿门宴图》壁画

387

什么样的画叫历史画？

历史画，顾名思义，就是以历史事件、神话传说
及宗教故事为题材的绘画。

中国历史画历史悠久，绵延至今。早期的历史画
承载着鉴善戒恶的教化功能。先秦是中国历史画的滥觞（shāng）期，以描写君王与
圣贤为主。据郭沫若《矢簋（guǐ）铭考释》考证，西周初年已有"武王、成王伐商
图及巡省东国图"的壁画。由《孔子家语·观周》可知，春秋末期，孔子曾目睹东
周明堂的壁画"有尧舜之容，桀纣之像，而各有善恶之状、兴废之诫焉"。战国时也
有"古贤圣"等历史故事壁画。汉代统治者继承先秦传统，尤其在汉武帝"独尊儒

唐·阎立本《步辇图》

术"后，历史画更加重视以儒家礼教为主要内容的教化功能。唐张彦远《历代名画记·叙画之源流》载魏国的曹植在观汉画后曰："观画者，见三皇五帝，莫不仰戴；见三季暴主，莫不悲惋；见篡臣贼嗣，莫不切齿；见高节妙士，莫不忘食；见忠节死难，莫不抗首；见放臣斥子，莫不叹息；见淫夫妒妇，莫不侧目；见令妃顺后，莫不嘉贵。是知存乎鉴戒者，图画也。"其伦理教化作用可见一斑。魏晋南北朝的历史画也是以经史故事绘画为题材，如顾恺之的后世摹本《女史箴图》、《列女传仁智图》，其在描写历史的同时，更赋予了"传神写照"、"秀骨清像"的审美情趣。唐宋时期，历史画的发展达到了高峰期，如描绘唐太宗接受外邦朝拜的《步辇图》等。明清以后，历史画随着山水画和花鸟画的兴盛而式微。

388

什么样的画叫肖像画？

肖像画又称"写照"、"写真"或"传神"，专指描绘人物形象之画，是人物画的一种。按照不同的表现手法，可分头像、半身像、全身像、群像等。它是以现实生

战国·人物龙凤帛画

清·任伯年《酸寒尉》

活中或历史上客观存在的人物为描绘对象，通过以形写神、迁想妙得等创作方法，着重刻画人物本身特定的外形特征和内在神韵，获得形神兼备的效果。

肖像画在中国有着悠久的历史，我们从已出土的文物和传世墨迹中可窥其形态。湖南长沙马王堆西汉墓出土的帛画便形象生动地描绘了墓主人的肖像，已具有明显的肖像画特征。

魏晋以后，人物画大盛，作为其分科的肖像画在不同历史时期也出现了一批批名家，如魏晋时期的顾恺之、唐五代时的阎立本、吴道子、曹霸、周文矩、顾闳中，元朝的王绎，明代曾鲸、崔子忠，清代的禹之鼎、费丹旭、任伯年，近现代画家徐悲鸿、蒋兆和、靳尚谊等等，在肖像画创作上均有突出成就。

389

什么是山水画？

山水画是以描绘山川自然景观为主要题材的中国画。传统上按画法风格分为青绿山水、金碧山水、水墨山水、浅绛山水、小青绿山水、没骨山水等。

山水画萌芽于魏晋南北朝时期，现存顾恺之的《洛神赋图》中已经有了对山、石、云、水、树等的描绘。但仅仅作为陪衬，尚未从人物画中完全分离。隋朝的展

隋·展子虔《游春图》

子虔《游春图》是我国目前发现的最早的山水画作品，表明了山水画已经独立成科。五代、北宋时山水画趋于成熟，成为中国画的重要画科，同时出现了一批开宗立派的山水画家，如荆浩、董源、巨然、郭熙、范宽、刘松年、李唐、马远、夏珪、王晋卿、王希孟、赵伯驹等，他们对山水画的发展影响深远。

到了元明清时期，文人的水墨山水发展到了极致。尤其是梅清、弘仁、担当、傅山、八大山人等高僧隐士重于神灵内质的表达，创造了高古清雅、笔墨虚灵秀润的意境。清以后的山水画画风琐碎、纤弱、病态，毫无意境可言，逐步被大写意画抢占了画坛主导地位。

中国山水画讲求意境，以巧妙构思意境为最高追求。那意境如何表达出来呢？意境的表达要结合笔墨技法和虚实观念的运用，凭自己对景物独特的主观臆想而最终创造出艺术形象，以表达山水之美与心灵之美的碰撞，最终在有限的纸上表现出无限的意味。

390

什么是花鸟画？

花鸟画作为中国画的一种类别，与山水画、人物画组成中国画的三大体系。题材上是以动植物为主要描绘对象，包括花卉、蔬果、草虫、畜兽、鳞介等分支。在表现手法上以写生为基础，以寓兴、写意为归依，注重"夺造化而移精神遐想"。花鸟画中的画法有"工笔"、"写意"、"兼工带写"三种。

我国的花鸟画起源可追溯到新石器时代，东汉陶仓楼上的壁画《双鸦栖树图》，是已知最早的独幅花鸟画。经唐、五代至北宋，花鸟画完全发展成熟，被人们所重视。当时的官修著录《宣和画谱·花鸟叙论》云："诗

明·徐渭《墨葡萄图》

人六义，多识于鸟兽草木之名，而律历四时，亦记其荣枯语默之候，所以绘事之妙，多寓兴于此，与诗人相表里焉。"论述了花鸟画作为人类精神产品的审美价值与社会意义，揭示了花鸟画创作的特点。此时期较有成就者，如赵昌的花、崔白的雀、南宋林椿的花果、李迪的禽，体现了宋代花鸟画高超的写实功力。

此后画家辈出，流派纷呈，风格更趋多样。在风格精丽的工笔设色花鸟画继续发展的同时，风格简括奔放、以水墨为主的写意花鸟画也迅速崛起。元代李衎的竹、王冕的梅；明代林良的禽，陈淳、徐渭的墨花；清代朱耷的鱼、恽寿平的荷、华岩的鸟；近代吴昌硕的花卉等，都是写意花鸟的代表作品。他们逐渐形成了重形似而不拘泥于形似，甚至追求"不似之似"与"似与不似之间"的意趣，充分体现了寓兴、写意的思想境界。

391

何谓水墨画?

水墨画，是中国画特有的一种表现形式，即纯用水墨作画。相传水墨画为唐代王维所创，他对画体提出"水墨为上"，后人宗之。五代时期独立成科，董源便是其代表人物之一，北宋沈括《图画歌》云："江南董源传巨然，淡墨轻岚为一体。"现存董源的《潇湘图卷》便是水墨画的经典代表作。宋元时期，水墨画开始兴盛，宋代范宽、李成、郭熙、米芾等及元人黄公望、王蒙、倪瓒、吴镇等都是开一派之风气者。明清及近代以来续有发展，如明代沈周、文徵明、徐渭等，清代八大山人、郑板桥、吴昌硕等，近代齐白石、黄宾虹、李可染等，都是水墨大师。

历史上出现了如此多的用水用墨的好手，主要是与水墨是中国画的核心离不开的。水墨画是表现墨和水的

清·八大山人《荷花水鸟图》

艺术，有"墨即是色"，"如兼五彩"之说。"墨即是色"就是用墨和水在宣纸上相互渗晕出现的丰富的浓淡变化来表现物象；"如兼五彩"即是将墨以调入水的多少出现焦、浓、重、淡、清五色。水墨画构成了最具有韵味的中国画。

五代·董源《潇湘图卷》（局部）

392

唐·李重润墓《男侍从图》

古代的壁画主要绘制在哪些场所？

壁画是一种以特殊材料为媒介的绘画形式，绘制在用土、砖、石等材料砌成的壁上。按所绘的场所不同，可分为宫室、寺观、墓室以及石窟壁画等；按绘制的方法不同，可分为干壁画和湿壁画等。从题材上看，宫殿、墓室壁画多以历史人物故事和神话及生活场景为主，寺观和石窟壁画以释道神仙等宗教题材为主。

我国壁画有着悠久的历史，可以

追溯到石器时代。秦汉时代的壁画以宫殿寺观壁画和墓室壁画为主,据史书载,秦汉时代的宫殿衙署普遍绘制有壁画,上世纪 70 年代发现的秦都咸阳宫壁画遗迹第一次使我们领略到了秦代宫廷绘画的辉煌。西汉时期的河南洛阳卜千秋墓壁画是目前发现的保存最完整的墓室壁画,大多表现墓主人生前的生活以及对其死后升天行乐的美好祝愿,希望死者在地下世界里享受富足的生活。隋唐时期的壁画以石窟、寺观、墓室为主,典型代表有场面宏大、色彩瑰丽的敦煌莫高窟及克孜尔石窟壁画,其人物造型、风格技巧,以及设色敷彩都达到了空前的水平。

　　明清多继承唐宋传统,以寺观壁画为主,题材趋向生活和世俗化,艺术水平及史料价值不高,壁画从此衰落。

唐·敦煌莫高窟 112 窟《反弹琵琶图》

393

什么是年画?

　　"年画"是中国特有的绘画体裁,是一种中华民族祈福迎新的民间工艺品,同时也是我国社会的历史、生活、信仰和风俗习惯的反映。"年画"起源于尧舜禹时期的"门神画",宋朝叫"纸画",明朝称"画贴",清朝又叫"画片",直到清朝道光年

江苏桃花坞年画

279

间，李光庭在文章中写道："扫舍之后，便贴年画，稚子之戏耳。"故以正名。

传统年画以木刻水印为主，由于追求拙朴的风格与热闹的气氛，因而其线条单纯、色彩鲜明、气氛热烈愉快，无处不在体现人们祈福迎新的欢快心情。题材有花鸟、胖孩、金鸡、春牛、神话传说、历史故事与戏剧人物等，表达人们祈望丰收的心情和对幸福生活的憧憬，具有浓郁的民族特色与乡土气息。

四川绵竹、苏州桃花坞、天津杨柳青、山东潍坊被誉为中国四大"年画之乡"。

394

工笔画和写意画有什么不同？

工笔画和写意画是中国画创作中的两种不同画法，其在用笔、用色、审美情趣、意境等方面有很大区别。

工笔画，顾名思义，就是运用工整、细致、缜密的技法来描绘对象的画法。分为工笔白描和工笔重彩两类。线条工整、细腻，设色艳丽、明快，有较强的装饰性。历史上宋代以前工笔画是画坛正统，大部分画家善工笔画。明清写意画发展迅速，逐渐统治画坛，但仍不乏工笔画好手，仇英、马振便是其代表。

写意画则不求工细形似，只求以精练之笔勾勒景物的神态，抒发作者的情趣。尤其是文人绘画的兴起，对写意画的发展起了积极作用。他们倡导用粗放、简练的笔墨，画出对象的形神，来表达特定的意境。董其昌云："画山水唯写意水墨最妙。何也？形质毕肖，则无气韵；彩色异具，则无笔法。"元明以后，笔法简练、造型生动、酣畅淋漓、讲究意趣的写意画大盛。

明·仇英《桃源仙境图》

明·吴伟《灞桥风雪图》

明·文徵明《雨晴纪事图》

395

什么样的画被叫做院体画？

院体画一般指宋代翰林图画院，及其后宫廷画家绘制的作品，后泛指受宫廷画风影响的绘画作品。画院画家除为皇家绘制各种图画外，还承担皇家藏画的鉴定、整理及绘画生徒的培养。画院画家的作品题材上多以花鸟、山水为主，这类作品为迎合帝王宫廷的审美需求，在风格特点上，大都是要求用工笔设色，具有细致、严谨，崇尚写实重法度、华丽细腻，富有富贵气。

院体画的产生、发展与王室审美及画院机构密切相连。早在我国先秦时期就有专门为王室服务的画家，汉代有明确的记载，隋唐五代持续发展，到宋代达到鼎盛。西蜀时画院画家黄筌、黄居寀父子在花鸟画方面，南唐时画院画家曹仲玄、周文矩、顾闳中等在人物画方面，都取得了很大成就，并对后世产生了较大的影响。北宋设立了翰林图画院，聚集了大批的宫廷画家，如武宗元、张择端等人，都已名垂画史。到了南宋，画院画家继承了北宋余热，刘松年、马远、夏珪、李唐等都成为后世典范。明清时期院体画随着文人画成为正统而逐渐走向衰退。可见，皇室设立的相关机构及其审美需要，是院体画赖以生存的条件。

五代·顾闳中《韩熙载夜宴图》（局部）

同时，中国画讲求审美意境的追求，意境既是客观事物精华部分的集中反映，也是作者自己情感体验的化身。由于画院画家以王室审美为第一标准，所以其发展必定有其局限性。画家逐步忽视了自身的创造能力与审美需求，到了清末，画家的作品便毫无意境可言而流于庸俗了。鲁迅在评价院体画时曾说："宋的院画，萎靡柔媚之处当舍，周密不苟之处是可取的。"

396

什么是绣像？

　　绣像本指用彩色丝线绣成的佛像或人像。《考工记·画缋（huì）》称："画缋之事……五彩备谓之绣。"明清时期将通俗小说中卷首的人物图画像或故事情节插图也称为"绣像"。徐念慈《余之小说观》云："其文字，用通俗白话，先后以四五万字为率，加入回首之绣像。"鲁迅《且介亭杂文·连环图画琐谈》言："明清以来，有卷头只画书中人物的，称为绣像。"

《封神演义》绣像

397

何谓白描？

　　白描是中国画创作中用不同粗细、长短、转折的墨线勾描物象且不着颜色的一种技法。有时也把一种仅用淡墨渲染的画称为白描。白描具有朴素简洁、概括明确的特点，在用笔上讲究张弛、节奏变化，具有强烈的艺术表现力，成为一种独特的艺术表现手法。中国历代都有许多白描高手及名画传世，现传白描作品多见于人物画和花鸟画中。如东晋顾恺之的《列女传》、唐代吴道子的《送子天王图》、北宋武宗元的《朝元仙仗图卷》等，都是白描的经典之作。

北宋·武宗元《朝元仙仗图》

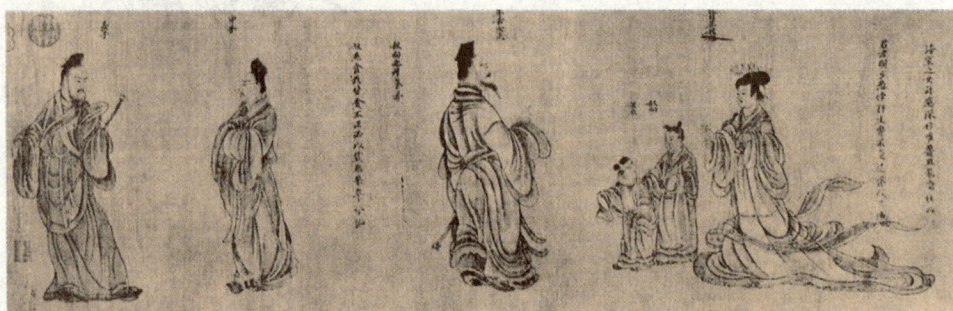

晋·顾恺之《列女传》摹本

○ 398

何谓"勾勒"?

　　勾勒也称"钩勒",即绘画时用线条将描写物象勾描出轮廓,也是中国画技法之一。勾勒的线条要有张弛、有笔力,在具体用笔上,一般将顺势的用笔称为"勾",逆势的称为"勒"。在笔法上将单笔称为"勾",复笔称为"勒"。此法广泛运用于工笔花鸟画、人物画、山水画中,且多勾勒后再着色。勾勒也用来形容将法书作品摹刻上石的方法。米芾的《书史》载:"欧阳询书'道林之寺'牌,在潭州道林寺,笔力劲险,勾勒而成,有刻板本。"

399

何谓"渲染"？

渲染是中国画技法之一，即以水墨或淡彩涂染画面，以烘染物象，使其有浓淡变化，具有立体感，增强艺术效果。渲染有时特指涂染美人鬓发，如明杨慎《艺林伐山·浮渲梳头》："画家以墨饰美人鬓发谓之渲染。"

在北宋时，渲染指画家以水墨渲染，郭熙《林泉高致》谓："以水墨再三而淋之，谓之渲。"到了清代，此技法开始运用淡彩涂染画面，松年《颐园论画》谓："用淡墨、设色，铺匀为染，分轻重为渲。"但是着色渲染难度很大，时人很难掌握。清人恽寿平曾言："俗人论画，皆以设色为易，岂知渲染极难，画至著色，如入炉钩，重加锻炼，火候稍差，前功尽弃。"

400

何谓"烘托"？

烘托即是用墨或色彩在描写物象周围进行渲染，起到突出物象的作用，也是中国画技法之一。从现存的大量绘画名迹中可知，此方法一般用于描写山水画中的雪景、流水、烘云托月等，如五代画家荆浩的《雪景山水图》，便是运用烘托技法描写雪景。

烘托有时也应用于人物画中以表现人物脸部的质感。清蒋骥著《传神秘要》："人之面格高下，须用颜色烘托。"

401

皴法是什么样的绘画技法？

皴（cūn）法是中国画的用笔技法，即用来表现山石和树皮独特质感和肌理的表现手法。历代画家在艺术实践过程中根据树石各自的形状概括总结出了各种皴法。从现存画迹来看，最早见于唐代李思训《江帆楼阁图》中所用的头重尾轻类似"小斧劈皴"法，随后王维用密集的短线表现山石的"雨点皴"。到了宋代山水画发展逐渐成熟，出现了各种各样的皴法。

倪瓒"折带皴"

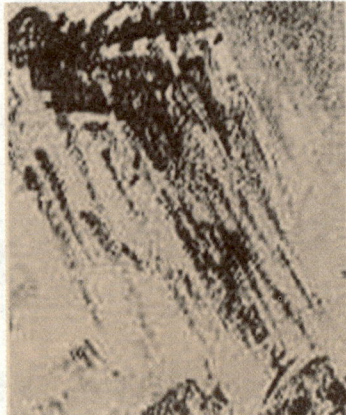

马远"斧劈皴"

清代郑绩将古人的皴法总结为十六家，《梦幻居画学简明·论皴》曰："古人写山水，皴分十六家。曰披麻，曰云头，曰芝麻，曰乱麻，曰折带，曰马牙，曰斧劈，曰雨点，曰弹涡，曰骷髅，曰矾头，曰荷叶，曰牛毛，曰解索，曰鬼皮，曰乱柴。此十六家皴法，即十六样山石名目，并非杜撰。"历代画论中论皴法的还有《珊瑚网·皴石法》、《绘事微言·皴法》、《石涛画语录·皴法章》、《山静居画论》等，与前论分类大同小异。

402

什么是粉本？

粉本是中国古代绘画前施粉上样的底稿。粉本之说早在唐代就有，唐代吴道子曾于大同殿画嘉陵江三百余里山水，一日而毕。玄宗问其状，奏曰："臣无粉本，并记在心。"但明确提出粉本定义的是元人夏文彦，其著作《图绘宝鉴》云："古人画稿谓之粉本。"后引申为指一般画稿及底本等义。

关于粉本的制作方法，流传到现在有两种：一是沿着勾好墨线的稿上刺小孔，并附在纸、绢或壁上用粉扑打针眼，然后依粉点作画。二是在画稿反面涂以白垩、土粉之类，用簪钗按正面墨线描传于纸、绢或壁上，然后依粉痕落墨。

403

什么是泼墨法？

泼墨法是指水墨画中笔酣墨饱、水墨淋漓、气势磅礴的墨法，是中国画的一种表现手法和技法。具体是用极湿墨，即大笔蘸上饱和之水墨，下笔要快，慢则下笔墨水渗开，不见点画，等干或将干之后，再用浓墨泼。近代亦有以色彩代替墨的画法，称为"泼彩"。

"泼墨"作为中国画创作的一种墨法，古已有之。据《唐朝名画录》载，相传唐代王洽，以墨泼纸，脚蹴手抹，随其形状为石、为云、为水，应手随意，图出云霞，染成风雨，宛若神巧，俯视不见其墨污之迹。宋梁楷的传世名画《泼墨仙人图》为后人折服。清代沈宗骞

宋·梁楷《泼墨仙人图》

《芥舟学画编》："墨曰泼墨，山色曰泼翠，草色曰泼绿，泼之为用，最足发画中气韵。"近代画家潘天寿先生大幅泼墨荷花、陆俨少先生泼墨山水画、张大千先生的泼彩山水画等，把传统技法又发展到一个新的高度。

404

中国古时候的"写真"指什么？

现在的"写真"是指摄影、照片。源自日本语义，日本的照相馆就叫写真店。清末随着照相技术传入中国，加上之后五四运动的思想大解放，中国人开始慢慢接受西方的这种艺术表现形式。尤其在中西文化交融的今天，中国传统意义上的写真却不为国人所知了。

在我国古代，"写真"是指描绘人物的肖像画，要求所绘人像形神相似，与"写照"、"传神"同义。唐代杜甫在《丹青引赠曹将军霸》诗中云："将军善画盖有神，偶逢佳士亦写真。"元汤垕《画鉴》云："周昉善画贵游人物，又善写真，作仕女多秾丽丰肥有富贵气。"

唐·周昉《簪花仕女图》（局部）

○ 405

什么是十八描?

十八描即指十八种古代人物衣服褶纹的不同描法。它的全部名目,出自明代邹德中《绘事指蒙》,其载有"描法古今一十八等"。亦见载于同时期的汪砢玉《珊瑚网》及周履靖《夷门广牍》,名称上略有变动,但大同小异。清人王瀛在前人著述基础上,将其十八描配以图文及要点解说,直观形象,为后世所重视。

宋·梁楷《六祖斫竹图》折芦描

十八描是根据历代各派人物画的衣褶表现程式,按其笔迹形状而起的名称,分别为高古游丝描、橛头钉描、琴弦描、铁线描、混描、曹衣描、钉头鼠尾描、行云流水描、蚂蝗描、折芦描、橄榄描、枣核描、柳叶描、竹叶描、战笔水纹描、减笔描、枯柴描、蚯蚓描。

近代有人将十八描概括为三种基本描法:一是类似游丝描类。它行笔匀速,以中锋用笔为主,线性粗细变化较少。像铁线描、曹衣描、琴弦描皆属于这一类。晋代顾恺之最擅长此类描法。第二类是类似柳叶描类,它行笔速度快,线条粗线变化明显,枣核描、橄榄描均属之。唐代吴道子深谙此法。第三类是减笔描类,它的特点是多用侧锋快速出笔,有线有面、概括凝练地表现物象。竹叶描、枯柴描等皆属之。宋代梁楷、石恪最喜用此法。

十八描是我国古代画家在艺术创作实践过程中的经验总结,是传统人物画线描的基本技法,为后世学人物画的基本范本。

宋·石恪《二祖调心图》枯柴描

晋·顾恺之《女史箴图》（局部）高古游丝描

406

什么是没骨法？

清·恽寿平《蓼汀鱼藻图》

"没骨法"作为中国画的一种技法，指的是在绘画时不用墨线勾画物象的轮廓，直接用色泼墨描绘对象，与"勾勒"相对。

据记载，没骨法最早指先用极淡的线来勾描物象，然后层层晕染颜色，使线条被覆盖在色彩下，不见线痕，所以称"没骨"。相传这种技法由南朝画家张僧繇始创，唐代杨升用此法画山水，称为没骨山水。到北宋的徐崇嗣，将此法运用到花鸟画中，表现芍药、牡丹、荷花、芙蓉等花卉的野逸之风。元明以后此法广泛运用于写意画中，用大笔将色或墨点垛成形，一气呵成。到了清代，恽寿平吸收西方水彩将没骨画推向新的高潮。

407

绘画六法指的是哪六种方法？

中国书画的品评风气，在魏晋时期已开其端，到南北朝大盛，南齐谢赫的《画品》是中国绘画史上第一部具有科学性、系统性的绘画品评专著。他在书中提出了著名的"六法"论，影响深远。

谢赫云："画有六法……六法者何？一气韵生动是也；二骨法用笔是也；三应物象形是也；四随类赋彩是也；五经营位置是也；六传移模写是也。"此论一出，响绝画坛，为历代画家、评论家、鉴赏家所推崇，后世有关品评大多脱离不了其藩篱。唐代张彦远是继谢赫之后第一个讨论六法的，他在《历代名画记》卷一中阐述了其对六法的意义和运用的独特见解，将"气韵生动"、"骨法用笔"列为首要之法。此后宋、元、明、清历代都有人对其进行阐述并提出自己的见解的。如清代邹一桂《小山画谱》认为："以六法言，当以经营为第一，用笔次之，赋彩又次之，传模应不在内，而气韵则画成后得之，一举笔即谋气韵，从何着手？以气韵为第一乃赏鉴家言，非作家法也。"

六法论作为绘画创作和评判优劣的准则，至今仍有借鉴意义。

408

山水画中"三远"指什么？

山水画的"三远"说，是北宋中期重要的山水画家和理论家郭熙在前人绘画理论基础上总结出来的山水画创作中三种不同的取景构图的方法，在其子郭思编纂的《林泉高致》中对此做了详细记载："山有三远：自山下而仰山颠，谓之'高远'；自山前而窥山后，谓之'深远'；自近山而望远山，谓之'平远'。"

同时期的韩拙在其基础上又增加了"三远"，在其作《山水纯全集》中云："郭氏谓山有三远，愚又论三远者：有近岸广水，旷阔遥山者，谓之'阔远'；有烟雾溟

北宋·郭熙《早春图》

漠，野水隔而仿佛不见者，谓之'迷远'；景物至绝，而微茫缥缈者，谓之'幽远'。"元代黄公望在实践的基础上参合两家之说提出了新的见解，他在《山水诀》中有论："山论三远，从下相连不断，谓之'平远'；从近隔开相对，谓之'阔远'；从山外远景，谓之'高远'。"

"三远"之说充分体现了我国山水画发展已经十分成熟，体现了中国画特有的散点透视的方法，它不仅概括了中国山水画的透视法则对空间关系的处理，还体现了中国画家独特的空间审美意识。

409

中国书画中的"三品"指的是什么？

对中国书画的品评，在魏晋时期已开其端，到南北朝大盛，南齐谢赫首先在《画品》中提出了著名的"六法"论，影响深远。后世品评多在其基础上发展。唐代张怀瓘在《书断》中首次列神、妙、能三品评论历代书家；后北宋刘道醇《圣朝名画评》沿用并以此评画，此后，"三品"之说广泛应用到书画品评中。

何谓三品？即将书画艺术按一定的优劣标准分为神品、妙品、能品三个等级。作为中国书画品评术语之一，"三品"说在历代书画著录中不断得到补充发展。唐代朱景玄《唐朝名画录》在张怀瓘的神、妙、能基础上又添逸格，第一次明确提出了"神、妙、能、逸"四品。北宋黄休复《益州名画记》谓"画之逸格，最难其俦。拙规矩于方圆，鄙精研于彩绘，笔简形具，得之自然，莫可楷模，由于意表，故目之曰逸格尔"。将"逸"作为书画在神、妙、能之上的最高境界。宋徽宗赵佶评画则以神、逸、妙、能为序。可见，关于逸品的排序并未达成统一意见，而神、妙、能三品是各家取法的核心。到了清代，黄钺则更是细分至二十四品。

410

绘画中的"六要"指什么?

关于"六要"之定义，学术界并未达成一致意见，历来有两种看法：

第一种认为是品评绘画作品的六项要求和标准。最早可见北宋刘道醇《圣朝名画评》提出的关于识画之诀："夫识画之诀在乎明六要而审六长也。所谓六要者：气韵兼力一也，格制俱老二也，变异合理三也，彩绘有泽四也，去来自然五也，师长舍短六也。"气韵兼力、格制俱老、变异合理、彩绘有泽、去来自然、师长舍短六点标准，作为中国画品评术语，有其特定的历史价值。

第二种则是五代时期的画家荆浩提出的绘画创作时的六个要点，他在其著作《笔法记》中曰："夫画有六要：一曰气，二曰韵，三曰思，四曰景，五曰笔，六曰墨。""气"指心随笔运，取象不惑；"韵"指隐迹立形，备仪不俗；"思"指凝想形物，采其大要；"景"指自然景物的状貌神情；"笔"指用笔运转变通、如飞如动；"墨"指用墨高低晕淡、文彩自然。

411

绘画中的"六多"指什么?

所谓"六多"，是指学画过程中要多临、多看、多读、多画、多游、多师。

"多临"指我们在初学画的阶段要多临摹古人，谢赫的"六法论"第六法"传移模写"就明确地指出了这一点。历观古代名家，没有不是通过博学诸家来"借古开今"的。明代唐志契在《绘事微言·访旧》中说："画者传摹移写……此法遂为画家捷径，盖临摹最易，神气难传，师其意而不师其迹，乃真临摹也。"不仅解释了临摹的重要，同时将临摹之难点也鲜明地指出，应"师其意"而不是拘泥于"迹"。

"多看"、"多读"指的是学习绘画的过程中要大量阅读古人遗存下来的绘画遗迹和绘画理论，做到"眼饱前代奇迹"，这些在大量实践中总结出来的经验，对我们有借鉴和警示的作用。

"多画"强调学画过程中练习的数量。

"多游"是指多与大自然美好山川接触，以触景生情，创作出形神兼备、富有意境的山水画。

"多师"是指学画过程中要多师古人，博涉众家之长，在古人的基础上有所创造，开创自身风格。

○ 412

绘画中的"三病"指的是什么？

"三病"是指中国画创作过程中用笔上的三种败笔，是宋代郭若虚在长期创作实践中总结出来的经验之谈，对我们有借鉴和警示的作用。他在《图画见闻志》卷一《论用笔得失》中说："画有三病，皆系用笔。所谓三者：一曰版（板），二曰刻，三曰结。版（板）者，腕弱笔痴，全亏取与，物状平褊，不能圆浑也；刻者，运笔中疑，心手相戾，钩画之际，妄生圭角也；结者，欲行不行，当散不散，似物凝碍，不能流畅也。"在其后的很多画家都关注到了这个问题，明代的李开先在《中麓画品》中对此加以补充和完善，成就了"四病"说，即："画有四病：一曰僵，笔无法度，不能转运，如僵仆然。二曰枯，笔如瘁竹槁禾，余烬败秫。三曰浊，如油帽垢衣，昏镜浑水。又如厮役下品，屠宰小夫，其面目须发无复神采之处。四曰弱，笔无骨力，单薄脆软，如柳条竹笋，水荇秋蓬。"

为什么会出现这些病笔呢？概括言之，首先是由于书画家本身的功力问题，腕力弱，所绘的线条就软，缺少圆厚混成的力度和气息。其次是心、手之间的配合，运笔迟疑不断，"意在笔后"则点画必然不生动，作品的气息散滞郁结。最后是笔不能为我所用，在运笔之时出现"妄生圭角"的"信笔"。知道了这些病笔的产生原因后，就要求我们在实践过程中勤加练习，做到"意在笔先"、"心手如一"。

413

何谓"曹衣出水，吴带当风"？

人物画在我国的发展历史悠久，早在西周、战国时期就已经有了以人物活动为题材的绘画作品。之后随着一批职业画家的出现，人物画开始由简率粗略到精细，出现了各种各样的表现技法，"曹衣出水，吴带当风"即是其中两种不同的表现衣服褶纹的描绘方式。

"曹"指北齐时期的画家曹仲达，是一位从中亚曹国（今乌兹别克斯坦撒马尔罕一带）来中原的域外画家，曾任朝散大夫，擅画人物、肖像、佛教图像。史载其"北齐最称工，能画梵像"。据传其描绘的人物衣服褶纹紧贴身体，笔法刚劲、纤细、稠

《天王送子图》（局部）

叠，给人以薄衣贴体的美感，犹如刚从水中出来一般，故称"曹衣出水"。可惜没有作品流传下来。但其风格大致可以从一些新疆吐鲁番壁画和北朝石窟造像的衣纹处理中略窥其貌。

"吴"是唐代第一大画家吴道子，被后世尊称为"画圣"，民间画工尊为祖师，相传曾学书于张旭、贺知章，未成，乃改习绘画。他的画与张旭的草书、斐旻的剑舞，被誉为当时的"三绝"。他开创兰叶描，笔势圆转，讲究起伏变化，所绘人物衣带宛若迎风飘曳之状，形成"吴带当风"的独特风格，也称作"吴家样"。现存世的《天王送子图》（北宋李公麟摹本）是他的代表作，基本反映了吴道子的画风。北宋

郭若虚《图画见闻志·叙论》："吴之笔，其势圆转而衣服飘举。曹之笔，其体稠叠而衣服紧窄。"故后辈称之曰"曹衣出水，吴带当风"。

414

"扬州八怪"，"怪"在何处？

清朝时，扬州不仅是东南的经济中心，也是文化艺术的中心，当时扬州出现了一批对后世影响深远的画家，世称"扬州画派"或"扬州八怪"。那么"扬州八怪"具体是哪几个书画家呢？他们为何会被冠以"怪"之名呢？

清·郑燮《梅竹图》

清·高翔《僧房扫叶图》

关于"扬州八怪"之说，由来已久。但是具体是指哪八个人，一直众说纷纭。有人说"八"只是一个约数，是对当时活跃于扬州地区的画风相近的一批书画家的总称。但是现在美术史上一般还是以清末李玉棻提出的"八怪"为准，这主要是因为他与"八怪"所处的时代相近而又记载最全。他在《瓯钵罗室书画过目考》中提出"八怪"为汪士慎、郑燮、高翔、金农、李鱓、黄慎、李方膺、罗聘。

"扬州八怪"究竟"怪"在哪里？说法也不一。首先是他们艺术风格上的与众不同。扬州八怪的作品，无论是取材立意，还是构图用笔，都有鲜明的个性。八怪之首的郑燮取材多为兰、竹配上怪石。用行草的笔法，多而不乱，少却不疏，秀劲萧爽，充满生机。题款上用独有的"六分半书"和富有深意的诗词，将三者结合成完整的艺术整体，体现了其"趣在法外"、"师其意不在迹象间"的艺术追求。金农用金石碑刻之笔画墨梅，追求一种生拙、奇古之气。如《寄人篱下图》画短篱之下两株寒梅，自开自落，孤芳自赏。

其次是他们在艺术审美上标新立异。明末清初中国画坛被保守泥古之风笼罩，画风纤弱病态，缺乏生气。在这种历史背景下，扬州八怪以"掀天揭地之文，震惊雷雨之字，呵神骂鬼之谈，无古无今之画"的创新精神出现。他们继承了石涛、徐渭、朱耷等人的创作方法，不死守临摹古法。倡导"师造化"、"用我法"，反对"泥古不化"，强调作品要有强烈的个性。他们作画不拘常规，肆意涂写，并以一个"乱"字来表露他们的叛逆精神。金农曾言："用焦墨竿大叶，叶叶皆乱。"正是由于"扬州八怪"从大自然中去发掘灵感，从生活中去寻找题材，下笔自成一家，不愿与人相同，在当时是使人耳目一新的，因而别称之为"怪"。正如郑燮自己所说："下笔别自成一家，书画不愿常人夸。颓唐偃仰各有态，常人笑我板桥怪。"

扬州八怪以"怪"名世，是因为他们打破了当时画坛的僵化风气，给中国绘画带来了新的生机。他们绘画作品数量之多，流传之广，无可计量，影响了一大批书画家，如后来的赵之谦、吴昌硕、齐白石等。

○415

为什么把戏曲界称为梨园行？

梨园，是唐代皇家禁地中的一处苑囿林园，因遍种梨树得名。这座梨园与戏曲的渊源则是因为唐玄宗李隆基。明代文人张岱所著《夜航船》一书第九卷礼乐部中记载："唐明皇酷爱法曲，选坐部伎子弟三百人，教于梨园，谓之梨园子弟，居宜春北苑。时有马仙期、李龟年、贺怀智洞知音律。安禄山自范阳入觐，亦献白玉箫管数百事，皆陈于梨园，自是乐

明皇合乐图

响不类人间。"唐明皇李隆基酷爱歌舞，精通音律，特意挑选出三百名演员在"梨园"这个地方"集中培训"，学习音乐伴奏、歌舞表演，这可能是历史上最早也是最为著名的一处培训戏曲歌舞演员的场所了。后来的戏曲界追溯渊源而上，便称呼为"梨园行"了。

既然戏曲界被称为梨园行，那么戏曲界从业人员中的后生晚辈就称为梨园子弟，如果家中几代人都从事京剧行业，便被称为梨园世家。最具传奇色彩的梨园世家如

谭家：谭志道，工老旦，汉调演员，为第一代；谭鑫培，京剧老生之大宗师，为第二代；谭小培，工老生，为第三代；谭富英，工老生，为第四代；谭元寿，工老生，为第五代；谭孝曾，工老生，为第六代；谭正岩，学习武生、老生，为第七代，绵延百余年，传承不息。

此外，过去也把戏曲艺人的行会组织泛称为梨园公会，埋葬戏曲艺人的公墓称为梨园义地。二十世纪三十年代，张次溪先生编纂京剧史料，汇集成书，取名《清代燕都梨园史料》，而徐慕云先生记载京剧掌故的《梨园外纪》一书，也是以梨园代指戏曲界。

416

梨园行的祖师爷是谁？

唐玄宗像

《周礼·考工记》开篇总论即云："知者创物，巧者述之守之，世谓之工。百工之事，皆圣人之作也。"所以自古以来各行各业都有自己的祖师爷，也就是创业之"圣人"。比如，建筑行、木工行的祖师爷是鲁班，药行的祖师爷是孙思邈，制笔行的祖师爷是蒙恬，相声行的祖师爷是东方朔，诸如此类，不胜枚举。

那么梨园行的祖师爷是谁呢？旧时戏班中供奉的祖师爷叫"老郎神"。老郎神的雕像通常是白面无须，杏黄帔，九龙冠，皇帝打扮。至于这位老郎神是何方神圣，众说纷纭，莫衷一是。其中一种说法认为，老郎神就是唐明皇。唐玄宗李隆基死后的谥号是"至道大圣大明孝皇帝"，所以简称为"唐明皇"。李隆基自幼酷爱音乐，五六岁时即能歌善舞，不仅精通各种乐器演奏，还擅长谱曲。后来他设立"梨园"，培养音乐人才。所以将唐明皇李隆基奉为祖师爷应该是大多数人都能认可的吧。另外一种说法，说"老郎神"是五代后唐庄宗李存勖，他也是自幼喜爱听乐观戏，即位之后更是时常粉墨登场。明张岱之《夜航船》中云："唐庄宗自言一日不闻音乐，则饮食不美。方暴怒鞭答左右，一闻乐声，怡然自适，万事都忘。又善歌曲，或时自傅粉墨，与优人共戏。优名谓之'李天下'。"若以喜爱程度而论，后唐庄宗李存勖也有做祖师爷的资格。

◯ 417

"菊部"是什么意思？

在与京剧有关的戏曲论著中有这样几部书，如 1918 年出版的周剑云主编的《鞠部丛刊》，罗瘿公先生著的《鞠部丛谭校补》，以及丁秉鐩先生所著《菊坛旧闻录》，甚至清代的《鞠台集秀录》、《菊部群英》等等，均以菊部或鞠部而名书。

菊部或菊台、菊坛、鞠部等，是旧时对戏班或者说是对整个京剧戏曲行业的又一个别称。"鞠"是"菊"的通假字，二字可以通用。据宋代周密所著《齐东野语·菊花新曲破》云："思陵朝，掖庭有菊夫人者，善歌舞，妙音律，为仙韶院之冠，宫中号为菊部头。"是说宋高宗赵构的后宫之中有一位精通音乐歌舞的宫人叫做菊夫人，技压群芳，成为后宫歌舞伎中的领袖，所以大家都管她叫菊部头。元代宋无《宫词》有云："高皇尚爱梨园舞，宣索当年鞠部头。"自注："宋思陵时，有菊夫人，善歌舞，为仙韶院第一。既而称疾告归。一日，宫中曲舞不称旨，提举官奏曰：'此非鞠部头不可。'"亦可见这位菊夫人技艺之高妙了！

从宋元以后，这菊（鞠）部也就和梨园一样成为戏曲界的别称了，如清代曹雪芹之祖父曹寅的一首小诗中有："鞠部清词付小伶，自调芦管斗灯荧。"前面所举诸戏曲书目也都是证例。

418

为什么把戏曲舞台称为氍毹?

中国近代集邮家周今觉先生曾为京剧大师程砚秋先生题诗:"一曲清歌动九城,红氍毹(qúshū)衬舞身轻。铅华洗尽君知否?枯木寒岩了此生。"以红氍、红毹或者氍毹代指戏曲舞台。氍毹,本是指用毛或其他材料织成的带有花纹图案的地毯或壁毯。如东汉应劭《风俗通》所谓:"织毛褥谓之'氍毹'。"明代程登吉《幼学琼林》中说:"毡毯曰氍毹。"古人席地而坐,氍毹就是坐具,如乐府诗《陇西行》中:"请客北堂上,坐客毡氍毹。清白各异樽,酒上正华疏。"有时也是壁饰,如唐代岑参《玉门关盖将军歌》:"暖屋绣帘红地炉,织成壁衣花氍毹。灯前侍婢泻玉壶,金铛乱点野驼酥。"后来多指地毯。

那么作为地毯的"氍毹"是如何变成舞台的代名词的呢?在明代,随着戏曲的繁荣,特别是昆曲的盛行,许多官商富室蓄养家班、家乐,成为一时风尚,这些家班、家乐演出时就在厅堂中铺上红色的地毯,轻歌曼舞,手挥目送。如明末遗民张岱写《陶庵梦忆》,其中记《刘晖吉女戏》云:"忽隐忽现,怪幻百出,匪夷所思,令唐明皇见之,亦必目睁口开,谓氍毹场中那得如许光怪耶?"所以大约自明代开始,氍毹就成为戏曲舞台的代称了。直至近代,著名的戏曲家、收藏家张伯驹先生有《红毹记梦诗注》,以诗注的形式记录自己在戏曲方面的见闻,也正是以红毹代指舞台。

419

"粉墨登场"中的"粉"和"墨"是指什么?

这里的粉是白色,指化妆时用来搽脸的白粉;墨是黑色,指化妆时用来描眉的黛墨。如《后汉书·逸民传》中梁鸿对孟光说:"吾欲裘褐之人,可与俱隐深山者尔。今乃衣绮缟,傅粉墨,岂鸿所愿哉?"这是说女子涂粉描眉的化妆。戏曲演员登台表演，也要涂朱调彩、施粉着墨进行面部化妆。如《资治通鉴》中记载后唐庄宗喜爱歌舞："或时自傅粉墨，与优人共戏于庭"，就是指像演员一样的化妆了。

戏曲演员们的化妆除了达到美化的效果之外，也是剧中人物不同的性格、身份、年龄、境遇的具体表现。中国传统戏曲的服装是夸张的、表演是虚拟的、境界是写意的，与之相应的化妆也是夸张和写意的，源于生活高于生活。现实生活中的人物面貌以白色的皮肤和黑色的眉眼最为主要，所以在戏曲舞台化妆时便首先突出这两部分颜色，白色使其更白而施粉，黑色使其更黑而涂墨。化妆好了，也就可以上台表演了，所以人们把演员们登台演戏称为"粉墨登场"。如著名的戏曲剧作家翁偶虹先生有一篇《自志铭》云："也是读书种子，也是江湖伶伦，也曾粉墨涂面，也曾朱墨为文；甘作花虱于菊圃，不厌蠹（dù）鱼于书林；书破万卷，只青一衿；路行万里，未薄层云；宁俯首于花鸟，不折腰于缙绅；步汉卿而无珠帘之影，仪笠翁而无玉堂之心；看破实未破，作几番闲中忙叟；未归反有归，为一代今之古人。"因为除了提笔作文编写剧本之外，翁偶虹先生自幼习学架子花脸，曾经登台表演过，所以文中自称"也曾粉墨涂面"，就是这个意思了。

420

行当、脚色和角色有什么不同？

行当是中国传统戏曲所特有的表演体制。艺术是来源于生活的，京剧也不例外。舞台上那些男女老少、善恶丑俊、形形色色的人物，均来自于生活，可是他们并不按照生活中之本来面貌出现于舞台上，而是加以提炼、概括，或者说加以夸张，将剧中人物进行艺术化的分类，根据人物性别、性格、年龄、身份之不同，分成生、旦、净、丑等不同的类型，这些不同的类型就被称为"行当"，简称"行（háng）"。以京剧为代表的中国传统戏曲可以说是化人生为舞台，演人物于行当。

那么脚色又是什么呢？其实脚色就是行当。请看，清代孔尚任的《桃花扇》凡例中云："脚色所以分别君子小人，亦有时正色不足，借用丑净者。"清李斗《扬州画舫录·新城北录下》："梨园以副末开场，为领班。副末以下，老生、正生、老外、大面、二面、三面七人，谓之男脚色；老旦、正旦、小旦、贴旦四人，谓之女脚色；打诨一人，谓之杂。此江湖十二脚色，元院本旧制也。"这正与行当的涵义相同。

我们现在常常说到的角（jué）色，英文为 Role，1934 年米德（G. H. Mead）首先运用这一概念来说明个体在戏剧舞台上的身份。所以角色就是指演员在戏中扮演的那个具体人物。比如，传统京剧《空城计》中有两个主要角色，一个是诸葛亮，一个是司马懿。诸葛亮和司马懿是剧中的角色，可是他们又分属两个不同的行当，诸葛亮是"生行"，而司马懿是"净行"；在《龙凤呈祥》这出戏中，同样是生行，刘备与乔玄这两个角色又有年龄、身份、性格上的个性区别。正如徐城北先生所述："京剧塑造人物的办法是'两步到位'——先达到人物的类型化，然后再进一步实现个性化"，人物的类型化是行当，人物的个性化就是角色。

421

什么是青衣？

青衣是京剧旦行中的一支，"旦"是对戏曲舞台上所有女性角色的总称。青衣这个词，如果仅从字面上看去，是指青色或黑色的衣服。穿这种衣服的人物，自汉代以后，多数地位不高，而且有很多是女性。如晋代干宝《搜神记》卷十六："陇西辛道度者，游学至雍州城四五里，比见一大宅，有青衣女子在门"；唐代诗人刘禹锡《和乐天诮失婢榜者》："新知正相乐，从此脱青衣"，这都是指婢女、侍妾之类的人物。

在京剧中，青衣也似乎依然保留了一部分原始涵义，有许多青衣角色扮演的是生活贫苦或者命运困厄的女性，如《武家坡》中的王宝钏、《汾河湾》中的柳迎春、《三娘教子》中的

《春闺梦》程砚秋饰张氏（左）

王春娥以及《春秋配》中的姜秋莲等，这类角色出场时多穿着朴素的青黑色褶子，故名"青衣"，又因角色命运悲苦而被称为"苦条子旦"。当然，青衣扮演的人物不都是悲苦穷困的女性，可是她们有一个共同的特点，就是端庄贤良、稳重正派，都是故事中的贤妻良母和节妇烈女，年龄可以是青年女子也可以是中年妇女。

传统社会对女性的要求非常严格，如《女儿经》中云："修己身，如履冰"、"坐起时，要端正"，在生活中要站不倚门、笑不露齿甚至袖不露指，行为举止要求安详沉稳。以《红楼梦》为例，第三回"金陵城起复贾雨村　荣国府收养林黛玉"中写王熙凤的出场："一语未了，只听后院中有人笑声说：'我来迟了，不曾迎接远客！'黛玉纳罕道：'这些人个个皆敛声屏气，恭肃严整如此，这来者系谁，这样放诞无礼?'"可见传统女性是以"敛声屏气，恭肃严整"为主流的。这样的"敛声屏气，恭肃严整"表现到舞台上，就是稳重端正，传统的说法又称青衣为"正旦"。青衣的表演以唱为主，动作幅度比较小，有时一手垂于身旁一手横揿胸腹，所以还有个形象的别称——"抱肚子旦"。

422

什么是老生？

生行作为京剧的一个主要行当，又包括了老生、小生、武生、红生等分支。生行是扮演男性角色的行当。《康熙字典》中对"生"的解释是："又先生，师之称。诸生，弟子之称。"如韩愈《进学解》："国子先生晨入太学招诸生。"如果总结一下的话，被称为"生"的男性中，年长者都是有学问、有身份、有地位的人，年轻者也是读书人、儒生。因此，生行的整体特点是儒雅、俊秀、端正。

《群英会》程长庚饰鲁肃

生行中的老生扮演的是中年或者是中年以上的男性。他们的类型化特征是具有成年男子的稳重成熟、严肃端正，因此老生又被称为"正生"。中国古代男子在成年之后开始蓄须，所谓须眉男子，这也是尊严和成熟的标志，所以舞台上的老生都会在上唇和两耳之间悬挂一件道具——髯口。髯者，颊须也，泛指胡须。舞台上的髯口是生活中男性胡须的艺术化和写意化，因此老生又名"须生"。老生的唱念使用演员的真实嗓音，即本嗓或大嗓，味道则以清刚醇厚、苍劲挺拔为正。京剧老生中名家辈出，流派纷呈，如谭鑫培的谭派、余叔岩的余派、马连良的马派、言菊朋的言派、杨宝森的杨派、高庆奎的高派、奚啸伯的奚派、周信芳（麒麟童）的麒派等。

423

包公属于哪个行当？

包公是中国古典小说和戏曲中非常著名的一个人物，他以执法严明、刚正不阿而著称，是清官和忠臣的典范，也是法律和正义的化身。

包公的本名叫包拯，《宋史·包拯传》记载："包拯，字希仁，庐州合肥人也。始举进士，除大理评事，出知建昌县。"由此可见，包公首先是一位读书人，在科举考试中求取功名，并从基层官员做起；另外，他"徙知端州，迁殿中丞。端土产砚，前守缘贡，率取数十倍以遗权贵。拯命制者才足贡数，岁满不持一砚归"，可见包公做官不贪污、不媚上，清正廉明；"拯立朝刚毅，贵戚宦官为之敛手，闻者皆惮之。人以包拯笑比黄河清，童稚妇女，亦知其名，呼曰'包待制'。京师为之语曰：'关节不到，有阎罗包老。'"这位包公是一位不苟言笑、刚直不阿的人；"拜枢密副使。顷之，迁礼部侍郎，辞不

《打龙袍》金少山饰包拯

受，寻以疾卒，年六十四。赠礼部尚书，谥孝肃"。死后拟定的谥号用了一个"肃"字，可见包公的严肃、肃敬、肃穆。综合包公的这些性格特点，其实他应该归入老生一行，因为他是有身份、有地位的官员，是成熟持重、严肃端正的读书人，符合老生行当扮演的人物类型，可是包公在戏中是用黑色的油彩涂抹脸谱的，与老生行的俊扮（本色脸）不同。

齐如山先生在《脸谱》第一章总论中曾说："请看戏中，凡贤良大臣、廉洁宦吏、淳粹儒者、谨慎士子、忠厚长者、安分良民、信实商贾、诚实奴仆等等，没有一个不是用本色脸的。大致脸上一抹颜色，则其人必有可议之点。"那么包公的"可议之点"是什么呢？其实就是他的肤色，传说中他是个皮肤很黑的人，与一般意义上的"白面书生"不同，所以传统戏曲中将包公归入"净"这个行当。

净行俗称"花脸"、"花面"，演出化妆时在脸上勾画脸谱，扮演的男性角色多是在性格或者相貌上不十分完美、有"可议之点"的人物。净行中又有以唱工为主的正净，俗称"大花脸"，尤以包公戏唱工最为繁重，所以这一类唱工花脸又被称为"黑头"。

424

以唱工为主的花脸为什么又叫铜锤花脸？

"铜锤"的名称来自于一出戏中的道具，这出戏就是《二进宫》。故事见于《香莲帕》鼓词，说的是明穆宗死后，太子年幼，李艳妃听政，太师李良谋篡，定国公徐彦昭和兵部侍郎杨波初次苦谏，李妃不从；徐彦昭哭谒皇陵，杨波搬兵救国；直至李良封锁昭阳，内外隔绝，李妃始悟其奸，徐彦昭与杨波二次进宫劝谏，李妃以国事相托，徐、杨合力除奸。这出戏前演

《二进宫》剧照，剧中人物左为杨波，中为李妃，右为徐彦昭

《大保国》、中演《探皇陵》、后演《二进宫》，简称《大探二》，又名《龙凤阁》。这是一出唱工繁重的戏，剧中青衣行的李艳妃、生行的杨波和净行的徐彦昭均有大段的唱腔，非有相当实力的演员不敢唱这出戏。剧中这位定国公徐彦昭怀里始终抱着先帝所赐的一柄铜锤，可以上打君王不正，下打臣宰不忠，是剧中一个重要的道具，而徐彦昭这个角色又是最为典型的唱工花脸，所以人们就将这一类型的花脸以"铜锤花脸"代称之。

425

生旦净末丑中的末扮演的是哪类人物？

《甘露寺》盖叫天饰赵云（左），韩金奎饰乔福（右）

前引清代李斗《扬州画舫录》中云："梨园以副末开场，为领班。"看起来，在早期古典戏曲如元杂剧、明清传奇中，"末"是一个重要的行当。京剧以前也是以生、旦、净、末、丑五个行当来划分的，后来才将末与生两个行当合并，从此生、末不分了。

这两个行当确实有相似之处。生与末所扮演的男性角色类型比较接近，从扮相上看都是俊扮，即本色脸，不需要像净行那样勾画脸谱；而且末扮演的都是中年以上的男性，和老生相似，也要佩戴髯口。有所区别的是，传统老生多佩戴黑色三绺的髯口（即黑三），末行戴的多是不分绺的满髯或二涛。似乎有不成文的说法，认为戴三绺的更加儒雅、潇洒一些，如诸葛亮；戴不分绺满髯的角色多是一些武官武将，戴二涛的多是些地位低下的家人、院公、中军、下吏之流了。当然，这些区别在后来的改良与变化中变得不十分明显了。现在，京剧中末和生的主要区别是，"末"所扮演的男性角色在剧中是次要的角色，"生"则是主角。末在京剧里就是"二路老生"，也叫"里子老生"，都是配角，如《搜孤救孤》中的公孙杵臼、《捉放曹》里的吕伯奢等角色。

426

小花脸属于哪个行当？

小花脸是丑行的别称。

以脸谱的形式进行化妆的行当，主要是丑行和净行。净行之中的正净以唱工为主，被称为"大花脸"；副净包括以工架、表演为主的"架子花"和近似于丑行角色的二花脸，此外还有以武打为主的武净，被称为"武二花"。

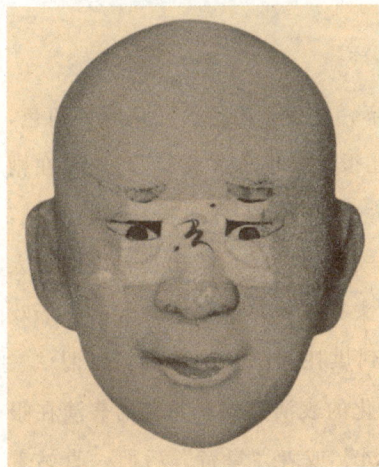

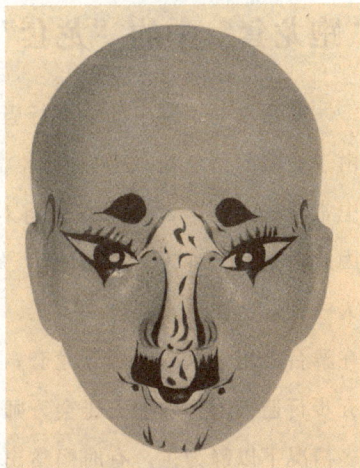

小花脸 1

小花脸 2

净行的脸谱是覆盖整个面部的，而丑行的脸谱只是在鼻梁的部分用白粉涂画一个方形、元宝形、腰子形、枣核形等形状的白粉块，比净行的脸谱要小得多，所以又被称为"小花脸"或者"三花脸"。虽然被称为"丑"，可是丑行扮演的人物角色并不一定丑恶，可能只是丑陋，甚至可能只是地位不高而已。比如在传统戏中，渔夫、樵夫、农夫、更夫、酒保、茶房、书童、衙役等普通百姓，多是由丑行扮演，他们或诙谐、或热情、或乐观、或忠厚，像《秋江》中的老艄公、《苏三起解》中的老差役崇公道、《落马湖》中的酒保等。当然，丑行的角色中也有奸邪、阴险的小人，像《望江亭》中的杨衙内、《审头刺汤》里的汤勤、《野猪林》里的高衙内等。所以，丑行扮演的人物虽然卑微琐屑，但是复杂多样，也是四个行当中距离生活状态最近的一个行当。

丑行也可分为文、武，文丑包括扮演酸腐文人的"方巾丑"和扮演普通劳动者的"茶衣丑"等，武丑扮演高来高去、身手敏捷而又伶牙俐齿、机智幽默的侠客义士。因为武丑要求念白清脆悦耳，口齿清晰，而且在舞台上常常蹿蹦跳跃，所以又被称为"开口跳"。

○ 427

"跑龙套"中的"龙套"是什么？

龙套也是京剧中的一类行当，扮演的是剧中兵卒、差役、内侍、随从等等角色，由于扮演的角色比较杂，也称"杂行"；由于流动性很大，也称"流行"。龙套在剧中常常作为军卒，当双方主将对阵交锋时，龙套在一旁手持各种旗帜，摇旗呐喊，因此也把龙套称为"打旗的"。龙套的角色在舞台上一般以整体形式出现，以四个人为一堂，这四个人又分头、二、三、四家（旗），以头家（旗）为领队之人。一场戏在舞台上用一堂或者两堂龙套，以示人员众多，起到烘托和陪衬的作用，所谓"三五步行遍天下，六七人雄会万师"，这也是一种写意化的表演形式。龙套的表演在很多情况下以静为主，有时候整出戏中龙套就在"官员"或者"皇帝"后面一直站着不动，所以也有人把龙套称为"文堂"。

可是提到龙套这个词时，我们通常都说"跑龙套"，这又是为什么呢？因为在舞台上，龙套扮演的兵丁士卒总是要跟着主帅跑上跑下的，这种"跑"也是一种舞蹈，是队列的舞蹈。上下场、排队形等都有一定的调度程式，如二龙出水、挖门、斜门、站门、十字花、龙摆尾等。队形的改变，方位的调整，以至于舞台气氛的变化都是靠龙套演员们"跑"出来的，所以龙套虽不是主角，却是一出戏中不可或缺的重要组成部分。

428

行头是什么意思？

行（xíng）头，是京剧服装和服饰配件的总称。

以京剧为代表的中国传统戏曲是以歌舞演故事的，有所谓"八字真言"——有声必歌、无动不舞，在表演的过程中，演员始终载歌载舞。为了配合这样的一种表演特色，京剧的行头也是舞蹈化的、写意化的。所以京剧的服装基本上是一种舞蹈服装，不考虑朝代，不考虑季节，不考虑地域，乃是将古代服装提炼、美化而成。如长长的水袖、飘飘的雉尾等都不是古代现实生活之常态，而是以夸张写意的方式为载歌载舞来服务的服装样式。

429

什么是盔头？

盔头是剧中人物所戴各式冠帽的总称，分为冠、盔、巾、帽四大类，冠、盔是硬质的，巾、帽是软质的。

天平冠、帅盔、文生公子巾、武生公子巾

中国古人对冠帽是十分重视的，男子成年的标志是为他加冠，《礼记·曲礼上》："男子二十，冠而字。"这就是冠礼，是"礼之始"。在古代社会上，当冠而不冠是被认为"非礼"的。至于"孟嘉落帽"，那是魏晋风骨、风流洒脱之另例了。我们说的帽，古人称之为头衣或者元服。元者，头也。据许嘉璐先生著《中国古代衣食住行》云："古人不戴冠的只有四种人：小孩、罪犯、异族人和平民。"而且同样是戴帽子，头上的冠帽也有身份地位的区别，贵族戴冠，平民戴巾。京剧的盔头也有类似的区别，比如，"冠"如九龙冠、紫金冠等是帝王、贵族所用；"盔"是武将上阵临敌保护头部所用，而古人称"胄"、称"兜鍪（móu）"；盔头中的"帽"，名目繁多，有软有硬，如纱帽、罗帽等；"巾"，帝王将相家居便服时可用，但多数是一些读书人或平民所戴，如文生巾、方巾等。

430

什么是水袖？

酱色老旦蟒袍

水袖是指缝在京剧服装的蟒、帔、褶子、开氅等袖端的一块长方形白色纺绸，在舞台上演员舞动双袖时形如流水，故名水袖。水袖也是中国传统戏曲艺术中写意精神的一项具体表现。

古代服装的袖子比较长，垂臂而不露手。据《礼记·深衣》载："袂（mèi）之长短，反诎（qū）之及肘"，袂就是袖子，也就是说袖子的长短标准是从手部向上反折，达到肘部即可，这是法定的袖长，虽然现实中并不一定这么严格，但也的确是"长袖"了。而京剧的服装又在这样的"长袖"之前再缝上一二尺长的水袖，这实际上是延长了手部，"手舞"之不足故辅之以水袖，拨挑收放，盘旋飞舞，转折多姿。所以《史记·范睢蔡泽列传》中云："韩子称：'长袖善舞，多钱善贾。'信哉是言也！"

水袖也不是无中生有的，可能是来自古代的"祛"。清代朱骏声在《说文通训定声》中对于"祛"的解释是："析言之则袂口曰祛"，也就是袖口，可见古人的袍袖和袖口是有区别的，京剧正是将这种袖口加以夸张处理，使之成为一种表演和舞蹈的工具，从而更加淋漓尽致地传达人物内在的情感和心理。著名的京剧大师程砚秋先生将水袖的舞蹈归纳为勾、挑、撑、冲、拨、扬、掸、甩、打、抖十个基本技巧，通过匠心独具的设计和组合去塑造人物。程砚秋先生曾专门著文《略谈旦角水袖的运用》，文中说："最近我在拍摄舞台纪录片《荒山泪》，在这部影片中我一共用了两百多个水袖动作，不过并不是孤立地这儿一个，那儿一个，而是联系起来运用的。"关于水袖的尺寸，程先生说："水袖的尺寸不宜太长，如果是狭长一条，不仅不好看，用起来也很难得心应手。我的水袖尺寸是：衣袖长约过手四寸，水袖本身有一尺三寸，这样的长短运用起来比较得劲。"

431

戏曲中的场面是指什么？

为戏曲演出进行伴奏的乐队总称"场面"。清代李斗著《扬州画舫录·新城北录下》云："后场一曰场面，以鼓为首，一面谓之单皮鼓，两面则谓之荸荠鼓。名其技曰鼓板。"

"场面"一词，不知从何而来，有一种说法，是因为旧时乐队的位置在舞台中央靠后、"守旧"之前，足以支撑舞台的场面，所以留下这样一个以"场面"称呼乐队

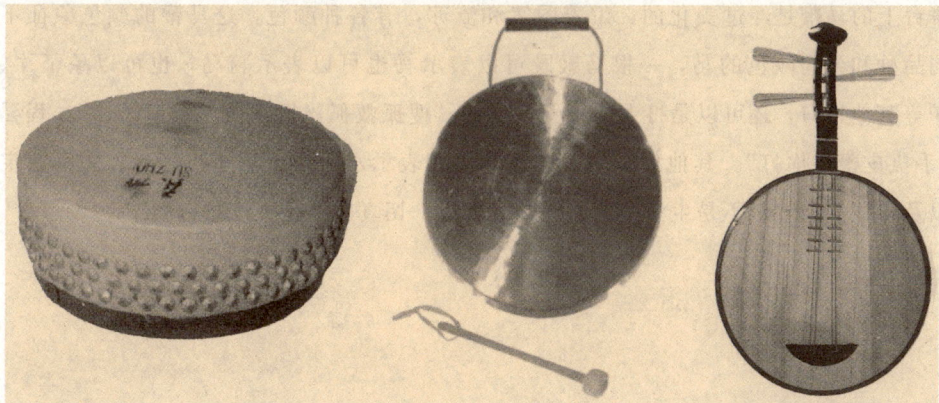

单皮鼓、锣、月琴

的说法。既称戏曲，"戏"是演故事，"曲"则是音乐了，在中国传统戏曲中，恐怕是无曲不成戏的。演员演故事于舞台之前，乐队奏音乐于舞台之后（现在是舞台之侧），正是戏与曲相辅相成，这样交相辉映的呈现，真是足以极观众视听之娱，"信可乐也"！

京剧乐队是由管弦乐器和打击乐器组成的。管弦乐器称文场，打击乐器称武场。以唱工为主的文戏，以管弦乐器伴奏为主，乐器包括京胡（胡琴）、京二胡、月琴、三弦、笙、笛、唢呐等；以武打为主的戏主要以打击乐为主进行伴奏，节奏铿锵，音响强烈。武场乐器包括檀板和单皮鼓（合称鼓板）、大锣、小锣、铙钹。其中鼓板在整个乐队中是起指挥作用的乐器，司鼓操板者为鼓师，亦称鼓佬，就是乐队的指挥。

432

什么是砌末？

"砌（qiè）末"是戏曲舞台上各种布景和道具的总称，也作"切末"。宋代无名氏《错立身》戏文第四出："孩儿与老都管先去，我收拾砌末恰来。"

砌末和京剧的行头一样，是为这种写意化的表演服务的，不同于生活中的真实用具，是经过夸张和装饰化的舞台道具。比如马鞭，就不同于生活中真实的马鞭，舞台上的马鞭是经过美化的，编着图案和流苏，有各种颜色，这马鞭的颜色象征不同品种和不同颜色的马，一根马鞭既可以表示马也可以表示骑马，也可以象征牛、驴等其他牲口，还可以是打人的鞭子，比如《搜孤救孤》里"白虎堂奉了命"，程婴"手执皮鞭将你打"。其他如车旗表示车，水旗表示水，乃至酒壶、灯台、文房四宝以及各式兵器，都不是生活中的原样，可以说一切真东西是不准登台的。

433

"守旧"是什么？

守旧，即门帘台帐，是传统戏曲舞台装置。过去传统戏曲演出时所用的台幔和作为舞台背景使用的底幕，或以绸缎、或以丝绒为之，幕上绣有各种装饰性图案。

据朱家溍先生记录的《梅兰芳谈戏曲舞台美术》一文中说："有些外界朋友听见这个名词，还以为戏班里把从前的门帘台帐都叫做'守旧'，在文字里也常常出现这样一个语汇，其实只是过渡时期少数人随便一说；这个名词不太通顺，所以我（梅兰芳）把这种过渡时期的装置也叫做门帘台帐。"可见"守旧"这个词，是民国时期新旧舞台同时存在的时候产生的一种说法。

山西洪洞县广胜下寺旁有水神庙——明应王殿，于元延祐六年（1319）重建，殿内保存有元代戏曲壁画，画中演员身后的帘幕上除了图案纹饰之外，上边还绣有一行大字"大行散乐忠都秀在此作场"，这就是元朝时的"守旧"了。可见守旧除了衬托演员、美化舞台的效果之外，还有一点宣传的意味。以前，京剧界许多名演员都有自己的守旧，守旧往台上一挂，观众一望而知，如梅兰芳先生使用的梅花守旧，马连良先生使用的武梁祠石刻车马图案的守旧等。

一挂守旧或是刺绣图案，或是单一素色，都与中国传统戏曲的写意精神"气质相合"。而且"在这种素净的平幕上，可能有助于突出台上演员"（《梅兰芳谈戏曲舞台美术》）。素色且不必说，便是刺绣的图案本身和戏文无关，观众在看戏时有充分的想象空间，随着演员的表演，舞台空间在观众脑中自由变换，或登山、或临水、或倚楼、或跨马、或风雪交加、或斜风细雨，无不存乎想象，所谓无画处皆成妙境者是也！如果改用写实的布景，非但不会锦上添花，反而显得滑稽可笑，失去了自身的文化特质，得不偿失了。

○ 434

京剧的四功包括哪些内容？

唱、念、做、打是京剧的四种基本的表现手段，也是作为京剧演员的四项基本功，被称为"四功"。

王国维先生在《戏曲考原》中云："戏曲者，谓以歌舞演故事也。"那么，京剧这"四功"之中，"唱"与"念"是歌的部分，而"做"与"打"是舞的部分。一个演员利用唱、念、做、打的各种手段来塑造、扮演剧中人物，一出戏则通过载歌载舞的形式来讲述、完成一个故事。

唱功是指歌唱，这是京剧最为重要的一项，致使用英文翻译京剧时直接以"北京歌剧（Peking Opera）"而言之。虽然许多著名京剧演员已经谢世，许多传统老戏也久不见诸舞台了，可是只要有那么几张唱片流传下来，观众们依然津津乐道，回味无穷，这是唱的魅力。

念功是指念白，就是具有音乐性的说话。京剧谚语中说得好——千斤话白四两唱，以显示念白的重要性。京剧念白有韵白、京白和方言白之分，特别是韵白和京白，是京剧一种十分高明的处置方法。有身份有地位的"郑重"人物用韵白，地位低的"非郑重"人物用京白。一位好的演员在舞台上即使是没有音乐伴奏的念白，依然能音韵铿锵、抑扬有致地做到"说话如歌"。

做功是指舞蹈化的形体动作，打功是指武打和跌翻的技术，都是利用形体手段去表现人物。也有一句京剧谚语中说——口出字，手就到。这就是说形体的动作是要和唱腔、念白相互配合的，所以京剧的四功不是相互独立的，而是相辅相成、相得益彰的。

435

京剧的五法包括哪些内容？

四功五法是京剧表演的基础。"四功"已经在前文解释过了，那么"五法"又是什么呢？常见的说法是指"手、眼、身、法、步"，手有手法，眼有眼法，这都可以说得通，可是"法"法是什么呢？实在有些古怪。于是，有人解释说是"手、眼、身、发、步"，头发上的功夫值得单立一法吗？恐怕要有待高明之士去说圆全了。

"五法"之说，程砚秋先生的论述最为准确——"所谓五法，它是口法、手法、眼法、身法、步法，通称'口手眼身步'。这五个法子，虽然各有各的独立性，但是在舞台上又必须相互为依、互相配合的。"

与"四功"之中的"唱功"居首相应和，"五法"之中便首先强调"口法"，发音、吐字、换气、偷声无不在于口中有法；唱的字正腔圆，念的抑扬顿挫，也必须口中有法。

京剧舞台，举手投足无不是舞，齐如山先生著《国剧身段谱》专列有"手谱"，梅兰芳先生手姿精绝，如何指人、如何持物、如何托盘、如何拈花、如何举扇，美如兰花，千姿百态，有手势谱的照片传世。

眼为心之苗，凶、狠、媚、醉、喜、怒、悲、思无不从眼中出，眼之重要自不待言。身体是枢纽，脚步是根基，也必须依"法"而行。

五法与四功相互配合，使演员能够更好地塑造人物、刻画性格，使观众能够欣赏到更加完美的戏曲艺术。

436

什么是堂会戏？

豪门富室、达官巨贾或因逢年过节、或因喜寿庆典，自己出资邀请演员进行专场演出以招待亲友，谓之堂会戏。"堂"——从土，尚声，尚者高也，所以高大的房屋谓之堂，如殿堂、高堂、华堂，"堂"本是一个很仪式化的地方；"会"者，聚合、集合也，将众人聚合一处，在自家堂前，歌舞为乐，这就是堂会。

举办堂会是因为喜庆之事，演戏之外还要大摆筵宴，得有宽敞的院落和戏台，所以自己有条件的就在自家举行，倘若自家条件不全，也可以选择带戏台的大饭庄或者大型会馆。如1937年（民国二十六年）正月，适逢著名的戏曲家、收藏家张伯驹先生四十初度，就在隆福寺街福全馆——这是北京当年非常著名的大饭庄子——办了一场庆寿堂会。这一场堂会因为一出《失空斩》而成为千古佳话，其演员阵容是空前绝后的，主角诸葛亮由张伯驹先生自己出演，一干配角皆由第一流的名角担任，其中老生宗师余叔岩饰王平，武生宗师杨小楼饰马谡，王凤卿饰赵云，程继仙饰马岱，钱宝森饰张郃，慈瑞全、王福山饰二老军代报子，只有司马懿一角因为没有谈妥金少山，请的是名票陈香雪。这一场堂会可以说盛况空前，轰动一时。据丁秉鐩先生云："这次《失空斩》的消息传出去以后"，"除了北方的张氏友好纷纷送礼拜寿（主要为听戏）以外，不认识的人也都想法去拜寿为听戏"，"福全馆中，人山人海，盛况不必描述，就可想象而知"。

437

什么是折子戏？

在全本戏中情节相对完整、可以独立演出的一个段落，谓之折子戏。

"折"其实在元杂剧时就出现了，当时一部完整的戏通常分为四折。王国维著《中国戏曲概论》云："杂剧体格，与诸宫调异。诸宫调不分出目，此则通例四折，虽纪君祥之《赵氏孤儿》统计五折，张时起之《花月秋千记》统计六折，顾不多见也。"以元杂剧中的名篇王实甫之《西厢记》为例，这部《西厢记》一共五本，第一本为"张君瑞闹道场杂剧"，楔子之后即分作四折，直至第五本"张君瑞庆团圞（luán）杂剧"，每本体例皆是如此。

折折相缀，构成了一个完整的戏曲故事，而其中的精彩片段也可拿出来单独演出，比如整本《牡丹亭》中的《春香闹学》、《游园惊梦》、《拾画叫画》等都是经常演出的折子戏；京剧中全本《红鬃烈马》也由若干折组成——《花园赠金》、《彩楼配》、《三击掌》、《平贵别窑》、《误卯三打》、《赶三关》、《探寒窑》、《鸿雁捎书》、《武家坡》、《算军粮》、《银空山》、《大登殿》，其中《武家坡》是最常演出的一出折子戏，生、旦名家屡屡合作。

438

票友、票房这些称谓是怎么来的？

"票友"一词并非京剧原创，而是来自于另外一种姊妹艺术——曲艺说唱。清代初年，有一种艺术形式叫做"子弟书"，是一种类似于单弦牌子曲的说唱表演，也叫"清音子弟书"。称"子弟书"，因这种说唱表演是八旗子弟所创，并且擅长演出的也是八旗子弟。八旗衙门为了对这部分参与说唱表演的人员进行管理，给他们发派一种执照，也可以说是演出许可证——称为"龙票"。据朱家溍先生云：龙票"是一张木板印刷品，四周是比较粗糙的龙纹，中间填写某旗、某佐领下人、姓名、年貌等等"；"凡持有龙票的人，有资格被邀请去演唱子弟书，不要报酬，人称他们为票友"。后来，随着京剧的兴起，人们把喜爱京剧、

孙菊仙便装像

不要报酬的业余演员也称为"票友"，虽然他们已经不再持有"龙票"了。票友的演出称作"票戏"，票友转为职业演员叫"下海"，票友们组织起来的业余组织被称为"票房"，北京的票房在清末时有"春阳友会"，现在有湖广会馆的"庚扬集"等。

在京剧的历史中，票友下海成为大名角的不乏其人。老生中有孙菊仙、汪笑侬、言菊朋、奚啸伯等；小生如德珺如、金仲仁、俞振飞等；净行如金秀山、黄润甫等。票友之中，藏龙卧虎，高明之士甚多，即使保持业余身份，仍然被内行专业演员所

推崇，如清末贵族红豆馆主爱新觉罗·溥侗（1871～1952），号西园，人们尊称他"侗五爷"，就是内外行公认的文武昆乱不挡的"泰山北斗"。另外，大收藏家张伯驹先生（1897～1982），私淑余叔岩，在票友中最得余氏亲传，掌握余派剧目最为准确。还有今年已经九十五岁高龄的医学专家刘曾复先生，幼嗜京剧，博闻强记，腹笥（si）之宽，能戏之多，即使专业演员也无人能及了。

439

京剧为什么又叫皮黄？

"皮黄"又做"皮簧"，是西皮与二黄（簧）的简称，它们是京剧的两大主要声腔，所以早年的京剧也被称为"皮黄"或"皮簧"戏。

《中国京剧史》说："京剧的前身是徽戏（徽调）、汉戏（楚调）、昆曲、秦腔、京腔，并受到民间俗曲的影响。"特别是徽戏和汉戏的声腔对京剧的形成影响最大。自清乾隆五十五年（1790）开始，以向乾隆皇帝祝寿为名，先后有"三庆"、"四喜"、"春台"、"和春"等徽班来到北京演出，史称"四大徽班"，"先后到京的汉戏艺人多搭徽班演唱"（《中国京剧史》）。二黄（簧）是徽戏的主要声腔之一，而汉戏声腔以西皮和汉戏二黄（簧）为主，它是皮、簧合奏的。随着徽戏、汉戏的进京演出，使得西皮、二黄（簧）声腔进一步融合，迅速发展，形成丰富的旋律和完整的板式。

"二黄（簧）"之说多数人认为来自地名，即湖北的黄冈、黄陂二县，杨静亭著《都门纪略》就是这种说法。其他说法还有很多，莫衷一是。至于"西皮"，初称"襄阳调"，有来源于中国西部的音乐成分，而湖北人称"唱"为"皮"，故名"西皮"。二黄（簧）声腔比较平稳、深沉，适于表现感叹、沉思、悲愤等情绪，而西皮则明快、刚劲，更适合表现激昂的情绪。板式就是节奏，除了原板、慢板、快三眼、导板、回龙、散板、摇板等共同板式之外，西皮之中还有二六、流水、快板等。

440

什么叫文武昆乱不挡?

这是对全才演员的称赞与肯定。文与武暂且不论,先来说说昆与乱。"昆"是指源于江南苏州一带的昆山腔(昆曲),"乱"是指"乱弹"。

"乱弹"的概念正如它的这个名称本身一样有些杂乱,多数的时候是指与昆曲昆腔相对的其他各种地方戏曲。昆曲轻歌曼舞、清丽委婉,发音吐字、举手投足皆有法度,是雅乐,是正声,相对而言的梆子、秦腔、楚调也包括后来形成的京剧等民间流行的声腔、剧种就被笼而统之地称为"乱弹"了。与此同时,还有"花部"和"雅部"之分,如《燕兰小谱》载:"今以弋阳、梆子等曰花部,昆腔曰雅部。"又见《扬州画舫录》云:"雅部即昆山腔,花部为京腔、秦腔、弋阳腔、梆子腔、罗罗腔、二簧调,统谓之乱弹。""昆""乱"也好,"花""雅"也罢,今天看来它们都是中国传统的声腔艺术。京剧也是吸收了多个剧种的营养而集大成者。尤其是昆曲,为"百戏之祖",法度森严,当年的京剧演员都要学习昆曲身段和唱腔,像梅兰芳先生、程砚秋先生均擅演昆曲。朱家溍先生云:"京戏班老演员都以昆乱不挡作为衡量演技水平的标准,是有道理的。"对于京剧演员来说,"文武昆乱"的乱主要还是指京剧而言。所以一个演员不论文戏还是武戏,不论昆曲还是京剧,都难不倒他,挡不住他,非但无所不能,而且无一不好,具有全方位的艺术才能,这样的演员就可以被赞誉为"文武昆乱不挡"。

441

什么叫六场通透?

朱家溍先生《记溥西园先生》一文中云:"溥西园先生的戏,是'文武昆乱不挡',并且在戏曲音乐方面也是'六场通透'。"

"六场"是指为京剧演出进行伴奏的六种主要乐器——胡琴、南弦、月琴、单皮

（鼓）、大锣、小锣。这六件乐器被称为"场"，就是前文介绍过的"场面"的意思，前三件为文场，后三件为武场。"通透"者，透彻、明白是也。倘若对这些乐器件件拿得起，样样精通，这就是"六场通透"。有些时候，"六场通透"也不仅仅是指演奏乐器而言，也可用来形容吹、拉、弹、唱样样通透的人才，还可以用来形容对于一出戏的唱、念、做、打乃至锣鼓经等事事精熟的人才。其实无论是戏曲从业者还是其他行业的人士，一专多能、融会贯通都是值得追求的成才目标。

442

为什么说生书、熟戏、听不腻的曲艺？

生书，是说听评书要听以前没听过的，比较陌生的，这样越听越爱听。这是因为听书听的是"扣儿"，每一段书结束时，说书人会留下一个扣子（也就是布置一个悬念），吸引听众下次再来听。可如果您一切都心知肚明了，扣子就"拴"不住您了，您的兴趣自然就减弱了，评书的魅力也难以发挥到极致。

熟戏，是指听戏要听那些脍炙人口、家喻户晓的戏，越是这种戏，人们越爱听。这又是为什么呢？因为这些戏经过好几代戏曲艺术家的演出，一遍拆洗一遍新，有的戏甚至达到了千锤百炼的境地，早已成为精华中的精华，瑰宝中的瑰宝。比如《苏三起解》、《四郎探母》、《铡美案》，那些带有浓厚韵味的道白和唱腔，总是被人们津津乐道。

听不腻的曲艺，是说各种曲艺艺术，比如大家熟悉的单弦、京韵大鼓、快板书、山东快书……，听众们听不腻，不嫌烦，像《大西厢》、《玲珑塔》、《武松打虎》，要么旋律优美，要么字正腔圆。总之，每听一遍，都是一种美好的享受。由此看来，曲艺是不讲新旧、老少咸宜的。

443

什么是撂地？

撂地指的是解放前表演曲艺或古彩戏法时，设在庙会、集市、街头空地上的演出场所。一般表演者需租赁一块地皮，每日午后开始演出，演毕向地主缴纳一定数量的租金。撂地卖艺按场地划分，可分为三等：上等的设有遮凉布棚和板凳，中等的只有一圈板凳，下等的什么设施都没有。其经济收入的手段是：当节目演到关键所在时暂时中止，表演者边说边收钱，或兜售膏药、大力丸等。一般撂地者少则一二人，多则三五人，道具轻便，行动灵活。撂地演出受天气影响甚巨，往往有"风来散，雨来乱"之虞。

在这种场所上卖艺的，还有名曰"捡板凳头儿的"，即在上午10点多钟，撂地的艺人还没出场之前，利用这一空档在场子演上几个段子，以敛取少许钱币度日。或于下午5点后趁正场艺人撤离后的夹档演唱，则称"捡板凳腿儿的"。这两种情形均无需付地租，只以协助打扫场地作为对主人的回报。

444

曲艺中的"迟疾顿挫"是什么意思？

"迟疾顿挫"是曲艺术语，也称"迟疾顿垛"，指某些鼓曲曲种在演唱时掌握旋律、节奏、口法的四种技巧。迟，指缓慢；疾，指快速；顿，指停顿、间歇；挫，指板眼连贯。有艺谚总结道："疾是快，迟是慢，垛起板眼唱连贯，顿住的词句如切断。"

○ 445

曲艺中的"崩打粘寸断"是什么意思？

"崩打粘寸断"是曲艺术语，指某些鼓曲曲种的五种唱字方法。崩法，加重唇的力量，用重音来突出字音，将字崩出口后字音上扬，短促而沉重响亮，以造成紧张气氛；打法，用舌尖把字打响，使字音响亮；粘法，将字音韵调较窄的字，慢慢扩大字音，使其送得远而音不变；寸法，用在唱叠句、排句时，中间稍作停顿，且又要寸着劲力使字字相连而音断意不断；断法，指将易混搅成一团的两个字音断开，个个分明。这五种唱字方法，可供演唱者根据唱词的具体情况灵活运用。

○ 446

曲艺中的"闪垛卸叠"是什么意思？

"闪垛卸叠"是曲艺术语，指北方一些曲种演唱时运用板头、节拍的几种方法。闪，指闪板，即切分的唱法；垛，指垛字，即将一句较长的唱词，以较快的速度把字叠连在一起的唱法；卸，指卸板，是因内容的需要而由快转慢的唱法；叠，指叠句，是把两三句唱词叠成一串来唱，以烘托气氛的唱法。

○ 447

什么是贯口？

这是曲艺中常用的一种表演技巧，在"说、学、逗、唱"四门功课里属于"说"的一种，也有人把它称为串口。贯，连贯；贯口，就是带有连贯性的韵白。在评书和大鼓类长篇书目中，刻画人物外貌、描写景色、列摆阵势、形容武打场面的时候往往需要用诗词赞赋的形式来表现，这个时候就用得着贯口了。演员以很快的速度背诵韵白，一般是在不换气或不明显换气的情况下进行，由低到高，由弱到强，由慢到快，中间通过短暂停顿和长短字音等手法，使其听起来起伏跌宕，韵律感极强；尤其到了整段的高潮或结尾时，一气呵成，往往会博得满堂喝彩。相声中也常用贯口，像《八扇屏》、《菜单子》、《开粥厂》、《夸住宅》就是代表。这是《夸住宅》中的一段贯口：

> 您家真是远瞧雾气沼沼，近看瓦窑寺劭（shào）。门口有四棵门槐，有上马石、下马石、拴马的桩子，对过儿是磨砖对缝八字影壁。路北广梁大门，上有门灯，下有懒凳，内有回事房、管事处、传达处。二门四扇绿屏风洒金星，四个斗方，写的是"斋庄中正"，背面是"严肃整齐"。进二门，方砖墁地，海墁的院子。夏景天高搭天棚三丈六，四个堵头写的是"吉星高照"。院里有对对花盆，石榴树，茶叶末色儿养鱼缸，九尺高夹竹桃，迎春、探春、栀子、翠柏、梧桐树，各种鲜花，各样洋花，真是四时不谢之花，八节长春之草。正房五间为上，前出廊，后出厦，东西厢房，东西配房，东西耳房。东跨院是厨房，西跨院是茅房，倒座儿书房五间为待客厅。明摘合页的窗户，光亮的大玻璃，夏景天是虾米须的帘子。往屋里再一看，真是画露天机，别有洞天……

448

说、学、逗、唱指的是什么？

"说、学、逗、唱"是相声中经常提到的术语，以此代指相声演员的四种基本艺术手段。

说：最基本的一种表演技巧，貌似平常，实则繁难。相声里的"说"不等同于生活中的"说"，是经过艺术加工之后的"说"，指叙说笑话和打灯谜、绕口令等，要求吐字清晰，语言流畅，字正腔圆，顿挫迟疾，总之，一切要富于美感。相声中常常提到的"贯口"、"倒口"等等，都属于"说"的范畴。所以"说"是一种基本功，听演员的"说"，既要听台词，也要听声音；既重视形式，也重视内容。

学：仿学其他艺术形式，丰富自身的表演。"学"既要学得像，更要学得俏，也就是说讨巧最重要。比如摹仿各地方言，学唱各种地方戏、曲艺、流行歌曲，仿学各种买卖的吆喝，以及摹仿各种鸟兽叫声等口技技巧等。

逗：指表演，抖包袱儿，它是四种技巧的核心，有提纲挈领之功效。相声中的捧逗双方互相抓哏逗笑，充分体现相声的功能。

唱：原指唱太平歌词。因为太平歌词是相声演员必须掌握的一种表演形式，它是传统相声艺术的一部分。后来也指演员编唱滑稽可笑的台词，用各种曲调演唱，或将某些戏曲唱词、曲调夸张演唱并引人发笑。

很多相声都偏重运用其中一两种手段，比如《八大改行》和《戏剧与方言》偏重于"学"和"唱"，《八扇屏》和《打灯谜》以"说"、"逗"为主。演员也往往以其善于运用某些手段而形成不同的风格。

449

什么是倒口？

这是曲艺，尤其是相声中比较常用的一种表演技巧，在"说、学、逗、唱"四门功课里属于"说"的一种，也叫怯口；评书中称为变口，指摹拟各种方言。根据曲目内容需要，演员需要在表演时通过摹拟某地方言方音来叙述故事或刻画人物。由于语言本身具有乡土气息，所以自然幽默风趣。一般多仿学如天津、山东、河南、河北、上海、浙江、广东等地方言。

相声中的"倒口活"包括《找堂会》、《怯算命》、《怯弦子书》等。

450

人们常说的"合辙押韵"是什么意思？

在戏曲曲艺中常常用到这个词，其实"合辙"与"押韵"含义基本相同，也就是说，只要韵腹相同或相近，韵尾相同，就可以归为一个韵或一个辙，但"合辙"属于口语，"押韵"为书面语。

曲艺中经常提到十三道大辙和两道小辙，其中十三道大辙是：

1. 中东辙，由韵母 eng、ing、ong、iong 拼成的字，如：钟、风、龙等。

2. 发花辙，由韵母 a、ua、ia 拼成的字，如：沙、华、加等。

3. 怀来辙，由韵母 ai、uai 拼成的字，如：派、埋、带等。

4. 江洋辙，由韵母 ang、iang、uang 拼成的字，如：方、梁、爽等。

5. 乜斜辙，由韵母 ie、ue 拼成的字，如：怯、借、月等。

6. 姑苏辙，由韵母 u 拼成的字，如：无、湖、书等。

7. 一七辙，由韵母 i、v 拼成的字，如：西、去、吕等。

8. 油求辙，由韵母 ou、iu 拼成的字，如：否、秋、九等。

9. 灰堆辙，由韵母 ei、ui 拼成的字，如：悲、飞、岁等。

10. 人辰辙，由韵母 en、in、un 拼成的字，如：分、金、伦等。

11. 摇条辙，由韵母 ao、iao 拼成的字，如：桃、高、叫等。

12. 言前辙，由韵母 an、ian、uan 拼成的字，如：反、眼、缓等。

13. 梭波辙，由韵母 e、o、uo 拼成的字，如：佛、罗、拨等。

两道小辙是：

1. 小人辰儿，包括人辰、梭波、乜斜、灰堆、一七等五道辙韵，如：盆儿、车儿、姐儿、堆儿、枝儿等。

2. 小言前儿，包括言前、发花、怀来等三道辙韵，如：钱儿、茬儿、台儿等。

老艺人流传下来一首十三辙歌谣，由历朝历代的古人名组成，颇为有趣。

十三辙歌谣

正月里，正月正，刘伯温修下北京城；能掐会算的苗光义，未卜先知徐茂公；诸葛亮草船把东风借，斩将封神姜太公。（中东辙）

二月里，草芽发，三贬寒江樊梨花；大刀太太王怀女，替夫挂印戈红霞；穆桂英大破天门阵，刘金定报号四门杀。（发花辙）

三月里，桃花开，吕蒙正无食赶过斋；沿街讨饭的崔文瑞，提笔卖字高秀才；苏秦不遇回家转，买臣曾经打过柴。（怀来辙）

四月里，梨花香，镇守三关杨六郎；白马银枪高嗣继，日收双妻小罗章；周瑜本是东吴将，狄青斗宝收双阳。（江洋辙）

五月里，端阳节，刘备潦倒卖草鞋；吃粮当兵汉高祖，平贵乞食在长街；推车卖伞的柴王主，贩卖乌梅洪武爷。（乜斜辙）

六月里，数三伏，王老道捉妖拿黑狐；法海捉妖金山寺，包老爷捉妖五鼠除；济小塘捉妖收五鬼，张天师捉妖破五毒。（姑苏辙）

七月里，七月七，秦琼全凭铜双支；九里山前韩元帅，临潼斗宝伍子胥；马超一怒西凉反，黄飞虎反出朝歌归西岐。（一七辙）

八月里，到中秋，李三娘磨房泪交流；柳迎春等夫一十二载，王三姐剜菜盼夫一十八秋；吃斋好善黄氏女，孟姜女哭倒万里长城头。（油求辙）

九月里，雁鸟飞，大闹江州叫李逵；敬德监工大佛寺，大喊三声猛张飞；东京打擂呼延庆，杨七郎归位乱箭锥。（灰堆辙）

十月里，小阳春，红袍都督盖苏文；袁达本是青脸将，孟获不驯遭七擒；匈奴大将猩猩胆，开五代后梁太祖叫朱温。（人辰辙）

十一月，雪花飘，赵匡胤全凭盘龙棍一条；大刀将军叫关胜，吴汉杀妻保汉朝；久传绿林王君可，孟良盗骨又把昊天塔来烧。（摇条辙）

十二个月，整一年，金眼毛遂盗仙丹；通城虎闹城惊圣驾，艾虎大闹绮春园；南唐报号叫冯茂，窦义虎报号锁阳关。（言前辙）

十三月，一年多，薛礼救驾淤泥河；文广游园救宋主，薛姣长安赶囚车；哪吒救驾西岐地，赵子龙救主长坂坡。（梭波辙）

451

为什么把曲艺中的笑料叫做"包袱"？

这是一个极其形象的比喻。把笑料比作"包袱"，那么酝酿、组织笑料就是"系包袱"，迸发时称为"抖包袱"。这是以相声为首，包括独脚戏、山东快书、评书、数来宝等曲艺形式的主要艺术手段。通常于刻画人物、评析世态时，通过冷嘲热讽营造喜剧情境，借此调节演出气氛，引发观众的欣赏情趣。包袱能否抖响，灵活运用语言的技巧很重要。艺谚中素有"铺平垫稳"之说，只有悉心揣摩观众的心理状况，适时适地耐心巧妙地用语言一层层系好包袱，才能取得骤然抖开又满堂皆响的艺术效果。抖包袱，送笑料，既要多种多样、不拘一格，又要把握好分寸，谑而不虐者方为最佳。

452

什么叫做"三翻四抖"？

这是相声中组织包袱的常用艺术手段之一，也叫三项四撞，指表演相声时，捧逗双方经过再三铺垫、衬托，对人物、故事加以渲染或制造气氛，然后突然将包袱抖开，揭露出矛盾和事物真相，从而产生笑料。所谓"三翻"，是反复铺垫的意思，而不一定正好是三次。比如传统相声《黄鹤楼》中的开头：

逗：……比方说这么一下，这么一来，这叫什么？

捧：云手。

逗：这你都懂？跟谁学的？

捧：这，谁都知道啊。（一翻）

逗：对，拉云手。要这样呢？一上场的这个……

捧：透袖。（二翻）

逗：要这样呢？

捧：端带。（三翻）

逗：这样呢？

捧：正冠。（四翻）

逗：嗬！行啊！这……这叫什么？

捧：胡子——捋髯，老生出场。（五翻）

逗：这个呢？

捧：分髯。（六翻）

逗：这样呢？

捧：撕扎——大花脸。（七翻）

逗：嗬！行啊！撕扎你都知道。那……这样呢？

捧：……这，不知道。

逗：胡子痒痒，抿抿！（抖）

捧：去你的吧！戏台上抿胡子？

453

什么是相声中的"铺平垫稳"？

从字面上来看，所谓"铺平垫稳"，实际上就是"铺垫平稳"，甚至简称"铺垫"。指相声表演在组织笑料的时候不能操之过急，要注意事先安排伏线，层层铺垫，这样才能抖响包袱。而这种安排伏线的过程就是"铺平垫稳"的过程。一般来讲，铺，多指正面交代；垫，多是侧面烘托。铺多明说，垫多暗示。已故相声名家张寿臣先生曾说："只要包袱里有东西，不怕乐儿来得慢，要用铺平垫稳拢住听众的神，到抖包袱时让人明白笑的是什么，笑过之后要留下回味。"这是令人信服的经验之谈。

具体来说，在叙述中交代矛盾冲突的发生和矛盾双方的基本特征，这就属于铺。作为一个相声段子，不论包袱大小，前边的铺述都应当是后边矛盾发展、掀起高潮的"铺平"。比如传统相声《关公战秦琼》，在垫话中描述旧社会剧场的乌烟瘴气，就为后面正活的展开铺平了道路。所谓"垫稳"，就是相声中凡是与推向高潮和解决矛盾有关的情节都要垫上，而且要垫稳，一层不够，就垫两三层。《关公战秦琼》中"饿你们三天不管饭"就是与底直接相关的内容，要反复强调，交代它在不同场合、对象身上所引起的反响，无形中推动了矛盾冲突的发展，也就做到了"垫稳"。像面对韩父的有意刁难，从管事的到演员，都深感为难，这就属于垫；演员被迫改词"我在唐朝你在汉，咱俩打仗为哪般"，仍然是垫；直到段子最后的底，"你要不打，（一指韩父）他不管饭"一语道破，能够令观众立刻想到前面的"不管饭"，于夸张的情节中显露艺人的反抗情绪，"垫稳"功不可没。

454

什么是单口相声？

单口相声是相声里最早出现的形式，它是从民间笑话发展而来的。顾名思义，单口相声由一个演员进行表演。单口相声的语言通俗亲切，无论叙述评论，还是摹拟角色，语言要跳出跳入，灵活多变。单口相声的故事和人物极具典型性，故事性强，人物形象生动。单口相声情节曲折，故事生动，这一点与评书类似，但又有所区别。评书虽然也有包袱，但并非不可或缺，而单口相声毕竟是相声的一种，组织包袱是其必不可少的艺术手段。

根据内容的不同，单口相声可以分为以下几种类型：1. 传说添彩：如帝王传说《珍珠翡翠白玉汤》、《皇帝选陵》等；三国人物传说《张飞爬树》、《草船借箭》；神话传说《白蛇传》、《孟姜女》等。2. 故事生辉：有呆女婿或呆儿子式的故事，如《傻子学乖》、《吃月饼》等；有蠢人丢丑的故事，如《山东斗法》、《知县见巡抚》等；有褒扬聪明才智的故事，如《火龙衫》、《风雨归舟》等。3. 轶闻流传：如取材文人轶事的《兄妹联句》、《解学士》等；描写艺人轶事的《钢刀子》、《贼说话》等；写军阀趣事的《韩复榘讲演》、《家务事》等。4. 笑话加工：如《山中奇兽》、《巧嘴媒婆》等。

以单口相声享誉曲坛的相声名家有张寿臣、常连安、刘宝瑞等，单口相声代表曲目有《小神仙》、《化蜡扦儿》、《日遭三险》、《君臣斗》等。

455

什么是对口相声？

对口相声由单口相声发展而来，是相声中最常见的一种形式。对口相声由捧哏、逗哏两个演员进行表演。一般来说，逗哏是主要叙述者，捧哏是辅助叙述者，通过两人的对话表现主题、刻画人物，这类对口相声属于"一头沉"类型。还有一种形式是通过捧、逗双方以相互争辩的形式组织包袱、揭露矛盾，有些近似进入角色的戏剧特点，捧、逗双方所承担的任务基本相同，这类对口相声属于"子母哏"类型。"一头沉"类对口相声的代表曲目有《拴娃娃》、《梦中婚》等，"子母哏"类对口相声的代表曲目有《五红图》、《对春联》等。

根据表演形式的不同，对口相声还可分为说、学、逗、唱四类，甚至再加上批、讲、论、怯，构成八类。其中，说的曲目所占比例最多，如《开粥厂》、《文章会》等。学的曲目，如《学四相》、《学电台》等。逗的曲目，如《铃铛谱》、《大相面》等。唱的曲目，最早是学唱太平歌词，后来是学唱各种戏曲和鼓曲等，如《学大鼓》、《学京剧》等；还有带戏曲走场的"腿子活"，如《黄鹤楼》、《窦公训女》等。至于批、讲、论、怯四类，是从说的节目中分化出来的。批的曲目，多以歪批制造噱头，如《批三国》、《批聊斋》等；讲的曲目，多通过歪讲制造包袱，如《讲四书》、《讲三字经》等；论的曲目，如《打牌论》、《偷论》等；怯的曲目，如《怯拉车》、《怯剃头》等，"怯"在这里暗含嘲弄之意。

○ 456

什么是群口相声？

由三个或三个以上的演员进行表演的相声称为群口相声，其中三人相声占的比重较大。在三人相声中，一为逗哏，一为捧哏，一为腻缝（一作泥缝），近似小闹剧的特点。在传统三人相声中，捧逗双方是一对矛盾，而腻缝演员往往作为矛盾的调停者出现。

根据内容的不同，群口相声一般分为两种：一是出诗答对、文字游戏式的作品，如《金刚腿儿》、《四管四辖》等；二是小闹剧式的作品，如《扒马褂》、《大审》等。

457

什么是大开门和小开门？

这是用来形容评书、评话表演风格的名词。所谓大开门，其特点是在叙述故事、摹拟人物、表演武打场面时，动作幅度较大，往往离开桌面，并运用腰、腿等产生艺术效果，一般来说更具写实性。而所谓小开门，其特点是在叙述故事、摹拟人物、表演武打场面时，动作幅度较小，一般只动手肘以下部分，通过一些特定的摹拟动作产生艺术效果，一般来说更具写意性。

458

定场诗的作用是什么？

所谓定场诗，指评书、鼓书演员在演出中长篇书目前，往往先念诵四句或八句诗，内容不一定与正书有关，为的是让全场安静，快速拢住观众耳音，吸引其注意力于己身，这样演员继续表演，也就定住了场。定场诗一般摘自于话本小说、风物小说和正统史书，虽短小精悍，但每段或发人深省，或诙谐幽默，总之会给观众留下比较深刻的印象。定场诗说完，即开始讲说正书，常用这样几句套语："几句残词（歪诗）道罢，引出一段什么什么故事……"

定场诗在南方评话中一般称为开词，即演员在说正书以前先念诵一段词，词牌常用［西江月］、［临江仙］、［鹧鸪天］等，也有用律诗和绝句的。后来北方评、鼓书演员也有以词为诗的。以下就是评书中常用的一首定场诗：

世上行当甚多，惟有说书难习。说演评嘴非容易，千言万语须记。

一要声音嘹亮，二要顿挫迟疾。装文扮武我自己，好像一台大戏。

这首［西江月］也道出了评书艺术的个中甘苦，看似平常，实则繁难。

459

传统评书是如何分类的？

一般来说，传统评书可以分为三类：长枪袍带书、侠义公案书和鬼狐神怪书。

所谓长枪袍带书，指以历史战争故事为题材的书目。书中主要人物或是骑马打仗的武将，或是帝王将相、达官显贵，根据其手使的长枪、身穿的蟒袍、腰横的玉带等标志性物件而得名。如《三国演义》、《隋唐演义》、《杨家将》、《明英烈》等都属于长枪袍带书。

所谓侠义公案书，指以古代剑侠武士交战及清官断案等故事为题材的书目。书中主要人物多是江湖侠义之士和历代清廉官员。因绿林剑侠比武动手多为步战，使用短兵器，故而也叫短打书。如《三侠五义》、《雍正剑侠图》、《施公案》等都属于侠义公案书。

所谓鬼狐神怪书，指以神灵魔怪互相斗法厮杀、鬼狐显灵等故事为题材的书目，内容大多荒诞离奇，但也寓有借谈狐说鬼手法，批判社会阴暗面之意，在一定程度上反映人们的美好愿望。书中主要人物多是天界神仙、妖魔鬼怪。如《西游记》、《聊斋》、《济公传》等都属于鬼狐神怪书。

460

说评书时用的醒木有什么讲究？

醒木就是一块长方形的普通小硬木块，一般长约一寸，厚约半寸，上面抹边，共二十条边线，十个平面。到了说书人手里，就得给它起个好听的名字。醒者，惊醒也。有艺谚云："一声醒木万人惊。"醒木是说书人的演出许可证。说书人开始表演前拍，聚拢听众精神，使其安静并注意；即将结束时拍，令听众悬想回味；演出当中拍，作为道具烘托气氛，助长声势。

连阔如先生在《江湖丛谈》里提到过一段"醒木词"：

一块醒木七下分，上至君王下至臣。

君王一块辖文武，文武一块管黎民。

圣人一块警儒教，天师一块警鬼神。

僧家一块劝佛法，道家一块劝玄门。

一块落在江湖手，流落八方劝世人。

湖海朋友不供我，如要有艺论家门。

意思是说很多行业、很多人都有一块木头，但它们的叫法就不一样了：皇上用的叫龙胆，娘娘用的叫凤翥，文官用的叫惊堂，武将用的叫虎威，和尚用的叫禅心，老道用的叫镇坛……说书人用的就叫醒木。醒木不是自备的，而是拜师时由师父传授给徒弟，徒弟当众接过来之后，才有资格使用。

◯ 461

什么是评书中的明笔？

明笔，也叫正笔，指说书人根据事件发展过程的顺序依次叙述，时间随情节进展而流逝，地点随情节变化而更迭，时空变化一目了然，来龙去脉清清楚楚。明笔是评书叙述中最基本的笔法。采用明笔方法讲述故事，总是按事件的发生——发展——高潮——结局这样一个顺序来讲述的，强调故事的首尾相连，前后呼应；但首尾相连不等于看头知尾，前后呼应不等于平铺直叙。这就要求说书人必须在情节的安排上下功夫，做到曲折离奇，跌宕起伏。

以脍炙人口的短篇评书《萧飞买药》为例，试分析一下评书中的明笔。这段书从萧飞接受进城买药的任务说起，化装上路；为了能够节约时间，顺利进城，萧飞在路上施巧计活捉特务何志武，并缴获了枪和自行车；萧飞飞车闯关，进到城中，直接来到平民大药店买药；小特务不敢招惹，照方抓药；萧飞提起药箱子要走，迎面碰上日本特务机关长川岛一郎，险情骤现；萧飞沉着冷静，拔枪胁迫川岛带路，从后院离开，并在门口以自行车换摩托车；最后萧飞驾摩托车闯出县城，胜利凯旋。从萧飞进城到出城，故事发生在不到一天的时间里，却几经波折，变化多端，充分吸引住听众的注意力，堪为典范。

明笔是评书常用的叙述笔法，能够使情节条理清楚，线索清晰，但若运用不当，也容易使节奏单调而迟缓。为了弥补这一缺陷，就需要采用横向穿插的手段，纵横交错，凸显变化。下面将分别对各种横向笔法进行一一介绍。

462

评书中常常出现的"书中暗表"是什么意思？

这指的是评书中的暗笔，就是为了制造悬念，说书人故意对某些情节隐而不讲或一带而过，等情节发展到紧关节（jiē）要之时，突然中断叙述，对此前设下的悬念加以交代和说明。这种补充说明称为暗笔，在评书中常见的标志性语汇是"书中暗表"、"暗中交代"等。

传统评书《东汉演义》中有一处情节，隐姓埋名的刘秀化装成一般举子进京赶考，在长安城中误撞一乘官轿，被官员带回府中审问。那官员随即说出刘秀手腕上所带镯子的来历，令其大吃一惊。不仅是刘秀，听众此时也很奇怪，悬念自然产生：这只镯子是刘秀东宫太子身份的证明，这个官员怎么知道呢？他究竟是谁呢？于是叙述暂时中断，插入"书中暗表"，原来此人姓窦名融，官拜吏部天官。这位窦天官还是汉室老忠臣左班丞相柴文进的内弟，当年把刘秀过继给孝平皇后，立为东宫太子，就是他们姐夫、郎舅二人办的。书说至此，观众恍然大悟。这就是巧用书中暗表，通过暗笔叙述解开悬念。

暗笔在评书中很常见，起到补充说明的作用，所插入的成分与故事情节关联虽并不密切，但也必不可少，否则就会线索不清，使听众难以理解。

463

什么是评书中的伏笔？

伏笔，是对即将在评书中出现的人物或事件预先埋伏下笔墨，即毛宗岗所说的

"投种于地，待时而发"，以求前后呼应。金圣叹称之为"草蛇灰线法"："如景阳冈勤叙许多哨棒字，紫石街连写若干帘子字等是也。骤看之，有如无物，及至细寻，其中便有一条线索，拽之通体俱动。"又说："此书每欲起一篇文字，必于前文先露一个消息，使文情渐渐隐隆而起，犹如山川有云，乃始肤寸也。"

比如《水浒传》中"醉打蒋门神"一节，武松为替施恩报仇，一路饮酒，来到快活林酒店，经过一场厮杀，把蒋门神的爱妾扔到酒缸之中。而在此之前，武松进店时，说书人必然要特别交代酒缸所处位置，令观众对其印象深刻，然后再描绘武松争斗，自然流畅。再如《三国演义》中"长坂坡"一节，赵云救主闯出重围，曹操紧追不舍，至当阳桥前，张飞赶到，一声断喝，阻住曹军。曹操听说是张飞，想起一件事：昔日白马坡关云长斩颜良之后曾对自己言讲，他有一结拜三弟张飞张翼德，能于百万军中取上将首级，如探囊取物，反掌观纹。当时自己还命人记于袍襟之上。想到此处，曹操赶忙撩袍观瞧，果然上写"今后与张翼德相逢，不可轻敌"。由此看来，关羽白马坡对曹操说的那番话就是伏笔，为后文书做了很好的铺垫。

最精彩的伏笔当属采用不引人注目的方式，偷偷埋伏，令听众入彀（gòu）而不觉，但当最后谜底揭晓时，听众追忆前情，又总能找到蛛丝马迹，继而恍然大悟。一般说来，伏笔藏于隐处，而照应则显在明处。只伏不应，伏笔失去意义；不伏有应，情节突兀生硬。因此，评书中伏笔的运用必须做到隐伏与照应协调一致，这样才能最大程度地彰显其艺术魅力。

464

评书中的"剪短截说"是什么意思？

评书中的常用语之一，又称"简短捷说"，是一种表示省略的情节剪裁手法，既可以体现为时间上的省略，也可以体现为故事上的跳跃。

比如，一般评书中表述某人从甲地到乙地，一路之上没有什么事情发生，说书人常说"剪短截说，一路之上饥餐渴饮，晓行夜宿，非止一日，到了"。这里的"剪短截说"就是时间上的省略，没有特别的事情发生，故而一笔带过，以免情节冗长累赘。

再如，《岳飞传》中"枪挑小梁王"一节，说到小梁王柴桂在武科场耀武扬威，尤其是在打败杨再兴之后，场内举子议论纷纷。这时说书人说："剪短截说，小梁王柴桂连胜五杰，威震科场，等他再叫阵，科场上鸦雀无声，没人答言。"这里的"剪短截说"就是故事上的跳跃。柴桂打败杨再兴之后，武科场比武并未结束，而接下来小梁王连胜五杰，如果一一说来，只不过简单重复而已。与其让听众索然无味，不如省略。没有故事的地方节约笔墨，不仅使情节更为紧凑，而且体现说书人的功力。

465

说书人的"册子"是什么？

旧时说书艺人说书都有提纲，一般都是口传心授，然后记录成文的，这类似于笔记的东西叫做"册（chǎi）子"。册子一般由红格竖写毛边纸装订而成，上面记的是主要故事梗概、人物名号、兵器马匹，以及各种诗词赋赞等，要求演员熟记于心，说书时脱口而出。比如《隋唐》中的贾柳楼四十六友名号、瓦岗山大亮队所有人的开脸儿、一字长蛇阵的阵形介绍，《东汉演义》中的二十八员云台将暗合二十八宿，《明英烈》中的黑红十六将，《施公案》中的百鸟朝凤、百兽朝麟、百鬼朝阎等等。

一部评书录在册子上一般在数千字到万字之间，总体来说写得比较简明扼要，只是起到一个提纲的作用。

466

评书中的"开脸儿"是指什么？

人物的外貌描写，包括面貌、穿着打扮及外在特征等，在评书中有一个专门称谓——"开脸儿"。在评书中，一个人物出场时，说书人往往要对其相貌进行或细致或扼要的描述，向听众勾画出其外在模样的基础形象，以收先声夺人之势。

传统的开脸儿句式常用程序化的贯口或诗词赋赞，比如传统评书中常见的女将开脸儿：

观看这女将，貌美又年轻。柳眉弯又细，杏眼水灵灵。

胆鼻樱桃口，牙齿白如银。头戴朝凤冠，朱缨罩顶门。

金簪压双鬓，斜插雉鸡翎。悬搭虎豹尾，铠甲穿在身。

衲袄红似火，宝镜透光明。背插四杆旗，虎皮绣花裙。

宝弓雕翎箭，青锋佩在身。跨匹银鬃马，花枪系红缨。

两脚踏鞍镫，轻轻杨柳身。名门巾帼女，上阵好精神。

而现代评书中的开脸儿本着推陈出新的精神，在句式和语言内容上都有新的探索。比如下面这个江姐的开脸儿：

朝天门码头左侧第六根灯柱旁，此乃闹市中僻静之处，立着一位女同志，但见她：身穿油绿缎背净面丝毛葛长旗袍，高领口是黑缎子滚边，盘龙桃形扣下别着赤金镶嵌殷红宝石蝴蝶扣花，脚蹬半高跟、小牛皮浅口皮鞋，擦得光鉴照人。头上包了一条豆沙净面玻璃纱头巾，额前露出一簇电烫卷发，恰似一朵梨花覆盖在额前。左肩斜挎长带人造革小方包，上缀氧黄桃形搭扣。双手斜插在大衣外口袋之中。端庄的仪表，安详中透着机警；宁静的目光，似远眺而不失警惕。雍容而不俗，华贵而无娇，恰似冰霜中的红梅，犹如暴雨中的白莲。

467

最著名的山东快书书目是什么？

传统长篇山东快书《武松传》，是山东快书最早，也是最著名的曲目，主要塑造了武松嫉恶如仇、见义勇为、除暴安良的英雄形象。全书主要由《东岳庙》、《景阳冈》、《阳谷县》、《十字坡》、《石家庄》、《闹当铺》、《孟州堂》、《安平寨》、《闹南监》、《快活林》、《调虎计》、《飞云浦》、《鸳鸯楼》、《张家店》、《蜈蚣岭》、《白虎庄》、《二龙山》等若干中篇联缀而成，故事情节紧张，人物形象鲜明，语言通俗明快，充满着浓郁的生活情趣和乡土气息。

468

京韵大鼓都有哪些流派？

京韵大鼓艺术在发展过程中，曾出现过各种不同的风格流派，其中最初形成的是刘、白、张三大派系。

刘派京韵大鼓的创始人刘宝全（1869～1942），唱腔高亢有力，慷慨激昂，尤其长于描摹战斗场面。代表作如《古城会》、《博望坡》、《关黄对刀》、《单刀会》、《刺汤勤》、《游武庙》等。此后宗刘派之名家辈出，白凤鸣、骆玉笙、小黑姑娘、林红玉、良小楼、孙书筠、小岚云等皆是个中翘楚。

白派京韵大鼓创始人白云鹏（1874～1952），其演唱特点是字重音清，轻巧柔媚，说中夹唱，唱中带说，朴素自然而温文尔雅，善于平和地叙述故事，细腻地展现人物的内心世界。他演唱的曲目以《红楼梦》题材为主，如《黛玉焚稿》、《探晴雯》等；也有取材于民间传说的故事内容，如《花木兰》、《孟姜女》等。白派京韵大鼓的优秀传人有阎秋霞等。

张派京韵大鼓的创始人张筱轩（1876～1948），其唱腔特点是音宽气足，激昂奔放，于粗犷中显气魄，高亢处见精神，尤其擅长表现战斗场面，一气呵成，酣畅淋漓。他演唱的曲目以《三国》题材为主，如《古城会》、《华容道》、《战长沙》等。目前张派已无传人。

后来随着艺术的不断发展，白凤鸣（1909～1980）继承刘派唱腔，并结合自己嗓音另有创造，擅用"凡音"（即以半音行腔），表现刚柔相济的特点，世人称为"少白派"（以与白云鹏之白派区分）。其代表节目有《罗成叫关》、《击鼓骂曹》等。

一代京韵大鼓名家骆玉笙（1914～2002）在刘派唱腔的基础上，融合其他流派特点，亦形成自己独特的演唱风格，唱腔圆润，深沉稳重，感染力强，被称为"骆派"。其代表作有《剑阁闻铃》、《红梅阁》等。她为电视连续剧《四世同堂》演唱的主题曲《重整河山待后生》更是家喻户晓，妇孺皆知。

○ 469

明清紫禁城在建筑布局、风格上有哪些改变？

紫禁城是明清两朝二十四位
皇帝的宫室，其建筑间的布局、
各建筑的风格都不断发生变化，
这里就细细说说这些变化发生的
前因后果。

明代反元的口号是"驱逐胡
虏，恢复中华"，于是，在建国以
后其基本国策是希望恢复和发展
唐宋以来的汉族传统。所以，在
北京建都之初，就已经决定拆除
元宫改建新宫，新宫之选址位于
明北京城城市中轴线上。明紫禁
城在永乐十八年（1420）落成时即
已形成今天的大致格局：包括自
城南正阳门向北，经大明门、承
天门、端门、午门、前三殿、后两
殿、玄武门的中轴核心建筑，以
及外朝内廷的格局。外朝以三大

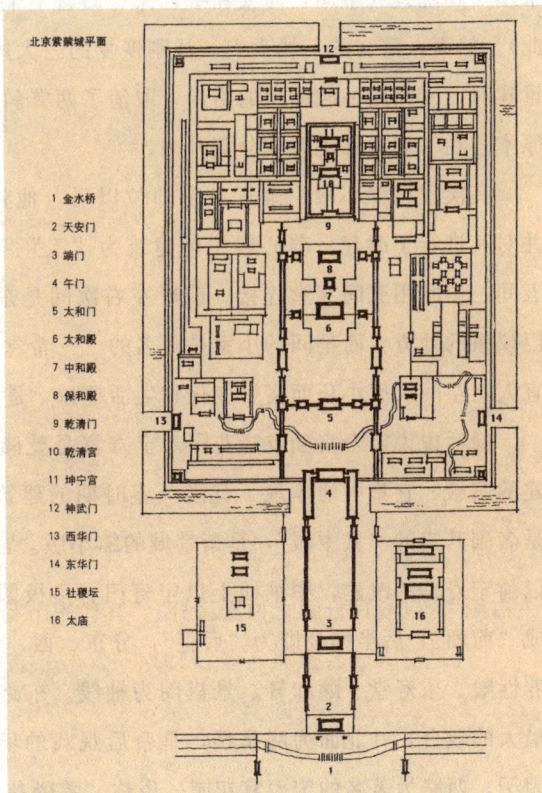

北京紫禁城平面

1 金水桥
2 天安门
3 端门
4 午门
5 太和门
6 太和殿
7 中和殿
8 保和殿
9 乾清门
10 乾清宫
11 坤宁宫
12 神武门
13 西华门
14 东华门
15 社稷坛
16 太庙

紫禁城平面图

殿——奉天、华盖、谨身三殿为核心，并在其东西两侧建文华、武华两组宫殿，形成外朝中、东、西三路。而内廷轴线由乾清、交泰、坤宁宫组成，在建筑形制上仿前三殿的布局，轴线左右为东、西六宫，形成十二座方形小庭院，为后妃们的居所。

紫禁城经明末已经所剩无几，不过清代入关，沿用旧宫，基本在紫禁城旧址上进行复建，而没有对其格局进行大的改动。当然，历代帝王也根据自己的需要，比如康熙和乾隆时期，对紫禁城做了不少改动，比较重大的改变包括养心殿、宁寿宫的改建，以及建福宫花园和乾隆花园的增建。可以说在保持了明代"壮丽"的基础上，清代对于紫禁城又加入了一些活跃、宜人的元素，锦上添花。

首先说说三大殿部分的改建。明代和清初时候，三大殿作为中轴线上的主体，采用"廊院式"布局，即太和殿、保和殿都有斜廊与周围廊宇相连（后三殿也是如此）。然而，清初的一场火灾，让刚恢复的三大殿再次损毁。于是，在康熙三十四年重建时，三大殿一改明代的格局，取消了两翼斜廊，改为阶梯状的烽火山墙，如此，原本连在一起的廊庑就被分割开来。

其次说说养心殿。雍正皇帝即位以后，他将内廷中心由乾清宫移到了养心殿，并对其进行了改建。养心殿主体建筑为"工"字形，前殿七间，出抱厦三间，后殿五间，中间用五间穿堂连接。前殿左右次间是东西暖阁，西暖阁是皇帝召见亲近大臣议事的地方，西梢间的小室是著名的"三希堂"。以三希堂为代表的室内空间亲切宜人，空间尺度小巧而富于变化和生活趣味，是清代帝王起居空间的典范。

最后说说宁寿宫和乾隆花园。宁寿宫是乾隆为了给自己"退休"后做太上皇改建的宫殿，它集中地体现了乾隆鼎盛时期的建筑风格和情趣。就形制而论，宁寿宫是名副其实的"城中城"，是紫禁城的缩小版。宫殿分为前后两部分，前半部分是对以前宁寿宫的改建，中轴线上以宁寿门、皇极殿、宁寿宫等建筑与周围附属建筑组成"前朝"。后半部分即为"后寝"，分东、西、中三路。中路作为主体，以养性门、养性殿、乐寿堂、颐和轩、景祺阁为轴线。东路建筑以畅音阁为主体，为紫禁城内最大的戏台，其北面为阅是楼，是帝后观戏的场所，这些建筑组成禁宫内唯一的戏园子。西路为著名的宁寿宫花园，俗称"乾隆花园"，其格局为四进小院落，却极尽园林之能事，尺度与三大殿等仪式性空间形成鲜明对比，也体现出乾隆个人的喜好与品位。

470

传统的祭祀建筑都有哪些种类？

古建筑中的祭祀建筑主要可分为两大类：祭祀祖先的宗庙性质的建筑，以及祭祀自然神，包括天、地、日、月、山川等的建筑。这些祭祀建筑都是皇帝向天下显示其对祖先的尊重，显示其皇权合理性的场所，所以在古代，祭祀建筑是仅次于宫殿的重要建筑，历朝历代都在其上花费了大量精力和物力。

祭祀建筑受到古代"至敬无文"观念的影响，一般追求简洁、端庄、肃穆，此外，还追求丰富象征性，其格局一般意义性多于功能需求。

以位于北京的祭祀建筑为例，祭祀祖先的建筑群有太庙、历代帝王庙等；而祭祀自然神的建筑群有社稷坛、天坛、地坛、日坛、月坛等。

太庙正殿

太庙按照"左祖右社"的制度位于紫禁城东南侧。它建成于永乐十八年（1420），主体为正殿、寝殿。而后在明嘉靖十四年（1535）一度改变庙制，在正殿左右侧为各代皇帝建设庙宇，共九庙，而嘉靖二十年（1541）新庙宇不幸被雷火焚殿。其后又在嘉靖二十四年（1545）重新建造，也就是我们今天看到的太庙。

今天的太庙内外有两重墙，外墙开南北门，南门内有金水河，东西侧对称建有神库、神厨。桥北正对戟门。戟门内中轴线上建有前、中、后三殿。前殿为祭殿，面阔九间，重檐庑（wǔ）殿顶，形制和太和殿同。中殿为贮藏九世皇帝木主的寝殿，也为九间，单檐庑殿顶。后殿以隔墙相隔，内建面阔为五间殿（后增加为九间），也为单檐庑殿顶，贮藏超过九世已祧庙皇帝之木主。这种中轴线上连续四座庑殿顶（戟门也为庑殿顶）的布局实为罕见，级别很高，以表示对祖先的尊重。

471

佛教寺院的典型布局是怎样的？

白马寺

相传位于西安，也就是汉长安的白马寺是我国的第一座佛寺建筑。据说在东汉永平七年（64），汉明帝遣使赴西域求法，当西域高僧与他们带着佛经同回长安时，西域高僧先是被安排住在鸿胪寺，第二年才另建住所，也就是白马寺。从此之后，原来称呼官署衙门的"寺"就逐渐成为佛教寺院的称呼了。

佛教刚刚传入之时，专门的寺院数量还非常少。于是，一些官吏、富商就将自己的宅院捐献出来，作为寺院。在这种合院建筑中，前厅用于供奉佛像，后堂作为学习佛经的经堂，厢房等辅助用房就成了僧人居住之所。佛事活动很巧妙地融入中式合院建筑，后者也成为佛教寺院的基本形式了。

随着佛教的发展，佛事活动的内容日渐增多，佛寺的规模也越来越大，格局越发成熟起来，不过，都没有突破合院式的发展模式。典型的布局仍以轴线作为线索，中轴线上从大门进入寺院，第一栋建筑为供奉天王的天王殿，其后为供奉佛像的大雄宝殿，一般为寺院内的核心建筑，再后为诵经修行的法堂和经楼。一般寺院在天王殿前的院落中，还左右对称布置有钟楼、鼓楼，以及一些记录寺院发展、修缮历史的石碑。其后

五台山佛光寺

的院落四周多布置为待客、存物、僧人居住的生活用房，有时也在中轴线两边加建观音殿、毗卢殿等殿堂。

早期的寺院保存下来的有河北正定隆兴寺、天津蓟县的独乐寺、山西五台山的佛光寺、浙江宁波的保国寺等。从这些寺院实例中，我们都可以看到类似的布局模式。

472

北京四合院的典型格局是怎样的？

说起老北京的标志性建筑，大家可能都能说上一大串：故宫、天坛、北海、国子监、潭柘寺……它们各有各的特色。然而，仅仅拥有这些建筑的北京还称不上完整的北京城，那些分布于全城各处的四合院也同样是北京文化遗产的重要组成部分，两者密不可分，共同传递着所谓的京味和京韵。

四合院在老北京也叫"四合房"，顾名思义，就是"四面都用房子围合起来"的宅院。其实中国很多传统建筑中都采用院落的形式，北京四合院是其中比较典型的一种。合院建筑在我国具有很长的历史，早在西周时期就已经出现，如陕西凤雏村的西周住宅遗址即为一例，此后在东汉画像砖上的图案，以及敦煌壁画中都发现过合院的形象。

典型的四合院格局都很方正，多数呈长方形平面，采用正朝向。院落的基本单

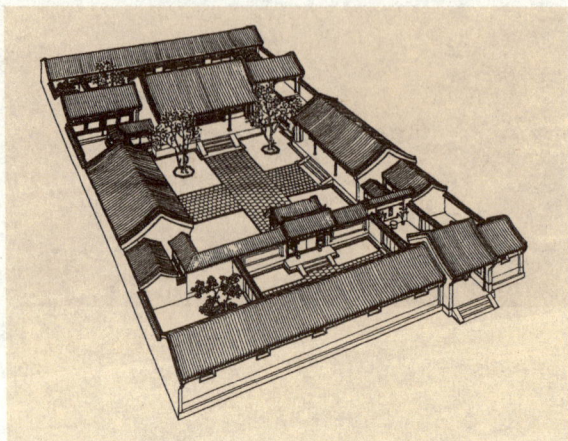

北京四合院

位叫"进"和"跨",前者表示院落间前后的串联关系,即纵向的院落数量,后者表示左右并联关系,即横向的院落数量。四合院根据其不同的院落大小及其组合方式,可以分为:单进、两进、三进、多跨四合院等。大型四合院往往不仅有好几进院落,还拥有一跨花园,以丰富其空间。

单进四合院的构造最为简单,可以说是个典型的四合房,由院墙、大门、倒座、东西厢房、正房、东西耳房几个元素构成。一般来说,理想的四合院都要保证正房坐南朝北,也就是院落整体正南正北。大门通常设置在院落的东南角,而非正中,这样既可以保证院落内的空间不会被外部一览无余,还可避开冬天强劲的北风。一些宅门还在正对大门的厢房山墙上做一面照壁,上面装饰有精美的石雕。大门的西边是倒座房,通常是作为门房接待客人的,有的还在西南角设有厕所。院落空间多为方形,搭上个葡萄架,夏日就可以在院内乘凉。院落的东西各为两间厢房,是主人的亲戚居住的卧室,当然也可作为主人的起居空间。正房是院落中最为舒适的房间,用作主人的卧室;两侧配以耳房,作为储物场所。空间层次更为复杂的四合院,如两进四合院,就会以垂花门将院落分为前、后两部分。前院比较狭窄,是进入内院的缓冲空间。而内院以垂花门为界,四周有时还以连廊将各个建筑连接起来,这样即使下雨天也可以享用院落空间。

现在北京城内保存下来的四合院还是为数不少的。若想体验王府的恢宏和奢华,一定要去位于什刹海前海的恭王府看看;若想体会一下文人学士的宅第,可以去探访一下晚清大学士文煜(yù)的宅子(位于北京东城帽儿胡同7—13号);若想见识一下晚清精美的小木作技艺,那么内务府大臣荣源的宅院(位于东城帽儿胡同)就不可错过了,这里还是婉容居住过的地方。此外,还有各种近代的名人故居,如鲁迅故居、郭沫若故居、梅兰芳故居,也都是值得一看的典型北京四合院。

○ 473

"大内"指什么？"大内"都是由什么组成的？

武侠作品中经常提到"大内高手"云云，那么究竟什么是"大内"？以我们最为熟悉的北京城为例，大内即指位于城市核心部分的皇城。皇城内主要布置皇上的宫殿，以及为宫廷供应、服务的机构，此外，还包括位于西侧的三海苑囿，形成偏向西侧的布局形式。明代的北京大内集中了城中最为壮丽、宏伟的标志性建筑物，如居中的紫禁城，以及宫殿南侧之社稷坛与太庙。且自正阳门向北，经过大明门、承天门、端门、午门，穿过前三殿、后两宫、玄武门，再经景山，至地安门止，形成了北京中轴线的核心部分。

不过，如此成熟的大内格局也非一日形成。在汉代，大内的格局还未形成系统的规划。定都长安后，汉高祖就利用秦代兴乐宫改建为长乐宫，并在其西建未央宫，而后又建立了北宫、桂宫、明光宫。这五宫虽然各自功能不同，但在位置上并没有太多关系。而到了曹魏邺城时期，大内的规划已经有了很大的发展。邺城平面为横长的矩形，大内位于西北部，约占全城之1/4以上面积。大内只建北宫一座宫殿，且布局上已为前朝后廷之制。城市格局上，由南城中门向北，即南北向主街，可直抵大内宫门，遥对宫中的

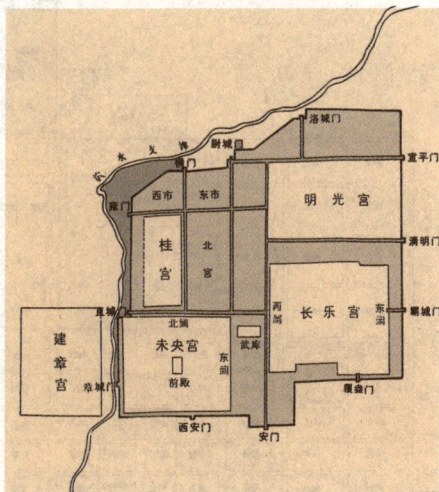

西汉长安城平面图

司马门和听政殿一组建筑，形成全城之南北轴线。这时的轴线营造手法显然不如明代多样，可在空间布局上也注意到大小庭院之对比，形成大内之内明显的秩序。此外，大内的位置并不居中，城内的主要街道因此也就没有受到阻隔，可以说，在这方面邺城的大内布局比明代还要高明一筹。

474

"街坊四邻"的坊和街分别指什么？

我们常常提到"街坊四邻"，这个词代指住在一条街巷的邻居。对于"街"这种城市元素，我们并不陌生：宽阔笔直的大道，如"长安街"；尺度亲切宜人的历史街道，有的蜿蜒曲折，如北京后海的"烟袋斜街"，有的热闹非凡，如正阳门前的"大栅栏"。而这个词里的"坊"又是什么呢？"坊"与"街"的关系是怎样的呢？

街道出现的时间大约已经久远得不可考证，在周代的《考工记》王城的规划中，

唐长安城图

就已建议王城的主要道路建成"井"字形，且将道路分主次，相互间垂直连通。而"坊"的由来则出自古代的里坊制度。里坊是古代居住区的基本组织形式，一般五户为邻；五邻为闾；二十闾为坊；十坊为区，同时里坊也是城市规划建设的基本单位。在东周时期，里也称为"闾里"，这在《考工记》中也有所提及，这种制度一直延续到唐代。

唐长安城内皇城、宫城东西侧各划分成三行，每行南北划分为十三坊，一共七十八坊；而东西各以二坊之地设为东市、西市，实为一

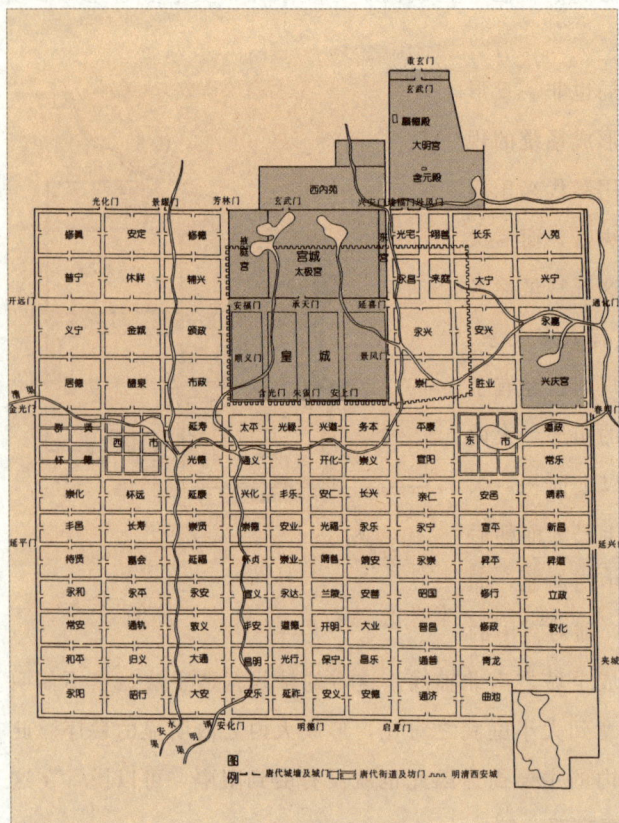

百一十坊。坊四周设墙，形如小城堡，中间设十字街，每坊四面各开一门。市的四面也设墙，井字形街道将其分为九部分，各市临街设店。到了晚上，坊、市关闭坊门，禁止随便出入，街上由军队巡逻，盘查行人，所以唐长安城其实是一座夜间宵禁的军事管理城市。

到了晚唐时期，由于商业发展的需要，这种里坊制度日益受到破坏，江浙一带的商业城市率先突破了束缚，慢慢地坊市结合，有时不设坊墙，夜市也逐渐兴盛起来。宋代的城市虽然是在唐代里坊城市的格局上进行改造，但此时商业的繁荣已使城市中封闭的坊市解体，转变为开放的街巷制城市。在开放的街巷城市中，居民可以从所居的小巷中直通主要街道，而街道两侧也可以开设店铺，夜禁也被取消，这在各个方面都活跃了城市的商业活动，也彻底改变了城市的面貌。由此才出现了《清明上河图》中描绘的宋代汴梁繁荣的市井生活。

475

"明堂辟雍"代表了中国哪种传统建筑理念？

"明堂辟雍"是中国古代最高等级，也是最为重要的皇家礼制建筑之一。明堂是古代帝王颁布政令，接受朝觐（jìn）和祭祀天地诸神以及祖先的场所。清代学者阮元在《明堂论》中说：明堂，是天子居住的地方。天子在这里祭祀上帝和祖先，在这里举行养老尊贤的典礼，在这里举行宴飨、射箭比赛、献俘等仪式，在这里颁布教化、发布政令，在这里朝见四方诸侯。

辟雍的本义，辟者璧，璧者玉，雍者圆，圆者中，中者和。《扬子法言》云："辟者，璧也，象璧圆，又以法天于雍水侧，象教化流行也。"辟雍，即明堂外面环绕的圆形水沟，环水为雍，圆形意味辟。它在某种程度上象征着人伦道德之最高境界。

"辟雍"的功能又是什么？"辟雍"本为西周天子为教育贵族子弟设立的大学。其学有五，南为成均，北为上庠，东为东序，西为瞽（gǔ）宗，中为辟雍。其中以辟雍为最尊，故统称之。《礼记·王制》云："大学在郊，天子曰辟雍，诸侯曰泮

北京国子监辟雍

(pàn) 宫。"《五经通义》："天子立辟雍者何？所以行礼乐，宣教化，教导天下之人，使为士。天子养三老，事五更，与诸侯行礼之处也。"由此普遍认为，明堂与辟雍实为一事而异名。东汉以后，历代皆有辟雍，除北宋末年作为太学之预备学校外，多为祭祀用。

历史上最著名的"辟雍"是位于今西安市南门外大道东侧的西汉辟雍，建于汉平帝元始四年。其遗址地基为一高出地面 0.3 米、直径 62 米的圆形夯土台，其上推测为方形台榭建筑，面积 3844 平方米。建筑的中心是一方 17 米的夯土台，残高 1.5 米，其上应为原来建筑的"太室"。在夯土台的四角各筑有两个小方形夯土台，在中心台四壁的外侧、各小夯土台之间，均建有横长型厅堂，称东、西、南、北四堂，每面宽 33 米。各面堂前间有地面铺方砖的突出"抱厦"，每面总宽 42 米。其四周围墙方 235 米，中间设门，四角设有曲尺形配房。其外又有正圆形水渠环绕。

古代明堂辟雍作为体正中和的人伦象征，其建筑的一切形式手法都为了体现几何中心至关重要的地位，从而强调"中"、"和"的建筑理念。如形式上采用"正方"、"圆形"等中心对称图案，入口、墙体的布局采用中心对称形式，中心建筑的布局和屋顶形式也以中心对称，空间布局上以中心为最高点向四周扩散。此外，礼制建筑受"至敬无文"的思想影响，在用材上追求高贵，但装饰力求简洁有度。

476

十三陵的选址和建筑格局具有什么特点？

明代除第一任皇帝太祖朱元璋葬于南京紫金山孝陵之外，其余各帝都葬于北京昌平，后世称为十三陵。在此以前，北宋帝陵虽然也集中兴建，但布局非常分散。十三陵的不同之处在于，它以南北向山谷为陵区，南端建陵门，谷内各山口建侧门、陵墙，由此又形成各自封闭的陵域。十三陵自山谷入口处起建有一条长达7公里的主陵道，南端建有石牌坊，坊北即陵区正门大红门，门内有碑亭，亭北进入夹道树立石象生的神道，其后建有石牌坊、五孔桥、七孔桥。神道北端直抵位于主峰天寿山之下的主陵——成祖长陵。其余各陵也各倚一峰，分列左右。自棂星门以北，有多支路通向其他各陵，主陵与其他各陵共同形成一套完整的陵区，在历代帝陵中独具特色。

以保存形制最为完整的长陵为例，陵园呈纵长矩形，分为三进院落。第一进院为陵门小红门与祾恩门之间，东侧建有碑亭。第二进为祾恩门与内红门之间，居中

长陵祾恩殿

的为面阔九间重檐庑殿顶的享殿祾恩殿，左右各有配殿十五间。这个院落规模宏大，是主要的祭祀场所，相当于陵寝的前朝区域。第三进院落为内红门至宝城的方城明楼，是陵寝的寝区。方城明楼为上建重檐碑亭的方形城墩，下部有门洞通至宝城前小院，是宝城前的标志性建筑。宝城的直径约 300 米，四周用城砖砌成圆城，城顶加垛口，其内夯土为陵山，墓室就在其下方。

由于长陵为迁都后第一代帝陵，所以形制规模都大于后世诸陵。不过各陵在布局形制上都与长陵相似：即由次陵道进入，经碑亭，过三座桥，直行至祾恩门，进入有陵墙围绕的陵园主体。陵园内主体建筑为祾恩殿，其后经三座琉璃门，再行至方城明楼，其后为陵墓所在的宝城。由此，也反映出明代陵墓规划之严谨、成熟。

477

舍利塔有什么建筑特色？

玄奘舍利塔

舍利子印度语叫做驮都，也叫"设利罗"，译成中文叫灵骨、身骨、遗身，是高僧们往生，经过火葬后所留下的结晶体。不过舍利子跟一般死人的骨头是完全不同的。它的形状千变万化，有圆形、椭圆形，有的成莲花形，有的成佛或菩萨状；它的颜色有白、黑、绿、红各种颜色；舍利子有的像珍珠、有的像玛瑙、水晶；有的透明，有的光明照人，就像钻石一般。相传佛祖释迦牟尼佛圆寂火化后，他的遗体灰烬中有一块头顶骨、两块肩胛骨、四颗牙齿、一节中指指骨舍利和 84000 颗珠状真身舍利子。佛祖的这些遗留物被信众视为圣物，争相供奉。

舍利塔，顾名思义，即为存放得道高僧的舍利而建的佛塔。由于舍利为身后物，所以舍利塔在材料的选择上多选择砖、石；又由于存放圣物，故在形式选择上多为密檐塔，平面有方、圆、六角、八角形等多种形式。

由石材建成的舍利塔，较为古老的实例当属南京栖霞寺舍利塔。该塔始建于隋文帝仁寿元年（601），当时为木结构，后毁坏。现存塔身建于五代十国南唐年间（937～975）。按初建时木结构塔身原样，采用石头榫接方式予以重建。石砌塔高 18 米，由多层块石叠砌而成，为八角形五层密檐塔，表面雕成塔基、塔身、塔檐、塔顶的形式，近似石雕，下层须弥座用块石拼合而成。

砖塔的范例可以参考唐净藏禅师墓塔。该塔位于河南登封会善寺内，建于唐天宝五年（746），为单层六角砖塔。塔表面用预制型砖或磨砖、砍砖、雕砖技术，砌成须弥座、仰莲、柱、阑额、斗栱、门窗等精美图案，表现出高超的砖饰面工艺。同时期类似的砖塔还有河南安阳修定寺塔、山西运城唐泛舟禅师塔等。

478

中国古代的城墙是如何建造的？

春秋、战国时期的城墙并非像我们今天所见到的明代长城那样，是由砖砌成的，而是用夯土夯筑而成的。这里就讲讲具体的夯筑方式。

一种方法是"桢幹筑墙"。桢是指筑墙时所用端模板，其形状与所要筑的墙之断面相同，一般为下宽上窄，两侧收坡。幹是侧模的古称，后世称"膊椽"，也就是每侧用 2～3 根木棍。开始筑墙时，在两端各立一桢，在其间内外两侧各横置 2～3 根幹，其间再用草绳系紧，之后在中间填入土，夯筑。夯到最上一根幹相平后，割断草绳，抬升幹，依法夯筑。

对于力量较大的城墙、墩台等构筑物，则不直接用桢幹筑墙，而应改用斜立的杆来控制城墙的斜度，且用版代替桢。夯筑时先把数根草绳的一端系在版的不同位置，另一端系在木楔，拉紧后木楔钉入地上固定，然后夯筑。

另一种方法曰是"版筑"。这种夯筑的雏形在淮阳平粮台龙山文化古城遗址就已经见到，到了周代更为制度化。其做法是模板两侧的边版为垂直的，一端用端版封堵固定，另一端开敞。把敞开的一端边板接到已筑的墙上，用卡木固定，然后填土夯筑。夯平后，撤出卡木，把模板水平前移，继续夯筑。

479

我国传统建筑的屋顶形式都有哪些？

我国传统建筑深远飞扬的屋顶历来被视为最显著的建筑特征之一，用林徽因先生的话说，"（屋顶）其实只是结构上直率自然的结果，并没有甚么超出力学原则以外和矫揉造作之处"。由此可见，传统建筑的大屋顶与今日为了民族特色而设计的"大屋顶"有着本质的区别。传统建筑的屋顶虽然从功能出发，但是却根据建筑的不同身份，以及当地的气候、环境特色，发展出多种多样的屋顶形式。

在古建筑中最为常见的，也是一般官式建筑采用的屋顶形式有以下几种：重檐、庑殿、歇山、悬山、硬山、各种攒尖。重檐又可分为重檐庑殿、重檐歇山、重檐攒尖。攒尖顶又有四角攒尖、六角攒尖、八角攒尖、圆形攒尖。此外，有的屋顶还可依据平面相互组合，形成更为丰富多彩的样式，比如，承德避暑山庄之水流云在亭、故宫御花园万春亭等。这些形式多样的屋顶被创造出来首先是为了表示等级，重檐、庑殿、歇山都是皇家的专用，一般民宅只能建造硬山建筑。

当然这些屋顶形式远非全部，不太常见的形式还有盝顶、抱厦等等。就民居而

单檐庑殿顶
硬山顶
重檐庑殿顶
悬山顶
重檐歇山顶
卷棚顶
圆攒尖顶
盝顶
四角攒尖顶

屋顶式样

言，其屋顶形式也很丰富，比如，平顶、单坡顶、穹隆顶等。

下面具体说说几种常见屋顶的形式和名称。重檐，即两层屋顶，下层屋顶为四坡，上层屋顶则可为庑殿、歇山等，重檐庑殿为清代建筑中的最高形制，仅在太和殿、太庙正殿出现。那么何为庑殿顶？庑殿即四面坡屋顶，在宋代《营造法式》中称为四阿顶，庑殿顶有五条脊，由正身、山面和转交部分组成，清代主要采用"顺梁法"和"趴梁法"两种构造。歇山屋顶，在宋代也叫"九脊殿"或"厦两头造"，意思是指歇山屋顶有九条脊。从外部形象看，歇山屋顶是庑殿顶与悬山顶的结合，以下金檩为界，上部屋顶为悬山构造，下部分为庑殿。悬山屋顶的宋代名称叫"不厦两头造"，前后两坡屋顶，而且两山屋面悬出于山墙或山面屋架之外，其檩木不是包砌在山墙之内，而是挑出于山墙之外，挑出的部分为"出稍"，这也是悬山建筑区别于硬山建筑的主要特征。悬山屋顶又可以细分为大屋脊悬山和卷棚悬山，不同之处在于，前者有一条正脊。

480

影壁的种类有哪些？分别具有什么特点？

影壁是设立在建筑群里面或者外部的墙壁，它面对大门，起到屏障的作用。不论是位于门内还是门外的影壁，都会和进出大门的人打个照面，所以影壁也称照壁。在古代，影壁也叫"萧墙"，萧的意思是恭敬、揖拜，萧墙也就是双方见面行敬肃之礼的地方，引申为分隔内外的屏墙。

我们常见的影壁都有哪些种类？一般可以按照影壁所在位置的不同对其进行分类，如设在大门之外、大门之内、在

紫禁城宁寿宫前九龙壁

大门两侧以及其他位置的。设立在大门之外的影壁是指正对院落的大门,一般隔街或一定距离之外设立的屏墙。一般等级较高的院落门前才有这种影壁,用在皇宫、王府、重要寺庙等建筑群的门前,它可以与大门入口建筑之间形成呼应,有时还围合成广场的形式,起到强调、烘托气氛的作用。比如,北京紫禁城宁寿宫前的九龙壁、南京灵谷寺前的影壁、浙江宁波天童寺前的影壁,他们有的还特意做成"八"字形,以增加围合感。这些影壁的形制与独立的墙体类似,也可分为上、中、下三部分,即壁顶、壁身、壁座。皇家的影壁上部多为琉璃顶,形式类似屋顶的庑殿顶;壁身的四角和中心部分也多用琉璃图案进行装饰;而壁座外面也用琉璃瓦装饰,样式多为须弥座。

设在大门内的影壁,正对入口,起到隔绝视线的作用,避免人们一进门就对院内一览无余,所以一般用在皇家寝宫或住宅院落之中。比如养心殿遵义门内的琉璃影壁、御花园外的影壁。在北京四合院中,我们也经常能看到这类影壁,一般设在院内东南角的山墙面上,而不独立设墙。壁身的中间部分装饰以精美的石雕,图案吉祥,极富生活气氛。

位于大门两侧的影壁,主要是为了增加大门的气势,装饰作用大于实际功能。比如,紫禁城乾清门两侧的影壁,乾清门作为内廷的入口地位自然非常重要,然而按照规定,它的形制在开间大小、台基高低、屋顶形式上又不可超过太和门。于是,在乾清门左右设八字形影壁,与其融为一体,以增加其气势。这种手法在皇家建筑中经常可以看到。

481

华表来源何处?其形制有什么讲究?

天安门前金水河畔伫立的一对华表以其挺拔的姿态,精美的雕刻,成为天安门广场的重要标志物。那么,华表的功能是什么?它是如何产生的?其常见的形态又是怎样的呢?

对于华表的功能至今还没有统一的说法,通常是出现在建筑群入口、四周等,起到标识、限定空间的作用。除了在天安门前，我们在明十三陵、清东陵、清西陵、北海、白云观以及卢沟桥等处也都可以见到华表的身影。

关于华表的来历也有很多不同的传说。一种说法认为，华表又名恒表、表术，它起源于古代的一种立木。相传在我国尧舜时代，人们就在交通要道竖立木柱，作为行路时识别方向的标志，这就是华表的雏形。

另一种说法认为，华表上古名"谤木"，相传尧、舜为了纳谏，在交通要道和朝堂上树立木柱，让人在上面书写谏言，鼓励人们提意见。晋代崔豹在《古今注·问答释义》中说："程雅问曰：'尧设诽谤之木，何也？'答曰：'今之华表木也，以

天安门前的华表

横木交柱头，状若华也，形似桔槔……"桔槔是古代井上汲水的工具，形状是一根长杆，头上绑一个水桶，所以华表最初的形态类似一根顶端有横木或其他装饰的立柱。这种形象在宋代张择端的《清明上河图》中也有描绘，我们看到虹桥两头各有一根木柱，这大约就是立柱的早期形象。当然，这个形象与我们今天看到的华表相距甚远，不过由于其间历代的遗存太少，我们无法细细探究其发展变化的历程。

不过，总结明清的遗存，我们不难发现，华表可以分为三个部分，即柱头、柱身和基座。以天安门的华表为例，华表柱头上的部分叫"呈露盘"。相传汉武帝曾命人在神明台上立一铜铸的仙人，双手举过头顶，托着一个铜盘，呈接天上的甘露，以为喝了甘露便可长生不老，这自然是无稽之谈。后来这种形式流传下来，但取消

了仙人，简化为柱子上面放一只圆盘。华表的顶端有瑞兽，名"犼（hǒu）"，一种形似犬的瑞兽，根据所在方位的不同，表达的意义也不相同。天安门后面的一对华表上的石犼面朝北方，望着紫禁城，寓意是希望皇帝不要久居深宫不知人间疾苦，应该经常出宫体察民情，所以称"望君出"。而天安门前面的一对石犼面朝南方，寓意皇帝不要久出不归，故而称"望君归"。华表的柱身呈八角形，一条巨龙盘旋而上，龙身外布满云纹，汉白玉的石柱在蓝天白云的衬托下真有巨龙凌空飞腾的气势。柱身上方横插一块云板，上面雕满祥云。华表的基座为须弥座，而且在基座外添加了一圈石栏杆，栏杆的四角石柱上各有一只小石狮，头的朝向与上面的石犼相同。栏杆不但对华表起到保护作用，还将华表烘托得更加高耸和庄严。

482

牌楼的形制和功能有哪些？

说到小品建筑，牌楼可能是最先引起大家注意的元素，因为它被设立在一组建筑入口的最前端，或者是交通繁忙的街巷上。如果我们去参观颐和园，首先映入眼帘的就是入口广场前的琉璃牌楼，色彩华丽，具有极强的装饰性。此外，在北京的几处著名的商业街，东单、西单、东四、西四，它们名称的由来就是因为街上有过一座或四座牌楼而得名，这些牌楼是街道上的重要标志物，起到划分并标识空间的作用，不过这些牌坊在20世纪50年代被认为有碍交通而被拆除了。

雍和宫牌楼

不论位于何处的牌楼，从其形态可以看出，它具有建筑大门的性质，所以它的起源也和门不可分割。古代建筑一般以组群的形式出现，由大大小小的单栋建筑组合成具有围合感的院落，周边设以围墙，若想进入其中，只有通过院落的大门，由此，"门"这个元素对于古代建筑就具有特别重要的意义了。早期的院门称作"衡门"，形式还比较简单，就是两根竖立的木柱，再在上面加一条横木。这种古代朴素的房屋称为"衡门茅屋"。陶渊明有诗云："寝迹衡门下，邈与世相绝。"后来为了遮挡雨雪，这种简单的衡门就被加上木板屋顶，在《清明上河图》中我们还能看到这种门出现在汴梁城的商户家中。

在宋代颁行的《营造法式》中还出现了一种名叫"乌头门"的大门形式。具体构造方式为：两根直立的冲天柱，柱头上以水生植物乌头装饰，一条横木插入柱内，横木以下安格扇门。其形制已与今天的牌楼非常相似了。

在古代城市中，其基本的居住单位为里坊，早期的里坊设有坊门专供人们进出，这些坊门称为"闾"。有时，闾门之上会写出里坊的名称，还可将功臣的事迹和姓名雕刻其上，予以表彰，是为表闾制度。由此，这些闾门慢慢发展演变成今日的牌楼，所以，牌楼也具有记载地名，表彰功德的功能。

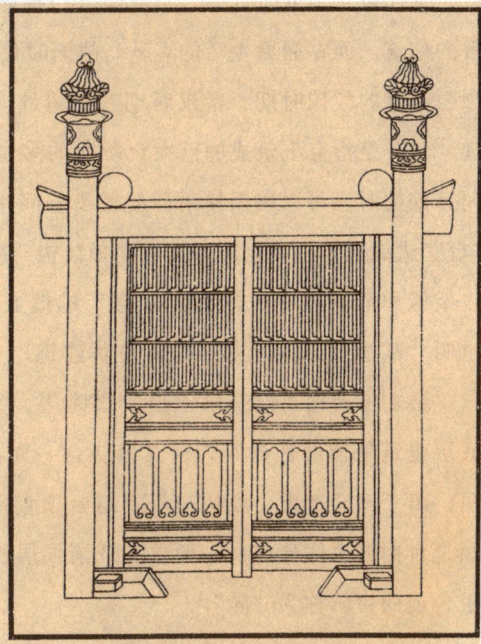

乌头门

○ 483

"台榭"是一种怎样的建筑物？

李白著名的《江上吟》中有一句道："屈平词赋悬日月，楚王台榭空山丘。"前句是说，屈原的词赋长久不衰，而楚王的"台榭"却早已不见。于是我们不禁产生这样的疑问，什么是"台榭"？它的形制又是什么样子的？

现代意义上的"台榭"一般是指一些修建在水畔湖边的平台，或者体态轻盈开敞的建筑。而在屈原生活的春秋、战国时代，"台榭"却不是这个通常的涵义。如果参照现存的战国时期、秦汉时期台榭遗址，以及青铜器上面保留下的图像，不难发现"台"是指夯土筑成的巨大台阶状的多层土台。而"榭"指在各层台上挖出的房间，挖掘时还可以根据使用需要留出分间用的隔墙作为承重墙。并且每间房间均在"台"边缘立檐柱，上架屋檐或楼板结构，屋顶形式以单坡屋顶和平顶为主，屋面则以架椽和铺芦苇的方式构成。"榭"的最上层在台顶上筑承重外墙，中间立中心柱，也叫"都柱"，从而构成独立的主体建筑。

最初的台榭可能是供上层阶级眺望、宴饮、行射之用。在具体功能的安排上，底层建筑是辅助性建筑，因其多绕台一周，故称"周庑"，主要居住卫士和服务人员。出于安全考虑，底层一般不与台顶直接相通，而是由单独的上下梯道连接。台顶是台榭的主体建筑，一般供王或诸侯居住，有自地面至台顶的台阶，其中下段登上台顶的台阶称为"陛"。

在辉县出土的一块战国铜鉴上就刻画了一座台榭，其形制为下部为夯土墩台，台中心立中心柱，柱高一层。台顶部分也为一层，四周有外廊环绕，上为双坡屋顶。据推测，主体建筑大多为土木混合结构。

一种说法认为，台榭的出现主要由于上层阶级需要某种便于"居高临下"以壮声威的雄伟宫室，而以当时的技术尚不能平地建造多层楼阁，所以不得已利用多层土台作为基础。另一种说法认为，台榭这样体量巨大的多层建筑可以囤粮、屯兵，具有防卫的功能，在特殊情况下便于据守。

484

"龙生九子"都叫什么？它们中有哪些在建筑中"司职"？

相传龙有九子，名称形态各不相同，这些怪兽都在不同程度上糅合了龙的某一种特征，不过龙之九子究竟谁排老大、谁排老二，民间并没有明确的解释。

据说明孝宗朱祐樘曾经心血来潮，问以博学著称的礼部尚书李东阳："朕闻龙生九子，九子各是何等名目？"李东阳竟也不能回答，退朝后七拼八凑，拉出了一张清单。按李东阳的清单，龙的九子是：虮蝮（bāxià）、嘲风、睚眦（yázī）、赑屃（bìxì）、椒图（shūtú）、螭吻（chǐwěn）、蒲牢、狻猊（suānní）、囚牛。不过在民间传说中的龙子却远远不止这几个，狴犴（bì'àn）、貔貅（píxiū）、饕餮（tàotiè）、负屃等等也都是龙的儿子。其实所谓龙生九子，并非龙恰好生九子。中国传统文化中，往往以九来表示极多，而且有至高无上的地位。九是个虚数，又是个贵数，所以用来描述龙子。

椒图

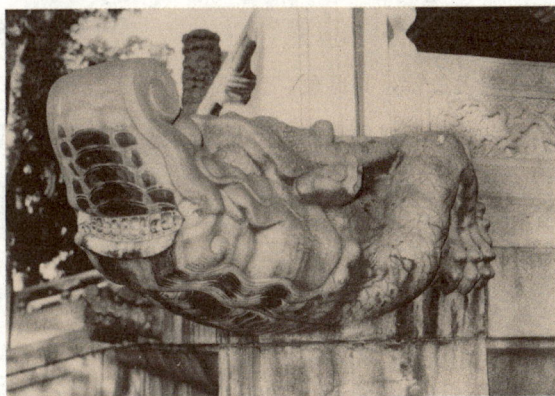

螭首

那么，这些龙子中又有哪些在古建筑中司职呢？它们的具体工作又是什么？

虮蝮，又名蚣蝮，样子似鱼非鱼，善水性，体态优美，饰于石桥栏杆顶端。

嘲风，样子像狗，平生好险，殿角走兽是其形象。这些走兽排列着单行队，挺立在

赑屃

垂脊的前端，走兽的领头是一位骑禽的"仙人"，后面依次为：龙、凤、狮子、天马、海马、狻猊、押鱼、獬豸（xièzhì）、斗牛和行什。它们的安放有严格的等级制度，只有北京故宫的太和殿才能十样俱全，次要的殿堂则要相应减少。嘲风，不仅象征着吉祥、美观和威严，而且还具有威慑妖魔、清除灾祸的含义。

椒图，其形如螺蚌，好闭口，因而其像常被雕在大门铺首上。

螭吻，又称鸱尾，形似剪尾的四脚蛇，据说它喜欢在险要处东张西望，喜欢吞火，它们一般被布置在殿脊、殿角的端头。

蒲牢，形似龙而身形较小，喜欢鸣叫。寺庙、祠堂内钟上的兽纽就是它。还传说它害怕鲸鱼，所以撞钟的长木端头都是鲸鱼的形状。

赑屃，又称霸下，形状似龟，喜好负重。驮载石碑的大龟就是其形象。

狴犴，形似虎，威力十足，而好诉讼，所以狱门上刻的虎头就是其形象。

负屃，身似龙，雅好斯文，盘绕在石碑头顶或两侧。

485

"斗栱"在我国传统建筑中起什么作用？

斗栱，也写作"枓栱"，是我国古代建筑中特有的结构构件，后流传到东亚、东南亚各国，对亚洲木结构建筑具有深远的影响。目前已知的最早之斗栱形象见于战国时期的青铜器上，如上海博物馆所藏战国燕乐铜桮（bēi）上刻画的建筑形象。

何为"斗"？在梁思成先生所著的《清式营造则例》中写道，斗，"承托栱与翘或昂相交之斗形木块"。何为"栱"？曰，"大式建筑斗栱上与建筑物表面平行，置于翘或昂之正心或端上略似弓形之木"。听着描述似乎有些复杂，还是让我们先来认识一下"斗栱"的位置。斗栱即为古代建筑中立柱与屋顶之间的过渡部分，也是将屋顶之荷载传递到基础的重要构件。仔细观察斗栱

一斗三升

不难发现，它是自下而上层层叠加，层层放大，而每层都是由位于下方的一块碗状方木承托，其上置"L"形曲木，这下层的方木即为"斗"，上层的曲木即为"栱"。林徽因先生在为《清式营造则例》写的《绪论》中提到："椽出为檐，檐承于檐桁上，为求檐伸出深远，故用重叠的曲木——翘——向外支出，以承挑檐桁。为求减少桁与翘相处的剪力，故在翘头加横的曲木——栱。在栱之两端或栱与翘相交处，用斗形木块——斗——垫托于上下两层栱或翘之间。这多数曲木与斗形木块结合在一起，用以支撑伸出的檐者，谓之斗栱。"这里不仅谈到斗栱的构成，也谈到其作用。

斗栱这个构件虽然很早就已经出现，但这个称呼却是清代的叫法，在宋代，斗栱叫做"铺作"。在清代，斗栱的重要作用还在于斗栱的尺寸决定着整个建筑的尺寸。此外，虽然这些斗和栱的组合叫做斗栱，但每个斗和栱都依各自的位置不同，有着自己的名称。最下层的斗叫"大斗"、"坐斗"；最下层的栱则分别叫"正心瓜栱"（平行于面阔）、"翘"（垂直于面阔）；正心瓜栱之上的斗叫"槽升子"，而翘上之斗叫"十八斗"，瓜栱上层的栱叫"万栱"；在各种外拽栱、里拽栱的两端，承托上层栱或枋的斗称"三才升"。

486

什么是"石阙"？有哪些种类？

石阙是自秦汉开始出现的一种构筑物，一般用于宫殿、祠庙和陵墓前，以壮声威。石阙一般由阙基、阙身、阙顶三部分组成，阙基为基座，阙身即主体部分，较为细长，阙顶仿古代建筑之屋顶形态。

石阙的种类以出现数量之不同，可分为单阙、双阙（成对），以及子母阙（一大一小相连）。古代王侯的陵墓自战国时期开始在墓上建封土冢丘、享堂，并且在外围筑围墙，形成陵园。到了汉代，王陵一般在陵垣四面开门，门外建三重阙，将寝殿、便殿设在陵垣之外。而王以下诸侯的陵墓只能一面开门，使用二重阙。一般的达官贵人多用土穴墓，地上部分有冢丘、墓垣，开一门，门外按照等级用二重阙或单阙。当然，普通人的坟墓是不能使用阙的。可见，石阙的使用也是表示墓主人等级高低的标志。

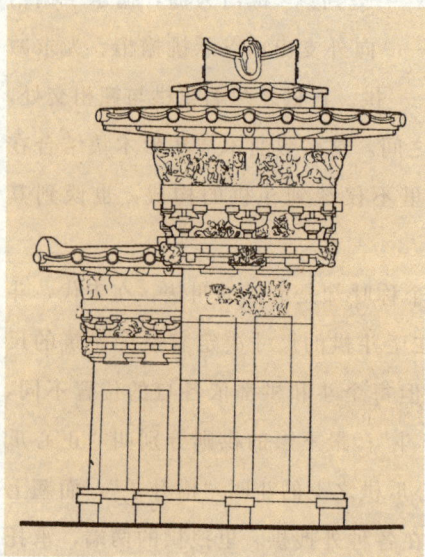

汉代高颐阙

目前已知的最古之石阙是发现于四川雅安的汉代高颐阙，是为了表彰高颐（曾任益州太守等职）卓著的功劳而建。高颐阙建于汉献帝建安十四年（209），形制为子母阙，主阙13层，高约6米，宽1.6米，厚0.9米；子阙7层，高3.39米，宽1.1米，厚0.5米。子阙与母阙形体上相似，阙身以红砂石英岩石叠砌，其上雕刻精美，阙顶则仿汉代木结构建筑。由于现存的汉代建筑遗物少之又少，石阙上保留下的大量历史信息对于了解汉代建筑具有重要的研究价值。

487

榫卯是什么？何时开始应用于建筑中？

谈到古代木结构建筑时，我们常常会提到"榫（sǔn）卯"这个词。什么是"榫卯"？它是我国古代建筑或者木结构建筑独有的特征吗？

宽泛地讲，榫卯是一种结构连接中常用到的连接方式，具体来说就是将需要相互连接的两构件进行凹凸处理，使其连接正好吻合，以达到连接牢固、稳定的作用。凸出部分叫榫（或榫头）；凹进部分叫卯（或榫眼、榫槽）。打个比方，如果想让一根柱子和一根梁进行垂直连接，我们可以在柱子上挖出一个洞，同时在梁上做出柱洞大小的凸出物插入，这就完成了一个榫卯连接。由于榫卯连接利用构件相互咬合关系，其连接强度比一般利用胶水直接连接要强上许多。当然，这种连接方式非常普遍，不仅在我国古代木结构建筑中，即使在现代建筑中有时也会使用，但一般都用在木结构建筑中，这又是由于木材本身的力学特点了。

早在宁波余姚河姆渡新石器时代的遗址中，考古人员就发现了榫卯的使用。在这些木构干阑建筑的残存构件上，可以看到许多种利用石工具和骨工具加工的榫卯痕迹，这在当时的工艺条件下真可算是"精致"的杰作了。发现的榫卯结构可以分为以下几类：

1）柱脚榫，在圆木端头的凸出榫头，用以插入地面或梁枋内。

2）柱身卯口与梁之端头榫。

3）燕尾榫，用以连接两个板材的榫，自身中部窄，两端宽。

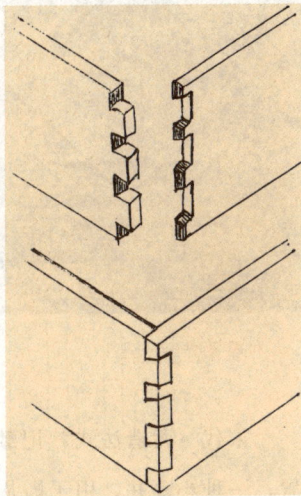

燕尾榫

当然这只是榫卯最初的形态，而随着技术的发展，到清代榫卯的连接方式已达几十种之多，不仅连接牢固，且形式丰富而生动，成为我国古代建筑结构中最为重要的连接方式。

488

"藻井"从何时开始出现？都有哪些类型？

藻井是中国传统建筑内檐装修中的独特元素，早在东汉应劭著的《风俗通义》中就记载："今殿做天井。井者，东井之像也；藻，水中之物，皆取以压火灾也。"可见，藻井的由来反映出古人以此避火的愿望。藻井一般用于殿堂的中心天花位置，向上凸起，井口形状有方形、圆形或多边形，用以突出室内核心位置的空间，如御座、佛像等上空，达到"穿然高起，如伞如盖"的效果。由存世的古建筑来看，藻井的发展至迟在宋代已经成熟，而到了明清时期，其形制已由简入繁，由结构性构件成为装饰性构件了。

太和殿藻井

万春亭藻井

宋代《营造法式》记载的藻井形式主要有两种，一种大藻井，用于殿身核心位置；一种小藻井，用于殿周回廊部分。两者在尺寸大小、式样繁复程度上都有所差别。大藻井自下而上有三个结构层，分别为方井层（底层方形）、八角井层（中间八边形）和斗八层（即最上层覆碗形盖子）。各层间用斗栱支撑。相关的实例可以在河北蓟县独乐寺观音阁，以及山西应县佛宫寺释迦塔中找到。小藻井自下而上有两个结构层：八角井层和斗八层，每层间所用斗栱的层数也少于大斗栱，由此在高度、大小和华丽程度上都不及大藻井。

虽然《营造法式》中提到的藻井形式只有两种，但从现有遗存的建筑来看，其形式远比《法式》中提到的丰富。金代的建筑中有菱形和六角形藻井，如山西应县净土寺大殿；元代的建筑中有圆形藻井，如山西芮城永乐宫三清殿。

明清时期的藻井更注重装饰的华丽，其结构仍可自下而上分为方井、八角井、圆井三层。从下层向上的过渡主要是由一层层纵横和呈四十五度角向错的梁累叠而成，按四方变八方、八方变圆的规律构成。其装饰一是在顶部盖板（称明镜）之下，雕刻蟠龙衔珠的形象，俗称"龙井"。一般在方井向圆井过渡部分，也安以装饰性斗栱，雕刻龙凤图案。具体的实例可以在北京天坛祈年殿、皇穹宇、承德普乐寺旭光阁等明清建筑中见到。

489

宋代的柱础雕刻有哪些图案形式？

提到宋代的建筑，就不得不介绍一下产生于北宋年间的《营造法式》，由于宋代的建筑遗存实在有限，我们现在对于宋代建筑各种形制、设计的了解多来自于《营造法式》。"法式"一词在宋代用得相当普遍，有律令、条例、定式之义，凡是明文规定的都可称为"法式"。营造法式的意思就是"关于建造方面的一部国家条例"。

这本书产生的背景要从北宋中晚期建筑业的腐败说起：工程开始前多估工料，虚报开销；施工过程中偷工减料，监守自盗；工程结束后又谎报结余。于是，宋神宗在惩处腐败时就想到要控制建筑业的腐败，熙宁年间他下令将作监（主管建造的部门）编制出一套法式用以加强工程管理。这本书于元祐七年（1092）颁布，此后又在绍圣四年（1097）下令李诚重新编定，完成于元符三年（1100），并于崇宁二年（1103）颁布。可见，这本书主要是想通过模数制的建筑形制控制工程用工、用料，并以此控制工程花销。从中，我们也可以比较全面地了解宋代官式建筑的设计和施工情况。

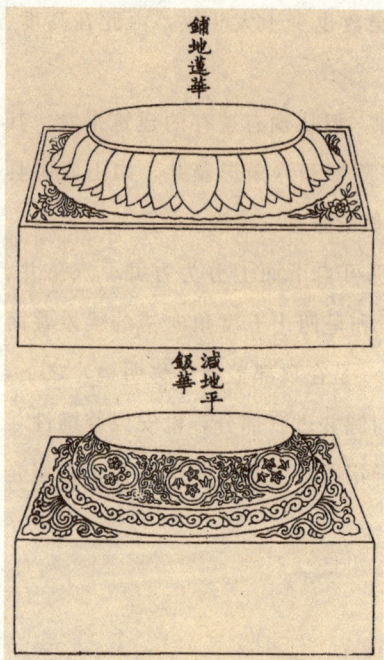

铺地莲花、减地平钑

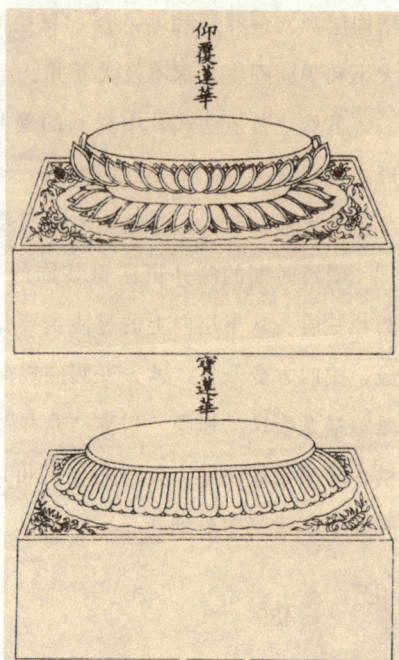

仰覆莲花、宝装莲花

根据《营造法式》记载，宋代的柱础大约由以下几个部分组成：位于最下方的础石一般埋于阶基内；其上形如倒扣的矮盆的部分，成为"覆盆"，其上的微小凸起为"盆唇"；在这之上是"木质"；在上安放"柱"。所谓的柱础雕刻图案主要是指在覆盆上雕刻出的不同图案。

仅仅在《营造法式》中记载的图案即有，"减地平钑"、"压地隐起"、"剔地起突"、"铺地莲花"、"宝装莲花"、"仰覆莲花"，以及磨光无装饰的"素平"等。

这几种不同的柱础图案如何分辨呢？铺地莲花和宝装莲花都是单层莲花瓣雕刻组成的，两者的区别在于宝装莲花在每瓣莲花上都有线刻花纹。而仰覆莲花顾名思义，就是由两层宝装莲花构成，且上下镜像。"减地平钑"、"压地隐起"、"剔地起突"三者其实是指三种不同的雕刻手法。"减地平钑"基本为线刻图案，主题也一般以花草纹样为主；"压地隐起"是类似于浅浮雕的效果，这方面的实例有苏州罗汉院大殿的柱础；而"剔地起突"则是高浮雕的手法，雕刻的主题也以动物为主，表现其生动的形态。

490

《考工记》是一部怎样的书？

《考工记》是中国目前所见年代最早的手工业技术文献，记述了齐国官营手工业各个工种的设计规范和制造工艺，书中保留有先秦大量的手工业生产技术、工艺美术资料，记载了一系列的生产管理和营建制度，一定程度上反映了当时的思想观念。

关于《考工记》的作者和成书年代，长期以来学术界有不同看法。目前多数学者认为，《考工记》是齐国官书（齐国政府制定的指导、监督和考核官府手工业、工匠劳动制度的书），作者为齐稷下学宫的学者；该书主体内容编纂于春秋末至战国初，部分内容补于战国中晚期。

今天所见《考工记》是作为《周礼》的一部分，《周礼》原名《周官》，由"天官"、"地官"、"春官"、"夏官"、"秋官"、"冬官"六篇组成。西汉时，"冬官"篇佚缺，河间献王刘德便取《考工记》补入。刘歆校书编排时改《周官》为《周礼》，故《考工记》又称《周礼·考工记》。

《考工记》篇幅不长，但科技信息含量相当大，内容涉及先秦时代的制车、兵器、礼器、钟磬、练染、建筑、水利等手工业技术，还涉及天文、生物、数学、物理、化学等自然科学知识。历代有关《考工记》的注释和研究层出不穷，其中成绩卓著的学者，有汉代的郑玄，唐代的贾公彦，清代的戴震、程瑶田、孙诒让等。

491

我国最早的建筑工官叫什么？

我国工官制度有着悠久的历史，"工官"，顾名思义，就是百工之事的官员。《考工记》卷首郑玄注云："司空，掌营城郭，建都邑，立社稷宗庙，造宫室、车服、器械，监百工者。"这里提到的"司空"即为工官之首，工官除了负责城市、宗庙的建设外，还负责各种车辆、服装、用具的制作，业务是相当广泛的。

《考工记》中以"匠人建国","匠人营国","匠人为沟洫"起首,可见匠人是主持建造的主体。《晏子春秋·内篇杂下第六》中提到,景公新建了一座柏寝之室,发现其方向偏斜不正,就叫来大匠和司空询问,大匠说是按照宫的方位定的,司空说是按照城的方位定的。古代一般城与宫的方位是一致的,所以两者所说是一个意思。由此可知,大匠负责一些具体的工程事宜,而司空负责宫城建设,这和《考工记》所说大体相同。

其后历朝历代都有工官之职。汉承秦制,其三公之一为"司空","掌水土事,凡营城起邑,负沟洫,修坟防之事,则议其利,建其功"。秦代主管宫廷工程的为"将作少府",汉景帝时改为"将作大匠"。而在东汉时,主管尚书五曹中的民曹,主管修缮。南北朝时,仍有尚书起部和将作监两个系统,但将作大匠一般省去,工程多由军工主持。唐代木工首领成为"都料匠",从事设计和现场指挥,匠人实行轮番服役。到了宋代,出现了三司修造案、尚书工部、将作监三个部门,分管不同事宜。元代设尚工署,主管宫中建造、修缮。明代设工部,工程由营缮清吏司主持。清代工程分为内工、外工,内工指皇家工程,由内务府营造司负责;外工指政府工程,由工部负责。工官制度在很大程度上起到了连接施工工匠与最高业主的作用,对于工程的顺利实施具有重大意义。

492

《考工记·匠人营国》中记载的"王城"究竟有多大?

《周礼·考工记》是我国目前所见年代最早的手工业技术文献,在城市规划方面记载了都城、城邑、里、市和王畿(jī)、野等各级城市的规模、模数制度,不仅反映出西周时期的等级制度,也影响了其后历代的"王城"建设。

《考工记·匠人营国》云,王城"方九里,旁三门。国中九经九纬,经涂九轨,左祖右社,面朝后市,市朝一夫"。其中的"旁三门"是指各向城墙各开三座城门;"九经九纬"是指南北、东西向各有三条主要街道,相互垂直。"左祖右社,面朝后市"是以宫城的角度,讲述宗庙、社稷场所以及朝堂和市场的位置,即,宗庙在宫城中轴之东，社稷在西，朝堂在宫城之南，市场在北。这也就是我国历代都城都加以参考的"王城"理想格局，不过，要想了解理想"王城"究竟有多大，可能就需要再做一番考证了。

"市朝一夫"也就是说，"市"、"朝"的面积为一"夫"。这里的"夫"是指古代规划中的一个面积单位，指一夫所受之田的面积。而这又是多大呢？

据汉代学者郑玄注，一"夫"为长宽各 100 步。在周代 1 步折合 6 尺，百步也就是 600 尺，60 丈。这样，一"夫"的面积也就是 3600 方丈，而当时一亩地的面积为 36 方丈，则一"夫"也就是当时的 100 亩。

此外，周制又规定，九"夫"为"井"，"井"方一里。如此，"方九里"的王城，也就是 81 "井"（9 里×9 里），729 "夫"。

493

我国古代有公园吗？

我们通常意义上所说的"公园"，是指一片供公众休闲、娱乐，而受到保护的自然、半自然或人工营造的区域。如果我们强调公园的公众属性，即其所有权是属于公众的，那么古代似乎并没有今天所说的公共的概念。但如果强调公园是受到保护的自然、半自然或人工营造的区域，那么古代还是有这样的园地的，叫做"园林"。

中国古代的园林主要有两种，一种是皇家园林，一种是私家园林。根据文献记载，皇家园林的历史至少可以追溯到商代，那时叫做"苑囿"。苑囿最先的形制就是一块山林地，里面放养一些野兽，供帝王行猎。西周时，苑囿的规模有大到方圆 70 公里的，其中畜养着各种猛兽和鱼类，此外，还挖池沼，筑高台，其上建立宫室供帝王享用。汉代长安的上林苑据说长达 300 里，《汉旧仪》载："苑中养百兽，天子秋冬射猎苑中，取禽兽无数实其中。离宫七十所，皆容千骑万乘。"《关中记》载，上林苑中有三十六苑、十二宫、三十五观，其中有大型宫殿建章宫；有演奏音乐和唱曲的宣曲宫等；有观看赛狗、赛马的犬台宫、走狗观、走马观、鱼鸟观；有饲养和观赏大象、白鹿的观象观、白鹿观；有引种西域葡萄的葡萄宫和养南方奇花异木的扶荔宫等。可见苑囿已经在西周基础上得以发展，苑内以宫室、园池为主体。

到了魏晋时期，文人士大夫为了逃避现实，隐逸江湖，寄情于山水之间，纷纷在自己的宅院内营建起具有山水之美的小环境。这个时期正是私家园林营造的开端。此外，这种追求自然情趣的思想对于园林的美学思想的发展也产生了深远的影响。以往帝王的苑囿只是打猎行乐的场所，对环境的营造只追求奢华，而这时的文人私家园林则追求朴实无华的境界，模仿山水之形态，在园内开池堆山，种植花木，巧设亭台楼阁，以此寄托情思。可以说，这个时期才是我们传统意义上的园林产生的时期，其后无论是范围宏大、气宇不凡的皇家园林，还是精致小巧的私家园林都追求自然山水之营造，也由此发展出丰富多彩、极尽巧思的造园手法。

494

我国古代也有高层建筑吗？

对于高层建筑结构熟悉的朋友可能都知道"筒中筒"结构，即利用建筑的表皮结构和电梯井等内核空间形成两个筒相套的结构，以增强建筑抗震、抗风的能力。不过，大家也许不知道，类似的结构早在辽代就已经被用在木塔的建设中，这就是古建筑中的高层建筑：应县佛宫寺释迦塔。

应县佛宫寺释迦塔

应县佛宫寺释迦塔位于山西省朔州市应县城内西北佛宫寺内，俗称应县木塔。它建于辽清宁二年（1056），金明昌六年（1195）增修完毕。应县木塔是我国现存最高最古的一座木构塔式建筑，木塔高 67.31 米，底层直径 30.27 米，呈平面八角形，是全国重点文物保护单位。

应县木塔结构的高妙之处，一是在于其

平面布局，二是在于其各层间的暗层处理。所谓平面布局指的就是刚才提到的双筒结构：应县木塔建在 4 米高的两层石砌台基上，内外两槽立柱，各层外有 24 根柱子，内有八根，构成双层套筒式结构。柱头间有栏额和普柏枋，柱脚间有地伏等水平构件，内外槽之间有梁枋相连接，使双层套筒紧密结合。此外，木塔各层间设有暗层，木塔共五层六檐，加上暗层，实为九层。暗层中用大量斜撑构件，结构上起圈梁作用，加强了木塔结构的整体性。

相传塔建成三百多年后，至元顺帝时，曾经历大地震七日，仍岿然不动，足见其抗震性能之好。

495

为什么说中医学是"岐黄之术"?

"岐黄之术"的"岐黄"指的是古代的两个人:黄帝和岐伯。

黄帝传说是古代的一个帝王,他出生在轩辕之丘,号有熊氏,所以也叫他轩辕黄帝。黄帝在"三皇五帝"里有一个席位,是中华民族公认的老祖宗,中华民族常称自己是"炎黄子孙",其中"炎黄"就是指的炎帝、黄帝。

而岐伯呢,传说是黄帝的一个大臣,根据《帝王世纪》的记载,黄帝曾经派岐伯尝味百草,研究医学,治疗疾病,因此岐伯精通医学,是当时最有名的医生之一。

中医学之所以又被称为"岐黄之术",主要是因为奠定了中医学理论基础的《黄帝内经》一书是黄帝、岐伯两人讨论医学问题的对话集。这部医学典籍几乎全文采用黄帝提问岐伯回答的体例,所有的医学理论都是在两人的讨论中阐述清楚的。后世学医的人追溯起来,认为中医学这一门派的祖师爷就是这岐、黄二人,于是称自己的学科为"岐黄之术"。

496

"悬壶济世"是不是古代的公费医疗?

"悬壶济世"中的"济世"是拯救世界、拯救世人、拯救世道的意思,其中的"悬壶"则是以悬挂葫芦这一形象来代指行医这一行业。"悬壶济世"就是说通过医学技术来把世人从疾病痛苦之中拯救出来。

这个词儿有两层意思需要理解清楚。第一层是对"济世"的理解，这折射出中国的传统医学不仅仅属于技术范畴，还饱含深厚的人文关怀。在"济世"的表述中，我们会感受到中医学行业的入世理想和救赎情怀，这种情感和中国传统"士"阶层的情感是一脉相承的。因此，古人有"不为良相，当为良医"、"大医治国"等说法，中国历史上的很多名医也是除了精通医术外，还对儒、道、释的思想有很深的理解和认同。时至今日，大凡学习中医的人都会自觉不自觉地秉承这种"济世"的社会责任感，这是中医学文化必然传承的内涵。

第二层是需要弄明白为什么用"悬壶"来代指医疗行业？关于这一点，通常溯源到《后汉书》中记载的一个故事：在汝南某地有一个管理市场的小官叫费长房，他观察到集市上有一个卖药的老翁在店铺外面挂着一个葫芦，等收市后老翁就跳进葫芦里去。这件事其他人都没看到，就费长房一个人看到了，费长房觉得非常神异，就很恭敬地去拜访这个老翁，老翁知道自己秘密已经被他发现了，于是邀请他一起进到葫芦里去。葫芦里非常豪华，老翁拿出好酒好菜招待费长房，并且嘱咐他不要告诉别人。后来老翁告诉费长房："我本来是神仙，因为犯了过失受到责罚，才来到这里的，现在我的事情办完了，要回去了，来与你告别，你愿意跟我一起走吗？"费长房说："我愿意。我愿意追随您学习。"于是费长房就跟着老翁进入深山学习，学会了医疗技术，可以济世救人了。

497

什么样的医生才能被称为"华佗再世"？

我们今天喜欢用"华佗再世"来形容医术高明的医生，是说他好像是华佗重生，神医转世。

华佗是汉末医术非常高明的名医，根据《后汉书·华佗传》的记载，他的医术神乎其神，"兼通数经"，对很多学术门类都造诣很高，但是他几次拒绝出任官府职务。

《华佗传》里记载了他神奇的医疗技术：第一是精通方药，他用药很精当，药味很少，每味药物的分量都在心里掌握，不用称量也很准确；第二是用灸法治病非常灵验，只灸一两处地方，每处灸七八次，病就全好了；第三是针刺技术很高明，扎针的时候先告诉病人会有什么样的气感，病人说气感到了，他就取出针来，病就好了；第四是娴熟地应用了心理治疗方法——中医学称为"情志疗法"，据说他曾经给一个郡守治病，判断出郡守只需大怒一场病就会好，于是就收了郡守很多的钱财而不给他治疗，还留下一份骂郡守的书信后扬长而去，把郡守气得吐"黑血数升"，然后病就好了；第五是开创了外科手术，他采用"麻沸散"作为全身麻醉药，曾经做过"断肠湔洗，缝腹膏摩"，大概相当于今天的剖开腹部，

华佗像

切断肠管来清洗，然后缝合肠管和腹腔，然后辅以按摩；第六是有高明的导引养生术，相传他模仿虎、鹿、熊、猿、鸟五种动物的动作创立了"五禽戏"，他的一个叫吴普的徒弟坚持练"五禽戏"，到九十多岁还牙齿完好，耳聪目明。

所以说一个医生"华佗再世"，确实是很高的评价了。这里需要注意两点，首先"华佗再世"传递了对高明医术的一种期望，那就是像华佗那样医德高尚，技术全面且精湛。其次，我们也需要认识到中医学作为一个传统的学术门类，确实存在一定程度的"托古"习惯，这种习惯认为今不如古，祖师爷总是比徒子徒孙强很多，这也是需要审慎对待的问题。

498

太医就是御医吗？

太医和御医在今天老百姓的话语系统中大概是一回事，太医就是御医，御医就

是太医。而考究这两个词的原本意义，或许这两者之间还是有点细微的差别的。

首先，御医是指真正为皇族诊治疾病的大夫，一般而言，这部分医疗人员属于皇家的私人医生，不给外人服务，除非皇帝派遣他们去给某个指定的对象诊病。在历史文献中，宫廷医官在给皇室诊病时被称为御医，平时则称其官职名——太医。

太医，应该说有两个意义：一是指一个职官系统，这个系统有两个主要功能，为皇室及其附属机构的工作人员提供医疗保健服务和管理皇室下辖的医疗保健系统；一是指由"太医"这一职官系统中供职的工作人员所构成的特殊群体，比如说太医职官系统内，分管药物的，分管处方的，分管植物园的，等等，都可以泛称为太医。

499

"头痛医头，脚痛医脚"的郎中就蹩脚吗？

老百姓日常话语中常常用"头痛医头，脚痛医脚"来形容医生的医术不高明，没有抓住疾病的本质，被表面矛盾牵着鼻子走，治疗没有章法，没有解决根本问题。进而引申为处理问题时看不到整体联系，不能触及问题的本质。

其实在中医学中并不经常使用这句熟语，反而是文学作品、日常话语中用得更多一些。不过这反映出大众对中医的印象：中医是不主张头痛医头的，如果你头痛医头，那你就是一个蹩脚郎中。"头痛医头，脚痛医脚"真的就是蹩脚郎中吗？

要回答这个问题，就需要了解中医学的治疗理念，应该说中医学正统的治疗理念是：头痛不仅仅医头。中医学坚持从整体的视角去认识疾病，疾病的所有症状都可以被看作是整体功能失调的表现，如阴阳失衡、表里不和、寒热失调等。比如说头痛这个症状既可能是少阳胆经的问题，也可能是厥阴肝经的毛病；可能是外感风热实邪所致，也可能是因肾虚所致，所以在治疗的时候往往会针对疾病的根本病机，采用综合调治的方法。

同时，我们还需要注意到，中医学还有一个很重要的治疗原则：急则治标，缓则治本。意思是说病情急重、症状严重的时候，或者次要的、局部的病变影响到本质的、根本的病变的治疗时，必须先解决这些症状或病证，而在疾病的病情缓和，病势迁延，暂时不会出现危重状况的情形下，就应该抓住疾病的本质，想办法从根本上解决问题。

因此，我们说"头痛医头"未必一定是蹩脚郎中，头痛就仅仅知道治头痛的郎中，显然不是好郎中，头痛了却完全不理会头痛症状的郎中，显然也不是好郎中。

⭕ 500

中医真的能靠"一个枕头，三根指头"诊病吗？

"一个枕头"指的是脉枕，就是中医切脉时垫在病人手腕下面的小枕头；"三个指头"是指切脉时医生按在病人手腕处的食指、中指和无名指三个指头。中医能不能靠"三个指头"切脉诊病呢？这确实是可以的，脉诊是中医的一种非常重要的诊病手段，有些时候脉诊得来的信息至关重要，中医诊病有时候会"舍症从脉"，就是依从脉诊得来的信息，而放弃观察到的和患者报告的症状信息。

但是，如果单纯依靠切脉来诊病也不是中医所提倡的，中医诊断理念中有一句话叫"四诊合参"，意思是说要综合应用诊察手段，把四诊收集的资料加以综合分析，才能得出正确的诊断。四诊就是指望、闻、问、切，望诊就是用眼睛观察；闻诊是用耳朵听声音，用鼻子嗅气味；问诊是指围绕疾病的各种问询；切诊是用手在病人身上或切或按，或触或叩。

日常生活中有些人认为只靠把脉就能诊断疾病的医生才算得上是称职的、高明的医生，于是去看医生时一句话也不说，把手一伸，让医生给诊脉，考一考医生能不能猜出自己患的是什么病。其实这是一种认识的误区，训练有素的医生从你踏进诊室时就已经开始搜集诊断资料了，气色、体态、姿势、精神状态、气息、声音等都被医生所注意，切脉时从脉象上也会诊察到一些有价值信息，综合这些资料，医生往往已经能够部分地认识疾病了。但是，医疗行为实质上是医生和病人精诚合作与疾病作斗争的过程，这个过程中需要医患双方的努力。只有所收集到的资料越细致、越全面，医生做出的判断才能越正确，所以病人应该积极主动地配合医生关于疾病的问询和诊察。

○ 501

中医是怎么切脉的?

中医学的脉诊经历了一个演变过程,早期是用"遍诊法",需要切全身的动脉搏动情况,这种诊脉方法对应的一个词叫"三部九候",三部是上、中、下三部,每一部分别有天、地、人三候,合起来共九候。上部在头部,分别是两额、两侧耳前、两颊的动脉;中部主要在手上切脉,分别切手腕附近的桡侧、尺侧动脉和手背合谷附近的动脉;下部在下肢切取,分别是腹股沟动脉(女子取太冲穴附近动脉)、大腿内侧前缘箕门穴附近的动脉、足内踝后方太溪穴附近的动脉。这种方法在《黄帝内经》中有记载,不过用起来很麻烦,后来慢慢被淘汰,今天中医诊脉基本不用这种方法了。

今天中医诊脉"独取寸口",所谓寸口,就是左右手桡动脉靠近腕横纹的那一部分,中医学认为这个地方的脉象可以反映出全身脏腑气血的情况。诊脉时,一般医生若用右手,就搭病人左手,用左手就搭病人的右手,食指、中指、无名指从外侧搭到寸口位置,一般不要横跨病人的手臂。食指搭的位置在桡骨茎突的后方,中指、无名指顺次搭在桡动脉搏动处。这样一来,寸口脉又分出了三部,食指切得的是寸,中指切得的是关,无名指切得的是尺。左手的寸、关、尺分别对应着心、肝、肾,右手的寸、关、尺分别对应着肺、脾、命门。有少部分人在寸口部位切不到脉,脉斜着飞向了桡骨茎突背侧,向合谷方向伸延,中医学称之为"斜飞脉";如果完全要在腕关节的背侧才能切到脉,则称之为"反关脉",这两种情况都属于生理变异,诊脉位置随之改变就可以了。

中医切脉是指下功夫,中医自己也说"心中了了,指下难明",需要仔细感受才能捕捉到脉象里的信息。中医切脉有相应的几种手法,指下重按称为"沉取",得到的是肾脏、肾气盛衰的信息;指下中等强度的压力称为"中取",候的是脾胃;手指轻搭,称之为"浮取",候的是肺;同时沉取应五脏,浮取候六腑。诊脉是为了探察脉的长短,以及脉象在寸口部位脉势的变化特点,有时需要像捋绳索一样沿着脉道的纵轴方移动手指,称之为"循";还有"推",和循类似,不过这时主要集中在一个脉位上下

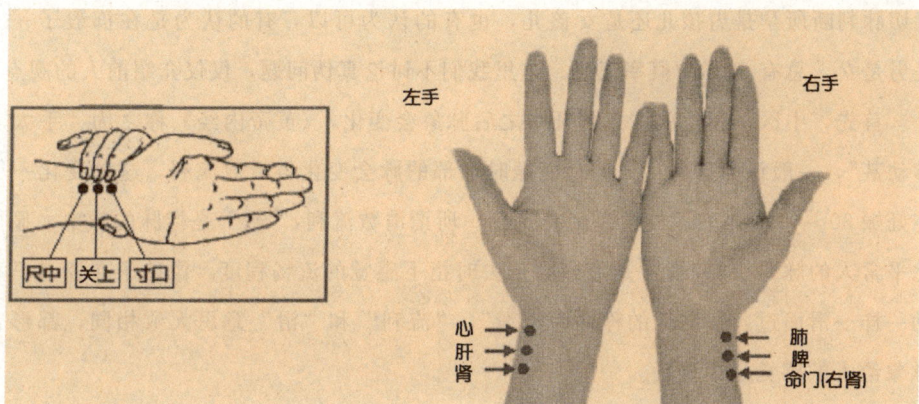

左右内外反复推动，细细体察脉象特征。此外，还有总按和单按之别，单按是指用一个指头按住体察，可以是食指、中指或无名指，总按是三个指头同时按在脉道上体察。诊脉时手指头要竖起来，用手指尖端的指目去感觉脉，不要用指腹切脉；食指、中指、无名指之间的距离可根据病人体型、胖瘦来调整。诊小儿脉时可用"一指定三关"，用一个大拇指按脉就可以了，不必非得用三个指头，小儿脉道上搁不下。

切脉时还得注意心平气和，静下心来，调整呼吸，传统中医是靠医生自己一呼一吸之间脉动几次来判断病人脉象缓急的，正常人的脉是一息四、五至之间。切脉时的环境也应该尽量安静，诊脉的时间最好选择在"平旦"，就是清晨人刚刚睡醒，精神清醒了，躯体还没怎么活动的时候。

502

切脉能判断生男孩还是生女孩吗？

中医脉诊依据脉搏在手指下流动的感觉来揣测病人身体状况，靠的是三个手指头的触觉感受，非常讲究功夫。识别脉象的细微差别，对医生提出了很高的要求。传说中医大夫可以通过把脉判断准妈妈肚里的宝宝是男孩儿还是女孩儿，关于这种技术中医书籍中确实有一些记载，但也只能存疑待考。而现实中的中医医生对能不能切脉判断所孕是男孩儿还是女孩儿，也有的认为可以，有的认为是在掷骰子——是男是女，总有50％的概率正确。这里我们不讨论真伪问题，仅仅介绍前人的观点。

首先，中医学很早就注意到怀孕之后脉象会变化，《黄帝内经》称之为"手太阴脉动甚"，一般认为这句话说的是妊娠时尺部的脉会变化得滑数流利，这种变化一般在妊娠30～40天左右就能清楚地感觉到。所谓滑数流利，"数"是指脉的频率，显得比平常人的脉要快，"滑"是形容脉来去时指下感觉的流畅程度，像珠子在瓷盘里滚动一样一滑而过，很流畅的称之为"滑"，"流利"和"滑"意思大致相同，都形容脉象给人的感觉是很流畅。

关于切脉判别所孕是男是女，中医学有以下几种观点："左疾为男，右疾为女，俱疾为生二子"，即左手的脉跳更急促滑利为男孩儿，右手的脉跳更急促滑利则为女孩儿，两手都急促滑利，则怀有两个孩子。"左手沉实为男，右手浮大为女"，是说如果左手尺脉轻按时感觉不明显，重按才能感觉明显，且脉象有力，提示孕的是男孩，如果右手尺脉轻按就感觉明显，且洪大有力，提示孕女孩；"左尺偏大为男，右尺偏大为女"，左手的尺脉比较明显提示孕男孩，右手尺脉较明显为孕女孩。

大概都是以"男左女右"来判断，如果孕的是男孩儿，从左手的脉象上可以见到端倪，如果孕的是女孩儿，从右手脉上可以发现征兆。

503

"悬丝诊病"真有其事吗？

悬丝诊脉是指病人和医生不见面，把一根丝线系在病人的寸口脉部位，然后通过按诊这根丝线来诊脉，传说这种方法也可以诊病。历史上有孙思邈为唐太宗李世民的长孙皇后悬丝诊脉的传说，据说开始的时候，宫廷御医把丝线拴在冬青根、铜鼎的脚、鹦鹉脚上，让孙思邈来诊，结果孙思邈还真识别出丝线没有拴在皇后的手腕上，后来孙思邈通过悬丝诊脉判断长孙皇后是滞产，开了一副催生的方子，使得皇后顺利分娩。于是，悬丝诊脉成为中医诊病的神奇技术。

真的能够悬丝诊脉吗？京城四大名医之一施今墨老先生的说法应该比较中肯客

观，施老认为悬丝诊脉这种形式在宫廷医疗的历史上确实存在过，不过医生对病情的判断显然不是靠悬丝诊脉所得的资料，因为医生悬丝诊脉的前后或同时，都能通过后妃们的贴身太监打听清楚病情，病情清楚后，医生已经是成竹在胸，悬丝诊脉纯粹变成了一种形式。

504

中医也看脸色吗？

看面相一直以来是一种神秘的存在，甚至成为一种专门的推断命运的学问。据说面相学可以通过观察一个人的面部特征，看出这个人的个性、思想、善恶、才干、成就等等。且不论这方面的学问，中医学倒真的很重视观察面部。

古老的《黄帝内经》告诉我们，人的面色与其气质有关。不过需要注意的是，面色只是中医识人技术的一个部分，还需要配合收集其他资料，综合起来才能更准确地判断其人的气质特点。

面青多为木型人："青"，不是那种树叶的绿色，而是隐隐透着黑色，"青天"的那个颜色，比如"包青天"其实是有点黑。这种人头比较小，长脸，一般多才多艺，常常多疑，心思很重，力量相对不足。他们"能春夏不能秋冬"，春夏季节会过得很舒服，秋冬季节就不那么容易适应。

面赤多为火型人：这种类型的人面色红扑扑的，显得很热情。小头，圆脸蛋儿，聪明、敏捷，性情急。《黄帝内经》认为这类人"不长寿、易暴死"。急躁的个性如果后天能得到改善，会对健康状况有很好的影响。

面黄多为土型人：这种类型人的面色黄，头大，脸庞也比较大而且方正，看起来很敦实，肉比较多而且结实。个性敦厚、稳重、勤恳实干。这类人的健康状况通常比较好，但是因为土型人的耐受性较强，一点点病痛往往不会引起他们的警觉。

面白多为金型人：这种类型的人的面色白净，头大、面方，体型很利落干练，气质里有一些淡淡的忧郁，性格多内向、沉着稳重、精明能干。"能秋冬不能春夏"，秋冬的天气对他们很适合，春夏的时候他们稍差一点。

面黑多为水型人：这种面色黑是隐在黄色下面的，黄里面透出一种黑的色泽来，如果像黑色油漆一样的纯黑则提示疾病了。这类人头型长，体型有两类情况，一种是看起来显得很"紧凑"；一种是看起来显得比较"胖"，像水漫开的那种感觉。他们的气质往往深藏不露，性格往往内向。

505

中医是如何从五官看病的？

所谓的"五官"，指的就是面部的"耳、眉、眼、鼻、口"。中国古代的面相学还给它们都封上一个"官衔"，耳为"采听官"；眉为"保寿官"；眼为"监察官"；鼻为"审辨官"；口为"出纳官"。中医学眼里人体有五窍，分别是目、舌、口、鼻、耳，分别对应着五脏：肝、心、脾、肺、肾。

分别来看，肝开窍于目，肝在液为泪，因此眼睛、眼泪的变化往往联系着肝的功能失调。不过，眼睛不仅仅只反映肝的变化，还反映着五脏的变化，中医学有一"五轮学说"，说的是以瞳孔为圆心，眼睛是一轮一轮的，每一轮对应一脏。中央的瞳孔，中医学叫瞳仁，对应的是肾，叫水轮；往外一点的虹膜，中医学叫黑睛或者黄仁，对应肝胆，叫风轮；再往外的巩膜，中医学叫白睛，对应肺，叫气轮；再往外的内眦、外眦，中医认为对应心，叫血轮；再往外就是上眼睑、下眼睑，中医称之为胞睑，对应脾，叫肉轮。这"五轮学说"主要在眼科应用，不过对其他疾病的判断也有参考价值。

接下来是心开窍于舌，舌头的灵活与否、枯荣润泽都反映出心气、心阴的变化。舌头上也对应有五脏，舌面中央是脾胃，两侧是肝胆，前面舌尖是心，后面舌根是肾。中医就是如此，处处反映出整体的思想，全息的思想。

脾开窍于口，中医还认为嘴唇是"脾之华"，"华"的原意就是"花"，嘴唇是脾的花朵，证明嘴唇是脾的外在表现、形象代言人。又认为脾在体液，对应的是涎，即口水、哈喇子对应着脾。所以脾胃功能的变化，往往可以从嘴唇和涎上观察到，比如说睡觉张着嘴，流哈喇子，往往提示脾气虚，涎很黏腻、很咸、臭甚至苦，往往提示脾湿夹热。

再下来是肺开窍于鼻，《黄帝内经》说"心肺有病而鼻为之不利"，鼻是天地清气进入人体的通道，而清气进入人体后是"藏于心肺"的，所以心、肺的功能失调会在鼻子这个官窍反映出来，主要表现是"不利"，即呼吸不畅，这是通道不畅利，或嗅觉失灵，这是功能不畅利，这个时候要从心、肺着手调理。

最后一个是肾开窍于耳，中医学认为肾的窍有三个：前后二阴及耳。而耳和两个脏关系密切，中医学还说心"寄窍于耳"。所以按照中医学的观点，耳朵变得不饱满，失去光泽，缩小，像树木枯萎的样子，反映出肾精的亏耗；耳鸣耳聋、听力减退等耳朵功能状态的失调也反映了肾中气血的变化。同时，耳部也是人体上一个很重要的全息反射部位，通过对耳部的探触可以诊断也可以治疗保健，简单来说耳朵上对应着一个倒躺着的人体。

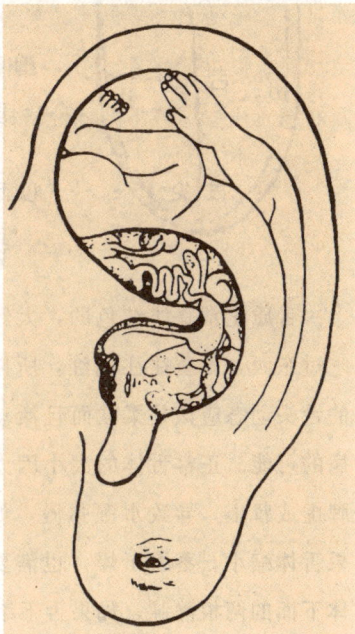

耳朵

506

中医看舌头能看出些什么来？

看医生的时候，有时候医生会要求病人张开嘴，把舌头伸出来看一看，还会让病人说"啊"。医生看舌头能看出什么端倪呢？按照中医的观点，舌头也是五脏六腑的一面镜子，舌尖反映心，舌的两边反映脾胃肝胆，舌的后部反映肾，所以舌尖如果很红，往往提示心火旺。中医的舌诊主要观察舌质、舌苔，有时候兼顾舌头的活动状态和舌下络脉。

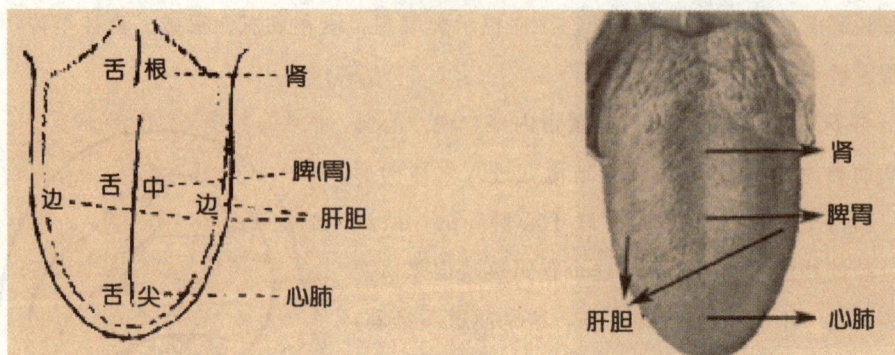

舌质正常是淡红色的，太红了提示体内有热，太白了提示气血虚弱。如果刚刚吃过东西，舌质往往偏红，所以刚吃过东西就去找医生看舌，往往不很准确。正常的舌头动态应该是柔软而且活动自如，舌头偏向一侧或者活动不灵活了，都提示疾病的可能。正常舌体的大小因人而异，如果舌头胖大而且舌边上有齿痕，往往提示脾虚或肾虚，导致水湿弥漫，如果同时发现舌苔也很润滑，则更说明是水湿盛；如果舌体缩小，萎缩干燥，也需要警惕疾病的发生。舌下络脉是指舌头卷向上时，舌体下面的两根静脉，如果舌下络脉粗大，颜色发暗，往往提示血瘀。

正常的舌苔是薄薄的一层白苔，润泽适中，比较均匀地分布在舌头上。舌苔的变化主要反映脾胃的状况。如果舌苔很厚，一般都提示脾胃功能有失调，正常情况下胃气是往下走，如果胃气往下走得不是很顺畅，往上熏蒸，就会导致舌苔变厚。如果舌苔上出现裂纹，叫"裂纹舌"，或者干脆有一块或几块地方没有舌苔，像地图一样斑斑驳驳，叫"地图舌"，出现这两种舌象，如果没有其他不舒服，有可能是生理性的，不用管它，如果是伴随其他症状而出现的，则提示阴虚。如果整个舌面没有舌苔，光滑的跟镜子一样，叫"镜面舌"，那是阴虚得很厉害的表现。关于舌苔的颜色，最常见的异常状况是舌苔黄或者黑，两者都提示火热，如果舌质是嫩红的，则是虚火，舌质红还有点暗黑，则提示是实火。

中医舌诊时，通常会选择在自然光下观察，往往还会问病人吃过什么东西没有，那是因为有的东西会把舌苔染上颜色，某些灯光也会影响观察舌苔颜色。中医看舌的时候，会要求病人自然放松地把舌头伸出来，然后很快地观察舌质、舌体动态、舌苔，不会让病人使劲伸很长，或者伸出很长时间，这样都会对诊断有影响。有时候，医生还会拿一个压舌板轻轻刮一下舌苔，看看舌苔的润泽程度，观察下舌苔是不是有根，如果一刮就掉，即使是厚苔也需要考虑气血虚弱的可能性，如果刮一下感觉像要滴水似的，说明水湿盛。

507

人体有多少经络？

经络在老百姓眼中从来都不乏神奇的色彩，究竟什么是经络？时至今日还是众说纷纭，莫衷一是，不过，也有一些共识。所谓经络实际上是经脉和络脉的总称，经脉是主干，络脉是主干上的分支。主干的经脉只有十二正经、奇经八脉、十二经别，是经络的主干道。从主干的脉分出来许多的络脉，网络全身上下，分为浮络、孙络、十五络脉。

中医学认为人体中最基础、最重要的经脉有十二条，被称为十二正经。这十二条经络挨个儿相连，"如环无端"，全身上下、内外都分布到了。根据这十二条经脉的循行路线、阴阳属性及其与脏腑的连属关系，中医学给它们取了相应的名称。行于上肢的叫"手经"，行于下肢的叫"足经"；四肢内侧属阴，外侧属阳，走行于四肢内侧的为"阴经"，走行于四肢外侧的叫"阳经"。阴经中靠前的叫太阴，中间的叫厥阴，靠后的那条叫少阴；阳经中靠前的叫阳明，中间的叫少阳，靠后的叫太阳。六条阳经都与腑连属，六条阴经都与脏连属。于是，十二正经就分别是手太阴肺经、手阳明大肠经、足阳明胃经、足太阴脾经、手少阴心经、手太阳小肠经、足太阳膀胱经、足少阴肾经、手厥阴心包经、手少阳三焦经、足少阳胆经、足厥阴肝经。

十二正经的每一条都又分出一支重要的脉，是别行正经，被称为十二经别。分出的这些脉深入到人体深部，到达十二条正经没有达到的器官和形体部位。而且十二条经别的走行还有一个特点，互为表里的两条经别在循行时很亲密，走在深部的时候它们相并而行，浅部出体表的时候阴经的经别又合到阳经的经别中。

除了十二正经、十二经别，人体中还有一类经脉叫奇经八脉，共八条，分别是任脉、督脉、冲脉、带脉、阴跷脉、阳跷脉、阴维脉、阳维脉。任脉、督脉有穴位，其他六条没有自己的穴位。

508

人体有多少个穴位？

中医认为人体的穴位分为经穴、奇穴、阿是穴。经穴是在经络循行线路上、可以在体表相应位置寻到、归属相应经络的一类穴位，人体有十四条经络有自己的腧穴，分别是十二正经和任脉、督脉，任脉、督脉走行在人体前后正中线上，穴位是一个一个的，十二正经对称地分布在人体左右两侧，其穴位是左右各有一个，总共有经穴三百六十一个。奇穴是不归属于前面提到的十四条经脉的穴位，总共有五十六个穴位，一百七十六处，因为有的奇穴有好几个，比如十宣有十处，四缝有八处等。阿是穴是没有固定部位，随病变部位或压痛点而定的穴位，按到这个穴位时，病人会痛得"啊啊"叫，这就是阿是穴。

人体这么多穴位，即使是专业人士把握起来也很麻烦，于是人们根据千百年来总结出的规律，特别选出了一类穴位，称为特定穴，这些穴位具有特殊功能和治疗作用，是人体这么多腧穴中的代表。比如针灸学所说的五腧穴、原穴、络穴、郄穴、下合穴、俞穴、募穴、八会穴、八脉交会穴、交会穴等都属于特定穴。

保健常用的特定穴主要有五腧穴、俞穴等。五腧穴是十二经在肘膝关节以下经穴，每条经各有五个，分别名为井、荥、输、经、合，这些穴位各有五行属性，因为这五个穴位的经气由弱到强，流行由浅入深，通过这几个穴位就可以起到调理整条经络及五脏六腑的效果。

六阴经	井（木）	荥（火）	输（土）	经（金）	合（水）
手太阴肺经（金）	少商	鱼际	太渊	经渠	尺泽
足少阴肾经（水）	涌泉	然谷	太溪	复溜	阴谷
足厥阴肝经（木）	大敦	行间	太冲	中封	曲泉
手少阴心经（火）	少冲	少府	神门	灵道	少海
足太阴脾经（土）	隐白	大都	太白	商丘	阴陵泉
手厥阴心包经（相火）	中冲	劳宫	大陵	间使	曲泽

六阳经	井（金）	荥（水）	输（木）	经（火）	合（土）
手阳明大肠经（金）	商阳	二间	三间	阳溪	曲池
手少阳三焦经（相火）	关冲	液门	中渚	支沟	天井
手太阳小肠经（火）	少泽	前谷	后溪	阳谷	小海
足阳明胃经（土）	厉兑	内庭	陷谷	解溪	足三里
足少阳胆经（木）	足窍阴	侠溪	足临泣	阳辅	阳陵泉
足太阳膀胱经（水）	至阴	足通谷	束骨	昆仑	委中

　　然后就是腰背部在脊柱两旁，脊柱正中线旁开 1.5 寸，膀胱经上有一组穴位，是五脏六腑之气输注于腰背部的地方，背俞穴也是调理五脏六腑时经常用的穴位。

六脏	背俞穴	所平的椎体棘突
肺	肺俞	第 3 胸椎
肾	肾俞	第 2 腰椎
肝	肝俞	第 9 胸椎
心	心俞	第 5 胸椎
脾	脾俞	第 11 胸椎
心包	厥阴俞	第 4 胸椎

六腑	背俞穴	所平的椎体棘突
大肠	大肠俞	第 4 腰椎
膀胱	膀胱俞	第 2 骶后孔
胆	胆俞	第 10 胸椎
小肠	小肠俞	第 1 骶后孔
胃	胃俞	第 12 胸椎
三焦	三焦俞	第 1 腰椎

509

少林功夫的"点穴"和中医学的"穴位"是一回事吗？

在武侠小说中少林寺的高僧往往点穴功夫了得，点住穴位，马上就让对手失去了抵抗力。中医在给人治病的时候，有时用一根很细的银针扎进穴位，病人会有酸、胀、麻、重、触电等感觉，过十几二十分钟后取出银针，经过几次调理，疾病就会好转乃至痊愈。这两门技术都有点穴，那它们的穴位是一回事吗？

应该说武术技击所用的穴位和中医保健治疗所用的穴位有同也有异。相同的是，二者的基础理论是一致的，都以经络、气血理论为指导；二者的取穴方法也有很大相同，都遵循同身寸原则，都需要配合特殊体位和姿势才能准确取穴；二者很多常用穴位也是相同的，对这些穴位的功效论述也是近似的。有差异的地方在于，因为目标不一样，所以对穴位功效的研究的侧重点有差别，点穴所用手法有差异。

武术技击的点穴和中医学扎针、按摩推拿的点穴一样需要专门的训练，不同的是武术技击不像中医学这样属于公共知识，有许多技术不为人知，所以对于某些太过玄乎的传说，还有待其他方面的证据支持。

510

五脏六腑分别是什么？

五脏是心、肝、脾、肺、肾，六腑是胆、胃、大肠、小肠、三焦和膀胱。但是中医学的五脏六腑不是指解剖器官，而是一种独特的藏象学说。所谓"藏象"，大概是介于抽象的符号和实实在在的实物之间一种概括事物的模型，五脏六腑中的任何一个都关联着实在的、解剖学的器官和组织，同时又是一个抽象化了功能系统的名称。

五脏也叫五藏，"藏"有内在和储藏、收藏之意，意思是说五脏都是在内的，功能是收藏精气，《黄帝内经》说五脏是"藏精气而不泻也，故满而不能实"，认为五脏所收藏的精气充满着五脏，但是五脏不能被实质的、有形的东西堵塞。六腑的腑在古代写作"府"，是仓库、库房的意思，中空而能盛装东西，《黄帝内经》说它们是"传化物而不藏也，故实而不能满"，六腑是传导、变化饮食物质的场所，不能把饮食物质储藏起来不传导出去，所以要保持一定的食物充盈其中，但是不能胀气。因此，中医学所谓的健康状态，落实在五脏六腑，可以说就是五脏的脏气饱满且没有有形之物，六腑则始终有一定的有形之物充实其中，不断被传导变化而出，吐故纳新，且气机通畅，没有胀气之类的毛病。

脏中所藏都是精气，是天地清气和从饮食而来的精微，所以要好好保藏，不要轻易耗掉。腑中"地气所生"的"奇恒之腑"，包括脑、髓、骨、脉、胆、女子胞，功能特点跟大地的特征类似，藏精气而不泻漏出去；还有一类腑是"天气所生"，胃、大肠、小肠、三焦、膀胱属于这一类，叫"传化之腑"，功能特点和天的特点类似，是泻而不藏的。

511

中医为何认为脸上印着五脏六腑？

《黄帝内经·灵枢》的"五色篇"讲述了面部对应着五脏六腑。

面部以鼻子为中央，《内经》说"五脏次于中央"，意思是沿着鼻子这一条线上就分别驻扎着五脏，因为脏是属阴的，应该驻扎在中间，驻扎在靠里的地方。眉心对应肺，眉心往下一点是心。再往下大约到了鼻梁的中间部位，是肝。再往下到了鼻尖，这里是脾，被称为"面王"。到肾这里有点特殊，中医认为肾主管人体的水液，

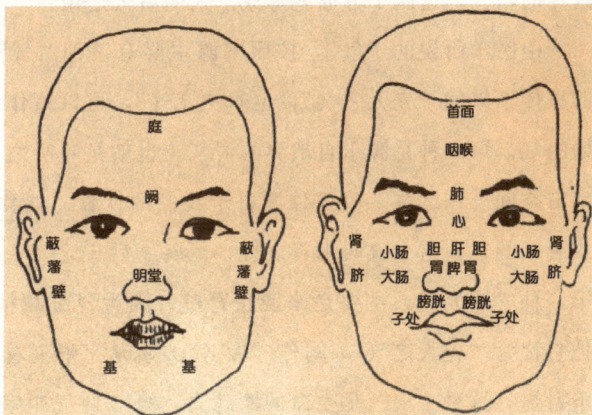

水都是在周围的，就像海洋都是包围在陆地周围，所以周围的地盘全都划给了肾，两颊和下巴颏都是属于肾。然后"六腑挟其两侧"，脸颊的两侧分别对应着六腑，肝的两侧是胆，胆的外侧是小肠，小肠的下方是大肠，鼻翼上分布的是胃，再下方的人中沟两边是对应膀胱和子宫。

512

中医所说的"精气神"是什么？

在中医学概念系统里，精是人体一种非常细微的物质。这种物质，就是构成人体生命的精华，也就是构成人体形态、维持人体生命活动的物质基础。《黄帝内经》将"精"分为两类。一类是广义的，维持人的生命健康、生命活力的最基本的物质都叫做精，包括精、血、津液等等。第二类是狭义的，更具体一些，主要是指肾精，特指主管人的生殖、生长发育的精微物质。"精"的来源有两个，一个是先天的，从父母亲那里遗传下来的，是秉受于父母的，它在整个生命活动中起到了"生命之根"的作用；一个是后天的，也就是人出生以后吃的食物，喝的水，叫水谷精微，这是一种营养物质。先天之精需要不断地有营养物质补充才能保证人的精不亏，才能发挥其功能，才能维持人体生命活动，这种物质就是后天之精。此外，还要呼吸大自然界的精气。这两个方面就形成了人的后天之精。

中医学所说的"气"，按照来源主要有三种"气"：第一种是先天的，从父母亲那里传下来的"先天之气"，也叫"元气"，可以写作"原气"，就是最本原的、最原始的气。第二种是源于自然界的清气，也就是呼吸之气，又叫做"后天之气"，就是宇宙空间外在之气。第三种源自于我们的饮食。饮食吃下去的营养成分，也可以形成后来的气，这个气叫水谷之气，也属于后天之气。《黄帝内经》里讲的是四种气：第一种气叫元气，主要是来源于肾脏，因为肾脏藏精，精又可以化成气。后来道家把它称为"先天之气"，写作"炁（qì）"。从字形上看，"炁"字底下四点，表示火在下燃烧，这种"火"是生命的原动力。第二种气叫宗气，这个宗气主要来源于后天的呼吸，是呼吸之气。第三种气叫做营气，是流行于人的血脉当中的。营的意思就是营养，营气对人体起到一种营养滋养的作用。第四种气叫做卫气，它是运行于经脉之外的，基本上是在体表，卫就是保卫、护卫，卫气起到一种保护人体、抵御外邪的作用。

神是精神、意志、知觉、运动等一切生命活动的最高统帅。这种广义的"神"包括魂、魄、意、志、思、虑、智等活动，通过这些活动能够体现人的健康情况。如"目光炯炯有神"就是神的体现，也是生命力旺盛的体现。《黄帝内经》认为，神虽然分布在五脏中，但主要是藏在心，"心藏神"，这是狭义的"神"，具体来说就是指人的意识、思维、精神活动，中医认为这些活动是由心发出的，由心主管的。

○ 513

为什么"精气神"被称为人身的"大药"？

把精气神称为人身的"大药"主要来源于道家的内丹学说，道家内丹学说认为精、气、神是人身的三宝，是炼制内丹的药物。

内丹的思路与道士炼外丹有相近之处，也讲要成丹，整个炼丹过程也是逆转阴阳，目标都是成仙长生。不过内丹所用的炉鼎是人的身体，所用的药材是人体内的精、气、神，经过百日筑基，然后炼精化气，炼气化神，炼神还虚。整个过程都由意念控制，在下、中、上丹田中养炼"药物"。在修炼过程中，精、气、神自然满溢，激发一定的功能状态，在意念控制下进入丹田，正式成为内丹修炼的用功对象，于是被称为内丹修炼的药物。炼精化气阶段产生的药物叫外药，炼气化神阶段产生的药物叫内药，大药则是炼气化神阶段由内外两种药物相合凝成的药物，是一种精、气、神三宝合一、能量巨大的东西。

由此可见，今天提精气神是人身的大药，旨在说明精、气、神对人体生命的重要性，从这个意义说，这种提法是正确的。如果就严格的内丹修炼而言，内丹学对精、气、神的划分显然有其精细独特之处，因此"大药"并不仅仅是中医学概念里的精、气、神，而且内丹所谓的炉鼎、药物、大药都只有在修炼状态才能体悟到。

○514

"气沉丹田"的"丹田"在哪里?

一般认为"气沉丹田"的"丹田"在肚脐下三寸。这里说的"三寸"不是用我们今天使用的标准的尺子量出来的,而是用的"同身寸",就是把肚脐到耻骨上缘之间的距离当成 5 寸,丹田就在这条连线的下 2/5 和上 3/5 交接的部位,相当于中医学所说的关元穴部位。实际上这里确定"丹田",用的是中医学取穴位的方法,这种方法确定的"丹田"位置,相对而言有客观性的一面。不管这个"丹田"是在关元,在石门,还是在气海,位置都是可以确定的。

"丹田"也是养生导引中非常重要的一个术语,比如道家养生家一般认为人体的丹田有 3 个:上丹田位于两眉之间;中丹田在我们胸部正中的位置,相当于中医学的膻中穴附近的位置(膻中穴位于人身体的前正中线与两乳头连线的交点处);下丹田的位置在肚脐下 3 寸附近。

丹田,既然称之为"田",表示要有一定空间,有一定范围,这样才能够种"庄稼",只不过这个"庄稼"是人身本来就有的"大药"——精、气、神。丹田是结丹、养丹的场所,所谓的"丹"主要是指内丹,即把人身当成炉鼎,通过文武火内炼精、气、神这三种大药而结成的丹药,这种炼养功夫从金元时代开始,慢慢发展成一门独立的养生学问,被称为"仙学",也被称之为"内丹学",在道家典籍中经常提到的"金丹大道"就是指这门学问。在道家养生家看来,丹田的位置只是大略区域,根据每个人的感受不同而有不同,更有的道书说人身处处是丹田。从这层意义上说,"丹田"应该是一种功能状态下体验出来的东西,其位置并不拘泥于形态学上的身体特征,可能近似于身体的某些特定区域,但不仅仅是身体区域。

"气沉丹田"的"气",养生家一般认为是指"真气",是一种修炼状态体会出来的气感,而不是呼出来、吸进去的空气。

中医学和道家养生学说都认为人的呼吸越绵长越好,如果简单地呼哧呼哧吸进去、吐出来,显得很肤浅,不太符合养生学的原则。中医认为"肺为气之主,肾为气之根"，人除了要吸进自然界的清气、排出体内浊气以外，还要有保持清气的能力，像蓄水池一样，有一定的储备能力，这就需要肾的纳气功能来完成。中医学所谓的肾脏，最大的功能特点就是"封藏"，到肾脏这里的东西都是人身的根本和精华，肾脏把它们封起来、藏起来，保管好。气也是这样，清气这样的好东西也需要沉到丹田去，丹田所在的部位也正好和肾所在的部位相当，实际上气沉丹田也是更好地发挥、应用和锻炼肾主纳气的功能。如果气沉不到丹田，很浅地转一圈就呼出去了，或者呼出的多，吸进的少，人就会总感觉气不够用，精气神都会受到影响，往往也提示健康状况不是很好。

515

"小周天"是怎么回事？

"小周天"是在内丹修炼中常用到的一个术语，说的是内气在人体经脉中缓缓运行的路线及完成这个运行后达到的功能状态。人体的任脉走行在人体前正中线，督脉走行在人体后正中线，这两条经脉形成了一个环。内气从下丹田开始沿着任脉往下走，过下阴部，转而沿督脉上行，达到脑部再转而下行去接通任脉，内气循行一周就是一个"小周天"。因为任督二脉所构成的这个环有两处是断开的：一个口腔处，一个是会阴处，所以内丹修炼中说"舌抵上腭自生津"，舌头要顶住上腭才能接通督脉，而内气经过会阴处时要闭气提肛，不能漏气。

不过内丹学主要在道教中流传，所以它不同于中医学，不属于公开的知识，很多东西秘而不宣，用的术语很隐秘，而且有些关键的地方需要老师开小灶，口耳相授。道教常把内气沿小周天运行的过程看做是追求成仙的天路历程，想象成登昆仑山求仙，用图画的形式来表现内气运行的过程。

516

"金针度人"是指中医扎针吗？

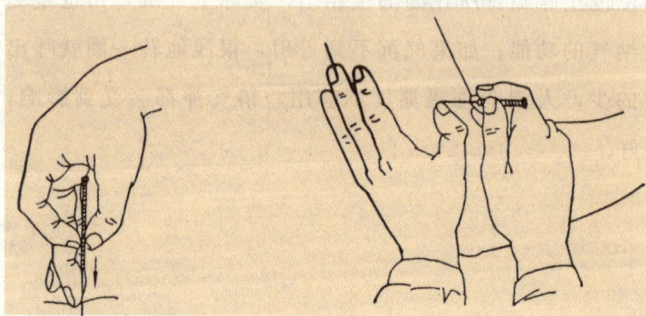

扎针

"金针"的含义是宝贝的针，神奇的针。关于金针度人的传说中，这个"金针"是织女送给虔诚的纺织女工的礼物，这个织工自从得到了"金针"，纺织技艺得到了神奇的提高。中国传统文化里除了做针线活儿、刺绣用针，还有中医也用针，中医把这种治疗方法叫针法，针法和灸法合在一起就是针灸。

针法是中医治疗疾病的手段，是把毫针刺入一定的穴位，并可以运用捻转、提插、弹拨等针刺手法，从而发挥治疗保健的功效。《黄帝内经·灵枢》主要讲针灸，其中有一篇《九针十二原》提到的针具有 9 种之多，分别是镵（chán）针、员针、鍉针、锋针、铍（pí）针、员利针、毫针、长针、大针，每种各有其形状、长短、用处。现在用于针灸治疗的针具仍然有很多种，如三棱针、梅花针、七星针等。其中具有代表性、常规使用的是毫针，一般用不锈钢制成，历史上也出现过用金、银制作的针，不过比较少用，毫针之所以也称为"银针"，大概是形容它的色泽银光闪闪，很精致漂亮。

在针法治疗时，先要选择针具，那些针尖受损、针身弯曲或生锈、污染的毫针都不能使用。进针部位也要按照辨证论治的思想来选择，被选的穴位常常被称为针灸处方。辨证处方后，就可以进行针刺了，根据穴位和治疗目标的不同，进针的角度、深浅、快慢等也有所不同。毫针刺入之后，如果辨证准确、认穴准确、手法正确，患者往往有或酸、或麻、或胀之类的感觉，有时也会出现热、凉、痒、痛、抽搐、蚁行等感觉，这种针感反应还会沿着一定的路线放射传递，都属于正常针感，称为"得气"。"得气"时，医生也能体会到手上的针传来沉紧、涩滞或针体颤动等感觉。

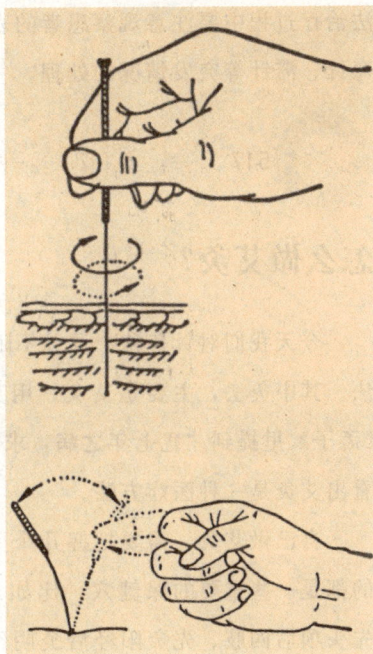

扎针

为了达到针刺的治疗效果，医生扎针时通常会用到一些特定的手法，基本的手法是提插法、捻转法。提插法是针刺入一定深度后，上提下插，针上下提插的幅度不宜过大，一般以3～5分钟为宜，频率也不宜过快，每分钟60次左右就可以了。捻转法是刺入一定深度后，向前向后捻转操作，捻转的时候不要单向捻针，单向捻容易使针身被肌纤维等缠绕，造成疼痛或滞针，捻转的角度一般也控制在180°～360°之间。还有一些手法是刺激得气或加强气感的，比如循法，是用手指顺着经脉循行路线，在针刺穴位的附近部位轻柔地按揉；弹法是用手指轻弹针尾或针柄，使针体微微振动，可加强针感；刮法是先抵住针尾，用拇指、食指或中指的指甲，频频刮动针柄，以增强针感；摇法是手持针柄，轻轻摇动毫针。

针法治疗时常常需要把针留置一段时间，留针也有讲究，一种是得气后自然地留置，不再运针，过一段时间后出针；一种被称为动留针，留针时反复运针，留针时间一般是10～20分钟。

治疗结束，扎入身体的毫针还得取出来，这在中医学叫出针、起针或退针。依治疗的不同要求，可以很快取出，叫"疾出"，缓缓起出，叫"徐出"；还有疾按针孔或摇大针孔等出针方法。出针后一般都用消毒棉球轻压针孔片刻。出针后，要查看针孔是否出血，询问针刺部位有无不适，检查核对针数以防遗忘，还应注意有无晕针延迟反应征象。

总之，针法治疗是一门专门的技术，需要经过正规的训练才能正确操作，在针法治疗过程中要注意观察患者的表现，完善保暖等防护措施，并懂得对晕针、断针、弯针、滞针等突发情况的处理。

517

怎么做艾灸？

今天我们对针灸这个词并不陌生，其实这个词包括了两种治疗方法：针法和灸法。其中灸法，主要是艾灸。用艾作为灸法的材料在春秋战国时代就已经开始了，《孟子》里提到"犹七年之病，求三年之艾也"，《庄子》里提到"无病自灸"，可以看出艾灸是一种医疗方法。

自己做艾灸，需要把握几个要点：第一是选择合适的穴位和施灸顺序，而且选的都是一些重要的保健穴，比如足三里、三阴交等，顺序要先上后下、先背后腹、先头项后四肢、先灸阳经后灸阴经。第二个是要控制刺激强度，通常的做法是在所选的穴区反复上下左右移动，保证火力均匀而且不中断。灸法中常用的是悬灸和隔物灸，隔物灸中常用的有隔姜灸、隔蒜灸、隔盐灸。悬灸就是把艾条的一端点着，在所选穴位或部位熏灼，离体表有一定距离，所用艾条如果纯是艾绒卷成的叫清艾条，如果艾绒中混有特定的药物叫药艾条；隔姜灸是把生姜片放在所选穴位或部位，姜片上放艾绒柱，然后点燃艾柱就可以了；隔蒜灸用的间隔物是蒜片，隔盐灸用的间隔物是食盐，几种隔物灸法也需要注意防止烫伤。

艾灸属于温热疗法，在北方、寒冷季节较适合，对寒性病证、偏寒体质的人较

艾灸

适合，红、肿、热、痛的实热之证慎用艾灸法。

○ 518

为什么选在"三伏天"、"三九天"来做贴敷？

贴敷疗法属于中医的外治法，不用内服药物，而靠把中药制成特定剂型外用于体表特定部位或穴位，从而发挥其调治作用。今天让贴敷法盛名远播的是"冬病夏治"和"夏病冬治"，所谓"冬病"即冬天容易患或容易复发的病，"夏病"即夏天易患或易复发的病。一般认为，"入伏"的第一天、"进九"的第一天的贴敷效果好，"三伏"中每一伏的第一天、"三九"中每一九的第一天都贴敷。"冬病"则夏天贴，即"三伏"贴敷，"夏病"则冬天贴，即"三九"贴敷。

中医认为，随着天地之间阳气的闭藏，人体在冬天的时候阳气不足，那些冬天容易反复发病的常见病，往往因为阳气的不足，加之感受外邪或引发宿邪而发病。中医学又有很强的"治未病"思想，认为"渴而穿井"是不明智的做法，所以就主张借夏季时天地间阳气充盈的势头，利用人体阳气相对充沛活跃的时机，通过适当地内服或外用一些方药来调整人体的阴阳，从而改善体质状况，乘势祛除体内宿存的邪气，达到治疗宿疾的目的。反之亦然。

但是冬病夏治和夏病冬治的贴敷疗法不是包治百病，那些急性的、感染性的疾病、处于疾病进展过程中的疾病就不太适合，皮肤容易过敏者也要谨慎使用。贴敷期间宜清淡饮食，勿食肥甘、油腻、刺激性食物，还要规律生活，调理情绪。一般认为冬病夏治或夏病冬治的贴敷方法需坚持二三年，效果会更好。

○ 519

推拿和按摩有区别吗？

推拿早期的名字叫按跷（qiāo）、案杌，按照《黄帝内经·素问·异法方宜论》王冰的注释"按，谓抑按皮肉；跷，谓捷举手足"，即按的意思是推、按、拨、拿肌肉皮肤；跷的意思是引导肢体做被动活动。"推拿"一词专门用来指代此类治疗、养生保健方法大约在明代才开始广泛使用，并出现一些以"推拿"冠名的专著，小儿推拿也在这段时期逐渐独立成为专门学问。而按摩一词出现得相对较早，比如《黄帝内经》中说："形数惊恐，经络不通，病生于不仁，治之以按摩、醪药。"隋唐时期还有专门的按摩博士在太医院供职，按摩成为专科。究其实质，今天话语里的推拿和按摩基本指的是一回事，相对而言，医生的专业操作更习惯用推拿来指称，居家自己操作更习惯称作按摩。

推、拿、按、摩都属于此类治疗保健技术的手法。推法是用指或掌等部分着力于被按摩的部位上，进行单方向的直线推动，动作要领是吸定皮肤，用力要稳，推进缓慢而均匀，不要硬用压力，也不能搓揉皮肤。拿法是用单手或双手的拇指与食、中两指，或拇指与其他四指指面着力，相对用力，在一定的穴位或部位上进行有节律的提拿揉捏，操作时肩臂放松，手腕和掌指关节灵活活动，力量要深透。按法是用指、掌、肘或肢体的其他部分着力，用力按压在被按摩的部位或穴位上，停留一段时间，力量先由轻到重，再由重到轻地缓缓放松，如果是用拇指点按，就是所谓的点穴法，病人会有酸、胀、热、麻等感觉。按法操作时着力部位要紧贴体表不移动，用力方向与体表垂直，要力透达到组织深部。摩法是用食指、中指、环指指面或手掌面附着于被按摩的部位上，腕部连同前臂，作缓和而有节奏的环形抚摩活动，这是一种常用的保健法，比如说摩腹。但在成套的推拿按摩操作中常常会结合其他手法一起用。

520

如何拔罐？

拔罐是中医常用的一种治疗手段，常以杯、罐作工具，通过借热力等方法，排去罐中的空气产生负压，使罐在一定时间内持续吸着于皮肤。早期的时候拔罐和切开创口排脓常联系在一起，是一种吸脓的方法，慢慢地人们根据经络腧穴理论，觉察到选择人体一定的经络、腧穴或特殊部位拔罐，不但可以调治疾病，还有保健功效。

　　拔罐所用的罐，古代有陶瓷、兽角、竹筒等，现在常用的有竹筒罐、陶瓷罐、玻璃罐，还有新型的抽气罐等。为了使罐内产生负压，常用的方法有火罐法、水罐法、抽气法。其中火罐法又有好几种方法，投火法是往罐里投一个燃烧的纸卷或纸条，然后将火罐迅速扣在选定的部位上，投火时要等燃烧物烧得较小时再投，这样纸卷或纸条就能斜立在罐的一边，火焰不会烧伤皮肤。闪火法是经过专门训练的医生常用的方法，用酒精棒稍蘸 95％ 酒精，点燃

拔罐用的罐

酒精棒，将带有火焰的一头往罐底一闪，迅速撤出，马上将火罐扣在应拔的地方。还有一种方法是在罐子内壁中部滴 1～2 滴酒精，转动罐，使酒精均匀地附着于罐的内壁上，然后将酒精点燃，迅速将罐子拔住，这个叫滴酒法，要注意别滴太多酒精，以免燃烧的酒精顺着罐壁流到皮肤上而烧伤皮肤，也不要让酒精沾到瓶口。操作起来相对简单安全的是架火法，先在拔罐部位放一个不易燃烧及传热的块状物，再在这个东西上放小块酒精棉球，点燃棉球，把罐子扣上。水罐法是先将竹罐放在锅内加水煮，用的时候将罐子倾倒用镊子夹出，甩去水液，趁热按在皮肤上。抽气法用的是特殊的罐，将罐里的空气抽出就可以吸住了。

　　拔罐时依据情况可以选择只用一个罐，或者用好几个罐。拔罐后常常让罐在皮肤上留一定的时间，一般留置 5～15 分钟，以不让皮肤破损为宜；还可以闪罐，就是把罐拔上后立即取下，反复吸拔多次，至皮肤发红；还可以走罐，罐口一般先涂了一些润滑油，将罐吸上，手握罐底稍倾斜，慢慢向前推动，在皮肤表面上下或左右来回推拉移动数次，至皮肤潮红为止。

　　拔罐和针刺法相结合称为针罐，先扎针，得气后不起针，再拔上火罐，针位于罐中心。拔罐还可以和三棱针刺血疗法相结合，称为刺血拔罐法，先用三棱针刺破小血管，然后拔以火罐，可以加强刺血法的效果。

521

什么是刮痧？自己操作时要注意些什么？

刮痧用的砭石

刮痧疗法可以追溯到旧石器时代，那个时候的人们就知道用手、砭石等抚摸、捶击或刮拭身体某些部位来治疗病痛，这些活动被看做今天的推拿按摩、刮痧、针刺疗法的起源之一。今天的刮痧已经比较规范化了，一般是用牛角、玉石做成的刮痧板或者是用火罐等器具在皮肤的相关部位刮拭，通常刮痧会使被刮皮肤上出现红、紫、黑斑或黑泡，皮下会有像细沙一样的点状出血，这叫出痧，属于正常反应，通过痧点可以发散邪气，刮痧的刺激又可以鼓舞正气，疏通经络，活血化瘀。

刮痧有几个要素，第一是刮痧用具，现在一般用刮痧板，古代还用过钱币、梳子、瓷杯的杯盖等器物，刮痧时为了保护皮肤需要先涂抹刮痧油，或者用刮痧板蘸刮痧油。第二是刮痧部位，其选择要考虑病情、个人体质、季节气候、所在环境等因素，选择的理论基础是经络理论中关于十二皮部的论述，这个理论认为人体体表的所有皮肤分属于五脏六腑系统。第三个是刮痧的手法，刮痧手法有十几种，其中最常用的是手拿刮板，刮拭方向一般选择从颈到背、腹，从上肢再到下肢，从上向下刮拭，胸部从内向外；刮板与刮拭方向一般保持在45°～90°。第四个是刮痧程度的把握，一般每个部位刮3～5分钟，对于一些不出痧或出痧少的患者，不可强求出痧，以患者感到舒服为原则；一般是第一次刮完等痧退后再进行第二次刮治。

刮痧还有一些注意事项，比如刮痧板一定要消毒，如果病人一刮就晕厥过去，属于晕刮，要注意病人的保温，及时有效地处理。刮痧还有一些禁忌，比如孕妇的腰骶部、皮肤容易过敏者、有出血倾向者、重症病人等，都不能刮痧。

522

足够苦的才是良药吗?

在我们的传统文化中,很早就认识到了"良药苦口",比如在《韩非子》中就提到过这一说法,在《史记·留侯世家》中提到"毒药苦口利于病",在《孔子家语》中也提到"良药苦口利于病",其中"毒药"是个同义复词,毒就是药,药就是毒,所谓毒药就是治病用的药物。不管怎么表述,都传递了一个大略相同的认识:好的药多数味道比较苦,但是对治疗疾病却有好处。那么,是不是疗效好的药都味道很苦呢?是不是味道苦的药通常疗效比较好呢?要回答这个问题,就需要了解一点中药学的基本常识。

首先,药苦不苦和剂型有一定关系。不可否认,传统的中药汤剂,就是用药罐子熬出来的中药汤水,味道确实不怎么样,不等入口就能闻到很重的中药味儿。汤药的好处在于可以发挥浑厚的药力,容易吸收,见效快。除了比较难喝的汤药,中医学中还有几种相对"可口"一些的剂型,比如丸剂,现在很多的中成药都做成药丸,药丸吸收起来较慢,药力持久,服用、保存起来也比较方便;还有散剂,是把药物研磨成细末,服药的时候用温水、米汤或者酒送下去;还有膏剂,是把药物反复煎,用文火浓缩成膏状,通常还会加入蜂蜜或者红糖矫味,比如龟苓膏就属于膏剂。制成丸、散、膏等剂型的药虽然还是有一些中药味儿,却并不是那么"苦口"了,甚至有一些膏剂还是很可口的。

其次,中药也不全都是苦味的。实际上,中药是酸、苦、甘、辛、咸五味都有,医生治疗疾病时会根据治疗目标而选择不同味道的药物。传统中药理论认为酸味的药物大多能收涩;甜味的药物大多能滋补;咸味的药物大多能软化肿块;辛味的药物大多发散,能促进气血的运行;而苦味的药物能清火。所以,苦味药只是一部分中药的味道,有些中药是不苦的,比如枸杞、百合等还有点甜味儿呢。

最后,是不是"良药"也不是单凭味道够不够苦来判断的。一种中药能不能称得上"良药"与很多因素有关,比如说与产地有关,与生产技术和炮制工艺有关,在这方面中医提出了"道地药材"的概念，所谓的"道地药材"就是指那些产地适宜、品种优良、产量高、炮制考究、疗效突出、带有地域性特点的药材。是不是"良药"还要看药和病是不是相符合，药不对证，即使是珍贵的野山参、冬虫夏草也算不得这个病证的"良药"；药证相合，即使是田间地头找来的马齿苋、蒲公英也是治病的"良药"。

523

小偏方真的管用吗？

用汤药治病是中医学的看家本领，中医开具的处方一般包括药物名、药物的剂量、药物的用法、服药时间长短及服药方法等内容。千百年来中医总结了很多有效的方子，比如被称为"医圣"的张仲景写过《伤寒论》和《金匮要略》，其中的方子被称为"经方"，意思是说这些方子是经典的，是后世所用方子的老祖宗。

与"经方"相对的是"时方"，指汉代张仲景以后的医家所创制的方，其中又以唐宋时期创制使用的方为主。

而"偏方"则是指药味不多，对某些病证具有独特疗效的方子，这类方往往在民间流传，特点是简单、价格便宜、效果比较好。但是偏方也有它的弱势，老百姓使用时往往是"对症抓药"，没有辨证论治过程，方子是否切合病情在两可之间，有时候同一个偏方对甲患者管用，对乙患者就不一定好使，春天管用，冬天未必管用等等；偏方中有时候会用到冷僻的药物，要找到它不容易，甚至用到有毒之品，用药安全也需慎重考虑。所以，对待偏方要持理性的态度，千万不要犯"病急乱抓药"的错误，最好找中医医生咨询，在医生的指导下使用。

524

药膳适合哪些人？

药膳，顾名思义，就是指药材与食材配伍制作而成的膳食，是兼具药材功效和美食口味的特殊食物。今天人们已经知道很多药物均可以做药膳，比如冬虫夏草、人参、当归、天麻、杜仲、枸杞子等。而有一些药物则本来就是药食两用的，比如百合、莲子、大蒜、生姜、大枣等。中医学认为药食同源，比如专门研究治病药物的本草著作也有涉及饮食问题，如唐代的《食疗本草》，讲的内容是食物治病，如用荞麦、绿豆、菠菜等食物来调治疾病。再比如明太祖的第五个儿子朱橚编著的《救荒本草》，序文里说，在闹饥荒的时候可以按照书中所写的去寻找食物，可以免得挨饿。

既然药膳的制作使用了药材，自然要遵循一些药材使用的基本原则：首先，选药制膳要辨证施膳，以平为期，比如寒性体质，阳气偏虚的人，可以适当选用温补性质的药材来制作药膳。其次，要注意食材、药材之间的配伍，在中药学理论里面有"十八反""十九畏"之说，在制作药膳时同样要遵循，其中十八反是：甘草反甘遂、大戟、海藻、芫花；乌头反贝母、瓜蒌（lóu）、半夏、白蔹（liǎn）、白芨（jī）；藜芦反人参、沙参、丹参、玄参、细辛、芍药。十九畏是：硫黄畏朴硝，水银畏砒霜，狼毒畏密陀僧，巴豆畏牵牛，丁香畏郁金，川乌、草乌畏犀角，牙硝畏三棱，官桂畏赤石脂，人参畏五灵脂。最后，制作药膳也需考虑时令特征，因时、因地、因人施膳，比如当归生姜羊肉汤性属温补，比较适合在冬季食用，而在夏季则更适合食用莲子粥。

525

白娘子为何喝了雄黄酒就现原形？

古人配制雄黄酒的方法是"研雄黄末，屑蒲根，和酒饮之，谓之雄黄酒"，即把雄黄研磨成细末，蒲黄根切成碎屑，调和到白酒或黄酒中，这样制作而成的酒就是雄黄酒。虽然在雄黄酒的制备方法中说"和酒饮之"，似乎是要喝下肚去的，但是这种喝雄黄酒的做法却值得商榷。

因为雄黄是一种矿物药，主要功效是解毒杀虫，燥湿祛痰，截疟。可以用来治疗虫蛇咬伤、疟疾等。《日华子本草》中说辨别雄黄好坏真伪的方法就是看看它能不能杀死虫子，臭气少而且有光泽的品质较好。需要特别注意的是：历代医籍中大都记载雄黄有毒，用法以外用为多，本草书都说"内服慎用"。现代药理学研究也证明雄黄这种矿物是一种砷硫化物，是有毒的，不能随便服用。

那么，为什么民间传说中的白娘子还傻乎乎地喝这雄黄酒呢？这和民俗有关，我国南方地区的人们很早就认识到，端午节前后气候湿热，虫蝎之类都出来活动，疫疠之气容易流行，这个时候人们应该保护好自己，避免受到毒虫、邪气的伤害。因此端午节前后的许多民俗都寄托着这种养生保健愿望，比如在《风俗通》中记载五月五日用青、赤、黄、白、黑等五彩丝线编成绳索拴在手臂上，称为"长命缕"或"续命缕"，说这样做可以驱瘟病，除邪，止恶气。雄黄酒也是端午节前后民俗养生的产物，民间用雄黄酒主要有两个用法：一个是喷洒在住处的周围、墙壁角落，用来杀虫；一个是涂抹在耳朵、鼻子、额头、手、足等处，尤其是小孩子。至于说饮用雄黄酒，一般只是象征性地饮，酒中的雄黄含量很微小。而白娘子饮用的估计是浓度很高的雄黄酒，中毒失控现原形也就在所难免了。

526

蒙汗药厉害还是麻沸散厉害？

今天我们一般认为蒙汗药和麻沸散的主要组成药材都是曼陀罗，这种植物的毒理成分主要是东莨菪（làngdàng）碱、莨菪碱等，它所致的中毒早期症状主要是口咽发干、吞咽困难、声嘶、脉快、瞳孔散大、皮肤干燥潮红、发热等，如果吸收的药量很大就会导致昏迷、呼吸浅慢、休克等危险症状。

蒙汗药的名气大振完全跟《水浒传》有关，《水浒传》中开人肉包子店的孙二娘使用的招牌做案工具就是蒙汗药。据小说记载，吃完蒙汗药就会昏睡如死，吃得少的还有可能过一阵自然醒来，吃得多的都需用解药解救。蒙汗药药倒人真的这么立竿见影吗？一般认为蒙汗药名字中已经描写了这种药物中毒之后的症状，"蒙"是昏蒙，大概就是意识不清醒，恍恍惚惚。孙二娘开的是黑店，干杀人的勾当，自然下的是重药，不过刚喝下肚就"倒也！倒也！"也不太合乎逻辑。喝下蒙汗药，经胃肠吸收到出现症状，一般是 30 分钟左右以后的事情。这也给我们解蒙汗药中毒提供一个方向：及时把蒙汗药吐出来。

麻沸散是名医华佗在做外科手术时使用的麻醉剂，据《后汉书·华佗传》记载，华佗是"令先以酒服麻沸散"，他先让手术病人喝下麻沸散，"既醉无所觉，因刳破腹背，抽割积聚"，等到病人醉得没有知觉，再割开腹部开始手术，把里面的肿块割掉拿出来。看起来麻沸散的麻醉效果还不错，对起效时间却没有神乎其神的描述。

可以说蒙汗药和麻沸散实际上不相上下，毕竟它们的主要组成药材是一样的。

中华书局

初版责编　宋志军　娄建勇　林玉萍